U0511038

国际政治论坛

非洲一体化与现代化的互动

以西部非洲一体化的发展为例

Interactive Nature of Modernization and Integration in Africa:
The Case of Regional Integration in West Africa

肖宏宇 / 著

社会科学文献出版社
SOCIAL SCIENCES ACADEMIC PRESS (CHINA)

序　言

肖宏宇博士请我为她的论文写序。她在 2007 年通过论文答辩，获得法学博士学位。论文经过近 7 年的修改和补充，现在得以正式出版，这主要是作者严于律己、精益求精的学习态度所致。为了使论文的结论更有说服力，肖宏宇不断搜集补充新资料，有的章节使用的资料是取自国际组织最新的数据。我为肖宏宇博士的这种严谨学风而骄傲，也希望她的这种做法能为当下浮躁的学术界树立一种平心静气做学问的典范。

肖宏宇博士的选题《非洲一体化与现代化的互动——以西部非洲一体化的发展为例》具有深刻的历史性和现实性。她指出，非洲各国取得独立后的发展道路的探索面临着一种这个大陆特有的挑战：三种规模依次递增的一体化需同时推进。这种挑战表现为现代民族国家建构的一体化，相邻国家合作的区域一体化即非洲大陆的东、西、南、北、中五大区域的区域一体化，和非洲大陆的一体化。其中来自建构现代民族国家的一体化挑战最为核心。本质上是非洲国家如何灵活运用主权原则的问题。现代国家建构要求本国内政不受干预，而后两种一体化要求非洲国家相互让渡共享主权。她力图通过西部非洲一体化的发展来说明非洲一体化与现代化的互动关系。

"非洲一体化"可以说是非洲历史上一支不断变奏的主题曲。这种变奏包括不同历史阶段的不同内涵。

从古代史的角度看，撒哈拉以南非洲和撒哈拉以北非洲实为一体。从远古以来，撒哈拉始终是南部非洲与北部非洲交流的重要通道，特别是西部非洲和北部非洲的交流主要是通过设在撒哈拉地区的各种商道和商站来完成的。根据词源学,"Africa"这个名字是从"Ifriqiya"派生出来的,而"Ifriqiya"本来是罗马一个省份的名字。阿拉伯人进一步推动了撒哈拉南北两边的文化交流和商业交易。从公元 700 年开始,阿拉伯文化的传播为非洲大陆带来了以阿拉伯语为基础的世界性。著名的非洲学者马姆达尼(Mahmood Mamdani)认为"非洲"一词的出现与 15 ~ 16 世纪兴起的奴隶制有关,并对南北差别的说法不甚认同,因为正是大西洋奴隶贸易将交流中心从撒哈拉转移到大西洋沿岸,使撒哈拉成为一道屏障。

始于近代大西洋奴隶贸易的这种"强迫的人力迁徙"使非洲人散布到美洲大陆。随着历史的发展,非洲人移民到美洲大陆后,又开始移民至欧洲大陆、澳洲大陆和亚洲大陆。他们为人类文明宝库增添了辉煌灿烂的成果,同时也为各自所属的新国家贡献着自己的才智,但仍然将自己的身份与非洲大陆联系在一起。在这一基础上形成的泛非主义成为凝聚非洲人的意识形态。中国学者一直关注着泛非主义运动。唐大盾先生一直致力于资料的收集,他主编的《泛非主义与非洲统一组织文选(1900 ~ 1990)》①为后人进行较为系统的研究提供了史料。舒运国先生经过多年的研究,出版了功力深厚的《泛非主义史(1900 ~ 2002)》②,也是国内第一部全面研究泛非主义历史的著作。

自非洲国家独立以来,泛非主义始终代表着非洲统一的理想,并在此基础上成立了非洲统一组织。非洲统一组织的任务具有双重性:一方面是协助和支持非洲大陆上那些尚未获得独立的殖民地摆脱殖民主义的枷锁,另一方面是推进整个大陆的发展进程。在完成全大陆从殖民主义的统治下独立的艰巨任务后,又转型为非洲联盟,继续向建立一个统一的非洲的目标奋进。中国外交部长王毅先生在 2014 年 1 月 8 日访问加纳时明确表示,泛非主义是

---

① 唐大盾:《泛非主义与非洲统一组织文选(1900 ~ 1990)》,华东师范大学出版社,1995。
② 舒运国:《泛非主义研究(1900 ~ 2002)》,商务印书馆,2013。

非洲大陆的宝贵精神财富，曾经为非洲大陆的民族解放和独立运动发挥过重要的历史性作用。现在，非洲国家以及非洲联盟又为泛非主义赋予了新的时代内涵，这就是以泛非主义为旗帜，加快推进非洲的政治经济联合和一体化进程。泛非主义的精神实质是自信、自立、自强，追求的目标是团结、发展、振兴，这是非洲的方向，也是时代的潮流。这既是一种政治表述，也是对泛非主义的客观评价。

我虽然较早提出了非洲民族主义表现形式的多个层次，同时对西非民族主义及其知识分子进行过一些探讨，对区域一体化却缺乏研究。然而，东、西、南、北、中部非洲的一体化进程虽有起有落，却一直没有止步。近年来这种区域一体化迅速推进。这一进程从历史上看是非洲大陆一体化的必经阶段，从地理上看是非洲大陆一体化的区域准备。它不仅是非洲大陆一体化持续推进的具体体现，也在为非洲大陆一体化进行意识形态、制度建设、适应能力的培训和人员配置的安排等方面的一系列准备。这种准备是非洲大陆一体化的必然条件。

近年来，这种一体化进程的推进为非洲经济添加了动力。我们可以看到，区域一体化推进比较迅速的是西非国家经济共同体、东非共同体和南部非洲发展共同体。

以西非一体化为例。早在殖民主义时期，英属西非殖民地和法属西非殖民地已在殖民行政管理上合为一体。这些殖民地的知识分子也相应为同一地区的整合提出过各种想法，非洲民族知识分子的先驱阿非利卡纳斯·霍顿即是其中的典型代表。霍顿的祖父是尼日利亚人，在从贩奴船上获救后被安置在塞拉利昂。霍顿于1835年出生于塞拉利昂的弗里敦附近的一个木匠家庭，十岁就进了英国行教会办的学校，18岁时转到福拉湾书院，1855年被英国行教会推荐到英国学习。三年后，他成为皇家军医学会成员，并于1859年获得爱丁堡大学医学硕士学位。在其重要的专业著述《非洲西海岸医学地志》（博士论文）和《非洲西海岸的自然气候、医疗气候和气象学》以及其他专业著作中，霍顿总是将西非作为一个整体进行研究。他的两部有关西非政治方面的著作既是为作为世界种族大家庭平等一员的非洲人民进行声辩，也为后来的西非一体化提出了一些构想。

在《英属西非的政治经济：非洲人论黑色人种在自然界中的地位》① 这本有关英属西非殖民地政治问题的小册子中，霍顿虽然认为英国殖民统治和基督教福音传播对非洲人民摆脱蒙昧落后状态有裨益，但他坚信非洲人具备管理好非洲事务的能力，并提出自治是殖民地发展的必然趋势。在《西非的国家和人民》一书中，他进一步完善了在《英属西非的政治经济》中提出的自治观点，对英属西非各个殖民地的情况进行了分析。他一方面对西方社会流行的有关非洲和黑人种族的偏见和污蔑进行驳斥，另一方面对非洲人民自治的前景表示乐观。霍顿认为，必须将提高人民物质生活水平作为目标，一旦殖民地的经济发展、安全有保障了，"独立的日子必将到来"。他还为各个殖民地自治后的制度作了安排。②

19 世纪时的另一位非洲民族主义先驱爱德华·布莱登在鼓吹非洲民族主义的同时也将西非看作一个整体。这位被称为 "19 世纪最伟大的黑人战士" 和 "对西非命运有影响的政治家" 的布莱登对近代非洲民族主义思想的兴起可谓贡献卓著。虽然他出生在西印度群岛，但自来到利比里亚后，他就一直在西非从事政治活动。他提出了以 "非洲个性" 为中心的民族主义思想，鼓吹黑人文明的独特性。布莱登鼓励黑人回到非洲，建立一个基督教非洲帝国，最早提出了非洲一体化的设想。③ 他一直希望能建立一所西非大学，主张在保持非洲个性的前提下合理地利用西方文明，"要求欧洲人的帮助，但不要使自己欧化，而是要求他们帮助我们满足自己的需要，实现自己的目标"④。现代非洲特别是西非的一批

---

① Africanus Horton, *The Political Economy of British West Africa, the African's View of the Negro's Place in Nature*, 1865.

② Africanus Horton, *West African Countries and Peoples*, Edinburgh University Press, 1969, pp. 81 – 86, 226 – 241.

③ Edward W. Blyden, "The Negro in Ancient History", *Methodist Quarterly Review*, Vol. LI, fourth series, Vol. xxi, January 1869, p. 93.

④ Edward Wilmot Blyden (Hollis Lynch, ed.), *Black Spokesman: Selected Published Writings of Edward Wilmot Blyden*, Frank Cass, 1971, pp. 223 – 229.

民族主义领袖无不受他的影响，如黄金海岸（今加纳）的海福德、尼日利亚的麦考莱、加纳总统恩克鲁玛、尼日利亚总统阿齐克韦、几内亚总统塞古·杜尔、塞内加尔总统桑戈尔等。记得当时在多伦多大学读书时，我为了找到他那篇发表在《卫理公会评论季刊》上题为《古代历史上的尼格罗人》的重要论文费尽心机。

西非一体化的机制化始于20世纪70年代。成立于1975年的西非国家经济共同体（简称"西共体"）是该地区的主要区域组织，包括15个国家。虽然成立较早，但由于该地区一些国家政治不稳定，经济发展不平衡及一些社会因素（如英语、法语和葡萄牙语国家的不同），一体化的进展并不理想。近年来，西非区域一体化在不断加速。2011年利比亚的卡扎菲政权垮台后，相当一部分图阿雷格游牧民组成的军事力量开始在萨赫勒地区扩散，成为威胁萨赫勒地区和西非国家人民的正常生活、影响生产安全特别是粮食安全的重大问题。为了应对粮食安全问题，西非国家经济共同体在2012年初正式启动农业领域信息系统，从而使这一地区组织可以在共同农业政策框架内进行有效协调。贝宁、布基纳法索、科特迪瓦、加纳、马里、尼日尔和塞内加尔7国率先加入了该系统。在西部非洲，跨地区的交通网络正在形成，包括正在规划的连接塞内加尔、马里、科特迪瓦、布基纳法索、贝宁和多哥的铁路；一条总长达9000公里的西非高速公路网已近完成，包括从尼日利亚拉各斯至毛里塔尼亚首都努瓦克肖特的沿海高速公路；从塞内加尔首都达喀尔至乍得首都恩贾梅纳的跨撒哈拉沙漠高速公路。

2011年，西非国内生产总值的增长率是6.2%，高于整个非洲的平均水平。当然，这一增长率的主要贡献者为两个重要的地区产油大国——加纳和尼日利亚。尼日利亚和加纳具有相似的语言、文化和行为方式，两国企业的经营模式和经济发展的领头作用类似。从这两国的合作扩展到西非的合作将给该地区的经济发展带来正能量。2012年，西非金融机构的整合也在进行。科特迪瓦的区域证券交易所为西部非洲多个国家提供各种金融服务，包括贝宁、布基纳法索、几内亚比绍、科特迪瓦、马里、尼日尔、塞内加尔和多哥等国。当然，西非一体化也面临各种困境。虽然存在着关于人员自由流动的政策，但各成员国仍设立众多的边防哨卡且手续繁杂。由于讲英语、法语和葡萄牙语的国家在交流上存在困难以及各个国家的文化历史与殖民遗产的不同，西非的整合还存在某种障碍。讲英语的尼日利亚国力较强，文化影响力较大，在非洲一直具有某种特殊地位，发表的意见也往往受到特别重视。然而，这种特殊地位往往遭到西非法语国家的质疑。西非国家经济共同体宣布将于 2015 年 1 月 1 日在西共体内部实行统一对外关税，以保证西共体成员国享受内部优惠关税，建立西非共同市场，使民众买得起需要的商品。这一决议的落实需要区域经济的发展和相互配合。西非五国（科特迪瓦、加纳、尼日利亚、多哥、贝宁）正在商量建立西非沿海高速铁路，铁路自科特迪瓦首都阿比让起，中经加纳、多哥和贝宁，最后抵达尼日利亚，全长 1178.84 公里。这无疑将有利于商业贸易和人员流动。

非洲大陆一体的进程开始加快。尽管非洲国家多，贫富有别，国情各异，互补性相对较差，但非洲联盟已在非洲区域一体化问题上达成共识——在发展道路上必须坚持"用非洲方式解决非洲问题"，倡导"非洲帮助非洲运动"。

2012 年，非洲各国外长会议发布"非洲团结动议"呼吁非洲国家发扬泛非主义精神，促进资金、物质、技术、信息共享，以推动非洲的复兴与发展。2013 年在非洲召开的两个大会都将非洲区域一体化作为主题。2013 年 5 月，世界经济论坛非洲峰会在南非开普敦召开并发布《2013 非洲竞争力报告》。报告指出，非洲在实现经济增长方面迈出的步伐必须与提升非洲长期竞争力的努力相结合，而区域一体化能提升非洲竞争力。同样，主题为"非洲区域一体化"的第八届非洲经济会议继续以实现非洲一体化为主题，进一步显示出非洲国家开始从战略高度着力推动非洲内部加强整合、一致发展的努力。出席会议的非盟委员会主席祖马、非洲发展银行主席卡巴卢卡（Donald Kaberuka）和非洲经济委员会执行副秘书长哈姆多科（Hamdok）博士表示，关于非洲一体化的争论已经结束，目前应关注非洲一体化各方面的具体实施。非盟委员会指出，东非共同体 – 东南非共同市场 – 南部非洲发展共同体三方机制，以及东非政府间发展组织和东非共同体的实质性合作是非洲一体化的正确方向；非洲一体化面临的挑战主要集中在非洲区域经济组织的快速融合，能源、港口和交通等基础设施的加速建设，以及各国能源管理部门的能力建设等方面。非洲一体化的持续推进为非洲经济发展添加了动力。

尽管非洲区域一体化仍有诸多方面需要加强，但这一进程与非洲经济发展形成了一种互动关系。一方面，这种一体化为非洲经济发展扫清了诸多障碍，起了一种促进作用；另一方面，非洲经济的发展反过来推动区域一体化，为这一进程提供了更好的条件。非洲发展银行表示，将在 2013 ~ 2016 年向非洲三个区域组织提供 750 万美元的资金用于一体化建设，这三个区域组织分别为南部非洲发展共同体、东南部非洲共同市场和东非共同体。这无疑将促进这些区域的一体化建设。西非国家经济共同体为何未列入其中？这一地区的多个国家（尼日利亚、加纳、科特迪瓦等）的发展速度在非洲大陆处于前列。根据 2013 年发表的《非洲经济报告》，西部非洲是非洲大陆经济增长最快的地区，其他依次为东部非洲、北部非洲、中部非洲和南部非洲。推动非洲大陆各个区域经济的平衡发展是非洲发展银行的主要任务，这大概是原因之一。我相信，随着西部非洲的经济发展，这个区域的一体化将持续加强。

在非洲一体化不断推进的现实下，这本书的出版可谓正逢其时。肖宏宇博士具有优秀的研究能力，在中央党校任职期间不仅从事教学工作，还多次出国访问交流，在研究上也多有所获，并有机会到地方历练，其丰富的阅历和深厚的外语功底也为她的研究提供了更广阔的视野。其论文的出版无疑为非洲特别是西部非洲一体化这一历史进程提供了自己的解释，也代表了中国学者对这一问题的深层次思考。我期盼同时也相信，将有更多的中国年轻学者像肖宏宇博士一样迈入非洲研究的行列。

是为序。

李安山
2014 年春于博雅西苑

目　录

导　论

　　本书从国际政治学的现实主义角度出发，以西非国家为主要研究对象，探究主权原则的捍卫与灵活运用对非洲国家现代化和非洲一体化的影响。主权原则是现代民族国家赖以生存并促进本国现代化与一体化互动的前提与保障，诉诸区域主义是民族国家灵活运用主权、增强国家驾驭世界一体化趋势的表现。非洲国家更需要增强自觉意识，灵活运用主权，推动非洲现代化与一体化的互动。加深对主权原则这一最重要的现代国家属性的理解，了解国家对这项基本权利的灵活运用有助于国家的现代化进程与避免世界一体化进程中的被动性，不仅对非洲国家尤为重要，对处于现代转型时期的中国也有借鉴意义。

　　世界历史的演进就是不同文明与文化的交往互动逐渐深入与广泛、彼此借鉴与渗透、走向一体化的过程。自1500年以来，这种一体化过程加快，直至20世纪中叶，经济一体化渗透进地球的每一角落。凡是无视这种一体化趋势而闭关自守的民族或地区，势必落后挨打，且最终被强行拖入世界经济一体化发展的轨道；凡是地区或民族一体化程度高的地区，都能更好地调整自身，适应市场，进而利用且引领世界市场。民族国家成为应对世界市场一体化挑战的最佳选择。

　　现代民族国家是将一定地域内的地方治理权集中起来，实现政治经济文化的整合，确立最高治理权威和政治秩序，与此同时建立起相对于其他民族国家的平等权与独立权。主权构成现代民族国家的重要特征，主权既是权利，也是权力，既要被捍卫，又要被有效使用。只有通过主权的有效使用完成工业化、政治民主化、社会治理法治化后，现代民族国家的主权才基本稳固，国家现代化与一体化进程才基本完成。

世界市场一体化驱使民族国家相互合作，诉诸区域主义，通过主权的部分让渡与共享来加强和扩大自身的力量，减少经济一体化的冲击。这种超国家的区域一体化既是世界经济全球化导致的世界各国政治、经济和文化合作发展的客观结果，也是各个主权国家应对全球化挑战的一种反映。凡是国内体制调整适应了市场一体化的要求，并克服了因宗教、族群、地方势力、权力争斗等因素引起的分裂倾向，完成了国内一体化进程的国家，其现代化发展速度就会加快，并很乐于加强与他国的联系，融入更大的一体化进程。现代化进程开始较早、发展较快的地区融入世界一体化的程度也较深。在现代化与一体化的互动过程中，民族国家对主权原则的捍卫与使用起着关键作用。

现代化与一体化是世界现代文明的不同表现形式。那些基本实现了国家现代化与一体化的民族凝聚力强，进而产生了对世界其他地区与人民的影响力与控制力。英国、法国、美国、德国、日本莫不如此。这些现代文明的先行者在应对一体化趋势的挑战上比后起者有着更多的选择、更大的自主性，也成为后起者追赶的目标与挑战的对象。后起者在适应这种一体化趋势过程的同时，进行着反控制与反支配的斗争。但这种反控制与反支配的斗争越来越艰难，引领世界现代化进程的国家规模由小变大的历史证明了这一点。

非洲融入世界一体化的同时，也开始了其现代化道路的艰难探索历程。泛非主义反映了非洲民族主义对非洲独立和自主的追求，也指明了非洲一体化是非洲现代化实现的路径。非洲一体化与现代化有着密切的关系，二者互为促进。发展中的非洲国家面对竞争日趋激烈的世界市场，首先要捍卫和巩固作为权利的主权，借助主权才能推进国家的现代化和一体化；现代化和一体化的共

同深入反过来促进主权的巩固和国家实力的增强，确保非洲真正
独立与自主。非洲现代化的成功离不开非洲一体化的深入，巴尔
干化的非洲大陆难以摆脱经济的依附与脆弱地位，更难以保障政
治上的自主。非洲的现代化过程，就是非洲国家如何运用主权建
立非洲的现代工业基础，巩固扩大主权的物质基础，实现不同族
群、宗教和谐相处，政治治理有序的过程，主权的巩固是主权让
渡与共享的前提。

非洲一体化与现代化的融合与互动过程贯穿于非洲现代历史
的整个过程。最初，一体化与现代化进程是重合的，标志是泛非
主义思想及其运动实践；接下来，非洲人以殖民领地为基础追求
现代化趋势增强，一体化趋势减弱，体现为各个分散主权的巩固
与获得，各个独立的非洲国家诞生；随后，非洲国家进入了主权
让渡与共享、非洲现代化和一体化良性互动的时期。

非洲独立后的现代化道路探索面对着三种规模依次递增的一
体化需同时推进的挑战：现代民族国家建构的一体化，与相邻国
家合作的区域一体化（非洲大陆的东、西、南、北、中五大区域
的一体化），非洲大陆的一体化。其中来自建构现代民族国家的一
体化挑战是最核心的。本质上是非洲国家如何灵活运用主权原则
的问题。现代国家建构要求本国内政不受干预，而后两种一体化
要求非洲国家相互让渡并共享主权。

大多数发展中国家的经济发展严重受制于促进全球经济一体
化的市场力量，受制于国际资本，政治现代化如果影响到国际资
本的利益，那么国际资本的代言人对政治进程施加影响就难以避
免。面对强势的国际资本力量和现代化的领先大国，非洲一体化
不可能保持一种自在的状态，而需要非洲人更多的自觉追求。政
治现代化有助于加强这种自觉因素。非洲政治现代化将促进非洲
各国政局的稳定，权力的和平移转，减少外部势力的干涉，增强
各国自主外交的机会，为各国政府制定长远的区域合作和大陆一
体化战略与政策奠定基础，使非洲从世界市场的被动参与者变为
主动参与者。

非洲现代化和一体化的互动在西非的体现最为突出。相比其

他四个非洲区域，西非区域意识启蒙较早，一体化开始也较早，所遇到的内外挑战多，但区域合作在西非始终是一种强大的力量。独立后，国内频发的各种危机和西非国家在国际政治经济秩序中的弱势地位影响了主权的巩固，制约了主权的有效使用，现代化与一体化进程受阻。然而，西非各国始终未放弃对区域主义的追求，随着主要国家政局的稳定，以及西非国家对国家现代化与区域一体化相互促进关系认识的深入，西非国家及时把握了机会，灵活运用主权，制定了合理的政策，推动了国家与区域的共同发展。

本书的写作框架如下。

第一章阐明研究的问题及对全球一体化、现代化、民族国家、泛非主义、区域一体化等概念的梳理。

第二章从历史的角度梳理西非区域一体化的背景，西非区域意识、民族主义与泛非主义的互动发展，及西非国家经济共同体的建立。

第三章从政治、经济与外交政策三方面分析西非国家在巩固主权上面临的挑战。

第四章以西非大国尼日利亚的民族国家建构过程和加纳政治民主化进程为例，说明主权巩固是非洲国家现代化与一体化向前推进的前提条件；以西非区域维和机制的建设为例，论述灵活运用主权原则对西非一体化的积极影响。

第五章分析西方大国、国际组织、外债与外援等主要国际政治经济因素对西非现代民族建构及西非一体化所产生的影响。

第六章指出西非一体化和西非国家现代化的良性互动需具备四个条件，其中主权的巩固与灵活运用是关键。

第七章从理念、过程、机遇与制约因素等方面分析非洲一体化与现代化的互动过程。

本书的不足在于缺乏实地调研材料和来自西非各国的第一手资料，以及对法语文献的参考不足，限制了分析的广度与深度。

第一章
非洲一体化与现代化的理论
分析和基本概念梳理

一 经济全球一体化、民族
国家与现代化

世界历史的演进就是不同文明与文化的交往互动逐渐深入与广泛、彼此借鉴与渗透、走向一体化的过程。自 1500 年以来，这种一体化过程越来越快，直至 20 世纪中叶，一体化从广度上讲几近覆盖了地球的每一块陆地，但深度有待发展。地球上的几乎所有民族和国家的发展都受到一体化的影响，曾经相对独立的发展轨迹被改变了。500 多年来的历史表明，凡是无视这种一体化的发展趋势而闭关自守的民族或地区，势必落后挨打，且最终被强行拖进世界一体化进程中。世界一体化的突出表现在于其强大的渗透性与扩张性，这种渗透性与扩张性削弱了任何世外桃源的存在基础，不受这种一体化影响与制约的地区或民族几乎不存在了，借用《共产党宣言》中的话，"过去那种地方的和民族的自给自足和闭关自守状态，被各民族的各方面的互相往来和各方面的互相依赖所代替了"①。

这种一体化的推动力是世界市场逐步形成的原因。现代民族国家的建立是迎接世界市场挑战的有力方式，也是世界一体化在

①《马克思恩格斯选集》第一卷，人民出版社，1995，第 276 页。

局部空间上的实现，超国家的区域一体化是世界一体化进程在更大空间上的探索。故世界一体化体现为循序渐进的一种进程。

凡是地区或民族内部一体化程度高的地区，都能更好地调整自身，乃至利用、驾驭世界市场。现代化进程开始较早进展较快的地区才能达到较高程度的一体化。现代民族国家、工业化、政治民主化和基于法治的社会公正确立之后，一个地区的内部一体化就基本实现了，故现代化与一体化是一个硬币的两面，是现代文明的不同表现形式。现代化进程加速了这种一体化趋势，与此同时，现代化也是民族国家实现一体化的必由之路。

现代国家通过主权来巩固国内的一体化，对外与他国发生关系。在现代化与一体化的互动过程中，主权经历了由绝对主权向相对主权（共享主权）的转变。这种转变表明，现代国家内部的一体化要先于外部的一体化。凡是克服了国内各种主权挑战（地方意识、宗教、族群等），完成了国内一体化进程的国家，其现代化发展速度就越快，并很乐于加强与他国的联系，融入世界大的一体化进程。一体化的发展因而越来越表现为：国与国之间的联系与合作逐渐密切与加深，国家间的政治、经济、社会、文化有了全面的互动，以至于出现主权让渡与共享的状况及进程。这种超国家的区域一体化既是世界经济全球化导致的世界各国政治、经济和文化合作发展的客观结果，也是各个主权实体应对全球化挑战的一种反映。一体化的核心是国家主权的让渡与共享，唯有让渡与共享国家主权，各个社会、各个国家和各种经济体系才能超越现存各种界限而互相接近。显然，两种意义上的一体化都与现代化有着密切的关系，二者互为促进，这在非洲大陆尤为突出，正是非洲一体化的思想启动了非洲现代化的进程，没有一体化思想，便没有非洲现代化的启动；没有非洲国家的彼此合作与一体化的深化，非洲现代化进程就难以持续。

在世界一体化程度加深、范围趋广的历史进程中，世界各地的王朝或被推翻，或名存实亡，代之以民族国家，成为一种普遍现象。现代国家在建立过程中，借用了民族共同体这一纽带，从而将历史、现实与未来连接在一起，这对等级秩序遭到破坏、权威与传统加速流失的社会来说是十分必要的，因为它能使社会保持一定的凝聚力，给人们以一种归属感，维护社会的稳定。这种主要基于传统与文化的民族共同体成为发挥人民主权的载体，为民主划定了一个范围，使主权主体具有了一种文化身份。民族共同体的凝聚力靠民族精神来维持。民族精神的根在传统，但其发扬光大离不开现代化。民族精神的提炼与升华和建立现代国家的过程是互为一体的，二者相互促进。没有现代化，民族将失去其生存的基础，更谈不上发扬民族精神。现代欧洲国家正是在反思历史、推陈出新中建立起来的。现代民族国家的核心是主权，主权的具体体现形式是国家法律的颁布和国家公共政策的制定。

文艺复兴运动、宗教改革和科学理念促使欧洲先于世界其他地区进入了现代化轨道。15 世纪末，最早完成国家政治统一和中央集权的西班牙和葡萄牙成为世界现代化的第一批引领者，继而英国、法国借助工业革命成为第二批引领者，随后德国、美国、日本和俄国成为第三批引领者。与此同时，这些国家也是世界一体化进程的领头者。西、葡两国开辟了世界新航路，发现了美洲大陆，英国工业革命促进了农业文明向工业文明的转型，法国大革命为世界现代化指明了现代政治的目标，美国革命为殖民地的反抗树立了榜样，俄国革命开创了现代化探索的另一种路径。

作为引领者，为获取最大利益，总想保持长久的领先地位，"欧洲尤其是英国立意不让其它任何地区有机会参与竞争"[1]。世界其他现代化起步晚的地区在适应这种一体化趋势过程的同时，进行着反控制与反支配的斗争。但这种反控制与反支配的斗争越来越艰难，引领世界现代化进程的国家规模由小变大的历史证明了这一点。第二次世界大战结束后的西欧联合的原动力就是以联合起来的规模反抗美国和苏联的控制，以团结起来的力量来保持欧

---

[1]　〔美〕菲利普·李·拉尔夫等：《全球文明史》（下卷），赵丰等译，商务印书馆，1999，第 258 页。

洲的领先地位，阻止欧洲的衰败。[①]

世界其他地区为摆脱受控制与被支配的境地，开始效仿欧洲，以民族国家为单位，构建后农业文明时代所需的各种制度与结构，推动工业文明。在这一过程中，传统政治体制向现代民族主权国家的转变颇为明显，行政与法律机构、社会组织乃至伦理道德标准都在相应地变化调整。美国学者布莱克把这样的一个过程称为现代化，"在这一过程中，历史上形成的制度发生着急速的功能变迁"[②]。"现代"这个字眼不仅包含着时间上的"现在"，而且指"时髦的，时新的"，故是新近才有的，过去不存在或未被推崇的，都是现代的，因而与过去出现的、存在了很长时间的"传统"是相对的。现代化就是指对传统制度的改造与革新，其基础是工业化，"新的工业的建立已经成为一切文明民族的生命攸关的问题"[③]。

工业化是现代化的基础，政治民主与法治有利于巩固这种基础。无论是单一的经济增长还是全面的发展都要建立在工业化的基础上。中国现代化理论研究者罗荣渠关于工业化是现代化的核心和基础的观点是非常深刻而正确的。他说："广义的现代化主要是指工业革命以来现代生产力导致社会生产方式的大变革，引起世界经济加速发展和社会适应性变化的大趋势，具体地说，就是以现代工业、科学和技术革命为推动力，实现传统的农业社会向现代工业社会的大转变，使工业主义渗透到经济、政治、文

---

① 〔法〕法布里斯·拉哈：《欧洲一体化史》，彭姝祎、陈志瑞译，中国社会科学出版社，2005，第15～17页，"二战前的欧洲观"中论及欧洲统一观有针对欧洲衰败观的一方面，也有向美苏两个联盟国家学习的一方面；〔美〕兹比格纽·布热津斯基：《大棋局》，中国国际问题研究所译，上海人民出版社，2007，第52页，"为了防止重心东移的发生，法国政治地理学家保罗·德芒戎和其他一些法国地缘政治学者甚至在第二次世界大战之前就提倡欧洲国家更紧密地联合起来"。

② 〔美〕C.E.布莱克：《现代化的动力——一个比较史的研究》，景跃进、张静译，浙江人民出版社，1989，第6页。

③ 《马克思恩格斯选集》第一卷，中共中央马恩列斯著作编译局编译，人民出版社，1995，第276页。

化、思想各个领域并引起社会组织与社会行为深刻变革的过
程。"①

　　人们对发展的认识由最初注重单一经济增长，到注重多层面
的综合变化，这些变化不仅包括经济的增长、贫困的消除、不平
等的减少，还包括社会结构、公众态度和国家体制的变化。② 与此
同时，旧的社会文化价值观逐渐被人们抛弃，取而代之的是新的
现代文化价值观。

　　世界历史的现代化进程客观上要求民族的一体化，一体化范
围和深度的逐渐扩展。现代民族国家正是将一定地域内的地方治
权集中起来，实现了国内一体化，完成了对内的最高治理权，对
外的独立权和唯一代表权。现代民族是完成了对本民族的传统革
新改造，实现了建立国家的工业化基础，以理性法治为基础的政
治与文化一体化的民族。凡是完成了这种内部一体化的民族就显
示出巨大的凝聚力及对世界其他地区和人民的支配力与控制力。
英国、法国、美国、德国、日本莫不如此。这些先行完成了民族
内部一体化与国家现代化的国家对世界其他地区与人民有着突出
的示范作用，开启了世界范围的构建民族一体化与现代化的过
程。世界非欧洲地区的民族一体化与现代化过程，都起始于对欧
洲控制的反抗。但这些国家的民族一体化构建的外部环境越来越

---

① 自20世纪50年代以来，西方学者在反思工业化后的西方所面临的危机与问题
时，对现代化理论进行了批判，有的甚至否定了现代化理论，但所有这些批评
针对的是工业化实现后的社会，是对现代化的反思，本质上有助于改进现代化
实践。故20世纪50年代末美国社会学家丹尼尔·贝尔所提出的后工业社会思
想及其在1973年正式出版的《后工业社会的来临》一书对现代化实践更有指
导意义。〔美〕丹尼尔·贝尔：《后工业社会的来临》，高铦等译，新华出版
社，1997。以罗荣渠等为代表的中国学者没有被兴起于西方的后现代思潮所盅
惑，坚持认为现代化必须以现代工业为基础。罗荣渠：《现代化新论续篇》，北
京大学出版社，1997，第265页。也参见钱乘旦、杨豫和陈晓律《世界现代化
进程》，南京大学出版社，1997，第63页，"尽管把工业化等同于现代化是错
误的，但不可否认工业化构成了现代化主要和基本的内涵，因为工业化为现代
化提供了必要的物质基础"。

② George Akeya Agbango, "Political Instability and Economic Development in Sub-
Saharan Africa", in George Akeya Agbango, ed., *Issues and Trends in Contemporary
African Politics*, Peter Lang Publishing, Inc., 1997, p. 15.

不利，因为它们多数在内部一体化还不成熟时就要被迫实现与外部一体化，故内部一体化受到的各种干扰乃至干预远远多于先期现代化的国家。越是后发国家，主权的运用与国家政策的作用就越大，[①] 因而，国家政权对民族一体性的培养，民族性的形成与巩固发展的作用越来越具有决定性作用。

二　泛非主义、非洲一体化与现代化[②]

非洲的反抗过程非常艰难，非洲被迫进入一体化的悲怆世界历史遭遇起始于奴隶贸易，"1500～1800 年这段时期标志着非洲被纳入资本主义世界经济的开端"[③]。非洲是在献出大陆人力资源、削弱自我发展动力的情况下成为世界一体化的一部分的。300 多年的奴隶贸易使非洲不仅损失了自我发展的人口，且精神受到重创。[④] 对应于先行步入工业文明的西方的贪婪与压迫，非洲大陆，尤其是撒哈拉以南非洲还处在部落社会的组织结构中，超部落文化的组织尚在形成之中，除了相同的肤色之外，缺乏能够将各个部落组织、不同地区联系在一起的纽带或媒介，如语言、宗教乃至存在于较大地域范围的国家政权。

19 世纪末，西方工业国家之间争夺世界市场的竞争加剧，面对内部依然割裂的非洲社会，彼此协调了步调，共同实现从借助贸易据点的间接控制到以武力和经济优势的直接控制。1885～1886

---

① 参见〔美〕托马斯·K. 麦克劳《现代资本主义——二次工业革命中的成功者》，赵文书、肖锁章译，江苏人民出版社，2006，第 583 页。麦克劳指出了国家所采取的政策对资本主义（即现代化）发展的积极作用，"积极的公共政策对促进持续增长是很有价值的，有时甚至是必不可少的。最有效的政策往往是针对具体时代和具体情况的，没有什么政策是放之四海而皆准的"。

② 部分内容见肖宏宇《互动中的非洲一体化与现代化》，载李安山主编《世界现代化历程：非洲卷》，江苏人民出版社，2013，第 260～311 页。

③ 〔美〕菲利普·李·拉尔夫等：《全球文明史》（下卷），赵丰等译，商务印书馆，1999，第 1030 页。

④ 〔美〕斯塔夫里阿诺斯：《全球通史：1500 年以后的世界》，吴象婴、梁赤民译，上海社会科学院出版社，1999，第 514 页，"欧洲给非洲留下的印记比给欧亚大陆留下的要深得多"。

年，法国、英国、葡萄牙、德国、西班牙、意大利和比利时在柏林会议上对非洲的瓜分，既把非洲全面拖进了世界资本主义一体化进程，同时又设置了非洲内部一体化的一个巨大障碍。柏林会议对非洲的瓜分使非洲被分而治之的事实固化，它无视非洲的地理自然特征、部族分布、宗教信仰、地方特性和历史事实，对非洲实行分而治之，将能够使非洲联系起来的元素减至最小化，对非洲进行了再一次奴役——这次不是生活在这块土地上的人，而是这块土地本身。此时，整个非洲，尤其是撒哈拉以南非洲缺乏抵抗西方的有效力量。非洲要现代化、要团结起来摆脱被控制的命运的愿望通过泛非主义表达出来。

　　起源于 19 世纪末的泛非主义运动是黑色人种反对帝国主义、殖民主义和种族主义的一种现代意识的流露，既是非洲民族主义的体现，又反映了非洲人对非洲自身一体化的向往。泛非主义兼具民族性和一体性，在历史的不同时期有不同的表现。奴隶贸易、西方人对非洲探险与瓜分将非洲卷入了世界资本主义全球化进程中。布尔战争、第一次世界大战、十月革命、20 世纪 30 年代埃塞俄比亚抗击意大利法西斯的战争和第二次世界大战都加剧了泛非主义思想的传播和运动的扩展与深入，并使非洲一体化进程与世界现代化进程紧密联系起来。世界政治经济一体化的加深，推动了联合国的非殖民化机制的建立和发展，[1] 在一定程度上也促进了非洲的一体化发展。一体化成为非洲现代化过程中应对危机克服现代化障碍的选择，为非洲现代化起飞做了准备。

　　世界现代化进程的先行者西方发达国家在一定时期内凭借资本积累和雄厚的经济基础成为现代化进程的领导者；而后发达国家，广大的亚非拉国家，现代化启动时的被动性和反抗性是显而易见的。西欧资本主义通过奴隶贸易将非洲纳入全球资本的一体化，非洲大陆和人民遭受了最深重的屈辱，因而对自己主导现代

---

① 张莉清：《联合国非殖民化机制与南部非洲独立研究》，武汉大学出版社，2011，第 5 页。作者试图从不偏不倚的立场看待"非殖民化"，认为政治独立、经济自主和文化自治的辩证统一是构成非殖民化不可或缺的内容，继而肯定了国际组织——联合国所起的积极作用。

化进程和发展道路的渴望与需求也更为迫切，改变被动地位的迫切性令非洲民族主义集局限性与高瞻性于一身，分别体现为"种族性和大陆性特征"。① 尤其泛非主义兴起早期借助种族性表达反抗性的特征更为突出，故有学者指出"从泛非主义诞生至20世纪的头45年，泛非主义运动基本上属于'泛黑人运动'（pan-negro movement）或泛黑人主义运动（pan-negroist movement）范畴。泛黑人主义者宣扬全世界的黑人同源同种，其要旨是联合全世界的黑人，反对种族主义、殖民主义，捍卫黑人的种族特性和尊严，争取黑人的一切平等权"②。

启动非洲现代化进程的思想是泛非主义，它本质上是黑色人种的思想启蒙运动，是黑色人种反对帝国主义、殖民主义和种族主义的一种思想表达，构成非洲民族主义的一个重要组成部分。泛非主义为非洲认同、非洲人治理非洲提供了合理依据，也向世界展示了作为一个整体的非洲的存在意义，表达了非洲一体化的思想。泛非主义思想为非洲人作为世界现代化的主动参与者进行了精神准备，其本质内涵是非洲民族主义。人们普遍认为泛非主义既是一种社会政治思潮，又是一种政治运动，基本内容包括三个方面："第一，主张非洲各国人民联合起来，摆脱殖民帝国主义的统治，达到'非洲由非洲人统治'的目的；第二，结束殖民主义统治之后，非洲国家需在经济、政治和社会方面进行改造，最终建立一个泛非联邦或非洲合众国；第三，在承认非洲人对人类社会的进步作出了特殊贡献的同时，恢复和发展非洲的语言和文化。"③ 泛非主义不仅为非洲民族独立运动提供了思想资源，而且培养了非洲民族主义运动领导者，为非洲大陆争取独立奠定了组织基础。

泛非主义的基础源于非洲被动卷入世界现代化进程中的历史遭遇，其凝聚人心的动力在于其对非洲前景的描绘，即非洲现代

---

① 李安山：《非洲民族主义研究》，中国国际广播出版社，2004，第43、45页。
② 张宏明：《近代非洲思想经纬》，社会科学文献出版社，2008，第42页。
③ 陆庭恩、彭坤元主编《非洲通史》（现代卷），华东师范大学出版社，1995，第121页。

化的实现。泛非主义构成非洲现代化进程的一个指导思想，从而成为"非洲一体化的心理情感、意识形态和实践运动的具体表现"①，为非洲一体化进行了思想动员，启动了非洲现代化进程。作为一体化思想基础的泛非主义，是非洲人摆脱被动的从属地位、自己掌控现代化进程的指导思想。这是非洲民族主义先驱留给非洲大陆的宝贵精神遗产，这些精神遗产指导了非洲现代化实践，促进了非洲大陆和世界各地黑人社会的政治与经济发展。无论是散居世界各地的非洲人，还是被殖民者分割为英语非洲、法语非洲和葡语非洲的非洲大陆，都拥抱了泛非主义。泛非主义是非洲人寻求成为非洲大陆现代化进程中的主宰者的一种表现，旨在动员非洲人民及散居于世界各地黑人联合起来，争取黑人的自由与平等，进而争取非洲的独立与统一。泛非主义思想的传播为非洲的民族解放和独立奠定了思想基础，影响着非洲民族独立运动的进程。第一次泛非大会决议在治理非洲土著居民和非洲裔的各族人民的国家原则中提出"按照非洲人的意愿来治理非洲"②。1920年的英属西非国民大会有关教育的决议富有远见地意识到了非洲发展道路的民族属性问题，提出了培养非洲民族意识的教育规划。③

　　泛非主义表现了非洲人民的理想。"泛非主义是所有在非洲本土以及移居在世界各地黑人的愿望，他们通过黑非洲文明的属性在文化上得到体现，竭尽全力投入到黑人几个世纪抵抗奴隶制和殖民化的运动中去，这种愿望在非洲合众国的形式下形成了大陆的政治统一"④。在西非国家塞内加尔总统看来，泛非主义包括了三项内容：启发了非洲人民的命运共同体意识；构筑了非洲不同

---

① 李安山：《理想与现实的互动：从泛非主义到非洲一体化》，罗建波《非洲一体化与中非关系》序一，社会科学文献出版社，2006，第 2 页。

② 唐大盾选编《泛非主义与非洲统一组织文选》，华东师范大学出版社，1995，第 7 页。

③ 唐大盾选编《泛非主义与非洲统一组织文选》，华东师范大学出版社，1995，第 12～13 页。

④ 〔塞内加尔〕阿卜杜拉耶·瓦德：《非洲之命运》，丁喜刚译，新华出版社，2008，第 56 页。

地区和整个大陆的经济基础；规划了非洲大陆政治与经济一体化的计划。①

泛非主义是非洲人为改变自被迫成为世界现代化进程中的参与者以来的从属性而创造出来的一种全新思想与哲学，这种思想与哲学的历史使命是培养非洲人的自尊，使非洲人成为自己土地上的主人，完成非洲现代化的历史任务。这种思想表面上是模仿西方的民族主义，是黑人的种族主义，但实质上是非洲人的创新，是非洲的民族主义，② 因为它试图塑造非洲认同感，把对整个非洲的忠诚放在第一位，并促成非洲大陆的独立与统一。

泛非主义的先驱们意识到非洲历史上缺乏统一的政治实体，非洲大陆因几百年的奴隶贸易而被摧残的精神，被不同殖民者分割而治的现状，从反白人种族主义这一形式出发，把非洲大陆及散居于世界各地的非洲后裔联系起来，从而使泛非主义成为非洲现代化进程的精神资源，成为非洲独立运动与解放的思想武器。泛非主义运动及其五次大会的召开，成为连接非洲大陆精英分子的平台，其中的优秀分子成为非洲独立运动的领导者。受过西方现代教育的非洲知识分子成为这个思想的传播者与运用者，是泛非主义运动初期的主力。

当然泛非主义的出现是同当时世界各地的反抗殖民压迫并争取独立的思潮相呼应的，同时也深受西方现代思想的影响。非洲对西方的模仿是显而易见的，尤其体现在言辞与价值观上。1920年加维所领导的世界黑人促进会通过的《世界黑人权利宣言》是仿照美国独立宣言的非洲独立宣言。宣言提出"要让所有的人都明了，一切人类都是生来平等，并享有生活、自由和追求幸福的

---

① 〔塞内加尔〕阿卜杜拉耶·瓦德：《非洲之命运》，丁喜刚译，新华出版社，2008，第59页。

② 根据沃森的定义，"民族主义运动实质是争取民族独立或民族统一的政治运动，或者在毫无政治意识的民众中建立民族意识的政策"。参见〔英〕休·希顿-沃森《民族与国家》，吴洪英、黄群译，中央民族大学出版社，2009，第591页。李安山指出，"非洲民族主义思想是近代资本主义将非洲拉入世界经济体系和近代世界关系这一过程的产物"。参见李安山《非洲民族主义研究》，中国国际广播出版社，2004，第1页。

权利"。这种模仿不仅是形式的，更是内容的，内容是对现代化理念"民主与民族原则"的认同，尽管对民族的理解更多地与种族性相关。宣言明确宣布"全世界凡属于我们血统的男女老少都是自由公民"，并要求"将他们视为非洲这个全体黑人祖国的自由公民"，"按照欧洲人的欧洲和亚洲人的亚洲的原则，我们也要求非洲应成为所有非洲人的非洲"。① 但"从表面形式的模仿到实际内容的借鉴，这是任何一个有生命力的民族学习先进文明的必由之路，而时机的把握和觉悟的迟早却要由一个民族的先进分子决定"②。故在独立后，许多非洲国家从政治原则、经济管理、社会组织乃至法律制定与执行方面对西方模式加以借鉴，如议会民主制、多党制、工会组织等，西非国家经济共同体对欧洲经济共同体的借鉴。③ 模仿与借鉴实际上是后起现代化国家的一种理性选择，模仿与借鉴并非是再走别人已经走过的老路、弯路，而是在模仿与借鉴的基础上，摸索出一条适合自己发展的道路，即用何种材料、何种方式筑路应该基于自身的实际，并能使这条路比所有先期现代化路更通畅，到达预期目标的距离更短，代价更小。如先期现代化国家对自然环境的破坏许多不是有意为之，这正是后期追赶者要引以为鉴的。为争夺市场与霸权不惜将全世界卷入战争，也使先期现代化国家以及其他国家和地区付出了沉重代价。

---

① 唐大盾选编《泛非主义与非洲统一组织文选》，第 17、18 页。

② 李安山：《非洲民族主义研究》，中国国际广播出版社，2004，第 64 页。在张宏明看来，"近代早期非洲思想连同它的主体——黑人知识分子都是非洲社会与外部世界，特别是与欧洲交往的产物。近代非洲思想实际上是黑人知识分子对外部刺激的反应，在它孕育、生成的过程中，受到了当时流行于欧美的各种社会政治思潮的影响，其中种族主义和废奴主义这两股思潮的影响尤为直接和明显"。"殖民化虽然给非洲社会带来了诸多灾难性的后果，不过，非洲社会的现代化过程也是伴随殖民化而起步的。"参见张宏明《近代非洲思想经纬》，社会科学文献出版社，2008，第 16、89 页。

③ 西非现行法律体系分为两大类：英语西非国家的类似英美的法律体系，法语、葡语国家的类似欧洲大陆的法律体系。参见 ES Nwauche，"Enforcing ECOWAS Law in West African National Courts"，*Journal of African Law*，Vol. 55，No. 2，2011，pp. 181 - 202，published online，14 Sept. ，2011.

模仿与借鉴的前提是确认世界不同地区或社会的发展存在共同的规律。但如何构建顺应这些共同规律的发展道路，取决于各个后发国家自身的努力。当然模仿与借鉴充满陷阱，因为前后时代环境不同。

此外，泛非主义对非洲现代化还有一种纠偏作用，调节着非洲国家现代化的发展方向。某种程度上，泛非主义始终是非洲现代化发展困境时的支柱，每当非洲现代化进程遭遇困难、发展呈现危机时，一体化思想就成为化解危机、使之重新出发的动力。

非洲一体化进程与非洲现代化实践相辅相成，判断一体化进程与现代化探索是否成功的标准是一样的，就是非洲经济是否减少了依附性，社会是否保持安定，动荡是否减少，法律是否逐渐成为管理国家的准则；是否能够充分利用国际经济形势变化所提供的发展机会，逐渐减少乃至消除贫困。

大多数发展中国家的经济发展严重受制于促进全球经济一体化的市场力量，受制于国际资本，政治的现代化如果影响到国际资本的利益，那么国际资本的代言人对政治进程施加影响就难以避免。非洲一体化不可能是一种自然形成的过程，而必须是非洲人自觉的追求。如果说英、法现代民族国家的一体化的过程更反映了一种不自觉的历史进程，随后的美、德、日等国的一体化中自觉因素越来越强。政治现代化有助于加强这种自觉因素。非洲政治现代化将促进非洲各国政局的稳定、权力的和平移转、减少外部势力的干涉、增强各国自主外交的机会，为各国政府制定长远的区域合作和大陆一体化化战略与政策奠定基础。与此同时，非洲现代化的成功离不开非洲一体化的深入，巴尔干化的非洲大陆难以摆脱经济的依附性与脆弱性，更难以保证政治上的自主性。

非洲的觉醒与一体化将威胁到西方发达世界构成的第一世界的秩序，非洲的现代化和一体化将彻底颠覆西方从奴隶时代起就构建的"自然""原始"非洲形象，使西方失去其先进和文明形象的反衬对象，为此西方希望空间与时间都在非洲大陆凝固，非洲人固守其村庄，保留其传统。① 西方这样做时，始终占据着道德的制高点，打着维持地球生物多样性、生态平衡和保护人类遗产的堂皇口号，告诫非洲国家不能这样做，不能那样做，却把破坏环境的垃圾运往亚洲与非洲的发展中国家。西方 21 世纪谈论起全球环境恶化的责任时，仿佛正在极力改变自身命运的发展中国家是罪魁祸首，故要负起主要责任，开发自己国土的森林资源是乱砍滥伐，开发矿物资源造成污染。它们丝毫不提过去的几百年里，它们对全球环境造成了怎样的破坏，制造了怎样的灾难。目前全球环境恶化的罪魁祸首正是西方大国，而非正寻求发展的后起现代化追赶者。

非洲土地面积最大的国家苏丹在 2011 年一分为二，非洲大陆上自此诞生了第 54 个国家。而分裂的种子早在 19 世纪末英国殖民统治时期已经种下。英国当时为遏制苏丹北方伊斯兰教的影响，鼓励基督教在苏丹南部传播。20 世纪末，美国为了石油利益和反恐的需要，效仿了英国这种做法，鼓励基督福音传教士进入南部，为南部与北部的分离火上浇油。苏丹的分裂对非统成立后确立的非洲边界不可更改的原则构成了挑战，同时为非洲的其他分离主义势力提供了榜样。"这或许是自欧洲殖民者离开非洲以来，对非洲殖民边界进行重新划分的最大一次。"② 但独立后的南苏丹并没有走上和平道路，宣布独立后的近三年时间中各种派别争端不断，国内武装冲突时断时续。

要适应世界一体化逐渐加深的趋势，变化是不可避免的，关键是变什么，如何变？发达国家结成战略、经济与军事的联盟，应对世界政治经济的变化，是 20 世纪中叶以来的一种趋势，欧洲共同体（简称"欧共体"）、北大西洋公约组织（简称"北约"）、市场经济国家组成的经济合作与发展组织（OECD）相继成立，且在 20 世纪 90 年代这种区域一体化趋势越发突出，老的

---

① C. Kevin Dunn, "Fear of a Black Planet: Anarchy Anxieties and Postcolonial Travel to Africa", *Third World Quarterly*, Vol. 25, No. 3, 2004, pp. 483 – 499.

② Glenn Ashton, "Redrawing Colonial Boundaries in the 21st Century", Feb. 3, 2011, http://allafrica.com/stories/201102040294.html.

区域组织不仅拓展了合作的深度，且扩大了合作的范围，成员国合作进一步制度化。如欧共体发展到欧盟，不仅有了自己的发行货币欧元，且成员国由 6 国扩展为 27 国；经过 5 次扩大，北大西洋公约组织（北约）已形成了拥有 28 个成员国的世界上最强大的军事集团。发展中国家之间的区域一体化也在 20 世纪 90 年代开始加强，如 1961 年成立的东南亚国家联盟，成员国由 5 国扩展为 10 国；新的区域组织纷纷涌现，且打破了发达国家与发展中国家的界限，北美自由贸易区、亚太经合组织等新的区域组织纷纷成立。

这种全球区域一体化组织的蓬勃发展与全球化对人类社会影响层面的扩张密切相关：跨国公司在全球生产中日益增大的作用，信息和资本在全球的自由流动，跨国贸易量的增大，科技开发与运用在全球范围内的加速；有西方大国俱乐部之称的西方七国集团首脑会议变为八国集团首脑会议，再变为二十国集团；关税及贸易总协定变身为世界贸易组织……这种新的发展趋势已经并必将进一步迫使每一个国家自觉或不自觉地同时参与到国际政治经济的全球化与区域一体化这两种趋势之中。选择创建或者加入某个区域组织反映了各国政府应对全球化挑战的一种政策变化。无论是发达国家还是发展中国家概莫能外。20世纪 60 年代成立的非洲统一组织（简称"非统"）在 21 世纪初变身为非洲联盟（简称"非盟"），反映了非洲大陆及非洲国家对全球化挑战的应对。

研究全球化趋势下的区域一体化，尤其是世界最不发达国家比较集中的非洲大陆如何应对这种趋势，如何把握机会，推进自身现代化发展，避免被边缘化，从世界市场的被动参与者变为主动参与者，有助于加深对非洲国家现代化道路的探索路径的认识，有助于加深对现代性的反思。非洲一体化包含着三个层次的一体化，即整个非洲大陆的一体化，或者说超区域一体化；非洲大陆内的五大地理区域即东非、西非、中非、北非和南部非洲的区域一体化及其次区域一体化；以及各国内部的一体化。相比其他大陆的一体化，非洲一体化的挑战这三个层次的一体化要同步进行。

这是有学者认为非洲大陆一体化存在客观障碍及缺乏现实基础的原因所在。① 现代化的发展，就是一体化的发展，一国国内政治一体化和经济一体化的实现，往往意味着国家现代化的实现。一体化实践和现代化实践相互促进又相互制约。

在不同的历史时期，非洲一体化思想的体现也各不相同。非洲一体化思想体现的正是非洲人民和非洲大陆的理想之梦，即实现非洲团结并建立非洲合众国。这个梦想实现之日，就是非洲现代化实现之日，也是非洲彻底清除殖民主义恶果之日。这个梦想首先来自散居于美洲的黑人的觉醒，其历史根源是非洲大陆共同的历史遭遇，是对奴隶制和白人种族剥削的一种反应，是一种救亡图存的意识。

加纳共和国领导人恩克鲁玛关于非洲合众国的设想，是非洲人民对政治自主与经济依附两个相悖现象的一种理想化的解决模式。这一设想虽然没有成功，但是为非洲国家解决政治与经济之间的相悖现象指明了一种方向，即非洲独立国家需要相互合作与团结。恩克鲁玛指出了非洲大陆彻底摆脱殖民统治"分而治之"的途径就是非洲国家之间的联合，直至实现统一。

理想的非洲合众国模式在残酷的事实面前的挫折，促使非洲国家选择了另一种形式的合作，即区域层面和次区域层面的合作，非洲五大地理区域都建立了各种层次的区域与次区域组织，如北非的马格里布联盟、东非共同体、西非国家经济共同体、南部非洲发展共同体、中部非洲国家经济共同体、大湖国家经济共同体等。这是非洲国家学习运用国家主权促进本国经济发展、走向现代化的一种尝试，是一种更为务实的方式。非洲国家试图借助这种方式协调本国民族主义冲动与区域合作的关系。

全球化虽然不是区域性共同体兴起的唯一动力，但无疑促进了区域共同体的发展。伴随 20 世纪后半叶全球化的深化，不同

---

① K. M. Barbour, "Industrialization in West Africa – the Need for Sub-Regional Groupings within an Integrated Economic Community", *Journal of Modern African Studies*, Vol. 3, No. 3, Oct. 1972, pp. 357 – 382.

国家组成的区域共同体开始兴起。选择区域一体化的目的是促进本国的发展，改变经济上的弱小和被边缘化。非洲大陆区域和次区域组织就是在这个背景下成立的。阿桑特（Asante）指出，发展中国家的区域一体化实际上应该被称作"发展的区域主义，或者说，集体改善的工具"，因为这种区域一体化"不仅是为了扩大贸易，而且也要提倡新产业，有助于国民经济多元化，提高区域同发达国家的谈判能力"。[①] 这种发展的区域主义从目标上看是经济的，但是政治在其中起着关键的作用，"非洲的经济学实际上就是高级政治"[②]。用瑟德鲍姆的话，发展的区域主义实际就是对经济全球化的一种政治反应，团结起来的凝聚力量是后发赶超者能够成功追赶强者的有效手段。[③] 非洲的区域主义主张更强调政治的作用，故一体化是主观与客观的结合或互动，其发展动力源于"参与各方所认识到的共同需要"[④]，是一种主观的合作性安排，其成功的重要条件是人民有能力把一体化变成一种观念或信仰，并把这种观念贯彻到实践中。有人批评说，这种区域一体化是"国家主导的精英工程"[⑤]。这种批评的确指出了非洲各国政府及其非洲各国领袖是非洲一体化的推动者，但这是非洲一体化的优势，而非劣势。非洲一体化不能坐等非洲人民的觉醒，不能坐等一体化的自我实现，故要诉诸非洲团结的区域意识与大陆意识，借助区域主义的政策加速非洲的发展，用较短的时间完成现代化的转型。在发展水平远远落后于世界其他大陆的非洲，如果不以区域主义为指导国家政策的核心，就无法改变经济上的依

---

① S. K. B. Asante, *The Political Economy of Regionalism in Africa*, Praeger Publishers, 1986, p. 13.

② S. K. B. Asante, *Regionalism and Africa's Development*: *Expectations*, *Reality and Challenges*, The Macmillan Press Ltd., St. Martin's Press, 1997, p. 27.

③ Fredrick Söderbaum, "The New Regionalism in South Africa", *Politeia*, Vol. 17, No. 3, 1998, p. 91.

④ 〔美〕詹姆斯·多尔蒂、小罗伯特·普法尔茨格拉夫：《争论中的国际关系理论》（第五版），阎学通、陈寒溪等译，世界知识出版社，2003，第548页。

⑤ David J. Francis, *The Politics of Economic Regionalism – Sierra Leone in ECOWAS*, Ashgate Publishing Ltd., 2001, p. 23.

附与弱小和政治上冲突的多米诺骨牌效应，也无法应对日益深入的全球化挑战和发达国家咄咄逼人的态势，更无法把握全球化所提供的机遇。

三　区域、区域组织、区域主义与区域一体化

为了解这样的互动过程，笔者把西非国家和西部非洲区域一体化作为研究对象。在非洲五大地理区域中，笔者选择研究西非区域一体化的原因在于：沿地中海的北非国家其文化特征更接近阿拉伯文化，经济联系与欧洲及中东更为密切，其历史的发展一直同欧亚历史的发展相互交融，阿拉伯人占比大，该地区的埃及、马格里布国家（阿尔及利亚、利比亚、摩洛哥、突尼斯），乃至苏丹，一般被认为属于中东国家，又有撒哈拉大沙漠将其与非洲其他部分分割开来，故北非的非洲色彩并不浓厚，也不突出。东非内的区域组织东非共同体经历了成立 10 年后的解散，解散 23 年后的重新成立，如果从区域组织的作用来看区域一体化，那么在 20 多年里东非的区域一体化是停滞的。中部非洲各国几乎是西欧各国的复制版，曾分别为西欧各国的殖民地，其一体化进程在 20 世纪 60 年代后期发动，成立了中部非洲关税与经济联盟，在 20 世纪 80 年代该联盟为中部非洲经济共同体所取代，成员国由 3 个逐渐扩展到 21 世纪初的 11 个。该区域一体化的发展也有典型意义，但主要是以法语国家为主，而笔者的法语水平还不足以熟练阅读法语文献，故不选中部非洲作为研究对象。南共体从区域核心国家、现有总体经济实力和多数同为英语国家三方面来看比西共体具有优势，但核心国家南非不同于大多数非洲国家的历史发展，对研究非洲区域一体化典型意义相比西非区域一体化研究要弱些。

笔者选择西部非洲一体化作为研究对象来分析非洲一体化与现代化的互动进程，因为西非一体化和现代化的积极因素与消极因素都非常突出，相比非洲的其他地区的一体化更有代表性。西

非几乎可以说是整个非洲大陆的缩小版，比如历史的传承、帝国主义与殖民主义的危害、众多族群与宗教并存方面；比如西非曾诞生过非洲三大文明古国加纳、马里、桑海，为西非一体化提供了良好的历史背景，相对比较深厚的传统有助于西非探索非洲式的现代化发展道路，西非人重视传播非洲个性思想和黑人传统精神；另外，现代非洲人口最多的国家尼日利亚在西非，丰富的人力资源是既是尼日利亚本国现代化建设的一个优势，也有利于尼日利亚在西非一体化中发挥作用。而且，西非地区受泛非主义运动影响较深，是 19 世纪围绕非洲民族主义这一主题的非洲思想发展最为活跃的地区，①引领了非洲独立运动且诞生了撒哈拉以南非洲第一个独立的国家加纳。来自加纳的杰出非洲领导人恩克鲁玛始终高举泛非主义旗帜，制定非洲一体化目标并进行了不懈的探索，推动了非统的成立，恩克鲁玛既是非洲一体化思想的倡导者，也是非洲一体化思想的实践者。

同时，西非一体化和现代化所面临的挑战也是多重的。奴隶贸易造成的社会分裂、不同部族的敌对，以及对非洲人自尊性和自信心的摧残；老殖民大国英、法势均力敌造成的英语西非和法语西非的分裂及其对各自前殖民地的控制与影响；基督教和伊斯兰教并存而产生的思想文化的多元性。西非的各种国家间区域组织数量多，且功能重叠。相比人们认为比较成熟的西欧一体化，西非区域一体化在区域内领导角色的数量上不同于前者，因为西欧一体化靠的是英、法、德三驾马车的协调领导作用，而西非区域的尼日利亚的地位是西非其他国家无法相比的，这一点又类似北美区域一体化的情况。

非洲现代化和一体化的互动在西非的体现最为突出。西非区域一体化的研究很有典型意义。无论是思想准备还是历史实践层面，西非都比东非、南部非洲、北非、中非占有优势。西非区域意识的启蒙较早，且对一体化实践开始得也早，"区域合作在西非

---

① 张宏明：《近代非洲思想经纬》，社会科学文献出版社，2008，第 89～90 页。

始终是一种强大的力量，这种区域合作力量比非洲大陆的其他区域更为发达"①。因此，对影响西非区域一体化原因的研究，其借鉴意义远比对其他非洲次区域的研究要大。首先，对西非区域一体化的研究有助于加深对非洲区域一体化和非洲现代化进程的探讨，尤其是对探索经济不发达国家的区域一体化与现代化实现路径有着重要意义；其次，西非区域一体化研究有助于深化我们对发展中国家的政治稳定与经济改革辩证关系的认识；最后，有助于深化我们对主权原则和灵活运用主权原则的认识。

这里"区域"所对应的英文词是 region，对区域一词的理解，在学术界并没有达成共识。② 但国际政治中的区域概念，是因涉及一个以上的国家而出现的，它至少包含两个或更多的国家，这些国家在地理上接近，在人种、语言、文化、社会结构上存在相同或相似的特征，享有某种共同的历史记忆或经历，其认同感会因对该区域外的国家所采取的共同政策和行动而增加。③ 故用汉语词汇"区域"比较合适。region 的主要内涵是指界限明确的一个地区，是开放的，汉语词语"地区"更多的指一国国境内的某一地方。中国学者基本对这两个词语不作区分，既有用区域，也有用地区的，这种混淆不利于学术问题的探讨，④ 如在谈论地方民族主

---

① Francis M. Deng and I. William Zartman, *A Strategic Vision for Africa - The Kampala Movement*, Brookings Institute Press, 2002, p. 25.

② Edward D. Mansfield and Helen V. Milner, "The New Wave of Regionalism", *International Organization*, Vol. 53, No. 3, Summer, 1999, pp. 589 - 627. 奈认为"由地理相邻和存在一定相互依存关系的一些国家"就构成了一个国际区域，国际区域主义就是"基于这种国际地区组成的国家间组织或集团"，Joseph Nye, "Introduction", *International Regionalism: Readings*, edited by Joseph Nye, Little, Brown and Company, 1968。

③ 这综合了 Russett 及 Cantori 和 Spiegal 对于地区所下的定义，参见 Bruce M. Russett, *International Regions and the International System: A Study in Political Ecology*, Rand & Mcnally Company, 1967, p. 11; L. J. Cantori and S. L. Spiegel, "International Regions: A Comparative Approach to Five Subordinate Systems", *International Studies Quarterly*, Vol. 13, No. 4, Dec. 1969, pp. 361 - 380。

④ 本书中所提到的文献中既有用"地区"，也有用"区域"的。有些约定俗成的说法，如亚太地区。"地区"的说法更多具有地理含义，而"区域"则具有政治意义，如中国的民族区域自治的说法。

义时，有学者用地区民族主义。[①] 笔者倾向于用区域，区域更多强调政治含义，而地区则强调地理含义。非洲研究非洲区域一体化的学者阿桑特指出，在谈及非洲区域时，region 就是指几个邻近国家构成的区域地区，而不是整个非洲大陆。[②] 本书基本采纳阿桑特的这个用法。

区域的特征很大程度上取决于区域内人口的构成、经济活动和相对封闭、自成一体的地理位置，以及在此基础上的文化、社会特性，这些构成了区域主义产生发展的前提条件，但并不能就此断言这些地理、经济、社会因素的存在必然导致区域主义的产生，如果没有区域内人们的政治觉醒、有意识地塑造区域内的政治制度，区域主义便无从产生。区域主义的产生既是为了客观再现区域内的独特社会、经济特征，也是为了从政治上对这些特征加以解释，以使区域内的独特性产生综合的意义，"就是人们对区域在世界政治中的重要性的强调，以及对区域、区域一体化、区域意识、区域认同、区域觉悟等方面内容的理论构建"[③]。区域已成为驱动世界经济发展的一个有效的地理经济空间单位。[④]

正因如此，区域以及区域主义研究已经成为众多学者的研究重点。区域一体化是区域内各种差异彼此接纳、逐渐融合，并趋向形成一个整体的一种客观进程，这种进程可能是区域内国家历史上自然形成的一种结果，也可能是国家有意识加以促进的趋势，

---

① 王建娥：《全球化和地区民族主义：双向运动的内在联系》，王建娥、陈建樾：《族际政治与现代国家》，社会科学文献出版社，2004，第 235～253 页。

② S. K. B. Asante, *The Political Economy of Regionalism in Africa*, Praeger Publishers, 1986, p. 9. 虽然 Asante 在谈论非洲的区域主义（regionalism）时，把区域一体化和非洲大陆经济一体化看作非洲大陆区域主义的表现，但是如果谈及区域或区域一体化（region 或 regionalization），都是指构成非洲大陆的五个地区（北非、西非、东非、中非及南部非洲）。罗建波博士的论文《非洲一体化研究》把非洲大陆（continent）等同于非洲区域（region），而把五个地区看作次区域（subregion）。

③ 陈玉刚：《国家与超国家——欧洲一体化理论比较研究》，人民出版社，2001，第 362 页。

④ Hakim Adi, "Pan-Africanism and West African Nationalism in Britain", *African Studies Reviews*, Vol. 43, No. 1, Special Issue on the Diaspora, Apr. 2000, pp. 69 – 82.

或者二者兼而有之。但为了讨论与研究的方便，人们更多地取其客观的方面，人们通常认为这种过程首先体现的是一种经济的一体化，即"两个或两个以上的国家的产品和生产要素可以无阻碍地流动和经济政策的协调，一体化程度的高低是以产品和生产要素自由流动的差别或范围大小来衡量的，从而区域性国际经济一体化组织也有不同的形式"①。另有学者从交易费用的角度论证说，一体化是减少区域内国家间交易费用的一种过程。② 区域一体化是相邻国家在一个统一的框架下促进商品、服务、生产要素自由流动，并协调彼此政策的一种努力，这种努力要求这些国家在贸易、财政及货币政策上的一致。就西非国家而言，选择区域一体化的目的是促进本国的发展，改变经济上的依附状态。区域一体化与区域主义的区别在于，前者缺乏明确的政治和经济一体化的目的。③ 但对一体化的理解并不仅限于经济的含义，如科勒－科赫等学者就从政治的角度来定义一体化，认为一体化是"不同的社会、国家及经济体跨越了现存的国家、宪政和经济边界，以和平和自愿的方式所形成的联合"④。

在国际政治与国际关系领域，区域主义试图改变的是以邻为壑的国与国的猜忌关系，建立起"远亲不如近邻"的互助互信关系，摒弃"远交近攻"的策略，以应对国际社会的变化和挑战。区域主义更多的是弱者无以自保而不得不诉诸的手段，即使产生了世界第一批发达国家的西欧也不例外。两次世界大战削弱了英国、法国和德国的同时，也将欧洲区域意识变为现实。沦落为全

---

① 伍贻康、周建平主编《区域性国际一体化的比较》，经济科学出版社，1994，第 8 页。

② Walter Mattli, *The Logic of Regional Integration – Europe and Beyond*, Cambridge University Press, 1999.

③ 参见 Jessie P. Poon, "The Cosmopolitanization of Trade Regions: Global Trends and Implications, 1965 – 1990", *Economic Geography*, Vol. 73, No. 4, Oct. 1997, pp. 390 – 404.

④ 转引自〔德〕贝娅特·科勒－科赫、托马斯·康策尔曼和米歇勒·克诺特《欧洲一体化与欧盟治理》，顾俊礼等译，中国社会科学出版社，2004，第 15 页。

球大国政治的客体的欧洲国家开始视欧洲为一个整体，更为注重欧洲的同一性，在 1944 年的日内瓦抵抗战士大会上发表了《欧洲联邦宣言》。①

区域主义也是适应国家行为体逐渐增多、国际社会日益复杂（从联合国建立之初的 51 个成员国到目前的近 200 个成员国）的趋势而产生的；区域主义更是在经济一体化日益加深，在世界难以用简单的发达国家与不发达国家加以划分，难以用资本主义和社会主义的截然对立的意识形态排队的趋势中应运而生的；区域主义体现着对当今国际社会缺乏民主、全球治理匮乏的失望，体现着民族国家面对越来越多的超越国界问题时束手无策的一种无奈选择；同时区域主义体现的是一种务实的精神，是在国际竞争日益激烈的环境下对本区域相对竞争优势的认同。因而从功能主义的角度看，区域主义更可能是"作为促进经济与社会变化的动力"②。国家的力量已经不足以促进本国现代化的发展，区域主义逐渐开始接管民族主义难以完成甚至无法完成的任务。

区域主义一旦出现，就对区域特征起着重塑、强化的作用。用吉本斯（Gibbens）的话，社会经济条件与政治行为的关系是互为条件的，而不是谁决定谁的问题。③ 国家采取区域主义的表现形式是与相邻区域内的其他国家建立区域性国际组织（简称"区域组织"），区域组织是特定区域的国家为了共同利益和共同目标而结成的国际组织。直至 21 世纪，区域组织遍及世界各大洲，没有加入某个区域组织的主权国家屈指可数，无论国家大小、发展水平高低都在推动参与区域组织的成立与发展。现存区域组织中历史最久的是成立于 19 世纪初期的美洲国际组织，最有成效、一体化程度最高的是欧盟。区域组织的兴起与世界一体化进程的

---

① 〔法〕法布里斯·拉哈：《欧洲一体化史》，彭姝祎、陈志瑞译，中国社会科学出版社，2005。作者在第 18 页指出，二战快要结束之时，在被纳粹占领的国家建立欧洲联邦的呼声强于未被占领过的国家，主要是因为这些被占领的国家和地区的人民在逆境中同呼吸共命运的意识更强，故区域主义更容易被弱者拥抱。

② Michael Keating, *The New Regionalism in Western Europe*: *Territorial Restructuring and Political Change*, Edward Elgar Publishing, Inc., 1998, p. 89.

③ Roger Gibbins, *Prairie Politics & Society*: *Regionalism in Decline*, Toronto, 1980, p. 3.

深入密切相关。

区域组织条约或机构及其工作须符合联合国之宗旨及原则，联合国宪章有专门条款对区域组织的法律地位及其同联合国的特殊关系进行了规范。① 区域组织在维持国际和平与安全方面同联合国保持合作，在维护国际和平和保持国家间体系稳定上弥补国家以及联合国这个超大国际组织能力的不足，但非联合国的组成部分，而是独立的国际行为体。

区域组织内的成员往往地理位置相近，在民族、历史、文化、语言、宗教等方面有着密切的联系，在政治、军事、经济和社会上有共同关心的问题，相互依存。然而，区域组织的这些特点都是潜在的，是否将这些潜在的特点加以利用，取决于是否具有适宜的时代背景以及相关国家对待邻国政策的变化。如推动欧盟成立的最初动力是不愿再次陷入战争－渴望实现欧洲大陆永久和平的目标。② 这种政治动力与欧洲渴望靠集体的力量抵制现代化后起大国美、苏的控制，遏止衰落的趋势的愿望相结合，促成了欧洲一体化由煤钢联营到欧共体至欧盟的发展。非统的成立也源于类

① 参见《联合国宪章》第八章的第五十二、第五十三和第五十四条："第五十二条：一、本宪章不得认为排除区域办法或区域机关、用以应付关于维持国际和平及安全而宜于区域行动之事件者；但以此项办法或机关及其工作与联合国之宗旨及原则符合者为限。二、缔结此项办法或设立此项机关之联合国会员国，将地方争端提交安全理事会以前，应依该项区域办法，或由该项区域机关，力求和平解决。三、安全理事会对于依区域办法或由区域机关而求地方争端之和平解决，不论其系由关系国主动，或由安全理事会提交者，应鼓励其发展。四、本条绝不妨碍第三十四条及第三十五条之适用。第五十三条：一、安全理事会对于职权内之执行行动，在适当情形下，应利用此项区域办法或区域机关。如无安全理事会之授权，不得依区域办法或由区域机关采取任何执行行动；但关于依第一百零七条之规定对付本条第二项所指之任何敌国之步骤，或在区域办法内所取防备此等国家再施其侵略政策之步骤，截至本组织经各关系政府之请求，对于此等国家之再次侵略，能担负防止责任时为止，不在此限。二、本条第一项所称敌国系指第二次世界大战中为本宪章任何签字国之敌国而言。第五十四条：关于为维持国际和平及安全起见，依区域办法或由区域机关所已采取或正在考虑之行动，不论何时应向安全理事会充分报告之。"

② Ali M. El-Agraa, *Regional Integration: Experience, Theory and Measurement*, 1999, p. 4. 在艾尔阿格拉（El-Agraa）看来，确保欧洲和平是欧洲联合的最初驱动力。

似的原因——试图靠团结的力量共同抵御西方的影响，并确保彼此和平相处。

区域组织不仅有助于本区域和平的建立，更有助于发挥区域优势，加强成员在经济全球化中的竞争优势；区域组织的建立是在加强成员之间的传统联系之上，拓展新的联系渠道，并使之制度化。

这种区域主义的概念是一般意义上的，欧洲一体化发展近半个世纪以后，人们往往认为欧盟的诞生是水到渠成的结果，但是不能忘了欧洲一体化的启动虽然出于保持欧洲竞争力的经济动因，有经济自由主义和功能主义作指导，一体化由经济领域向政治领域的跨越却是各成员国的政策选择的结果。[①] 即使经济发达的欧洲的一体化也离不了政治的作用。西非区域一体化的发展同样遵循的是这样一个由经济动机而启动，逐渐延伸至政治安全领域的过程。西共体成了西非和平的维护者。考虑到发展中国家之间的区域一体化与发达国家之间的一体化的巨大差异，各个发展中国家所面临的紧迫的发展任务，发展中国家之间的区域一体化的目标就是促进这个紧迫任务的完成。

继 20 世纪 70 年代区域主义在理论和实践上衰落之后，到 80 年代逐渐复苏，并在 90 年代重获重视，今天它正呈现为全球化过程中一股强劲的力量。区域主义既可以被视为全球化的一个组成部分，全球化进程的一个必经阶段，又可以被视为对全球化的一种反应或者挑战。全球化在深度上的拓展，加剧了竞争的强度，各国的应对也越发灵活，在肖（Shaw，T. M.）看来，冷战结束后的区域主义在多维度、复杂性、灵活易变、不墨守成规等方面都不同于过去的区域主义，这表明了"新区域主义"兴起。[②] 这种新区域主义在全球层面展开，是三方互动的结果，即国家（包括了

---

① 〔德〕贝娅特·科勒-科赫、托马斯·康策尔曼和米歇勒·克诺特：《欧洲一体化与欧盟治理》，顾俊礼等译，中国社会科学出版社，2004。

② Timothy M. Shaw, "New Regionalism in Africa in the New Millennium: Comparative Perspective on Renaissance, Realisms and/or Regressions", *New Political Economy*, Abingdon, Vol. 5, No. 3, Nov. 2000, pp. 399 – 414.

国家间组织）、经济结构或组织（包括多国公司、世界银行及如黑手党的地下洗钱网络）、市民社会（教会组织、少数族体、非政府组织）。不同区域的区域主义因这三者互动关系的不同，出现了下面三个方面的差异：在经济、生态、战略上呈现了差异；在一体化程度及可持续发展方面呈现不同；在国家与非国家参与者的多样性上有所不同。

冷战结束前后，西非区域主义的突破体现在在区域政治安全与区域稳定的认识上形成共识，西非国家逐渐担负起自身安全与稳定的责任，不再将希望寄托于区域外部势力。在经济自由化和政治民主化的浪潮中，西非国家的国内治理机制的软弱无力暴露出来，一国政治的动荡很容易引发区域政治的动荡。在这种形势下，西共体开始把区域政治稳定与成员国国内政治稳定紧密结合起来，着手干预成员国国内发生的容易引发区域政治动荡的政治事件，理性处理政治稳定与经济改革与合作的关系，从而实现了在政治和安全合作上的突破，西共体停火监督组织的成立就是这种突破的标志。西非区域一体化在政治和安全上的突破，是西非国家在主权共享上的一种实践，也是它们在主权原则上认识提高的表现。

从国际政治经济学的角度看，一体化的全球经济在很大程度上体现为相互依赖的开放的地区性经济。这种相互依赖不仅具有经济的性质，也具有战略与政治的性质（地区战略的重新组合）、文化的性质（旅游、娱乐、体育）和环境的性质。地区之间的竞争也是显而易见的。为获取竞争优势，各地区采取的各种政策选择，包括外交政策，都属于区域主义的范畴。

各国经济发展逐渐融合为一体、形成全球经济的趋势，其特征体现为生产、贸易、投资、金融的全球一体化，人才、资本、信息、知识和物质要素在越来越大的程度上实现了全球范围内的流动。20 世纪 90 年代经济全球化进一步加深变快。全球化加深变快的趋势既是资本主义生产（现代化生产）的客观进程，也是全球政治变化并对经济进行干预的结果。20 世纪 70 年代末以来经合组织国家采取了自由化、私有化和放松政府管制的措施，这些措施既是西方发达国家促进自身经济乃至世界经济发展所遇到的问题的解决方法，是对第二次世界大战结束以来提倡政府干预经济的凯恩斯主义的一种修正，也是针对从政治上、经济上对流行于发展中国家的计划经济和管制经济的一种干预。这些措施有力地促进了经济全球化的趋势。经济全球化的高度发展，逐步跨越并侵蚀着民族和国家的疆界。这种趋势也验证了马克思与恩格斯在《共产党宣言》中所预见的，资产阶级"迫使一切民族——如果它们不想灭亡的话——采用资产阶级的生产方式"①。

在这个趋势中发达国家与发展中国家都面临着挑战，都面临着斯科尔特（Scholte）所言的挑战，即"当代对主权的维护一般不是指（根据传统定义）对彻底、全面和单边的国家权威的主张，而是指（更为实在地说）在特定领域内保持国家的影响"②。但发达国家拥有的防止主权遭侵蚀的手段与资源都多于也强于发展中国家。

全球化的内在发展使得国家、社会、群体寻求一种秩序，无论是威斯特伐利亚会议，还是各种双边、多边条约，还是国际联盟及联合国，都是寻求秩序的努力。国家对霸权的寻求，正是追求秩序的表现，是想通过主导全球化的制度安排，弱化全球化对自身的消极作用，强化乃至最大化本国在全球化中的获利。

发展中国家不仅面临着经济全球化的挑战，还面临着被发达国家解除政治主权的挑战。21世纪初西方发达国家出现了一种所谓"后现代国家理论"，或者说"新帝国论""市场国家论"。这种理论实际是要推翻第二次世界大战结束以来建立在民族主义和民主主义基础上的国际政治秩序，妄图使国际政治秩序等级化，从而更有利于处于秩序等级顶端的国家攫取经济财富。其代表人

---

① 《马克思恩格斯选集》第一卷，人民出版社，1995，第276页。
② Jan Aart Scholte, "Global Capitalism and the State", *International Affairs*, Vol. 73, No. 3, 1997, pp. 427 – 452.

物是英国前首相布莱尔的顾问罗伯特·库珀（Robert Cooper）和美国前总统克林顿的顾问菲利普·鲍比特（Philip Bobbitt）。[①]该理论认为国家内部的不同体制决定国家不同的对外政策，所以他们坚持认为西方的民主制度是理解对外政策的关键，且为民主国家滥用暴力、发动对他国的战争寻找借口，为此，他们论证，在这个全球化的时代，国家并没有消亡，同样地，国家之间的冲突也没有消亡，但是国家特征乃至国家间关系改变了。库珀认为，这一改变体现为欧洲国家以及美、日等国从现代国家转向了后现代国家。而鲍比特认为，这个所谓国家的改变，是由民族国家改变成市场国家。根据其理论，民族国家以前承担的公共福利在市场国家是被禁止的，在市场国家这个体制下，公共服务被私有化了，原先国家的内部职能就不再是提供社会福利，而是提供法律权利，包括人权和机会，让其公民到市场里去寻求利益。这样一种市场国家的对外职能，就是要通过一切手段（包括军事手段），来保证其制度在全世界的所有其他地方也能够推行。既然这个世界上还有很大的地区并不遵从市场法则以及法律权利，因此市场国家就可以通过发动战争和军事干涉的办法来确保其他地区也遵从市场法则及人权法则。库珀把世界上的国家分为三类：第一类是后现代国家，即北美、欧洲国家和日本；第二类是现代国家，它们还是民族国家，如中国、印度、巴西、巴基斯坦等；还有一类是前现代国家，如非洲国家、中东国家及阿富汗。美国对伊拉克所发动的战争，就是这种理论的一种实践，是美国动用政治、军事权力为经济服务的一个借口。

以英、美为首的西方国家打着市场的旗号，阻碍自由市场的发展，或者说用非市场竞争的手段打压后起国家的崛起。21世纪的竞争是在所有地区与民族都已觉醒，拥抱并学会利用自由市场竞争规则发展壮大自身，且后发者的后发优势逐渐显现的背景中

---

① Robert Cooper, "Why We Still Need Empires", *The Observer* Apr. 7, 2002; Philip Bobbitt, *The Shield of Achilles: War, Peace and the Course of History*, Alfred A. Knopf, 2002.

展开的。所谓后现代国家论显然是为更长久地维护英、美等西方国家的霸权地位，[①] 最大限度地攫取利润服务的，也是在阻止其他国家的迅速崛起，为其他国家国内的一体化和现代化转型设置障碍，掩盖西方势力衰落的一种说辞。这种理论的实质是要解除后发国家的优势，就像拳击比赛正进行过程中，裁判突然叫停，因为曾经的冠军渐渐体力不支，要求暂停，并找茬说，挑战者穿的鞋不合规范，让挑战者换了鞋再战，如果挑战者不换，就没有资格再战。

而以金砖五国（巴西、俄罗斯、印度、中国和南非，其英语首字母为英语的 BRICKS）为代表的新兴国家崛起用事实有力地抵制了这种新帝国主义主张，也重塑了冷战以后发展中国家的信心，为非洲的发展提供了一种新机遇。当然无论是地域面积还是人口数量，这些国家的规模是非洲国家（南非除外）难以比拟的。

区域合作及区域一体化所带来的规模效应则能弥补这一点，区域合作与一体化能使包括西非国家在内的发展中国家更有效地维护自己的主权，防止主权被所谓的后现代国家干涉，又能更好地运用主权为自己国家的现代化发展服务。国际政治一体化的理论家们普遍认为，超越民族国家的地区一体化进程的发展动力源于"参与各方所认识到的共同需要"[②]，是一种主观的合作性安排。其成功的重要条件是人民有能力把一体化变成一种观念或信仰，

---

① 21 世纪初，除了文中提到的两位西方人外，大肆宣扬建立新秩序下的美国霸权的学者大有人在，如 Sebastian Malllaby，"The Reluctant Imperialist: Terrorism, Failed States, the Case for American Empire"，*Foreign Affairs*，No. 2，March/April 2002，pp. 2 – 7；Chester Crocker，"Engaging Failing States"，*Foreign Affairs*，No. 5，September/October 2003；Stephen D. Krasner and Carlos Pascual，"Addressing State Failure"，*Foreign Affairs*，No. 4，July/August 2005；Stephen Ellis，"How to Rebuild Africa"，*Foreign Affairs*，No. 5，September/October 2005，pp. 135 – 148；等等。我国有学者对这种理论进行了批驳，参见黄晴《强权政治的造势之论》，《人民日报》2002 年 4 月 18 日；刘斌：《"失败国家论"和"新帝国主义论"：新世纪的霸权理论》，《国际观察》2002 年第 5 期，第 46 ~ 50 页；等等。

② 〔美〕詹姆斯·多尔蒂、小罗伯特·普法尔茨格拉夫：《争论中的国际关系理论》（第五版），阎学通、陈寒溪等译，世界知识出版社，2003，第 548 页。

并把这种观念贯彻到实践中。同时，这些理论家们也认为一体化也是一种包括政治、经济和社会文化等诸多领域的客观现象。也就是说，一体化是主观与客观的结合或互动。欧盟 40 多年的发展历史既有政府间主义起主导作用的时候，也有超国家主义起主导作用的时候，但最初的确是主观意志主导的结果，即旧大陆欧洲拒绝衰落的自觉意识。如果人们强调后者的客观现象尤其是经济的条件时，就会得出结论说，欧盟的一体化实践是不可复制的，进而认为南南型经济一体化根本不具备成功的条件。其理由是发展中国家的市场狭小，需求低；成员之间经济上不存在紧密的分工关系，不具备相互进行贸易的条件；发展水平差距大，贸易政策、经济政策乃至文化传统和政治体制不同，难以协调政策；缺乏技术和经济水平较高的核心成员，故发展中国家之间的一体化没有出路。而南北型经济一体化是发展中国家的出路所在。[①] 这种观点注重的是区域合作的成员之间的表面差异，且忽略了南北型经济一体化模式中，合作方力量的巨大不平衡往往构成一体化深化发展的障碍。20 世纪中期以来在西欧国家率先开始的世界区域一体化实践中，不仅有属于北北合作的成功事例欧盟，也有属于南南合作的成功事例东盟。区域一体化的成功取决于主权不受干涉与具体运用主权的可分割的结合，区域内的各成员要在以下方面做出选择：哪些范围内的治理权是可以同区域一体化的成员共享的，哪些是可以授权区域组织进行代管的，哪些是不可让渡的。无论是发达国家之间的区域合作还是发展中国家的合作，或者说发达国家与发展中国家的合作，其合作的形式与深化都涉及主权国家灵活运用主权的问题。

论证非洲国家一体化与现代化的互动实质是要说明非洲三种层次的一体化是如何进行的。非洲一体化和现代化的目标指向是一个：改变非洲经济的依附性，使经济同政治一样获得独立。研究西非国家区域合作和区域一体化的可行性与阻碍性因素、

①　刘力、宋少华：《发展中国家经济一体化新论》，中国财政经济出版社，2002，第 88～89 页。

必然性与偶然性因素，了解西非各国经济依附性与国家政治自主性的相互作用，不能简单套用自由主义、马克思主义、现实主义的理论。[①] 这三种理论模式从不同的角度解释了现存国际政治经济秩序的合理性，或者说阐释了国际政治经济中起主导作用的西方发达国家和大国之间的政治经济互动。虽然三种理论视角对国际政治经济现状的原因（自由市场竞争规则、生产关系与生产力的矛盾运动、各国谋求国际权力与地位的斗争）及国际政治经济发展总趋势的解释有着各自的说服力，但是忽视了现代国际关系中的主要行为体——主权国家的能动作用。这三种理论的观察对象是西方发达国家的政治经济发展历史，是现代资本主义政治经济发展的过程及其所造成的后果。自由主义、马克思主义、现实主义都忽视了国家的现代化过程中其主权的获得与灵活运用，忽视了现存国际政治经济秩序中各国灵活运用主权而产生的对本国现代化实践和适时主动参与世界一体化的作用，忽视了赶超先期现代化国家的国家如何争取在现存秩序中谋取最有利的位置、利用甚至改造现存国际政治经济秩序以摆脱不发达状态的尝试，故未能解释为什么15~16世纪强大的西班牙、葡萄牙会被17世纪的小国荷兰所超越，18~19世纪的英国、法国为什么被德国、日本和美国所超越。

流行于20世纪60年代的依附论强调了造成发展中国家不发达的外部原因，成为发展中国家提倡以南南合作为基础的区域主义和区域一体化的动力，尤其是拉美区域主义和区域一体化的探索为世界其他发展中国家区域的合作提供了正反两方面的经验教训。依附论虽然指出了发展中国家彼此联合起来的重要

---

① 西方学者在分析国际政治经济现象时常用的三种理论模式。参见"Introduction：International Politics and International Economics"，Jeffrey Frieden and David Lake，*IPE - Perspectives on Global Power and Wealth*，St. Martin's Press，2000。《国际政治经济学：审视全球权力与财富》，北京大学出版社原版影印书，2003。同时参见王正毅、张岩贵对这三大理论的评述（王正毅、张岩贵：《国际政治经济学——理论范式与现实经验研究》，商务印书馆，2003）。这里所提马克思主义，主要是西方学者对马克思主义的理解，即马克思主义更注重以阶级的观点解释世界，对国家政权相对独立于社会的作用有所忽视。

性，但因为忽视国家主权的作用，故没能解释为什么始终有发展中国家跻身发达国家之列。曾经的殖民地美国、加拿大与澳大利亚如今都是现代化程度很高的国家，占据着世界一体化中的重要位置。自由主义、马克思主义与依附论都强调资本主义经济的决定作用，忽视了国家在其中的能动作用。主权赋予了国家发挥能动作用的基础。一个国家能动作用的发挥就是对主权原则的灵活运用，其表现形式是国家政策的制定与实施，就如同一个人，要想改变自己的命运，需要个人能动作用的最大限度发挥。

　　自由主义、马克思主义和依附论对我们理解第二次世界大战结束以后独立的西非国家的主权作用有限。正如里德尔（Riddell）指出的，上述理论不足以解释塞拉利昂独立20多年以来的不平等现象，因为这种不平等现象产生于全球政治经济环境和塞拉利昂国家政府应对的互动结果，体现为国内发展政策与对外政策两方面，其在区域合作或一体化问题上所做的任何决定都受到来自国内与全球两个方面的影响。[①] 里德尔的分析注重国际因素与国家内部因素的互动关系所产生的后果，指出了即使对像塞拉利昂这样的微型国家来说，仍然存在着自主选择的余地，存在着自我改变现状的空间，尽管进行自主选择时将面临巨大的挑战。这种自主选择的余地和改变现状的空间是西非国家独立以来所享有的主权所赋予的。然而问题的关键是西非国家能否有效地运用自身所享有的主权。

　　虽然现实主义重视主权国家，但重视的只是那些大国。现实主义方法只有对小国作用予以同样的重视，才是真正现实主义的，否则只能称为权力主义的视角。卡赞斯坦（Katzenstein）在其文章《国内和国际力量与对外经济政策战略》中所提倡的以国家为中心的现实主义方法，更有助于解释西非国家在区域一体化实践中的

①　J. Barry Riddell, "Internal and External Forces Acting Upon Disparities in Sierra Leone", *Journal of Modern African Studies*, Vol. 23, No. 3, Sept. 1985, pp. 389 – 406.

自主选择。① 这种方法注重把研究国内政治对国家经济政策的影响和国际力量对单一国家政治经济选择的制约结合起来，有助于研究国际政治经济秩序中的发展中国家的区域一体化实践。曼斯菲尔德（Mansfield）和米尔纳（Milner）在研究区域一体化和区域主义时，运用并发展了卡赞斯坦的现实主义方法，并指出了这种区域一体化研究所要关注的两个侧重点：其一是研究国家政策和利益集团的偏好、国内体制的性质与实力对国家选择区域一体化机制和区域机制的效果之间的关系；其二是研究国际政治，尤其是对权力关系及多边机构如何影响区域机制的发展与构成直至机制完善。②

对区域集团及其一体化的研究，归根结底是对规模效应的研究，不仅是对经济规模的研究，同时也是对政治影响力的研究。我们反观资本主义中心由葡萄牙、西班牙到英、法，再到德、日、美的转移，是规模逐渐增大的一个过程。同时在第二次世界大战中受到重创的西欧国家，通过欧盟的建立又重塑了自己在世界上的优势地位。如果仅从国际政治中的权力因素入手分析世界各种区域一体化现象，并从中提炼出能够解释现象并预测未来的理论，一定是无法令人满意的，因为与全球化并行不悖的区域一体化现象不仅涉及政治权力因素，而且涉及地缘、经济与文化因素，是各种因素综合作用的结果。故区域一体化研究是一种综合性的研究，首先是对国际政治经济相互作用的研究，其次是对区域地理环境、区域人口分布、文化状况及历史动态的研究。

区域一体化研究是跨学科或交叉学科的研究，这种研究不仅要关注国家的作用，同时要关注区域内各国国内政治、经济、社会、文化的发展，关注区域内各国之间的互动，国际政治经济结构对区域的影响及技术创新所带来的变化。一个地区的一体化不管是起因于政治还是经济，其发展的进程必然是二者相互影响的

---

① Peter Katzenstein, "Domestic and International Forces and Strategies of Foreign Economic Policy", *International Organization*, Vol. 31, Iss. 4, Autumn 1977, pp. 587 – 606.

② Edward D. Mansfield and Helen V. Milner, "The New Wave of Regionalism", *International Organization*, Vol. 53, No. 3, Summer 1999, pp. 589 – 627.

结果，有时政治具有关键性作用，有时则是经济唱主角。全球经济在很大程度上是一种相互依存的小型开放经济体的总和，相互依存不仅体现于经济特性、环境特性，而且体现在国家的战略、政治和文化特性上。区域科学提供了一种多学科解决问题的方法，其优势在于综合运用经济学、地理学、工程学和管理学来研究时空现象。① 区域一体化成功与失败的原因则既有政治的，也有经济的，甚至是个人的。

邓宁（Dunning）曾指出在 20 世纪 90 年代国际政治经济中的三种趋势：政府加强宏观管理与减少对市场的干预两者并行不悖；政府积极推动市场发展与加强国内竞争力相辅相成；政府和多国公司都对区域合作和一体化施加影响。② 这三种趋势表现为在国家与市场的互动关系上，二者作用都在加强，不是单纯的哪一方强或弱的问题，而是国家在某些方面作用增强了，在某些方面却减弱了，市场也是如此，二者相互借力的趋势趋强。国家对市场的消极作用在减小，对市场的积极作用则在增强，国家自身的力量并没有因此而削弱。在这样的趋势下，发展中国家的国际政治经济学要研究本国以及其他国家如何利用国家之间形成的国际互动关系以及如何利用国际机制促进本国经济的发展。因而吕贝克（Lubeck）提出，学者们应该把研究重点放在"市场力量和政治干涉的适当融合上，后者必须反映国家构建理性经济机构的能力，而不是生产靠租息的采邑，保证适当的融合，源于机制主义的知识对构建真正权威的关系形式是不可或缺的，这种真正权威的形式能够产生合法和训练有素的经济组织"③。对弱小的任一单个西非国家而言，独自构建理性经济机构的能力面临着巨大的挑战，

---

① Hirotada Kohno, "Peter Nijkamp and Jacques Poot, 'An Overview'", in Hirotada Kohno, Peter Nijkamp & Jacques Poot, eds., *Regional Cohesion and Competition in the Age of Globalization*, Northampton, Edward Elgar Publishing Limited, 2000, pp. 3 – 25.

② John H. Dunning, *Multinational Enterprises and the Global Economy*, Addison-Wesley Publishing Company, 1993, pp. 612 – 616.

③ Paul M. Lubeck, "The Crisis of African Development: Conflicting Interpretations and Resolutions", *Annual Review of Sociology*, Vol. 8, 1992, pp. 519 – 540.

这种挑战来自西非国家经济规模的小型化、依附性，故集体合作、尝试建立彼此合作关系机制是应对这种挑战的一个合理选择，这种选择能够以集体的合力来驾驭市场力量，并利用市场力量摆脱国家经济发展的被动性。彼此合作关系的现实出发点就是与邻国的合作，是立足于地缘政治地理环境中的区域合作。

20世纪90年代以来世界各地区域合作和一体化发展呈现出新的特点：各国政策的灵活性，合作方式的多样性，合作制度化趋势加强。赫特恩和瑟德鲍姆（Hettne & Söderbaum）从多学科的角度对这些新特点进行了分析。① 这种多学科的分析方法更能全面地解释区域一体化的发展。这种理论试图从全球社会理论、社会建构主义理论及比较的方法对区域一体化出现的新特点进行解释。在他们看来，这种新的区域一体化趋势是伴随着全球化趋势的加深而出现的，因而二者是互动的，全球化对不同区域的影响，与这些区域的不同反应构成了各自的区域一体化道路；而不同区域如同"想象的民族共同体"一样也是想象出来的。借助比较的方法，他们试图综合区域一体化个案研究与寻找区域一体化一般规律的研究，从历史的角度纵向分析了区域一体化可能经历的五个阶段或不同发展水平：区域空间形成阶段、区域复合体形成阶段、区域社会形成、区域共同体形成阶段、区域国家。这五个阶段或发展水平并非如射线一样一直向前，而是可能反复甚至倒退的，其原因在于作用于区域一体化的作用力不同。这些作用力不仅来自国家本身，同样来自市场与社会。这种多学科分析角度，把区域看成一个自我发展的整体，有着自身的发展规律，在这个自我发展过程中，国家仅是这个区域整体的一个组成部分。笔者在一定程度上同意他们的这种分析，因为西非独立国家的出现与区域

① Bjorn Hettne & Fredrick Söderbaum, "Theorising the Rise of Regionness", *New Political Economy*, Abingdon, Vol. 5, No. 3, Nov. 2000, pp. 457 – 473. 还有学者从政治经济学角度分析区域一体化，如 Robert E. Baldwin, "Adapting the GATT to a More Regionalized World: A Political Economy Perspective", In *Regional Integration and the Global Trading System*, edited by Kym Anderson and Blackhurst Richard, Harvester Wheatsheaf, 1993, pp. 387 – 407.

的形成在一定程度上是重合的，甚至区域意识的出现要早于现代国家意识。西非作为一个区域有着确定的空间，其南、西、北部界限都是基本确定的，唯有东部界限有着某种伸缩性。

国外在研究非洲区域一体化方面对北非、南部非洲、中非、东非、西非都有所涉猎，自由主义、马克思主义、现实主义的三种分析角度都有，也有折中主义的角度、纯粹经济学的角度。有关西非区域一体化的研究最多。[1] 这些研究侧重对西非国家经济共同体（以下简称西共体）与西非区域一体化关系的研究。对南部非洲区域一体化的研究稍少于对西非区域一体化的研究，但在南非结束种族隔离政治加入南部非洲发展共同体之后，对南部区域一体化的研究力度增长得很快。

扬萨内（Yansané）在西共体成立之初就指出了主权原则在西非区域一体化过程中的关键作用。他对西共体成立前的各种区域组织曾进行过详细的分析，指出西共体是西非国家合作所取得的一个积极成果，但这个成果的实施需要跨越主权平等和不干涉内政原则，需要创建新的结构和机制，以避免复制前殖民地和其宗

---

① Olatunde Ojo, "Nigeria and the Formation of ECOWAS", *International Organization* 34 (4), Sept. 1980, pp. 571 – 604; Daniel Bach, "The Politics of West African Economic Cooperation: CEAO and ECOWAS", *The Journal of Modern African Studies* 24 (4), Dec. 1983, pp. 605 – 623; Tukumbi Lumumba-Kasongo, "Economic Community of West African States: Dependency or Integration?", *The Journal of Asian and African Affairs* 3 (1), July 1991, pp. 45 – 69; Kodjoe Ofuatey, "Regional Organization and the Resolution of Internal Conflicts: the ECOWAS Intervention in Liberia", *International Peacekeeping* 1 (3), 1994, pp. 27 – 41; Byron Tarr, "The ECOMOG Initiative in Liberia: Liberian Perspectives", *The Journal of Opinion*, XXI, 1993, pp. 81 – 100; Gani Yoroms, "ECOMOG and West Africa Regional Security: A Nigerian Perspective", *The Journal of Opinion*, XXI, 1993, pp. 1 – 2; Funni Olanisakin, "African Homemade Peacekeeping Initiatives", *Armed Forces and Society* 23 (3), Spring 1997, pp. 349 – 371; Margeret Vogi, "Regional Arrangements, the United Nations and Security in Africa", in Muthia Alagoppa and Takashi Inoguchiledo, eds., *International Security Management and the United Nations*, United Nations University Press, 1999, pp. 295 – 322; David O'Brien, "The Search for Solidarity: The UN, African Regional Organization and Humanitarian Action", *Interantional Peacekeeping* 7 (3), 2000, pp. 57 – 83.

主国的殖民和新殖民的重商主义关系模式。[①] 他实际上是在提醒西非国家在主权原则的运用过程中要注意两点：一是注意西非区域内国家间关系不应被主权平等和不干涉内政原则束缚；二是在处理区域外的外交关系上要维护区域的联合主权，寻求改变整个区域在世界上的经济依附地位。

早在1983年，伊赞维（Ezenwe）就对西非区域一体化从经济一体化理论的角度进行过详细分析，重点在评述西共体成立之前的西非一体化的发展，也对西共体成立之前已建立的区域组织进行了详细的分析与比较，总结了推动这些组织成立的动力、组织的性质、存在的问题和对西非经济一体化可能产生的影响，进而指出了西共体从中应该吸取的教训：目标的确定要契合实际，应加强基础设施建设，确保区域政治稳定，减少外部干扰及影响。他也指出了这些区域组织为加深西非一体化在经济的货币化和工业化方面留下的宝贵经验，同时对20世纪80年代以后西共体的发展进行了展望，其结论是非洲国家的经济一体化理论必须是不发达政治经济学理论不可分割的一部分，一体化对发展中国家来说是经济发展战略，而不仅仅是关税问题，为此要协调各国的政策，注重国家之间在一体化过程中利益与损失的平衡。[②]

但是伊赞维论述的重点仍然是经济，国内政治稳定、政策在一体化过程中更多地被当作前提条件，而不是区域一体化过程中与经济良性互动、共同提升的一个结果。[③] 他的研究现在看来在一定程度上有前瞻性，尤其是他对西非国家政治的不稳定对西非区域一体化的制约影响的分析，被20世纪80年代和90年代上半期西非区域合作与发展的实践所验证。但他受经济一体化理论的影

---

① Aguibou Yansané, "The State of Economic Integration in North West Africa South of the Sahara: The Emergence of the Economic Community of West African States (ECOWAS)", *African Studies Review*, Vol. 20, No. 2, Sept. 1977, pp. 63 – 87.

② Uka Ezenwe, *ECOWAS and the Economic Integration of West Africa*, St. Martin's Press, 1983.

③ Asante 则指出了在西非一体化过程中政治的重要作用，"在很大程度上，一体化无论在目标上还是程序上都既是政治的，也是经济的"。S. K. B. Asante, *The Political Economy of Regionalism in Africa*, Praeger Publishers, 1986, p. 140。

响，没有预见到西非区域一体化的发展在政治和安全的区域合作方面首先获得突破。卡科维茨（Kacowicz）的研究则观察到了西非区域一体化在政治安全方面取得进展的事实。他观察到，西非区域一体化的发展被三个相互交织又相互矛盾的特征所左右："第一，国家间经济交往水平低、经济相互依赖度有限。第二，西共体在维护区域内政治稳定与安全方面的贡献超过了在促进国家间经济合作、一体化发展方面的贡献。第三，非官方的经济交流、跨国交易及跨界交易显著增长"[①]。这些矛盾表明了国家政策在促进经济一体化方面的滞后性。这种矛盾性说明政治经济二者互动的复杂性。政治与经济从来就不是截然分开的，尽管历史上的某些时段可能体现为经济的强大推动力量，但随后政治的作用就会加强，而顺应时代发展的政治改革常常推动经济的发展。

邓宁等学者的观察也是如此，"经济一体化或者致力于促进成员国的经济目标或者致力于实现成员国的政治目标，通常二者皆有，但政治因素会随着一体化的加深与扩大而变得更为重要。无论怎样，在当代世界上，二者不可能被截然分开，因为政治权力的影响与经济实力紧密相关"[②]。正是因为在灵活运用主权原则上的突破，西共体组织才在冷战结束之后的西非区域安全与维护和平上有所作为，从而在区域一体化的深入与制度建设上走在了非洲大陆其他区域的前面，对非洲大陆一体化做出了开拓性的贡献。随着区域一体化的深入，西非国家所面临的主权挑战将越来越多，需要西非各国领导者更强的政治意志。[③]

---

① Arie M. Kacowicz, "'Negative' International Peace and Domestic Conflicts – West Africa, 1957 – 96", *The Journal of Modern African Studies*, Vol. 35, No. 3, Sept. 1997, pp. 367 – 385.

② John H. Dunning, *Multinational Enterprises and the Global Economy*, Addison-Wesley Publishing Compamy, 1993, p. 480.

③ E. S. Nwauche 论述了司法权属方面，西非各国在面临本国管辖与西非法院管辖之间进行抉择时的挑战。他指出，西共体各成员国还未解决在司法判决上适用西共体的区域法律还是各成员国国内法的问题，这妨碍了区域一体化的进一步深入。 "Enforcing ECOWAS Law in West African National Courts", *Journal of African Law* (55) 2, 2011, pp. 181 – 202, published online, 14 Sept. , 2011。

　　研究西非区域合作和一体化实践的学者们在研究结论上有着一致的观点，他们指出西非国家应该使得区域合作和一体化目标更符合西非各国发展的实际需要，西非各国政府应该切实履行政治承诺。除了这些经验教训外，一体化进展有限的原因可能还有意识形态的因素，表现在西非独立后的最初十几年中，西非各国出于对各国自身的利益，甚至领导人私利的考虑，在非洲重大事件如阿尔及利亚战争和刚果危机，以及对待非殖民化过程和新殖民主义的态度，对欧洲共同市场的立场，以及在是否允许使用原子武器、是否允许外国军队驻军及建立军事基地和冷战引起的相关重大事件上的立场都存在分歧。① 前宗主国的政治经济影响一时难以完全消除，西非国家之间的区域合作组织有些延续了殖民地时期的机制和机构，独立后与原宗主国所建立的合作机制，是为保持现存的国际劳动分工而服务的，不利于西非一体化，最典型的如洛美协定。② 西非不同国家领导人之间对区域及次区域领导权的竞争，如同为法语非洲国家的塞内加尔与科特迪瓦的竞争，英语西非国家尼日利亚与加纳的竞争，区域内其他国家对尼日利亚的区域霸权的警惕，多哥与尼日尔的骑墙态度，毛里塔尼亚在西非经济共同体与阿拉伯联盟之间的摇摆。所有这些分歧干扰并迟滞了西非国家致力于西非区域一体化的努力。这些分歧的弱化甚至消除有赖于各国在主权原则上采取灵活的态度，尤其是与区域邻国的主权共享，利用集体主权来实现各自的国家利益诉求。

　　从国际政治经济学角度对西非区域一体化所做的研究，强调的是西非区域一体化所面临的困难。安多（Andoh）的博士论文论证了西非区域一体化所面临的外部干扰和影响，指出了掌握着经济话语权的国际经济机构对西非区域一体化的消极影响。他认为国际金融机构对非洲实施的结构调整政策是试图同时运用新自由主义和结构主义的理论来解决非洲的危机，但这两种理论在同时使用时并不相

① Aguibou Yansané, *African Studies Review*, Vol. 20, No. 2, Sept. 1977, pp. 63 – 87.

② S. K. B. Asante, *The Political Economy of Regionalism in Africa*, Praeger Publishers, 1986, p. 130.

容，结构调整政策对贸易自由化和私有化的强调挫伤了非洲国家建立竞争性的区域经济一体化的努力。① 克瓦滕（Kwarteng）的博士论文则从西非国家内部的经济结构上分析了不论是作为调动区域资源的工具，还是实现集体自力更生的方式，西共体所存在的根本性缺陷，即区域内的经济贸易结构问题阻碍着西非国家摆脱区域外的依附。除此之外，与宗主国的历史关系的惯性、主要来自西方国家的经济援助和军事支持，都构成了加强区域内经济贸易关系的障碍。②

弗兰西斯（Francis）从现实主义角度出发，积极肯定了区域合作和一体化的选择有利于西非国家。他的研究是对上述从国际政治经济学角度分析西非区域合作的一种修正，尤其对西非国家坚持区域合作和一体化实践具有正面的意义。他以塞拉利昂为例，分析了区域一体化过程中塞拉利昂的得失与进退。他认为塞拉利昂在西共体致力于经济和安全区域主义的背景下，虽然主权受到了侵蚀，但总体而言，塞拉利昂是经济区域主义政治的受益方。如果塞拉利昂政府能够对西非区域主义给予持续的支持与承诺，从战略上把握塞拉利昂在区域一体化中的定位，建立减少损失的有效机制，那么塞拉利昂就能从区域一体化中获取最大利益。然而20世纪90年代的内战使国家遭受摧残，政府濒于崩溃，塞拉利昂根本无法从西非经济区域一体化之中获益。③ 弗兰西斯对塞拉利昂主权问题的分析无论是对西非国家还是对西非区域一体化的研究都有启发意义。

马罗拉德（Maroragd）的硕士论文延续了伊赞维的研究，是对发展的区域主义的一种提倡。他认为要强调国家政策的协调在西非区域一体化中的作用，指出西非国家还没有认真把区域一体化作为

---

① Nat Kobina Andoh, Ph. D. diss. , "The Impact of Structural Adjustment on Regional Integration in Sub-Saharan Africa: A Case Study of the ECOWAS and Southern African Development Community", ProQuest Information and Learning Company's UMI® Dissertation Services, 1999.

② Charles Owusu Kwarteng, Ph. D. diss. , "Challenges of Regional Economic Cooperation among the ECOWAS States of West Africa", University of Pittsburgh, UMI® ProQuest Digital Dissertations, 1989.

③ David J. Francis, *The Politics of Economic Regionalism – Sierra Leone in ECOWAS*, Ashgate Publishing Ltd. , 2001.

国家的战略来看待，因而西非区域一体化体现的是一种消极的一体化，过度依赖关税的减免。西非国家如要加强一体化的凝聚力，应该采取积极措施，在货币和支付手段、产业化政策，尤其是投资方面进行政策协调乃至采取共同政策。①

另有一些学者重视对西非区域一体化中的领导角色的研究，主要是对尼日利亚在西非区域一体化中的作用的研究，如奥滕（Oteng）的博士论文从经济学角度指出了尼日利亚在西非区域中的主导性地位，以及在西非区域一体化中的关键作用。他主要以西非各国的人均国内生产总值为分析对象，指出在西共体内，尼日利亚的人均国内生产总值对西共体地区的人均国内生产总值的重要影响。② 尤多乌（Udogwu）的博士论文《资源实力和社会因素对 1973 ～1985 年间的尼日利亚外交政策的影响：以西共体为例》和赫克斯塔博（Huxtable）的博士论文《不稳定与外交政策的制定：西非的冲突和合作》，③ 都是对尼日利亚外交政策在西非区域一体化中的作用的研究。他们的研究表明，无论是经济上还是外交上，尼日利亚对西非区域一体化都起着至关重要的作用，但是尼日利亚在如何发挥自己的作用上还缺乏经验。

从传统的安全观点入手分析西非区域一体化发展趋势的研究有西约赫（Sirjoh）的博士论文《西共体和在西非构建安全机制的动力学》，指出了多层面入手的安全战略机制，从武器控制、尊重法治、

---

① Alhagi Marorgd, Ph. D. diss. , "Economic Integration and Foreign Indirect Investment in West Africa", McGill University, ProQuest Information and Learning Company's UMI® Dissertation Services, 1998.

② Maxwell Oteng, "Three Essays in International Economics: On Intra-industry Foreign Direct Investment, Exchange Rates and Capital Flows and Economics of Africa (Nigeria, South Africa)", University of California in Santa Cruz, 2002.

③ Prosper Udogwu, Ph. D. diss. , "The Impact of Resource Power and Societal Factors on Nigerian Foreign Policy between 1973 and 1985: the Case of ECOWAS", City University of New York, ProQuest Information and Learning Company's UMI ® Dissertation Services, 1999. Philip A. Huxtable, Ph. D. diss. , "Uncertainty and Foreign Policy-making: Conflict and Cooperation in West Africa", The University of Kansas, ProQuest Information and Learning Company's UMI® Dissertation Services, 1997.

维和体制化到民主和良治上的综合措施。[①] 然而，这些综合措施的有效实施取决于西共体成员国的政治承诺和成员国政府的效能。西非国家逐渐认识到区域安全与国内安全的互动关系，在维护区域安全上取得共识，创新了区域安全机制，成为非盟及其他区域组织效仿的榜样。哈克与威廉姆斯（Haacke & Williams）指出，西共体区域安全的防范重点是小型及轻武器的扩散，且在区域层面采取行动，不同于亚洲区域组织把防范恐怖主义作为重点。[②]

从国际法的角度分析西共体停火监督组织的论文有科尔曼（Coleman）的《国家、国际组织和合法性：国际组织在当代和平实施行动中的角色》和德姆（Deme）的《法律、道德和国际武装干涉：在利比里亚的联合国和西共体》。[③] 前者从积极的层面肯定了西共体维和组织在利比里亚的作用，肯定了这个组织对国际和平和安全的贡献；后者则从消极层面分析了西共体所采取的区域维和方式的局限性，即派系的卷入和成员国之间利益的冲突制约维和行动的有效发挥，进而指出西共体并非一个能够保持前后行动一致的组织，其成员国自身软弱且政治动荡，不具备解决人道主义危机所需的行动能力。

安宁（Aning）在分析外部势力插手西非区域的安全及稳定事务时，以利比里亚及塞拉利昂国际维和经验教训为例，指出区域内外力量的良性互动，尤其是区域外部行为体取得区域内主要行

---

① Alhaji Mohammed Sirjoh, Ph. D. diss., "ECOWAS and the Dynamics of Constructing a Security Regime in West Africa (Liberia, Sierra Leone)", Queen's University at Kingston, ProQuest Information and Learning Company's UMI® Dissertation Services, 2004.

② Jurgen Haacke and Paul D. Williams, "Conclusions: Security Culture and Transnational Challenges – ECOWAS in Comparative Perspective", *Journal of Contemporary African Studies*, Vol. 26, No. 2, Apr. 2008, pp. 213 – 222.

③ Katharina P. Coleman, Ph. D. diss., "States, International Organisations and Legitimacy: the Role of International Organisations in Contemporary Peace Enforcement Operations", ProQuest Information and Learning Company's UMI® Dissertation Services, 2004; Mourtada Deme, Ph. D. diss., "Law, Morality and International Armed Intervention: The United Nations and ECOWAS in Liberia", Boston University, ProQuest Information and Learning Company's UMI® Dissertation Services, 2004.

为体的认同与支持是至关重要的。没有西共体的配合，国际维和在西非就难以取得成效。[1]

这些研究者不可避免地会带有意识形态的偏见，或者站在西方的立场上，分析非洲政治经济的发展过程，把非洲国内政治看作制约发展的主要原因；或者从非洲的立场出发，认为非洲政治经济的发展主要受制于既定的国际政治经济秩序；或者说学者争论的焦点是内外因之争、不同的一元论之争（政治决定说、经济决定说、文化决定说），以及二元或者互动作用论或者说折中的观点。也有学者试图摆脱上述三种分析角度及其折中方法，摆脱非洲研究中的西方话语霸权，提倡研究非洲要用非洲中心主义的方法，这种方法实际上是倡导在研究中运用非洲特有的历史经验、技术、文化知识来分析解决非洲的问题，不限于从非洲立场看问题，其定位是要树立非洲人的自信。很难说，这构成一种独立的研究方法。非洲中心范式更多的是希望研究者注意非洲与世界其他地方的不同，纠正西方学术理论与话语在研究非洲时所造成的偏见与误读。伊迪（Edi）的博士论文《全球化与西非国家经济共同体的政治》就运用了这种方法。[2] 除少数研究者如弗兰西斯外，上述多数研究者更偏重于对西非区域一体化消极因素的研究，忽略了挖掘西非区域一体化中的积极因素，尤其忽略了西非国家作为国际行为主体所享有的政治自主权的研究，忽略了对西非各国利益诉求与区域一体化选择上的互动关系的研究，实际上忽略了西非国家在主权原则的灵活运用上的研究。

研究非洲的中国学者，对非洲几个区域大国的关注较多，如埃及、尼日利亚和南非，而对非洲大陆一体化的发展和对非洲五

---

[1] Aning, Emmanuel Kwesi, "The Challenge of Civil Wars to Multilateral Interventions – UN, ECOWAS, and Complex Political Emergencies in West Africa: A Critical Analysis", *African and Asian Studies*, Vol. 4, Nov. 1 – 2, 2005, pp. 1 – 21.

[2] Eric Edi, Ph. D. diss., "Globalization and Politics in the Economic Community of West African States", Temple University, ProQuest Information and Learning Company's UMI® Dissertation Services, 2005.

大区域的一体化研究较少。在这两者中，对非洲大陆一体化进程的关注又胜过对五大区域一体化进程的关注。① 论及非洲大陆一体化及非统（非盟）的文章多过论及非洲五大区域一体化及其区域组织的文章。以罗建波的博士论文《非洲一体化研究》和专著《非洲一体化与中非关系》为例。罗建波主要从历史的角度和建构的角度入手，论证非洲一体化进程。他关注的是非洲一体化主张中最激进的观点，这一观点源自恩克鲁玛的"非洲合众国"理想，有泛非主义思想意识形态的支持。这种最激进的一体化主张在独立后的非洲也有着实践的体现与成果，即独立后的非洲在国际政治舞台上，尤其是冷战时期的两极政治环境中，能够与拉丁美洲、亚洲国家一道，坚持不结盟立场，在联合国发出统一的非洲声音。② 这种激进的一体化主张，理想主义色彩浓厚，与独立后的非洲政治经济现实有着相当大的距离，除了以恩克鲁玛为主的较激进的几个非洲国家领导人外，这种一体化主张并没有得到多数非洲国家领导人的支持。罗建波的这篇论文与著作的意义在于系统地梳理了非洲一体化的进程，促进了中国非洲学界对非洲一体化的认识，并对中国对非洲大陆的外交政策提出了建设性的意见。

　　虽然非盟取代了非统，但前文所述的北部非洲国家的阿拉伯属性等因素对非洲大陆一体化的挑战并不容易克服，非洲人在推动一个规模小的区域一体化上还需积累经验，各国精英都需在有效治理本国以及与邻国合作上得到历练，才能有效推动非洲整个

---

①　从经济角度分析非洲大陆一体化的文章，参见陈朝阳《非洲经济一体化的发展与演变》，《西亚非洲》1991 年第 1 期，第 42～45 页；刘月明：《略论非洲经济一体化》，《现代国际关系》1993 年第 10 期，第 30～34 页；吴兆契：《论非洲经济一体化》，《世界经济》1993 年第 12 期，第 39～43 页；姚桂梅：《全球化中的非洲地区一体化》，《西亚非洲》1999 年第 5 期，第 11～16 页；姚桂梅：《非洲经济一体化进展缓慢原因分析》，《西亚非洲》1996 年第 2 期，第 52～57 页。从国际政治经济学的角度分析非洲大陆一体化的代表文章，参见陆庭恩《经济全球化与非洲联盟》，《国际政治研究》2003 年第 2 期，第 14～22 页；杨立华：《非洲联盟：理想与现实》，《西亚非洲》2001 年第 5 期，第 9～14 页；张忠祥：《非洲联盟：一体化应对全球化》，《探索与争鸣》2003 年第 2 期，第 43～44 页。

②　罗建波：《非洲一体化研究》，北京大学国际关系学院博士学位论文，2005；《非洲一体化与中非关系》，社会科学文献出版社，2006。

大陆的一体化，不能不考虑到"非洲既非一个岛屿，也非一个国家"[①] 的看法还是有一定市场的。多数非洲国家支持并诉诸各种努力的是通过非洲大陆的不同区域的合作渐进推动并实现整个大陆一体化的主张，即通过东、西、南、北、中五大区域一体化逐步实现整个非洲大陆的一体化。这种渐进的一体化主张，是在寻求比较务实的区域合作的实现模式。第三种一体化战略，是想借助功能或者部门的一体化合作，进而实现大陆的一体化，这种战略在实践中也有体现，如法语中西非国家的货币合作。[②] 后两种战略有着共同性，都是渐进的，都以大陆一体化为目标，或者说二者都是在探索实现非洲大陆一体化长远目标的可行性道路。对目标的研究可能会有助于人们探讨目标的合理性与可行性，但对道路的研究更有助于人们对非洲国家现实政治的理解，从而有助于非洲国家间关系的改善以及使国家行为更趋合理。

目前为止，在中国国内，仅有为数不多的几篇文章对南部非洲区域一体化和西非一体化进展做过粗浅的介绍，对非洲区域一体化或次区域一体化的研究，介绍情况的居多，对现象进行深入理论探讨的较少。[③] 北京大学非洲留学生穆斯塔法的硕士学位论文

---

① Dan Moshenberg, "Mali (and France) a Year Later", Jan. 16, 2014, http://africasacountry.com/mali – and – france – a – year – later/.

② Ojundana 认为非洲大陆一体化有过三种战略，除了激进的非洲大陆一体化战略和受到普遍欢迎的区域一体化战略外，还有第三种战略，即通过功能合作，如交通、工业发展政策、贸易和货币政策上的合作来逐步实现整个大陆的一体化。他以海岸港口合作为例，论证在非洲局部的部门或功能的一体化难以成功，因为任何局部的合作常常取决于另一些部门的合作，如港口合作中的投资政策、选址、规模、类型及港口相邻国家的新设施配置等问题，不仅是技术和行政问题，而且涉及相关国家在港口补贴、服务定价和内陆运输费用上的政策问题，是决策是否独立的问题。所以说 Ojundana 否定了第三种大陆一体化的现实可行性。参见 Babafemi Ojundana, "Seaport Development – Multi-National Co-operation in West Africa", *The Journal of Modern African Studies*, Vol. 12, No. 3, Sept. 1974, pp. 395 – 407。

③ 朱殷：《西非国家经济共同体的由来与发展》，《西亚非洲》1989 年第 11 期；董亚娟：《西非区域经济合作的发展及若干问题的思析》，《南京大学学报》（哲学社会科学版）1996 年第 4 期，第 139～146 页；杨立华：《南部非洲：一体化应对全球化》，《西亚非洲》2000 年第 3 期，第 39～43 页；王艳华：《南共体在非洲一体化进程中的优势》，《西亚非洲》2005 年第 1 期，第 31～37 页。

《西非区域一体化与发展的主要困难及其解决途径》,① 开始注重西非一体化中政治与经济的互动关系,指出西共体成员国内部的政治危机对区域政治的影响是西非区域一体化发展遇到的主要障碍。该文因篇幅有限,对影响西非一体化的政治因素分析有一定的说服力,但是忽略了对西非国家政治危机产生原因的探讨,也未能分析国际政治与经济结构对西非区域一体化的影响。近年来出现了关注西非某个具体领域的一体化发展的研究,对西非区域意识的论述有肖宏宇的《西非区域意识、民族主义与独立运动》;王干的《西非国家经济共同体法院研究》,从法律的角度对西非一体化进行了研究;关注经济层面一体化的有刘玲玉的硕士学位论文《西非国家经济一体化研究》和论文《非洲区域一体化组织内部贸易浅析——以西非国家经济共同体为例》,肖宏宇的《贸易体系、债务、外援与西非区域一体化》从国际政治经济学角度分析了西非一体化所面临的挑战,郎平的《特惠贸易安排的和平效益源于制度层面吗?——以西非国家经济共同体为例》论证了在区域一体化过程中国家利益的优先性,文章指出,凡是涉及国家核心利益,面临较大国内压力时,区域内成员国之间的特惠贸易安排就无法发挥作用。赵斐的《轻武器非法扩散及其管制机制——以西非国家经济共同体为例》则从威胁区域安全的具体体现入手,让我们看到了非洲国家能力建设的滞后和外部力量(主要是欧盟与美国)介入对区域和平与稳定的影响。②

---

① B. 穆斯塔法:《西非区域一体化与发展的主要困难及其解决途径》,北京大学国际关系学院硕士学位论文,1994。

② 肖宏宇:《西非区域意识、民族主义与独立运动》,《西亚非洲》2009 年第 1 期,第 16～21 页;肖宏宇:《贸易体系、债务、外援与西非区域一体化》,《北京行政学院学报》2008 年第 1 期,第 70～73 页;王干:《西非国家经济共同体法院研究》,《法制与社会》2009 年第 10 期,第 169～170 页;刘玲玉:《西非国家经济一体化研究》,上海师范大学硕士学位论文,2010;以及《非洲区域一体化组织内部贸易浅析——以西非国家经济共同体为例》,《上海商学院学报》2011 年第 1 期,第 27～28 页;郎平:《特惠贸易安排的和平效应源于制度层面吗?——以西非国家经济共同体为例》,《世界经济与政治》2010 年第 8 期,第 139～155 页;赵斐:《轻武器非法扩散及其管制机制——以西共体为例》,《国际观察》2011 年第 2 期,第 58～64 页。

西方学者在研究西非区域一体化时，因为关注点是西非区域一体化过程中的消极因素，因而往往对西非区域一体化的发展持悲观的看法；中国的非洲学者更重视分析区域一体化中的积极因素，善于从发展的角度看问题，故对西非区域一体化的进程持乐观的看法。

卡赞斯坦提倡的以国家为中心的现实主义分析方法有助于将西非国家政治自主与经济依附性两种特点结合起来考虑，因而成为笔者在本书中所采用的研究方法。本书以西非为研究重点，从西非区域内与外的两个视角入手，分析西非区域合作与一体化的形成与发展受到了何种内部因素和外部因素的影响，试图论证的是能够影响西非区域一体化的内部因素主要来自政治层面，而影响西非区域一体化的外部因素主要来自经济层面，但减少这些影响仍要靠西非各国政治和区域政治的互动。政治主权是西非摆脱殖民统治，建立独立国家以来所获得的一种新型权力。这种权力在国家经济依附严重的情形下受到制约，其能够被运用的范围及方式关系到西非区域一体化的发展。笔者对内外因素的界定不是以国家为参照点，而是把西非整个区域当作参照点，把西非国家国内政治稳定与区域政治环境的关系、各国经济政策的协调、成员国之间的关系当作区域内因素进行分析。区域外因素分析侧重对西方大国因素、国际组织因素和国际经济因素的分析。西非区域一体化的目的在于改变西非各国经济的依附地位或者说边缘地位，以及现代化在西非的初步实现。一体化是西非独立国家为实现这个目的而借助的途径。因而西非国家对主权原则的灵活运用、在主权共享上的进展将有助于区域整体政治环境的改善和政治稳定，进而有助于西非区域一体化。故侧重分析西非国家对主权原则的维护、政权权威性和经济外交政策的协调。区域外的西方大国、国际组织和地区组织等不同的行为体总是在借助不同的手段影响着西非区域一体化。这些行为体借助了何种手段，这些手段对西非一体化造成了何种影响，是第四章所要分析的重点。西非区域外的国际政治因素主要是法国、英国、美国、联合国、非洲统一组织/非盟、欧盟的影响；区域外国际经济因素主要是由国际货币基金组织和世界银行以及世界贸易结构等国际经济机制和西非所背负的沉重债务和外援对西非区域一体化的影响。

西非各国的独立是从政治上摆脱了殖民统治，是民族主义在西非的胜利，但是，西非各国经济的依附性并没有因为政治独立而自动消除。如何借助国家政治主权实现国家经济的发展，摆脱依附的局面，是所有西非国家面临的共同问题。加纳共和国领导人恩克鲁玛关于非洲合众国的设想，是非洲人民对政治自主与经济依附的一种理想化的解决模式，这一设想虽然没有成功，但是为非洲国家解决政治与经济之间的相悖现象指明了一种方向，即非洲独立国家需要相互合作与团结。理想的非洲合众国模式在残酷的事实面前的挫折，促使西非各国选择了另一种形式的合作，即西非区域层面的合作。这是西非国家学习运用国家主权促进本国经济发展、走向现代化的一种尝试，是一种更为务实的方式。西非国家试图借助这种方式协调本国民族主义冲动与区域合作的关系。

西非地区一体化的动力是什么？西非区域主义有何表现？如果把全球化看作全球经济发展的一种客观趋势，那么区域主义就是应对这种全球经济一体化的一种主观反映。地区经济一体化的提法则将混淆全球化与区域主义的这种性质区别，不利于分析区域主义与全球化的互动关系，也不利于国家采取正确的策略与政策。20 世纪 80 年代后期兴起的区域主义首先是单个国家应对全球化的一种反应，[①] 其次是世界各地区之间竞争的策略体现。从国际政治的角度看，区域主义是单个霸权力量衰落的一种诉求，欧共体/欧盟体现的是德国、法国、英国这些西欧大国地位的相对衰落，这种地位的相对衰落既是由于美苏两个世界级大国的出现，也是由于亚、非、拉发展中国家的崛起。原来能够独自实行霸权、

---

① 为了将 20 世纪 80 年代以来的地区主义与以前的地区主义相区别，学术界将之称为"新地区主义"。有关新地区主义的论述参见耿协峰和肖欢容两位博士在以他们的博士论文为基础的专著中的相关部分。耿协峰：《新地区主义与亚太地区结构变动》，北京大学出版社，2003；肖欢容：《地区主义：理论的历史演进》，北京广播学院出版社，2003。

建立起庞大势力范围的殖民帝国，面对国际形势的发展，其控制广大地域的能力已经下降。于是昔日对立的大国联合了起来。区域性民族的支持者通常把他们所想象的区域共同体与存在于历史深处的共同遗产联系在一起。"非洲""阿拉伯""欧洲"等范畴是在19世纪末20世纪初的殖民主义运动中确立的。一些温和的泛非主义示威运动早在19世纪90年代就出现了，各种推动欧洲联合的主张和计划出现在两次世界大战之间，如白里安的欧洲联盟设想、从经济一体化着手的道威斯计划和扬格计划。第一次世界大战结束之后成立的国际联盟则是欧洲国家寻求联合避免战争的一次实践。不过，不同国家组成的区域共同体复兴于20世纪后半叶，并伴随着全球化进一步深入。① 全球化不是区域性共同体兴起的唯一动力，但无疑促进了它的发展。这是因为全球化对主权国家而言，是一柄双刃剑，利用得好，主权国家就能把握机会，促进并加速自身的发展，利用得不好，就会被全球化吞噬，日益被边缘化。主权国家选择区域合作，是想增大全球化趋势所带来的机遇，减小全球化趋势所带来的风险。

区域内因素与国际因素两章是本书的重点，也是难点。因为政府所主导的西非区域一体化，西共体成员国的政府权威性、决策机制、发展战略、成员国彼此的外交关系，这些构成西非区域一体化进程的区域内因素，是西非区域一体化进程的决定性因素，如果对这些因素的分析论证不透彻，本书的论证将没有说服力。西共体成员国经济对外部世界的依附性，尤其是对西方发达国家的依赖，使得西非国家任何一项选择都受到了外部的影响，尤其是西方大国、全球贸易结构、国际金融机构的影响。这些来自外部的看得见的政治、金融之手，与看不见的市场、文化之手，是塑造西非区域一体化的外在因素。虽然把内外因素分开来论述，但二者本身是密切联系的，正是二者的互动决定了西非区域一体化的形成、发展及其未来的动向。在这种互动关系中，如何发挥

---

① 〔英〕简·阿特·斯图尔特：《解析全球化》，王艳莉译，吉林人民出版社，2003，第201页。

主权国家的能动作用是关键。在冷战结束以后，西非国家抓住了这个历史机遇,[1] 推动西非一体化在政治层面获得突破，对西非区域和平与安全有了越来越大的控制权，使得区域安全制度化安排加强。西共体不仅是经济一体化的区域组织，而且成为区域政治稳定与安全的缔造者。

20 世纪 80 年代初，肖和法斯丘（Shaw and Faschun）在把尼日利亚放置于世界体系中进行分析时指出，从权力政治出发的传统观点"既非理论的，也非预测的"，而仅仅是"试图描述、理解而不是解释与设计"；而从政治经济学出发的激进方式的观点在"理论上是清晰的，同时具有预测与解释的目的"。[2] 在他们的文章发表后不久，尼日利亚的政治经济发展确如后者所预测的那样。曼斯菲尔德和米尔纳指出，在区域主义研究中，对权力与安全关系在不同时期如何塑造区域主义及区域一体化，以及区域政治和全球政治的变化如何影响区域一体化和区域主义尚待进行深入研究。[3] 本书是在这方面所做的一个尝试。

本书在尽可能搜寻图书资料的基础上，尝试结合现实主义与自由主义的分析方法，把主权国家作为分析的重点，分析国家与市场的互动关系。国家应对全球化下的区域一体化的不同反应，采取的不同战略决定着区域一体化的发展与深入，从而国家制定的各项政策（政治、外交、经济政策）将对西非一体化有着重要影响，什么样的政策在何种情形下有利于促进西非区域一体化的发展，有利于国家与一体化趋势的良性互动？什么样的政策在何种情形下阻碍一体化的发展？是本书试图解答的问题。本书力图探讨西非政治与经济的互动关系究竟是怎样的？到底什么样的政

① Joshua Dapaah-Agyemang, "Transformation of EECOWAS as a Security Apparatus and Its Implications in Ghana's Political Orientation, 1990 – 2000", *African and Asian Studies*, Vol. 2, No. 1, 2003, pp. 3 – 36.

② Timothy M. Shaw and Orobola Faschun, "Nigeria in the World System: Alternative Approaches, Explanations and Projections", *Journal of Modern African Studies*, Vol. 18, No. 4, Dec. 1980, pp. 551 – 573.

③ Edward D. Mansfield and Helen V. Milner, "The New Wave of Regionalism", *International Organization*, Vol. 53, No. 3, Summer 1999, pp. 589 – 627.

治形式（因素）促进或者阻碍西非各个国家乃至整个区域的发展，这种政治形式又是如何促进或者阻碍西非经济发展的？政治影响经济的合适时机怎么选择？简单地说，就是在国家、区域、国际社会三个不同层次的自我运作及其互动的背景下，政治与经济是如何互动的？两者互动之下提供了何种促进一体化发展的有利条件以及不利条件？克拉彭（Clapham）的话让笔者在研究一体化时保持警醒，"任何一体化处方如果不是从评估非洲国家的政治经济结构入手的话，不是从国家生存与对外依附的密切关系入手的话，都是不牢靠的"①。在西共体成立之初，萨基（Sackey）就指出西共体应该吸取加勒比共同体（CARICOM）结构及其运作的经验教训，认为"在一体化运作中应该同时从经济和政治入手，唯有如此才有望避免主权和经济利益的冲突"②。但他提醒学者在为一体化发展与设计提出建议时要慎重，因为政治与经济之间有一种复杂的互动关系，无论过多还是过少的政治干预都不利于一体化的发展。

本书无论在论述西非区域一体化的内部决定因素还是外部决定因素时，所选的材料都有局限性，如在论证内部因素时，关注的是西非的所谓四大国即尼日利亚、加纳、科特迪瓦和塞内加尔，对其他西非国家论述较少；在论述国家政策时以何种标准加以取舍，以及衡量政策的实施与否的标准都是要再三斟酌的。在论证外部因素时，在西方大国中，只论证了法国、英国和美国的影响，而没有谈及德国和日本；对国际组织在西非区域一体化的影响，没有谈及非政府组织的影响。此外，研究中涉足的法语文献有限，这是研究西非区域一体化的一个不足，将尽量加以弥补。再者，这种研究仅仅是在尝试为我们正确看待区域一体化各种因素的相互作用及其变化提供一个不同的视角，但不能说这个视角确立的

---

① Christopher Clapham, "Africa's International Relations", *African Affairs*, Vol. 86, No. 345, Oct. 1987, pp. 575 – 584.

② James A. Sackey, "The Structure and Performance of CARICOM: Lessons for the Development of ECOWAS", *Canadian Journal of African Studies*, Vol. 12, No. 2, 1978, pp. 259 – 277.

对与不对。

本书的创新之处在于尽可能全面地占有资料，将历史研究方法和政治学方法结合起来，试图从一个身处中国改革开放、政治经济体制发生剧烈变化的环境中的中国人的角度，去尝试理解西非国家政治、经济的变化，以及西非国家之间合作关系的性质，并利用自己所有的政治学、历史学知识对这些变化和性质进行解释，从国际政治经济学角度剖析西非区域一体化的发展，有助于帮助人们认识从经济不发达的角度、从发展的角度看待西非区域一体化，理解政治经济互动下的现代国家主权原则的灵活运用，同时加深对作为工具的国家角色的理解。西共体 1993 年修正条约的前言中确认了要灵活运用主权原则，一个真正的区域共同体的建立要求对国家主权实现分享并共享。

本书第一章阐明研究的问题与分析所涉及的基本理论与概念，即对全球一体化和现代化趋势、现代民族国家、泛非主义、区域一体化、现代化等概念的梳理。第二章从历史的角度梳理西非区域一体化的背景，西非区域、西非区域意识、西非民族主义与泛非主义的互动发展及西非国家经济共同体的建立。第三章从政治、经济与外交政策三方面分析西非国家在巩固主权方面面临的挑战，阐明西非区域一体化和现代化受制于西非国家不稳固的主权。第四章以西非最大国家尼日利亚的民族国家建构的初步实现、加纳政治民主化的成功对西非一体化的影响，说明主权稳固和现代民族国家的初步建成将促进非洲国家现代化与一体化的互动；以西非区域维和机制的建设为例，论述主权巩固与灵活运用对西非一体化的积极影响。第五章关注西方大国、国际组织、外债与外援对西非现代民族建构及其对西非一体化的影响。第六章指出非洲国家只有灵活运用主权原则，并与区域邻国共享主权，才能推动非洲一体化和现代化的发展，并分析新兴国家崛起为非洲现代化和一体化发展所提供的机遇与其激励作用。

第二章
西非区域一体化的历史进程

本章从梳理西非政治经济概况、西非行政区域的形成、区域意识和国家的独立入手，分析西非区域一体化发生的历史条件与思想基础；通过描述西非区域一体化实践，尤其是西共体的成立及其发展，找出某个线索，看这个线索是否能为我们理解西非区域一体化带来启示。

一 西非区域及其各国概况与殖民时期的行政区划

1. 西非区域及其各国概况

地理意义上的西非是指西临大西洋，东到乍得湖，北接撒哈拉沙漠，南至几内亚湾，面积达 660 万平方公里的区域，占非洲大陆面积的 1/5 还多，人口占整个非洲大陆人口的 1/3。1975 年成立的西非国家经济共同体的 16 个成员国（2000 年 12 月 31 日毛里塔尼亚退出）正好处在这个地带上。到 2013 年为止，成员国中有科特迪瓦（1986 年前称象牙海岸）、塞内加尔、几内亚、马里、尼日尔、多哥、贝宁、布基纳法索（1984 年前称上沃尔特共和国）8 个法语国家，有尼日利亚、加纳、塞拉利昂、冈比亚、利比里亚 5 个英语国家，以及几内亚比绍和佛得角（1976 年 11 月加入）2 个葡语国家，成员国总数和人口总数分别占非洲国家总数的近 1/3。

西非各国在自然资源、人口、经济发展上存在着很大的差异,[1] 尤其是相对于非洲大陆的其他次区域地区而言。如表 2-1 所显示的,西非 16 国在人口、面积、自然资源、经济增长上国与国的差别很大,冈比亚人口仅有 100 万,而尼日利亚人口则近 2 亿;冈比亚国土面积仅为 1 万多平方公里,而尼日尔和毛里塔尼亚

表 2-1　西非各国基本情况统计 (2010 年)

	面积（万平方公里）	人口（百万）	国内生产总值年均增长率(%)			人均国内生产总值年均增长率%		
			1980~1989	1990~1999	2000~2009	1980~1989	1990~1999	2000~2010
贝宁	11.1	8.8	2.7	4.7	4.0	0.3	1.3	1.0
布基纳法索	27.4	16.5	4.0	5.5	5.9	1.1	2.3	2.6
科特迪瓦	31.8	19.7	0.7	3.5	1.1	-4.1	-0.4	-1.1
冈比亚	1.0	1.7	3.5	2.7	4.4	-0.4	0.0	1.6
加纳	22.8	24.4	2.6	4.3	5.9	-1.0	1.6	3.1
几内亚	24.6	10.0	—	4.5	7.1	1.5	0.2	4.1
几内亚比绍	2.8	1.5	3.8	1.4	1.5	0.8	0.0	-0.1
利比里亚	9.6	4.0	-3.3	0.2	5.2	-5.9	-2.3	6.2
马里	122	15.4	0.6	3.9	5.2	-1.2	1.0	2.3
毛里塔尼亚	103.1	3.5	1.9	3.2	5.9	-0.6	0.0	1.8
尼日尔	126.7	15.5	-0.4	2.4	4.2	-2.7	-1.5	0.4
尼日利亚	91.1	158.4	0.8	2.4	6.7	-1.7	0.6	3.8
塞内加尔	19.3	12.4	2.7	2.8	4.2	-0.5	-0.1	1.3
塞拉利昂	7.2	5.9	0.5	-5.3	8.8	-1.3	-4.5	5.5
多哥	5.4	6.0	1.5	3.6	2.3	-0.6	-0.1	-0.5
佛得角	0.4	0.5	6.3	5.9	6.3	4.8	2.9	5.7
西共体	613.5	304.2	1.86	2.85	4.9	-0.7	0.1	2.4
撒哈拉以南非洲	2361.6	844.0	1.8	2.4	5.2	-0.7	-0.6	2.2
非洲	2937.8	1010.3	2.6	2.7	5.0	0.1	0.0	2.2

资料来源: *Africa Development Indicators 2012/13*, https://openknowledge.worldbank.org/bitstream/handle/10986/13504/9780821396162.pdf? sequence = 1, 2014 年 2 月 7 日。

---

[1] S. K. B. Asante, *The Political Economy of Regionalism in Africa*, Praeger Publishers, 1986, p.35.

的面积则超过 100 万平方公里；人均国民收入最高的国家与最低的国家相差近 5 倍。独立前西非各地发展很不平衡，沿海国家与地区普遍高于内陆。这种发展的不平衡一直持续到 21 世纪。根据世界银行 2013 年的数据，岛国佛得角属于中等收入国家，尼日利亚、科特迪瓦、加纳和塞内加尔 4 国进入世界中低收入国家之列，其余国家都处于中低收入水平，且几内亚比绍、利比里亚、尼日尔和多哥占非洲 10 个最穷国中的 4 个。[1] 在政治上，西非地区既有曾分属英国、法国、葡萄牙的不同势力范围的国家，同时也还有美国间接影响下的利比里亚；既有英法殖民地的和平独立，也有葡萄牙殖民地的武装独立；既有拥抱资本主义制度的国家，更有非洲社会主义代表国家。

当代西非政治经济结构的形成与世界资本主义对西非的渗透密不可分，可以说，西非是资本主义向外扩张初尝甜头的地方，也是最早被动参与世界一体化的地方。西非见证了初期资本主义不择手段唯利是图的特性和资本主义先进生产方式所显示的渗透力量。西非被卷入资本主义生产体系的过程，是西非遭受残酷剥削、社会政治经济文化受到极大扭曲的过程。自 15 世纪奴隶贸易开始直到 19 世纪末欧洲对非洲的瓜分，非洲大陆自主的历史发展过程受到了严重干扰，在世界近代史上开始了被世界政治经济的变化裹挟向前、被动适应的过程。即使在政治独立以后，这种被动的地位也没有太大改变。

三百多年的奴隶贸易和欧洲列强对非洲的任意瓜分是这种被动地位的最重要根源，尤其就西非而言，前者极大地摧毁了非洲的人力资源储备，使非洲人几乎丧失了原有的技能和创造力，同时加深了非洲人之间原有的不信任和分歧，并制造出新的不和。[2] 而欧洲在瓜分完成之后建立的"殖民政权拖延采取非洲化政策的

---

[1] http: //data. worldbank. org/income－level/HPC, 2014 年 2 月 7 日。

[2] Hopkins 指出西非地区曾经存在的某些国家如达荷美和奥约的兴起与奴隶贸易有着密切的关系，多数奴隶是通过一部分非洲人，主要是土王们、富人和商人们对地位较低的黑人的袭击、战争和要求他们贡奉而获得的。A. G. Hopkins, *An Economic History of West Africa*, Longman Group Ltd. , 1973。

结果"① 挫伤了非洲人的自尊与自信；非洲原有的政治组织、行政机制、历史传统被破坏、阉割。② 非洲社会的自成一体与自我更新能力随着殖民统治的巩固而被削弱。③ 奴隶贸易与基于殖民统治者意愿的被分割统治培植出异化于非洲社会生存与发展的因素。这主要是因为殖民统治的强制压迫性质，这种强制性使得控制社会的强力机构畸形发展，具有了相对于非洲社会其他组织和社会力量的优势。如非洲国家独立以来军事政变频繁不仅因为非洲国家社会经济状况的落后与贫困、社会矛盾的激化及军队中的改革力量，而且因为非洲的军队构成了"力图获取国家资源的统治精英的一个组成部分"④。而非洲国家和平独立时，军队异化于非洲社会的特性没有被彻底改造，故军政权有趋向于维护旧的殖民结构的保守特性。⑤

　　殖民国家为了保持自身的发展优势，通过经济、法律、军事等多种手段限制殖民地经济的发展。1651 年英国出台且以后经过多次修正的《航海条例》就是要确保英国本土航海贸易垄断。其规定凡

---

① William Tordoff, *Government and Politics in Africa*, Palgrave Macmillan, 2002, p. 77.

② 笔者同意 Collins 在《西非历史》一书中的观点，参见 Robert O. Collins, *Western African History*, Markus Wiener Publisher, Inc. , 1990, p. 152。而 Hopkin 纯粹从经济的视角探讨奴隶贸易，把奴隶贸易看作生产要素中的劳动力流动，尽管是被迫流动，而且从奴隶贸易所涉及的数量估算上对奴隶贸易的后果轻描淡写，强调非洲本土商人及不同酋长国在奴隶贸易中的作用，虽然他声称是站在非洲广大人民的立场上，关注的是非洲大多数人的活动，而不是非洲精英的活动，单是这样一个看似道德正确的立场，就掩盖了这样的事实：殖民帝国在非洲存在的最高目的是攫取高额利润，凡是有利于这个目的的非洲传统、习俗和经济活动都会被保留下来，反之，不利于这个目的的传统与做法都会被想方设法地摧毁。而保罗·哈里森指出第三世界的贸易条件越来越恶化，原因就在于"富国靠着直接损害穷国的利益而变得越来越富裕"。A. G. Hopkins, *An Economic History of West Africa*, Longman Group Ltd. , 1973. 〔美〕保罗·哈里森：《第三世界——苦难、曲折、希望》，钟菲译，新华出版社，1984，第 369 页。

③ 〔埃及〕萨米尔·阿明：《世界一体化的挑战》，任有谅等译，社会科学文献出版社，2003，第 213～228 页。

④ William Tordoff, *Government and Politics in Africa*, Palgrave Macmillan, 2002, pp. 169 – 170.

⑤ Aguibou Y. Yansané, "Introduction: The Development of Development Thinking in Africa: The Theory Revisited", in Aguibou Y. Yansané, ed. , *Development Strategies in Africa*, Greenwood Press, 1996, p. 13.

从欧洲运往英国的货物，必须由英国船只或商品生产国的船只运送；凡从亚洲、非洲、美洲运往英国或爱尔兰以及英国各殖民地的货物，必须由英国船只或英属殖民地的船只运送。英国各港口的渔业进出口货物以及英国国境沿海贸易的货物，完全由英国船只运送。该法案不仅是要强化英国与其他欧洲强国（如荷兰、西班牙等）的竞争优势，而且也要限制英国殖民地经济的发展，既使自己的国家尽量自给自足，同时迫使其他国家的经济依赖自己。这些目标包括一方面建立自己的工业，压缩或禁止进口；另一方面尽可能地垄断原材料、运输、技术资源。这种赤裸裸的损人利己的重商资本主义不仅引发了欧洲强国之间的战争，也引发了殖民地摆脱宗主国统治寻求独立的战争，这是英属北美殖民地独立的一个因素。

大西洋奴隶贸易构成了世界一体化最初的画面，加速了西欧各国资本的原始积累，美洲得到开发，而非洲自此沦为世界的底端。非洲的发展、非洲人的命运取决于外部世界，非洲经济不是造福于非洲本地人民的经济，而是服务于宗主国的殖民地经济。殖民政权的本质服务于这种殖民地经济。殖民宗主国从政治、经济、文化上改变了非洲各地区和人民的联系。这种殖民地生产结构则是畸形的，殖民地经济与宗主国经济的交换基础显然是不平等的，是剥削性质的，这种殖民地经济表现为：各殖民地经济片面发展少数几种供出口的农作物或矿产品，从而瓦解了那些地方早已存在的经济结构，改变了非洲传统社会的自给自足型经济；输出农业和矿业原料，却又从国外进口这些原料的制成品；外国商业利益的主导地位；宗主国对经济政策的决定性影响；以商业为中心的城市经济得到了发展，广大的农村经济却处于衰退破产的严重局面。① 这种殖民地经济使得非洲地区原有的横向交流与联

---

① 参见 A. G. Hopkins, *An Economic History of West Africa*, Longman Group Ltd., 1973, ch. 6, 以及陆庭恩的《非洲与帝国主义——1914～1939》，北京大学出版社，1987，第172～200页。Tordoff 指出，非洲国家独立时的经济是依附性经济，欧洲投资（包括私人投资和公共贷款）主要流向了经济以采矿业为主的殖民地，其次是进行购销活动的贸易公司，对种植园农业的投资也是集中在供出口的被引进的经济作物上，而非非洲当地人需要的粮食作物。William Tordoff, *Government and Politics in Africa*, Palgrave Macmillan, 2002, pp. 31 – 41。

系减少，直至消失。

上述这种政治经济特点在非洲国家独立后依旧在发挥作用，其现实的危机体现为：人口增长率在成为世界最高的同时，人均粮食产量却在下降；成了世界上工业化水平最低的地区；冷战结束后的国家的虚弱在日益加深的全球化和政治民主化下更加严重，其中西非地区由利比里亚内战而引起的塞拉利昂、几内亚比绍、几内亚和科特迪瓦的动荡，就是国家虚弱的体现。①

殖民统治造成了非洲的现代与传统的割裂，抑制了传统向现代的转化，加大了非洲内部一体化发展的难度。殖民宗主国为了本身利益的考虑，或者说统治的方便，采取了某些措施，如在西非英语殖民地，货币、所得税、研究机构甚至学校考试制度（西非考试委员会）都是一样的。② 法属西非殖民地在行政管理上的一致性就更强些，原因是法国建立了法属西非这样类似联邦性质的行政机构。这些措施客观上为西非地区的横向联系提供了条件。③ 非洲多数国家独立时，不仅继承了殖民大国划定的边界，而且也基本继承了原有的经济结构。④ 与此同时，又不得不承认，"即使在今天，撒

---

① J. Londsdale 指出，非洲国家是没有民族、缺乏合法性的国家，其国家管理资产阶级缺乏生产积累的物质基础，农民公民则崇尚大众主义。J. Londsdale，"State and Social Processes in Africa"，*African Study Review*，Vol. 24，1981，pp. 139 - 227。而 Jackson 和 Rosberg 则更进一步指出，"如果不是由于国际体系的存在，非洲国家的内部冲突可能早就像索马里那样了"。R. Jackson，and C. Rosberg，"Why Africa's Weak States Persist"，*World Politics*，Vol. 37，1982，pp. 1 - 19。

② Hargreaves 指出，在经济上法国在其前殖民地的影响大过英国。John D. Hargreaves，*The End of Colonial Rule in West Africa*，The Macmillan Press Ltd.，1979，p. 84。

③ 即便如此，非洲学者 Falola 和 Ihonvbere 仍然认为，宗主国引进的教育制度是异化的、剥削性质的，而文官体系则是僵化的，无法适应非洲发展的需要，军事组织更是压迫性的，这些制度主要服务于买办和小资产阶级。Toyin Falola and Julius O. Ihonvbere，eds.，*Nigeria and the International Capitalist System*，Lynne Rienner Publishers，1988，pp. 6 - 7。

④ 原因可能是西非国家，更广泛地说，所有经历过殖民侵略和压迫的国家，对如何处理殖民主义所留下的遗产的问题都面临着艰难的选择，非洲多数国家对殖民遗产的全部继承，或许可以用刘易斯在《经济增长理论》中有关"转折时刻进行改革时起关键作用"的新人的论点加以说明，即在殖民入侵后成长起来的非洲新人，认同殖民遗产，未能认清殖民遗产的消极作用。〔英〕阿瑟·刘易斯：《经济增长理论》，周师铭等译，商务印书馆，2002，第178～188页。

哈拉以南非洲的许多村庄仍保留着传统的生活方式而未发生较大的变化"①。故非洲政治、经济与社会的二元性非常突出，这是国家一体化乃至区域一体化面临的一个巨大挑战。独立之初，仅有少数非洲领导者如恩克鲁玛认识到了非洲现代化发展不能仅靠政治上的非殖民化，但多数非洲国家领导者花了数十年时间才懂得这个道理。②

除此之外，西非内部的区域差异也是明显的，如沿海与内陆之间，埃利斯和摩根（Ellis and Morgan）观察到，西非"沿海国家在工业品和多数农产品出口上都表现不错，但是除马里之外的内陆国家只在农产品出口上表现还可以"③。从西非国家之间的劳动力迁移的两种趋势看，也是如此，这两种趋势是：来自萨赫勒地区（主要为内陆国家）的劳动力向沿海国家迁移；沿海国家的劳动力迁移则是季节性的农场工人和雇佣劳动力从利比里亚、塞拉利昂和加纳向尼日利亚和科特迪瓦迁移。④

独立建国后，西非各国都致力于改变不发达的状况，但不管声称走社会主义道路还是资本主义道路的国家，都强调政府的作用，强调政府对经济的干预，但多数国家忽视了农业，削弱了农业基础。选择非资本主义道路的加纳、几内亚、马里和贝宁，盲目模仿苏联模式，重工轻农，强调国营企业的垄断地位；而尼日利亚凭借储量丰富的石油资源，则以重工业和制造业为主，初步发展了一大批现代化的石油提炼、石化、钢铁、汽车装配和建筑

---

① 〔美〕斯塔夫里阿诺斯：《全球通史：1500 年以后的世界》，吴象婴、梁赤民译，上海社会科学院出版社，1999，第 515 页。

② 阿德巴约·阿德德吉：《非洲经济非殖民化战略的比较》，载〔肯〕A. A. 马兹鲁伊主编《非洲通史：1935 年以后的非洲》（第八卷），中国对外翻译出版公司，2003，第 286～312 页。

③ J. Mark Ellis and Philip Morgan, "Markets and Trade in West Africa: Policy Issues for the Poorest Members of ECOWAS", *African Studies Review*, Vol. 27, No. 3, Sept. 1984, pp. 67–76.

④ John A. Arthur, "International Labor Migration Patterns in West Africa", *Africa Studies Review*, Vol. 34, No. 3, Dec. 1991, pp. 65–87.

材料等重工业，以及纺织、食品、饮料、医药和家用电器等轻工业，工业发展在非洲国家中处于领先地位。重视农业的科特迪瓦，试图通过以农养工、以工促农来促进发展，经历了 20 世纪 60~70 年代的年均超过 7% 的经济快速增长后，创造了非洲国家经济增长的奇迹，但是科特迪瓦"既没有通过引进新产品促进建立新的工业部门来扩大供应的条件，也没有引进新的制造技术提高劳动生产率"[1]。进入 80 年代开始陷入困境，科特迪瓦从而成了"有增长而无发展"的反面典型。

为什么不管实行何种经济模式，成效都不大？说到底，西非国家独立以来实行的各种模式都不是西非国家结合自己国家和区域政治经济状况摸索出来的模式，而是盲目模仿西方资本主义模式、东方社会主义模式或者继承殖民统治模式的结果。这或许从一个侧面反映了西非国家政治经济结构中的问题积重难返，另一方面也反映了西非国家在扭转历史惯性上缺乏创新的手段。"非洲危机的解决尝试过非洲化（本土化）政策、国有化政策、进口替代、发展计划中的滴入模式、与外资的合作、国家资本主义、外援、非洲社会主义。……除此以外，非洲领导人视区域主义为改变虚弱处境及边缘地位的主要方式……但不幸的是，许多区域性计划是模棱两可、随意的，无助于解决依赖性经济、外资的支配性地位及不发达状况等痼疾的解决"[2]。

虽然多数西非国家独立后经济有一定的发展，但是 20 世纪 70 年代以来，在经济全球化日益加深的情况下，西非却越来越被边缘化了，相继遭受能源危机、外债危机的双重打击，经济发展受到严重影响。此后西非国家陷入了疲于应付西方金融机构主导的

---

[1] 皮埃尔·基普雷：《1935~1980 年的工业发展与城市扩大》，载〔肯〕A. A. 马兹鲁伊主编《非洲通史：1935 年以后的非洲》（第八卷），中国对外翻译公司，2003，第 261~285 页。

[2] Julius Ihonvbere, "Africa, Economic Recovery and Political Transition", in Bamidele A. Ojo, ed., *Contemporary African Politics: A Comparative Study of Political Transition to Democratic Legitimacy*, University Press of America, Inc., 1999, pp. 64–87.

经济结构调整和西方推动的政治民主化的过程。[①] 非洲经济陷入危机、经济停滞近十年时，东亚却出现了成功的赶超发达国家的新兴工业化国家，随后中国也出现了快速发展的时期。如果说西非多数国家在独立时，所面对的国际政治经济形势与亚洲多数发展中国家类似，那么自 20 世纪 70 年代以来，西非和东南亚面临的国际局势则出现了不同，即非洲国家不仅要面对发达国家，而且要面对快速发展中的国家，从消极的层面说，在赶超发达国家的赛跑中，非洲被抛在了最后；从积极的层面看，世界任何地区发展中国家的成功，都成为非洲在随后赶超中的宝贵经验，尤其是以金砖五国为代表的新兴国家的发展，对西非国家既是激励，也是机遇。

西非各国诞生于第二次世界大战后以两极国际政治为特点的冷战中。在独立之初，西非以恩克鲁玛为代表的开国领导人意识到了团结起来的重要性。然而，当时主要由于主权因素、意识形态因素、国家利益因素的作用，加上冷战期间的国际形势有利于西非国家获取大国相争的好处，故区域合作并未成为各国的迫切需要。但是随着 20 世纪 60 年代末 70 年代初两极政治体制开始松动，国际经济的全球化趋势加强，西非国家对这种变化有所体察与反应，西共体随之诞生，致力于经济集体自力更生的《拉各斯行动计划》也随即出笼。

2. 殖民时期的西非行政区域

西非国家的领土疆界在 19 世纪后期被殖民大国瓜分时基本确定下来。西非区域的行政等级结构也在西非基本被瓜分完毕之后逐渐确立起来。法国和英国是西非的两个最大殖民宗主国。两国对各自殖民地的统治方式有所不同，法国采取的是直接统治方式，法属西非的统治具有某些中央集权制的特点，因而对法属西非国家独立后的区域合作具有某些积极意义。英属西非采取的是间接统治方式，各殖民地相对分离，因而独立后的英语西非的区域合

---

① Van de Walle 指出，20 世纪末的大多数非洲国家相比 20 世纪六七十年代更贫困，在世界经济中的地位也更为边缘化。Nicolas Van de Walle, *African Economies and the Politics of Permanent Crisis, 1979 – 1999*, Cambridge University Press, 2001。

作不像法属西非那样明显。

葡萄牙人、荷兰人、英国人和法国人长期以来一直在塞内冈比亚沿岸以及塞内加尔河和冈比亚河沿岸从事着奴隶、兽皮、黄金、树胶和其他产品的贸易。18 世纪下半期起，随着工业革命的到来，西欧资本主义从原始积累时期进入自由竞争时期，资本主义发展迫切要求扩大原料产地和销售市场。各欧洲强国纷纷凭借自己在非洲沿海的据点向内地扩张，相继在西非展开了殖民征服，这种殖民扩张在自由竞争资本主义向垄断资本主义过渡的 19 世纪最后 30 年内达到高潮，以军事征服和掠夺资源的新帝国主义取代了旧的 3C（Christianity，Commerce and Civilization，即基督教、商业与文明）政策，对非洲进行了瓜分。这不仅要归于工业革命给西欧国家带来的资本主义经济大发展，而且要归于西方基督教传教士的作用以及当时社会达尔文主义流行学说所主导的欧洲文化优越感。[①] 19 世纪末英文词语"白人的负担"的出现就是当时欧洲社会心态的反映。这种夹杂着种族主义色彩的文化优越感让欧洲人相信自己有权利甚至是有义务来决定处于"野蛮状态"的非洲的命运。

　　然而，面对已完成了工业化和民族统一进程的西欧列国，面对其咄咄逼人的帝国主义侵略政策，西非仍是一盘散沙，政治缺乏统一的治理，经济缺乏工业的支撑。19 世纪上半叶，西非还处

---

① Flint 和 Mcdougall 从经济观点出发，把对非洲的瓜分看作欧洲强国为了克服早期自由放任资本主义的局限、扭转非洲经济的动力机制、开发非洲经济的剩余价值的结果。这种分析是从现在的情形推测过去行动的动机，只能是一种推测。John E. Flint and E. Ann McDougall，"Chapter 10：Economic Change in West Africa in the 19th Century"，in J. F. Ade Ajayi & Michael Crowder，eds.，*History of West Africa*，Vol. 2，Longman Group UK Ltd.，1987，pp. 379 - 402。拉尔夫等学者指出，"如果考虑到 1914 年前，德国只把很少一部分资本投入到德属殖民地；法国资本只有 1/5 投入它在非洲的殖民地……随着大西洋奴隶贸易的衰落和苏伊士运河的修成，撒哈拉和林波波河之间的非洲相对于全球经济来说愈益成为边缘地区。确实，英国、欧洲和美国的工业和金融利益集团对在非洲进行领土征服活动没有多大兴趣。最热心的倡导者是记者、传教士、军事领导人和政治家"。〔美〕菲利普·李·拉尔夫、罗伯特·E. 勒纳、斯坦迪什·米查姆、爱德华·伯恩斯：《世界文明史》（下卷），赵丰等译，商务印书馆，1999，第 432 ~ 447 页。

于彼此争斗、较大的封建王朝的形成时期，或者说以圣战为名的改革和统一运动时期，如西非的萨莫里·杜尔（Samori Toure）的乌阿苏鲁军事封建国家、格比达西的达荷美王国、阿散蒂王国、奥波博王国、索科多王国。帝国主义政策下的欧洲国家不再满足于占据有利的港口与城市，开始向西非内地推进，直接接管西非社会的治理。仍处于内部政府形成与统一进程中的西非王国虽都尝试着"建立起与欧洲人共处的基础；几乎所有的王国最终都把抵抗或造反作为最后的手段"[1]，但在先进武器武装下的欧洲军事征服下，这些西非王国相继瓦解了。

1884 年 11 月 15 日至 1885 年 2 月 26 日的柏林会议是欧洲列强和美国为瓜分非洲制定某种游戏规则的会议，即一个欧洲国家控制了非洲海岸就宣布对海岸地区延伸至的内陆地方拥有基本权力。然而这种权力只有通过所谓的"有效占领"——派遣军队驻守或者派去行政官员——才能继续保有。柏林会议是列强瓜分非洲进入高潮的标志。这次会议召开的前后几十年，英、法、德在西非展开了激烈的争夺。这次会议既是对各殖民大国之前占领行为的确认，也为以后的占领行为定下了规则。1889～1891 年英、法接连签署了三个瓜分西非的协议，加上 1898 年双方签订的《尼日尔公约》，英、法对西非的瓜分基本完成。

19 世纪中叶，法国以威胁利诱手段强占了塞内加尔河流域的大片土地，直至 1880 年，法国完成了对整个塞内加尔海岸和远至凯斯的塞内加尔河两岸的大片地区的占领，并把这块地方分为直接管理的沿海殖民地和军事管制下的保护地。1895 年曾为西非古帝国加纳、马里、桑海中心地区的马里沦为法国殖民地，被称为"法属苏丹"，1904 年并入"法属西非"。[2] 1866 年法国在几内亚沿

---

① J. D. Hargreaves, "The European Partition of West Africa", in J. F. Ade Ajayi & Michael Crowder, eds., *History of West Africa*, Longman Group UK Limited, 1987, pp. 403 – 428.

② 法属西非（Afrique Occidentale Française, AOF, 1895～1960）包括毛里塔尼亚、塞内加尔、法属苏丹（今马里）、法属几内亚、象牙海岸（今科特迪瓦）、上沃尔特（今布基纳法索）、达荷美（今贝宁）和尼日尔。

海一带建立了殖民地，在征服几内亚内地的过程中，法国殖民军一开始遭到了萨莫里·杜尔领导的乌阿苏鲁王国的顽强抵抗，法国凭借优势占领了几内亚，最终于 1900 年巩固了几内亚殖民地。早在 1626 年前后，法国就开始入侵达荷美，19 世纪中期时通过各种不平等条约蚕食了维达、科托努等地方，1888 年开始出兵入侵，当时的阿波美王国（位于现贝宁南部）也进行了顽强抵抗，但最终还是战败，1913 年达荷美完全沦为法国殖民地。1886 年法国政府直接控制了科特迪瓦的沿海据点，1893 年建立了殖民地。布基纳法索在 1904 年沦为法国殖民地。毛里塔尼亚自 15 世纪以来相继遭到葡萄牙、荷兰、英国和法国的入侵，自 1912 年起完全沦为法国的殖民地，1920 年被划入法属西非。

早在 16 世纪末英国就侵入了冈比亚，在冈比亚河口建立起殖民据点。17 世纪末时法国殖民者侵占了冈比亚河北岸，此后 100 年间，英法为争夺冈比亚地区和塞内加尔，曾多次发动战争。1783 年《凡尔赛和约》把冈比亚河两岸划归英国，把塞内加尔划归法国。1889 年英法达成协议，划定了冈比亚的边界。

19 世纪英国打着禁止奴隶贸易和发展合法贸易的旗号，发动了对黄金海岸（独立后改称加纳）和尼日利亚的武力侵略。对这两地的入侵，英国人都利用了当地人内部的分裂和争斗。英国殖民者利用芳族对阿散蒂宗主权的不满，发动对阿散蒂的进攻，逐渐削弱了阿散蒂王国，通过 1831 年与阿散蒂签订的和约，侵占了黄金海岸沿海，并先后把丹麦和荷兰排挤出黄金海岸，1874 建立起黄金海岸殖民地，最终在 1891 年占领库马西，俘虏并流放了阿散蒂国王，把阿散蒂变为英国的保护国。1902 年将阿散蒂并入黄金海岸殖民地，这构成了今日加纳的前身。英国对尼日利亚的侵略是分步骤进行的，利用约鲁巴族各部落和城邦之间的内争，先将拉各斯、尼日尔三角洲设为殖民保护地，随即征服了索科多、卡诺等尼日利亚北部伊斯兰小王国，1900 年宣布成立"南尼日利亚保护国"和"北尼日利亚保护国"，直至 1911 年征服尼日利亚全境，1914 年才把南北尼日利亚合并。然而，南北尼日利亚行政各自保持相当大的自治，地方、族群和宗教的差异与冲突始终伴随着独立后的尼日利亚。

德国于 1894 年宣布占领多哥和喀麦隆。德、英、法三国最终在尼日尔河和乍得湖一带发生了冲突，先后以双边条约形式划定了喀麦隆和多哥的边界并划分了尼日尔河流域的势力范围。1904年英法签订了关于西非的专约，最终完成了对西非的瓜分。

1919 年 7 月国际联盟伦敦会议划定了德属西非殖民地多哥的边界，其领土被分为两部分，分别委任法国和英国统治。法国得到多哥领土的大部分，包括沿海地区和洛美等主要城镇。英国得到的西部地区在 1956 年联合国监督下公决后并入了加纳，法属多哥则成为法兰西共同体的一个自治共和国，最终于 1960 年独立。

塞拉利昂和利比里亚的历史不同于西非其他地方，分别是由英国和美国为安置废奴运动中获得解放的自由黑人建立起来的。1821 年英国建立塞拉利昂殖民地，该殖民地当时只包括面积很小的弗里敦半岛等，1880 年英国借口向内地扩张，1896 年宣布塞拉利昂内地成为英国的保护地。美国殖民协会 1821 年在西非谷物海岸①建立了利比里亚移民区，1839 年成立"利比里亚联邦"，由美国殖民协会颁布宪法，并派总督治理。1847 年 7 月，移民区脱离美国宣布独立，建立了非洲历史上第一个黑人共和国，但是直到1862 年美国都不承认利比里亚的独立。20 世纪初，美国向欧洲殖民大国宣示了它与利比里亚的特殊关系。1911 年利比里亚的边界才正式划定。1912 年美国开始把利比里亚作为殖民地加以管理。这块殖民地虽然是美国解放后的黑奴为追求自由与解放而有计划的移居之地，获得解放的美裔黑人并未将利比里亚变成非洲的"美国"，利比里亚的国家统治权直到 1980 年一直控制在人口占少数的美裔利比里亚人手中。

佛得角和几内亚比绍分别在 1495 年和 1879 年沦为葡萄牙的殖民地。

---

① 指非洲西部今利比里亚帕尔马斯角至塞拉利昂之间的沿海地带。16～19 世纪时，西方殖民者在此大肆掠夺一种经济价值很高的香料植物——帕拉迪斯谷，又称马拉圭塔胡椒，故该地被称为谷物海岸或胡椒海岸。其实这种植物既非谷物也非胡椒。

西非被瓜分的同时，其行政区划与统治也建立起来。英、法的殖民地最高决策权由宗主国相关机构把持，各殖民地的事务分别由各自国家的殖民部管理。在瓜分非洲之前，宗主国对殖民地都实行直接统治制度，即废黜非洲当地的土著统治者，摧毁原有的权力结构，组建殖民者直接统治的机构。英属西非的各个殖民地彼此分割，不利于实行高度集权的直接统治，1900～1914年，英国人基本是以比较保守的方式在各个殖民地内部加强统治的。在瓜分完非洲殖民地后，为了削弱非洲人民的反抗，宗主国开始改变统治方式，探索利用非洲土著统治者进行统治的制度，以英国在尼日利亚的间接统治最为典型。间接统治是指承认英国的宗主权和基于土著自治的土著行政机构、法院与金库。英国人将尼日利亚北部和南部合并成联邦，目的是要最大限度地降低行政费用，同法属西非联邦的建立在本质上是同样的，都是用沿岸贸易中心产生的财富来抵销殖民地内陆的行政花销。① 此外，间接统治是一种欺骗性较强的外国统治方式，在一定程度上减少了非洲人民的反抗，助长了部落主义、地区主义。② 相比东非和北非，西非人的反殖民主义意识较弱。第二次世界大战结束以后，英国国力下降，面临严重的财政经济困难，为此开发非洲殖民地成为政府的一项计划。英国的开发政策推动了英属非洲的商品生产和对外贸易，也部分改善了社会和基础设施，但是在英国自私的考虑下推动的非洲经济发展，是典型的殖民地经济，经济结构单一，原材料和初级产品出口片面增长，非洲自给的粮食生产和工业发展受到抑制。

法国在西非实行的是直接统治，法属西非的各个殖民地彼此相连，从而为法国单一联邦制统治提供了方便。达喀尔的联邦总

---

① C. Harrison, T. B. Ingawa and S. M. Martin, " The Establishment of Colonial Rule in West Africa, c. 1900 – 1914", in J. F. Ade Ajayi & Michael Crowder, eds. , *History of West Africa*, Longman Group UK Limited, 1987, pp. 485 – 545. 以下有关法属西非联邦的段落也主要参照此篇文章。同时参见刘鸿武等《从部族社会到民族国家：尼日利亚国家发展史纲》，云南大学出版社，2000，第110～139页。

② 高晋元：《英国－非洲关系史略》，中国社会科学出版社，2008，第189页。

督由法国政府任命，各区总督和地方长官由总督任命。为了消除
行政分界带来的不便，并减少最大的殖民地法属苏丹的权力和开
销，1899 年法属苏丹被分成了塞内加尔、几内亚、贝宁和象牙海
岸（1986 年后称科特迪瓦），1902 年被重组为塞内冈比亚和尼日
尔，1904 年又改组为上塞内加尔和尼日尔。法国在马里设置了一
个文职单位，在尼日尔设置了一个军事单位。至 1904 年，法属西
非是由塞内加尔、几内亚、象牙海岸、贝宁、上塞内加尔和尼日
尔及毛里塔尼亚组成的以圣路易为首府的行政地区。1911 年，尼
日尔军事地区被从上塞内加尔和尼日尔分离了出来。除了毛里塔
尼亚和尼日尔外，每个殖民地都有自己的地方总督，而这两个地
方分别由联邦总督的文职专员和军事专员负责。各个殖民地在地
方预算、税收和内部行政上拥有相当的权力。所有的军事事务都
归联邦总督负责，所有与巴黎或者外国的联系必须通过联邦总督，
所有公共工程、司法和教育的财政问题也属于联邦预算范畴。各
个殖民地向下又分为小的行政单位区及更小的行政分区
（cantons）。这些行政单位的划分常常会为了平衡族群的需要而改
变。行政人员主要由三个等级构成。殖民统治的早期，不同水平
的行政人员会在短时间内调换，这使得地方行政人员很难熟悉管
辖地区的情况，无法把握地方政治的确切性质。这使法属殖民政
权倾向于疏离地方政治，倾向于威权。法属西非的这种结构特征
直到 20 世纪 50 年代都没有太大变化，并在独立后的法属西非国家
中打下了烙印。法国对高级文官的这种安排使得法兰西帝国的行
政模式相比英国更具一致性。在独立之前，这些法属西非殖民领
地已被统一为殖民帝国的一个地区。此外，法属西非的许多土著
文官和政治家都毕业于达喀尔的威廉·庞蒂（William Ponty）师范
学校，这无疑有助于独立后的法语非洲国家之间的合作。

　　法国区别对待不同殖民地的非洲人，其中来自圣路易、达喀
尔等四个地方的非洲人社会地位较高，享有的权利几乎等同于宗
主国内的公民，有选举权；而来自其他殖民地的人则仍是臣民。
法国对毛里塔尼亚、尼日尔、科特迪瓦和几内亚的统治更倾向于
军事强力。1907～1915 年任联邦总督的威廉·庞蒂对法属西非的

殖民行政统治产生的影响最大，他试图通过立法反对奴隶制（酋长的经济基础）、限制穆斯林领袖的自由迁徙、从各区的最大族群挑选人做酋长以消除伊斯兰教和酋长的联系，同时对酋长施加压力使他们把孩子送到圣路易接受教育，从而使法国能从这些人中任命酋长。土著法庭适用于居住在除圣路易等四个特殊殖民地外的非洲人。法国的这种区别对待的做法造成了西非人的不和，对独立后的西非国家合作产生了消极影响，如其他国家对塞内加尔的戒心与不满。

英国为了减低四个殖民地的分裂状态，通过殖民部统一管理英属西非各殖民地总督，对各殖民地的经济情况的信息流通进行协调，甚至还设立了非政府压力集团如西非贸易协会。但是，英国政府让各殖民地财政自给自足的倾向，鼓励了各殖民地立足本地实施政策的独立倾向。而弗雷德里克·卢加德推行委任酋长制的间接统治使得原来本已衰落的传统贵族的权力重新得到发展。虽然间接统治是为了便于殖民统治，酋长仅仅是殖民统治的工具，但在实际运作中，无法避免酋长们会反过来利用宗主国的殖民统治，巩固自身的地位，这就是法国人约斯特·范·沃伦霍芬（Joost van Vollenhoven）对法国殖民统治任用非洲酋长的土著政策发出的警告，"土著酋长必须是我们的工具，而殖民总督不应该是他的工具"①。英国间接统治方式在巩固西非人自我管理的同时，也加强了西非地区的自治倾向，相比法国的模式，不利于独立后的国家认同意识的培养。②

20世纪早期，西非殖民地港口、铁路的修建靠的是强迫劳动，而殖民时期西非区域经济经历的最大变化就是铁路网的修建，尽管宗主国发展殖民地铁路的初衷不是基于商业和经济的考虑，而是为了军事行动和行政的便利。铁路的修建刺激了出口作物的种植和出口的增长。英属西非1914~1916年完成尼日利亚东部铁路

---

① J. D. Hargreaves, ed., *France and West Africa – An Anthology of Historical Documents*, Gregg Revivals, 1993, p. 213.

② 有关英国间接统治的评论，参见刘鸿武等《从部族社会到民族国家：尼日利亚国家发展史纲》，云南大学出版社，2000，第134页。

线，法属西非在 1902~1907 年的 5 年时间内，铁路线从 550 公里
延长到 1455 公里。连接各殖民地之间以及殖民地与欧洲的电报网
络也建立起来。但是这些铁路主要连接出口产品产地与沿海港口或
殖民首府，内陆之间的站点没有铁路连接。

殖民地的海关、关税权、造币权都由宗主国控制。殖民行政
机构的主要权力机关被独立后的非洲国家所继承，在很大程度上，
"在从帝国统治到自治的过渡时期这些行政机构保留了相当的延续
性。非洲执政者从殖民统治者手里接管的控制机构——尽管有瑕
疵，却基本未受到非殖民化政治思潮的冲击"①，因而"殖民地国
家非常典型地表现为一个官僚国家。这对殖民结束后的国家有着
影响，使后者趋向于采用（仅仅做些轻微改动）继承下来的文官
结构、规则和程序"②。

二 西非民族主义、区域意识与政治独立③

西非独立时各国的领土和主权管辖范围正是建立在上述殖民
领地的范围和行政区划基础上，而不是殖民统治前的西非古国管
辖范围的基础上的，也不是作为一个整体的西非区域基础上的。西
非民族主义与区域意识在历史渊源上是相同的，二者是一种共生关
系，共同推动了西非独立运动的开展。然而西非民族主义所体现的
特性在不同时期有所不同，直至二战结束前，西非区域意识与民族
主义是合二为一的，随着独立的临近，二者渐渐分离，西非区域意
识逐渐淡化，而基于领地的国家民族主义意识逐渐加强。

1. 西非民族主义与区域意识

考古发现证明西非人民之间的迁移是一个长期的现象，先于

---

① Naomi Chazan, Robert Mortimer, John Ravenhill and Donald Rothchild, *Politics and Society in Contemporary Africa*, Macmillan Education Ltd. , 1988, p. 41.

② William Tordoff, *Government and Politics in Africa*, Palgrave Macmillan, 2002, p. 137.

③ 本章主要内容已公开发表。肖宏宇：《西非区域意识、民族主义与独立运动》，《西亚非洲》2009 年第 1 期，第 16~21 页。

现代国家边界习俗和移民法规的出现。古加纳、马里、桑海与豪萨文明属于整个西非，并不对应于当今独立的某个西非国家。这些西非古代文明展示了非洲人独特的历史发展轨迹和所创造的文明，证明了"撒哈拉以南的非洲地区居住着许多不同的国家和民族，有些在经济上远比同期处于殖民地时代的北美或者澳大利亚更为先进"①。这些是西非被看作一个整体的客观历史基础，是西非人民重塑自信、发挥能动性、争取独立、顺应并创造自己新的历史的逻辑起点，是西非民族主义得以产生、发展并指导西非人民摆脱殖民统治的文化渊源，也是西非塑造西非区域意识需要加以挖掘的一个本土资源。

这种历史文化基础使西非首先能把反抗殖民压迫的非洲民族主义意识、情感和实践与发源于美洲的泛非主义思想相结合，从而诞生了西非民族主义，启蒙了西非人民的独立和区域意识，推动了西非地区的反殖反帝斗争的展开，使西非成为推动非洲团结意识——泛非主义的先锋，也成为揭开撒哈拉以南非洲独立的序幕。西非的现代民族意识同样是在"资本主义因素的刺激下产生的"②。

西非区域民族主义意识形态，有种族性、大陆性、区域性、领地性四种特征。③ 这四种特性在不同历史时期的作用是不一样

---

① 〔英〕尼尔·弗格森：《帝国》，中信出版社，2012，第99页。

② 宁骚：《民族与国家》，北京大学出版社，1995，第76页。

③ 参见李安山《西非民族主义的产生及其表现形式 —— 西非民族主义论纲之一》，《西亚非洲》1995年第3期，第28~38页。李安山在该文中对西非民族主义的产生及其表现形式所做的分析非常具有说服力，虽然地域民族主义和国家民族主义还有待商榷，但相比泛非主义，这两者在思想主张、理论体系上都要弱，更多地体现为致力于西非团结的建议和实践活动。说西非民族主义仍是一种尚在发展的意识形态，主要原因就是这四种特性彼此重合交织在一起，其种族性和大陆性的存在不仅是因为整个非洲大陆面临种族歧视、殖民压迫的形势下非洲自我意识的清醒，同时也是因为在非洲被迫卷入资本主义、民族国家开始占优势的政治经济中时，非洲社会的发展还没有产生出足以构成现代民族国家的民族基础，或者说不存在斯大林所说的具备四个共同要素的民族，从吉登斯四个类型的非现代社会（地方化的部落文化体系、城邦体系、封建国家体系和大型帝国体系）的观点来看，非洲社会可能更接近地方化的部落文化体系，这是种族性、大陆性成为非洲民族主义特性的深层原因。〔英〕安东尼·吉登斯：《民族-国家与暴力》，胡宗泽、赵力涛译，生活·读书·新知三联书店，1998，第99页。

的，其中种族性和大陆性特征在最初唤醒民众觉悟时非常明显，且成为非洲国家独立后加强非洲团结、一致对外的凝结剂；区域性特征主要体现在五次泛非大会的召开。自 1945 年第五次泛非大会召开以后，泛非运动主要体现为各领地争取独立的非洲民族主义，领地性特征逐渐得到强化，并在西非争取独立运动、摆脱殖民统治上起了重要作用，且在西非独立后转化为国家性特征；西非各国独立后，区域性特征虽然一直弱于国家性特征，但这种特征并没有消失，始终是西非民族主义的重要内容。

西非民族主义运动的领导者主要是受过殖民教育的非洲知识分子。1919 年，海福德（Casely Hayford，1866～1930）倡导建立了西非历史上第一个跨领地民族主义政党西非国民大会（National Congerss of British West Africa），在英属西非的各个领地设有分会。参会者主要是加纳、尼日利亚、冈比亚和塞拉利昂四个英属西非殖民地的律师、教员、医生、记者、牧师和部分酋长、商人等。直至 1945 年第五次泛非大会召开时，泛非运动的主要推动者都来自中层知识分子和资产阶级改良主义者。[①] 这种早期区域特性的民族主义的主张与实践受到了来自传统势力、宗主国、内部分歧和目标设计的限制，从而最终随着海福德的去世而销声匿迹。

西非国民大会的下述缺陷削弱了它的影响：英国殖民统治者担心其权威会受到挑战，对大会的成立非常冷淡，英国运用"分而治之"的统治手法，即用来自不同族群的人统治另一族群，分化非洲人；大会的组织者主要是受过西方教育的非洲人，没有得到来自西非当地团体的一致支持，尤其是许多西非本地酋长的支持；大会组织者之间的政治追求也不一致；更为重要的是，该大会组织者自命为西非的领导者，满足于"有效代表权与交税的统一"，没有去发动西非大众。[②] 这些缺陷表明西非国民大会是少数

---

① Kwame Nkruma, *Africa Must Unite*, Heinemann Educational Books Ltd., 1963, p. 135.

② Robert W. July, *A History of the African People*, Waveland Press, Inc., 1992, p. 376.

人参与的运动，缺乏大众支持。

　　虽然西非早期精英对民族国家在资本主义生产中的作用有着深刻认识，具有西非民族主义的区域认同及建立西非国家的抱负，如西非学联（West African Student Union，WASU）主席的话就证明了这点，"你不可能创造一个非洲民族，但是通过确保西非的团结，保证西部的权利，你因此就提高了非洲总的福祉水准，确定了一种理想的生活，这是东部和南部也将努力追求的目标。如果非洲要存在下去的话，那么西非必须成为一个民族，必须团结在民族进步的情感之下"①。但是，遗憾的是，这种高瞻远瞩、颇具洞察力的观点及其所体现的西非民族主义的区域民族主义意识未能被发扬光大、未能战胜现实利益的诱惑。

　　1946 年成立的法属西非区域性民族主义政党非洲民主联盟（Rassemblement Démocratique Africain）解体的重要原因之一就是主要领导人受制于狭隘的利益观念。该党最有影响的领导人博瓦尼（Houphouët-Boigny）来自相对富裕的科特迪瓦，他担心科特迪瓦受到其他法属西非领地的拖累，为法属西非联邦的独立付出代价，因而不主张作为一个整体的法属西非的独立。该党解体的另一个原因是，该党曾与法国共产党联系密切，法国政府想方设法进行破坏，拘捕该党人士，首先诱使上沃尔特民主党分立出来，离间了塞内加尔代表与法国社会主义者，达到了分而治之的目的。虽然作为法属西非联邦行政首府所在地的塞内加尔极力想避免法属西非联邦的分裂，并因此组织了不属于非洲民主同盟的各类政党的联合组织——海外独立者组织（the Indépendents D'outre），但是该组织因其他领地不满塞内加尔的领导权而解散。无论是科特迪瓦的选择还是塞内加尔的选择，都是出于各自的利益及在殖民领地中的不同地位而做出的。

　　独立前西非民族主义首先体现为区域意识的认同和区域主义的主张，随着独立运动的迫近，以殖民领地为基础的民族主义逐

---

　　① 转引自 Adi，Hakim，"Pan-Africanism and West African Nationalism in Britain"，*African Studies Reviews*，Vol. 43，No. 1，Apr. 2000，p. 76。

渐占了上风。这种趋势的产生主要基于殖民主义分而治之的统治，西非民族知识分子的双重特性，殖民宗主国对独立运动进程、方式和后果的影响。

的确，发出西非民族主义诉求的人，接受的是殖民教育，并为宗主国殖民统治工作，是殖民统治必不可少的组成部分；西方教育对他们的影响胜过了西非本土文化的影响。他们"由殖民主义的工具到反帝反殖斗争的先锋这一政治上的革命转变"不是彻底的，[①] 而是有所保留的。这种不彻底性既有客观的原因，也有主观的原因。[②] 领导非洲独立运动的民族知识分子，有着殖民地知识分子的双重特性，既是本土文化的继承者，又是宗主国文化的接受者和传播者，同时他们还是西非独立运动的领导人、殖民政权的接管者。[③] 作为非洲和殖民宗主国的沟通者，他们既是非洲民族主义运动的领导力量，又是殖民宗主国的基本合作者和殖民地政权的理想继承者。[④]

他们在"非洲现代史上起着显著的、杰出的作用"[⑤]。他们是非洲走向现代化的媒介，这是他们的优势所在，但是他们的劣势也成为非洲现代化道路上的障碍，因为本质上他们是西方"传教团的产物"，[⑥] 他们受西方文化的浸淫太久、太深，对本土文化信心不足。正如有学者所指出的"这个阶层……染上了文化精神分裂症"[⑦]，难以摆脱西方思维定式的影响，使得独立后发展道路的选择困难重重。

① 李安山：《论西非民族主义知识分子的形成及其发展》，《西亚非洲》1985 年第 6 期，第 53 页。

② 陆庭恩指出过这种不彻底性，参见陆庭恩《非洲国家的殖民主义历史遗留》，《国际政治研究》2002 年第 1 期，第 49~57 页。

③ 《殖民机器是被接管，而不是被摧毁》，参见 John D. Hargreaves, *The End of Colonial Rule in West Africa*, The Macmillan Press Ltd., 1979, p. 76。

④ John D. Hargreaves, *The End of Colonial Rule in West Africa*, The Macmillan Press Ltd., 1979, p. 71。

⑤ 陆庭恩：《非洲与帝国主义》，北京大学出版社，1987，第 209 页。

⑥ 高晋元：《英国-非洲关系史略》，中国社会科学出版社，2008，第 36 页。

⑦ 〔肯〕A. A. 马兹鲁伊主编《非洲通史：1935 年以后的非洲》（第八卷），中国对外翻译出版公司，2003，第 321 页。

在西非，这个阶层"在民族主义运动中所起的作用要远甚于北非地区。他们的政治倾向往往决定了民族主义运动的方向"[1]。应该说，这个阶层肩负着历史赋予他们的重任，但其阶级出身注定了他们的局限。阿迪（Adi）等人的研究结果证明了这个精英阶层"大多数，虽然不是全部，都来自于非洲富有的家庭"[2]。这种阶级的局限使他们"不仅继承了前压迫者的特权与利益，而且以平等的名义为自己创造出新的特权与利益"，但在享受特权的同时，不愿履行责任。[3] 其道德上的缺陷显而易见。

宗主国需要他们，同时"轻视或怀疑"他们；西非社会也离不了他们，需要他们同殖民宗主国打交道，需要他们对西非社会进行现代思想的启蒙，但又把他们看作殖民统治的代理人而"忌恨"他们；他们最早体验了殖民统治的剥削与歧视，[4] 饱尝了来自两边的猜忌与歧视；但是沟通者的角色又赋予了他们某种优越地位，他们是殖民统治下的既得利益者，尤其相对于西非其他人群而言。

第二次世界大战结束以后的国际政治形势的发展客观上有利于非洲的独立运动，缩短了民族独立运动的进程，促进了非洲独立的提早到来。尽管在通向独立的道路上，非洲缺乏一套完整的社会思想，一种能成功对抗西方现代主义的外来价值观的扎根于本土文化的自主思想，[5] 但非洲大部分地区在很短的时间内以和平方式获得了独立。非洲的独立过程既是非洲人民把握了历史的机遇，也是多种因素起作用的结果，显然非洲争取独立的民

---

① 陈晓红：《戴高乐与非洲的非殖民化研究》，中国社会科学出版社，2003，第147页。

② Hakim Adi, "Pan-Africanism and West African Nationalism in Britain", *African Studies Reviews*, Vol. 43, No. 1, Apr. 2000, pp. 69 – 82.

③ John D. Hargreaves, *The End of Colonial Rule in West Africa*, The Macmillan Press Ltd., 1979, p. 7, p. 50.

④ 参见 James S. Coleman, *Nigeria – Background to Nationalism*, Berkeley and Los Angels: University of California Press, 1958; Jonathan Derrick, "The Native Clerk in Colonial West Africa", *African Affairs*, Vol. 82, No. 326, Jan. 1983, pp. 61 – 74。

⑤ 〔肯〕A. A. 马兹鲁伊主编《非洲通史：1935年以后的非洲》（第八卷），中国对外翻译出版公司，2003，第347页。

族主义运动是其中一个重要因素，但是殖民宗主国面对美苏都高举反殖民主义大旗的新国际形势，以及资本主义生产方式的改变而做出的顺应历史的反应，同样不可忽视。[①] 马丁（Martin）认为，"除几内亚外，20世纪60年代非洲殖民地的独立与其说是非洲民族主义运动压力使然，还不如说是法国出于善意和宽宏的结果"[②]。马丁的话有夸大法国在其所属非洲殖民地独立中的作用的嫌疑，却也在一定程度上反映了非洲民族主义运动的局限性。

尼日利亚人把20世纪非洲独立看作一场社会革命[③]是高估了独立运动的历史影响。非洲独立从世界历史的角度说，可以说是世界的社会革命，这是被殖民被压迫民族对殖民和压迫民族的胜利，但是仅就非洲社会而言，不能算是一场社会革命，仅仅只能是政治变革，是非洲由"他治"转向"自治"。西方学者甚至把

---

① Goldberg 表达了这种观点。Melvin Goldberg, "Decolonization and Political Socialization with references to West Africa", *Journal of Modern African Studies*, Vol. 24, No. 4, Dec. 1986, pp. 663–677。中国学者李安山和陈晓红都指出，在重视非洲国家在争取独立运动过程中的作用的同时，也不能忽视殖民宗主国顺应历史潮流的安排，以及殖民地与宗主国二者的妥协与互动。李安山：《论"非殖民化"：一个概念的缘起与演变》，《世界历史》1998年第4期，第2～13页；陈晓红：《戴高乐与非洲的非殖民化研究》，中国社会科学出版社，2003，第149页。

② Guy Martin, "Francophone Africa in the Context of Franco-American Relations", in John W. Harbeson & Donald Rothchild, eds., *Africa in World Politics*, Westview Press, 1995, p. 167. Martin 这里所指的非洲是指撒哈拉以南非洲。Chafer 批驳了这种法国善意的观点，他指出，非殖民化不是"自由选择的结果，而是一个由各种国际、国内、区域和地方政治因素，以及运气和时机共同作用下的一个混乱的过程"，然而他同时也指出，在这一过程中，法国对待撒哈拉以南非洲的政策起到了使历史的发展有利于自己的作用。参见 Tony Chafer, *The End of Empire in French West Africa – France's Successful Decolonization?*, Oxford International Publishers Ltd., 2002, p. 21。英国与法国在准许其西非殖民地独立时都绝不是出于善意，而是一种被迫的顺应历史潮流的过程，其中英国因为早在18世纪就有了北美殖民地独立的经验教训，在其非洲殖民地独立之前有其亚洲殖民地独立的经验，故在顺应历史趋势时比法国稍早些。

③ 〔尼日利亚〕维克托·恩瓦奥齐奇·戚本杜：《尼日利亚外交政策（1961～2002）》，周平等译，世界知识出版社，2005，第53页。笔者对革命的理解是"导致社会经济发生根本变化的运动"。

撒哈拉以南非洲的独立仅看作一种"权力移交"的结果，即权力从宗主国手中移交到了宗主国文化和教育所熏陶出来的非洲精英手中。① 这种权力的转移既没有根本改变非洲传统社会的酋长制也没有改变殖民政府所建立的行政统治体制。②

西非独立运动中的民族主义是一个复数概念，不是"一个单一而统一的民族主义运动"③，包括泛非主义、区域民族主义、基于各殖民领地的民族主义，乃至各殖民领地下的地方民族主义，覆盖的地理区域由大到小。最初面对强大的共同敌人——殖民主义时，它们的相互借重、彼此支持是主流，但随着独立时刻的来临，领地型民族主义逐渐被非洲独立运动的领导者所追求。

非洲独立运动的领导者的确"把殖民地化的国家作为其远大抱负的核心，而且接受了殖民主义所带来的众多改变"④。从积极的意义上说，他们没有全盘否定殖民主义；从消极意义上说，他们却是要"保住边缘资本主义经济，这种关系是在与西方大国的不平等交换关系下所获得的。统治阶级奢华的生活方式，它的腐败、从属心理和基本非生产的本质，使它注定会接受诸如代表跨国公司利益的代理、股东、经理、法律顾问等等的初级职位"⑤。

当然西非缺乏超领地的区域资本主义经济活动，区域民族主

① 参见 William Tordoff, *Government and Politics in Africa*, Palgrave Macmillan, 2002, pp. 42 - 75; 也参见 W. David McIntye, *British Decolonization*, *1946 - 1997*: *When, Why and How did the British Empire Fall?*, St. Martin's Press, 1998, pp. 103 - 106。

② Rathbone 认为，"非殖民化和独立的取得是不完全的，远非 20 世纪 50 年代多数政治家所确信的那样有着深远的意义。虽然在很大程度上，西非国家享有政治独立，但是没有一个国家免于外部势力的干涉"。Richard Rathbone, "Independence West Africa", in J. F. Ade Ajayi & Michael Crowder, eds., *History of West Africa*, Longman Group UK Limited, 1987, p. 804。

③ Tony Chafer, *The End of Empire in French West Africa – France's Successful Decolonization?*, Oxford International Publishers Ltd., 2002, p. 18.

④ William Tordoff, *Government and Politics in Africa*, Palgave Macmillan, 2002, pp. 26 - 27.

⑤ Toyin Falola and Julius O. Ihonvbere, eds., *Nigeria and the International Capitalist System*, GSIS Monograph Series in World Affairs, Lynne Rienner Publishers, 1988, p. 116.

义没有物质基础的支撑，是区域民族主义意识逐渐弱化的客观原因。"现代大规模生产和工业经济是世界各国民族主义向上发展的必要条件。"① 西非独立运动的领导者诉诸领地民族主义，不能不说，也是一种理性选择，同世界各地的现代化民族主义者一样，是"试图把凝聚力强加于正经历现代化的社会之上的一种努力"②。这种努力可能是在整合经历现代化过程的社会的一种最为成功的形式。西非独立运动领导者是要借助各个领地相对好的一体化基础，来实现现代化。领地民族主义并非目的，而是非洲实现现代化的工具，通过这个工具构建西非民族主义的物质基础。

然而，这种领地型民族主义从诞生时起就先天不足，仅仅是一些过于自信的"少数"精英试图在殖民宗主国划定的领地内复制出资本主义的欧洲式的民族国家，因而非洲的多数国家独立后的政权建制丝毫不顾及非洲本土历史经验。③ 这样，非洲摆脱殖民统治创建自己国家时，无论国家的经济基础，还是政治架构与社会构造都没有发生显著变化。

加纳在独立后，没有了殖民主义这样的明显的敌对者，民族主义失去了魅力，而恩克鲁玛试图以泛非主义的意识形态遏制基于本国局部的或族群地方民族主义的影响也遭到了失败。尽管泛非主义在非洲独立前曾对非洲民族主义的产生起过积极的推动作用，④ 并在非洲各国独立后有助于非洲各国友好相处，对各国国内的部族主义却无能为力。

追求独立的西非民族主义者深受西方宗主国文化的影响。非洲民族主义的先驱之一杜波依斯对法国在所属非洲殖民地实行的同化政策颇有赞赏，他举的一个西非姑娘的例子非常生动地再现

---

① 〔美〕海斯：《现代民族主义演进史》，帕米尔等译，华东师范大学出版社，2005，第 185 页。

② Ernest B. Hass, "Nationalism: An instrumental Social Construction", *Millennium - Journal of International Studies*, Vol. 22, No. 3, Dec. 1993, pp. 505 – 545.

③ John D. Hargreaves, *The End of Colonial Rule in West Africa*, The Macmillan Press Ltd., 1979, p. 84.

④ 陆庭恩、宁骚、赵淑慧编《非洲的过去和现在》，北京师范学院出版社，1989，第 266 页。

了非洲人被西方文化所俘获的情形。[1] 法属西非的早期民族主义者布莱兹·迪亚娜（Blaise Diagne）的话同样暴露了西非民族主义者的西化倾向，他说："我属于那类信仰法国传统的人，相信唯有法国的传统才能把法兰西和她散居于海外领地的不同人种或种族团结起来。"[2] 并且他认为只有在殖民体系内非洲才最有可能取得成功。法属西非领地的领导人相对英属西非领地的领导者而言，受西方文化影响的程度更深，这是法国同化政策与英国的间接统治政策的些微不同造成的。[3] 而早在 1824 年就已宣布独立的利比里亚，直到 20 世纪 90 年代一直由美国黑人移民的后代掌权，这些黑人后代完全把美国的种族隔离那一套制度移植到了非洲，制造了美洲后裔黑人与土著黑人之间的对立——曾为白人奴隶的黑人成为压迫土著黑人的"奴隶主"。这的确是人类发展的一种悖论，当然也见证了要摆脱居于统治地位的文化影响的难度。

受西方教育最少的几内亚的塞古·杜尔敢于领导几内亚对法国说不，并率先独立不是偶然的。[4] 雷·瓦因（Le Vine）的话刻画了西非独立运动的领导者的文化局限，因为他们曾"积极主动地接受法国的政治传统教育，已经习惯于法国的法律、体制、规

---

[1] 〔加纳〕杜波伊斯：《黑人的思考》，收录于唐大盾选编的《泛非主义与非洲统一组织文选》，华东师范大学出版社，1995，第 240 页。这是以一个来自英属西非殖民地的西非姑娘在法属西非殖民地社交活动中颇感自如来赞叹法国的同化政策的故事。

[2] 转引自 Robert W. July, *A History of the African People*, Waveland Press, Inc., 1992, p. 368。

[3] 参见 James S. Coleman, *Nigeria: Background to Nationalism*, University of California Press, 1958。英国在尼日利亚的间接统治更多地招致了受过西方教育的非洲精英们的反感，他们相比法属非洲的非洲精英们，对作为宗主国的英国更具有批判性。

[4] 19 世纪在塞内加尔的天主教会学校圣灵教会学校和玛丽亚圣心学校明确指出，学校总的目的是使"非洲黑人获得宗教新生"，但同时有着其特殊的目的，即"为法国的领地提供有智性而忠诚的仆人"，因为法国殖民地和贸易站需要"诚实、聪明又忠诚的工匠，尤其是能够监管黑人的工头"。参见 John D. Hargreaves, ed., *France and West Africa – An Anthology of Historical Documents*, Gregg Revivals, 1993, pp. 102 – 104。

范和形式"，所以"不大可能拒绝培养他们的政治文化"。^① 面对处于强势的西方文化的侵略，文化积淀较浅的非洲对西方文化缺乏应有的批判精神。他们在继承殖民遗产的同时，"丢掉了自己的优点"^②。这或许是美国学者亨廷顿在其《文明的冲突》中不把非洲文明视为一个独特的文明的原因。

正是西方的教育加强了非洲民族主义知识分子的内聚力，^③ 尤其是在争取非洲独立、追求现代政治文化价值观上，他们的确显示了共性。因为所依靠的反殖反帝基础是族群，^④ 加上宗主国分而治之的策略、权力的诱惑、各种权宜之计的考虑、个人的不同视野、影响力和禀赋气质，西方不同社会思潮、意识形态的影响，这种表面上的共性就荡然无存了。^⑤ 即使是殖民时期某些有利于整个西非发展的设置、体制也被弃置一旁，如典型的法属西非联盟、法属赤道联盟。显然，这两个联盟的解体与法国关系很大，但毫无疑问，多数非洲领导人主观上也希望获得在各自的领地内的独立，而不是作为一个整体的联盟的独立。当然，客观上非洲独立运动的领导人在组织与影响力方面也仅限于各殖民领地，且主要是城市。殖民宗主国并没有消灭西非的传统精英即酋长，反而通过所谓间接统治的方式使传统精英与受过西方教育的现代精英彼此制衡，前者满足于既有的社会地位、相应的报酬及权势，并"垄断着大众的忠诚"；而后者既没有赢得

---

① Victor T. Le Vine, "The States of Formerly French West Africa", in Peter Duignan and Robert H Jacksoneds. , *Politics and Government in Africa States*, *1960 - 1985*, Hoover Institution Press, 1986, pp. 84 - 85.

② 按照加纳领导人罗林斯对殖民遗产的理解，殖民遗产就是"教你丢掉自己的优点"。Barbara Cullahorn Holecek, "Paying the Piper", *Transition*, No. 62, 1993, p. 168。

③ 李安山：《非洲民族主义研究》，中国国际广播出版社，2004，第62~80页。

④ 参见 J. B. Webster, "African Political Activity in British West Africa, 1900 - 1940", in J. F. Ade Ajayi & Michael Crowder, eds. , *History of West Africa*, Longman Group UK Limited, 1987, p. 664。

⑤ 参见 Naomi Chazan, Robert Mortimer, John Ravenhill and Donald Rothchild, *Politics and Society in Contemporary Africa*, Macmillan Education Ltd. , 1988, p. 172。书中提到非洲多数国家中的精英们在行使权利与参与方式上意见不一。

大众的支持，也没有对非洲人自我领导充满信心，倾向于保守、谨小慎微、与宗主国保持合作。① 独立领袖们未能克服狭隘的政治视野尤其是文化教育背景的限制，没有打破殖民大国分而治之的阴谋。

2. 独立运动与主权国家的建立

在西非争取独立运动的过程中，西非各领地独立领导人在独立的时间、方式、政权的性质上的分歧很深。在斯克尼科（Skurnik）看来，这种分歧产生的原因来自三个方面：西非在被殖民者进入前的分裂状态；法国殖民时期的经济发展及贸易方式削弱了西非各领地之间的联系，强化的是西非各领地与法国本土的不平等关系；法国同化政策对非洲精英的消极影响。② 第三方面在历史的紧要关头非常关键。法国的同化政策不仅使得非洲精英们难以独立思考，而且法国政治生活的消极面、政党之间的左右分歧在非洲精英们之间打下了一个"楔子"，而且这个楔子被打入的时间"正是非洲政治生活处于萌芽时期"。

不能说非洲没有人警惕，如塞古·杜尔在1958年9月28日的演讲中指出，法国的基本法及其1958年的宪法改革是想破坏非洲的团结，削弱非洲政治斗争的潜在力量，降低非洲政府的权威。③ 非常明显的是法国政府一直试图强化各殖民地对法国的依赖，在其殖民地追求独立过程中，没有把权力移交给联邦大会，1958年的宪法甚至没有承认法属西非联邦，1959年联邦被正式解散了。

法属西非联盟的成立与解体都是基于法国的利益，成立之时没有考虑非洲人的利益，也并没有试图借助该工具促进非洲不同领地之间的联系，无论是1956年的基本法还是1958年的宪法，都

---

① 参见 J. B. Webster, "African Political Activity in British West Africa, 1900 – 1940", in J. F. Ade Ajayi & Michael Crowder, eds., *History of West Africa*, Longman Group UK Limited, 1987, pp. 635 – 664。

② W. A. E. Skurnik, "France and Fragmentation in West Africa: 1945 – 1960", *Journal of African History*, Vol. 8, No. 2, 1967, pp. 317 – 333。

③ 转引自 Robert O. Collins, *Western African History*, Markus Wiener Publisher, Inc., 1990, p. 127。

反映了法国政府想继续以某种便利的方式统治殖民地又不固守原有统治方式的灵活性。法属西非联盟虽然最终解体了，但其客观上起到了加强法属西非各国合作的作用。法语西非国家独立后不久建立的各种合作组织就是这种客观作用的体现。法属西非联盟的解体为西非国家的区域合作和一体化的开展提供了两点教训：第一，那些不是基于西非人自愿创立的合作形式，其存在形式及前途也不取决于西非人；第二，西非人应该学会利用一切有益于区域合作的组织形式，发挥区域组织的优势，不管这种合作形式最初的发起者是谁，动机如何。

除了独立运动领导人未能很好地驾驭领地之间的协调与合作外，他们在各自的领地内，也未能驾驭好内部的分歧与斗争，如威廉斯（Williams）所指出的尼日利亚独立时的南北地区差异、穆斯林与基督徒之间的宗教矛盾、约鲁巴人和伊博人之间的部族矛盾、长者与年轻者之间的矛盾和受过教育者与未受教育者之间的矛盾，这些矛盾的存在与激化使得尼日利亚独立领袖们在独立时期把精力更多地放在了解决这些内部分歧上，而不是与英国的讨价还价以获取最大的利益上，[①] 更无暇顾及与其他英属殖民地及法属殖民地的沟通与联系。冈比亚的独立更能说明问题，作为一个当时仅有 30 万人口的英国殖民领地，冈比亚并不想独立，而是想保持与英国的永久联系，却被英国拒绝了。英、法的殖民统治加深了西非人彼此之间的猜疑，塞内冈比亚联邦、塞内加尔和马里的联邦设想都流产了。

非洲国家的贫困与被边缘化的内因中最重要的是"非洲国家缺乏既了解本国国情、有丰富治国经验，又能为国家而努力奋斗的领导核心"[②]。这个时期把非洲人团结在一起的是他们受压迫的共同命运，是外部帝国主义这个敌人，当时的乐观主义遮盖了非洲人内部之间的分歧。非洲人当时也没有倾注更多时间去思考理

---

① Michael Crowder, ed., *The Cambridge History of Africa* (*from c.* 1940 – *c.* 1975), Vol. 8, Cambridge University Press, 1984, pp. 347 – 350.

② 陆庭恩、彭坤元主编《非洲通史》，华东师范大学出版社，1990，第 4 页。

想的政府形式，仅仅认为从外部势力中夺回主权即可，而忘记了主权的思想不是产生于非洲本土，非洲人需要去培养主权意识，非洲人需要将这种现代政治概念融合进非洲人的历史、文化发展过程中，非洲人需要全面地正视殖民帝国主义留给非洲的政治遗产和文化影响。殖民主义入侵时的西非还没有形成稳固的统一政权，准国家形式、部落酋长制等同时存在，相互之间的地理界线并不明确，社会整合的程度有限。但是非洲的多数精英分子没有认真加以思考，去实践，而是把获得独立看作了权力的简单转移。民族解放运动的领袖们往往在西方受到教育和培养，渐渐感到西方国家所倡导的政治原则并未运用于殖民地国家，这种不公平激起了他们的愤怒，进而促使他们反抗殖民统治。在民族解放运动的组织过程中，他们已经借用了西方政治体系的原则和方法，这便成为后来建设国家政府的雏形。这些非洲精英对本土政治、经济、文化的自信心不足，同时也缺乏治理国家的经验。

但是另有学者认为，西非国家独立时对领土现状的维护，直接源于西非国家体制和结构的缺陷，即国家相对于置身的社会来说是软弱的，承认领土现状，实际上是这些虚弱的国家的一种理性战略。[①] 这种分析是预设国家的存在，是站不住脚的，因为假设的国家仅仅是维持殖民统治的一套行政机构而已。西非独立运动相比世界其他地方而言，非洲人民大众的参与、动员是不充分的，也是不成熟的，即独立的取得很大程度上受制于外在因素：席卷世界的非殖民化进程、二战后英法实力的衰退、亚洲国家独立运动的胜利等。这种内在参与的广度和深度的缺乏既是国际政治经济形势发展迅速使然，也是西非独立运动领导者主观努力不够的结果，这是西非民族主义者的两面性决定的。

---

① Arie M. Kacowicz, " ' Negative ' International Peace and Domestic Conflict, West Africa, 1957 – 96", *Journal of Modern African Studies*, Vol. 35, No. 3, Sep. 1997, pp. 367 – 385.

霍布斯鲍姆关于国家创造了民族而不是民族创造了国家的观点在某种意义上是对的。[1] 西非的人民认同了殖民行政所创造出的一个行政国家，并在此基础上塑造自己国家的民族性。结果，一方面这种领地基础上的国家民族主义妨碍着西非作为一个整体的发展，另一方面西非的民族主义者没有尽力去创造有利于"西非国家"的条件，没有能使源于泛非主义的区域意识深入人心，没有加强西非区域意识的社会基础。

世界许多族群问题的产生源于某个族群在现代化过程中感觉到自身权利被忽视、被边缘化的危险。族群问题诉诸的是传统与文化，但追求的是现代主权国家，或者说，以文化民族主义为动员，以政治民族主义为目标。19世纪的拉丁美洲民族主义、德国民族主义；20世纪的亚非民族主义运动都是如此，20世纪90年代的民族主义同样有这个特征。

在非洲争取独立运动的过程中，被动员起来的不是一个单数意义上的身份，而是一个复数意义上的身份，这些身份并不是固定的，任何人可以随时依据需要选择其中的某一个，或者同时对这些复数身份进行认同。[2] 这些复数身份可能是以部族、地区、区域、非洲大陆为依托，也可能以文化、宗教为诉求，但是最终是以领地为中心的地区身份被独立运动领导者加以利用了，虽然其他身份因素仍然起作用，但在独立时，行政区划上的领地身份是主导的。[3] 从这个意义上说，在冷战的国际政治经济的大环境下，民族主义与独立运动相结合，民族主义的领地性或者国家性战胜了民族主义的区域性。这就是伊赞维所指出的，"独立不是西非解

---

[1] E. J. Hobsbawm, *Nations and Nationalism since 1780*: *Programme*, *Myth*, *Reality*, Cambridge University Press, 1990.

[2] Achille Mbembe, "Provisional Notes on the Postcolony", *Africa*, Vol. 62, No. 1, 1992, pp. 3 - 37.

[3] 西非独立运动领袖在应该以什么作为反对殖民统治的活动舞台上发生了分歧，到底是族群、单个殖民地、英属西非还是整个黑人世界？参见 J. B. Webster DL, "African Political Activity in British West Africa, 1900 - 1940", in J. F. Ade Ajayi & Michael Crowder, eds., *History of West Africa*, Longman Group UK Limited, 1987。

体的结果，而是其原因所在"①。阿桑特的论述进一步加强了伊赞维的这个观点，"正是摆脱了殖民枷锁获得独立后的西非国家面临的民族建设问题妨碍了区域经济一体化的努力"。这样，针对推翻殖民统治的独立转化为宣示主权、巩固政权的独立，或者说由曾经的一致对外的努力，转变为专注于彼此之间以及各自内部的政治斗争。

应该说，西非各国独立后，西非国家领导人或者说统治精英（不限于原来的领导西非民族主义运动的知识分子，军人也包括在内）对独立时的选择所带来的缺陷并非不警醒，他们尝试了各种区域合作和一体化的努力与实践。

三 西非的区域组织与区域一体化实践

虽然在争取独立运动的过程中，国家民族主义的认同暂时压制了西非区域主义的认同，但西非区域意识并未消失，西非各国相继努力建立起了各种区域组织。这些区域组织的建立表明了西非国家领导人对西非区域意识的认同及彼此之间在追求区域主义上达成的共识。

1. 各种区域组织的建立和区域一体化实践

早在 19 世纪的非洲殖民统治时代，西方列强为了加强对非洲大陆的统治和方便掠夺，就相继建立了一些经济一体化机构，如 1904 年成立的法属西非联邦和 1912 年成立的英属西非货币委员会。各种生产要素在区域内可以自由流动。这种一体化下的非洲仅是宗主国原材料、初级产品的供应地，工业制成品的倾销市场，受益的仅是少数地区；同时因为宗主国彼此之间的竞争，割断了非洲地区传统的经济交往，使得非洲大陆的经济发展不是服务于本地，而是服务于宗主国，是歧视性的、单边的、仅仅促进宗主国经济发展的一体化。从总体上而言，这种一体化带给非洲的消

---

① Uka Ezenwe, *ECOWAS and the Economic Integration of West Africa*, St. Martin's Press, 1983, p. 7.

极性影响胜过积极性影响，这种一体化加深了非洲殖民地对宗主国的依赖，疏远了非洲各地区彼此之间的横向联系。①

这种一体化的旧经济结构的惯性没有因为非洲国家的独立而自行消失。体现为独立初期的非洲经济一体化组织基本上沿袭的是原宗主国所建立的合作组织。1904 年，法属西非区的达荷美、几内亚、科特迪瓦、塞内加尔和上塞内加尔（尼日尔）五个殖民地组成了联邦。独立前后，相继成立的协商委员会（ENTENTE，1959 年 4 月）、西非关税联盟（UNDEAO，1959 年 6 月）、西非国家中央银行及西非货币联盟（UMOA，1962 年 5 月）都有着 1904 年法属西非联邦的影子。而西非经济共同体（CEAO，1973 年 4 月）的前身正是法属西非联邦于 1959 年解体后又在同年 6 月成立的西非关税同盟（见表 2 - 2）。这些组织都是一脉相承的，都有法国殖民统治的影子。

法属西非国家自独立以来在促进西非一体化实践方面所做的努力要多于英属西非国家，其主要原因就是法国在西非确立殖民统治时，有意识地将西非各殖民地看作一个整体，法属西非联邦的成立就是法国政府 1895 年、1902 年和 1905 年所发布的法令的结果，② 桑戈尔 1960 年在颂扬塞内加尔与马里组成的马里联邦时的演讲中说："过去 60 年历史里，法语西非（联邦）使我们走到了一起，这之中我们学会了了解彼此——的确我们之间有争吵，但是我们同样欣赏热爱彼此。我们不能逆着历史潮流游泳而不冒被淹死的风险。"③

---

① 〔加纳〕A. 阿杜·博亨主编《非洲通史：殖民统治下的非洲 1880～1935 年》（第七卷），屠尔康等译，中国对外翻译出版公司，1991，第 271～283 页。"无数自给自足的非洲人经济或者遭到破坏，或者转化为从属性的，他们之间的联系中断了……一大批互无联系的殖民经济形成了。武断地把制定的政治界线作为经济界线，它们都是小规模的、人为的，而且分别面向欧洲。它们缺乏洲内的、地区间的或内部的联系。这些就是依赖外界的前提，表现在资本、市场、技术、服务部门，甚至决策过程上。"

② C. W. Newbury, "The Formation of the Government General of the French West African Federation", *Journal of African History*, Vol. 1, No. 1, 1960, pp. 111 - 128.

③ J. D. Hargreaves, ed., *France and West Africa - An Anthology of Historical Documents*, Gregg Revivals, 1993, pp. 272 - 274.

表2-2　1975年前西非区域内成立的区域组织一览表

成立时间	组织	成员国	性质	宗旨
1959年	马里联邦(Mali Federation),1960年解体。	塞内加尔和法属苏丹	政治联盟	建立统一的国家
	加纳-几内亚联盟	加纳和几内亚	政治联盟	促进非洲解放事业,结束殖民统治
	西非关税同盟(West African Customs Union, UDAO),1966年更名为西非关税经济联盟(West African Customs and Economic Union, UDEAO)	科特迪瓦、塞内加尔、马里、尼日尔、布基纳法索、毛里塔尼亚(达荷美和多哥是观察员)	一体化集团	消除关税和成员国之间贸易产品的数量限制。在减少历年至消除关税方面成效不大,缺乏活力,1970年被西非经济共同体(CEAO)取代
	协商委员会(Council of the Entente States, ENTENTE)	贝宁、科特迪瓦、布基纳法索、尼日尔、多哥(1966年加入)	多重目的政府间组织	寻求加强经济和政治领域的合作;互助和贷款保证基金;1970年建立牲畜和肉类经济共同体;共用港口及铁路线;对内防务国提供补偿基金
	贝宁尼日尔铁路运输共同组织(Benin and Niger Common Organisation for Railways and Transport, OCBN)	贝宁和尼日尔	单一目的政府间组织	连接两国铁路运输,为尼日尔提供出海口
	非洲航空运输安全机构(Agency for Air Transport Security in Africa, ASECNA)	贝宁、布基纳法索、喀麦隆、中非共和国、乍得、刚果、科特迪瓦、加蓬、马达加斯加、马里、尼日尔、塞内加尔和多哥	单一目的政府间组织	确保成员国间航空运输安全,监控空中运输数量、互通技术、运输、气象信息

续表

成立时间	组织	成员国	性质	宗旨
1960年	加纳－几内亚－马里联盟	加纳、几内亚和马里	政治联盟	建立三国联盟，制定共同的经济和金融政策，谴责新殖民主义
	防治地方性疾病合作与协调组织（Organization for Cooperation and Coordination in the Fight against Endemic Disease, OCCGE）	贝宁、布基纳法索、科特迪瓦、马里、毛里塔尼亚、尼日尔、塞内加尔和多哥	单一目的政府间组织	防治疾病
	国际同水资源研究委员会（Inter-State Committee for Water Studies, CIEH）	贝宁、布基纳法索、刚果、科特迪瓦、马里、毛里塔尼亚、尼日尔、塞内加尔、多哥、喀麦隆、加蓬和乍得	单一目的政府间组织	水资源研究与合作
	农业气象和水文区域中心（Regional Agro-meteorological and Hydrological Centre, AGRHYMET）	布基纳法索、佛得角、乍得、冈比亚、马里和毛里塔尼亚	单一目的政府间组织	农业气象和水文研究
1961年	非洲国家联盟（Union of African States, UAS）	加纳、几内亚和马里	政治外交联盟	加强和发展成员国之间政治、外交、经济和文化上的友谊和兄弟关系；共同使用资源，以巩固独立和维护领土完整；协调成员国内外政策，维护世界和平，清除帝国主义、新旧殖民主义，实现非洲统一
	非洲航空（Air Afrique）	贝宁、布基纳法索、中非共和国、乍得、刚果、科特迪瓦、马里、毛里塔尼亚、尼日尔、塞内加尔、加蓬和喀麦隆	单一目的政府间组织	航空领域区域合作

续表

成立时间	组织	成员国	性质	宗旨
1962年	西非国家中央银行（Central Bank of West African States – BCEAO）前身为1955年的"法属西非和多哥发行所"，1962年改用现名	贝宁、布基纳法索、科特迪瓦、马里、尼日尔、塞内加尔和多哥	货币与金融	发行共同货币非洲法郎，制定统一的货币政策、统一的外汇管理条例和信贷方面的共同原则；非洲法郎与法国法郎保持固定比价，确保自由兑换，法国担保，提供信用便利，保持货币稳定，抑制通货膨胀，稳定经济
	西非货币联盟（West African Monetary Union, WAMU）	贝宁、科特迪瓦、布基纳法索、尼日尔、塞内加尔、毛里塔尼亚、多哥（1963）、马里（1984），多哥是观察员国	货币与金融	维护合法货币；货币发行、外汇储备集中管理；联盟内货币自由流动、自由转让；对所有西非国家开放
	可可生产者联盟（Cocoa Producers Alliance, CPA）	科特迪瓦、冈比亚、加纳、马里、尼日尔、尼日利亚、苏丹、多哥、巴西、喀麦隆国	单一目的政府间组织	交换可可生产和研究的技术与科学信息；生产者之间的互利合作和促进彼此之间的社会经济关系；确保合理的市场价格；促进消费
	国际非洲消灭迁徙蝗虫组织（International Organization for the Fight against the African Migratory Locust, OICMA）	布基纳法索、刚果、科特迪瓦、冈比亚、马里、毛里塔尼亚、尼日尔、尼日利亚、塞内加尔、多哥、喀麦隆、中非共和国、乍得、乌干达和扎伊尔	单一目的政府间组织	农业领域的合作：防治蝗虫
1963年	尼日尔河委员会（River Niger Commission, RNC）	贝宁、喀麦隆、乍得、几内亚、科特迪瓦、马里、尼日尔、尼日利亚和布基纳法索，多哥是观察员国	多重目的政府间组织	促进、鼓励和协调尼日尔盆地发展的研究与开发

续表

成立时间	组织	成员国	性质	宗旨
1964 年	非洲花生委员会（African Groundnut Council，AGC）	冈比亚、马里、尼日尔、尼日利亚、塞内加尔和苏丹	单一目的政府间组织	促进花生的生产，改善花生的质量，促进对花生的科学研究，交换技术与经济信息，促进花生的销售
	乍得湖盆地委员会（Lake Chad Basin Commission，LCBC）	喀麦隆、乍得、尼日尔和尼日利亚	多重目的政府间组织	收集、评估和发布合约方所提建议的信息；推荐共同项目和合作研究项目目的计划；在有效利用水资源上保持联络；为航运制订共同规则并促进成员国分歧的解决
	西非自由贸易区（West African Free Trade Area，WAFTA）	科特迪瓦、几内亚、利比里亚、塞拉利昂	一体化集团	建立自由贸易区，但基本停留在计划中
1965 年	防治蝗虫和家禽瘟疫共同组织（Common Organization for the Fight against Locust and Fowl Pests，OCLALAV）	贝宁、布基纳法索、喀麦隆、乍得、科特迪瓦、冈比亚、马里、毛里塔尼亚、尼日尔和塞内加尔	单一目的政府间组织	农业领域的合作：防治病虫害及家禽流行性疾病
1967 年	塞内—冈比亚常任秘书处（Sene-Gambia Permanent Secretariat，SGPS），1981 年冈比亚的未遂政变促成了邦联形成，但在 1989 年解散	冈比亚和塞内加尔	多重目的政府间组织	促进两国政治和经济的一体化
1968 年	非洲和马达加斯加高等教育委员会（African and Malagasy Council for Higher Education，CAMES）	贝宁、布基纳法索、布隆迪、喀麦隆、中非共和国、乍得、刚果、科特迪瓦、加蓬、马达加斯加、马里、毛里塔尼亚、尼日尔、卢旺达、塞内加尔、多哥和扎伊尔	单一目的政府间组织	促进成员国在高等教育领域的合作

续表

成立时间	组织	成员国	性质	宗旨
1969 年	非洲民用航空委员会（African Civil Aviation Commission, AFCAC）	贝宁、布基纳法索、科特迪瓦、马里、毛里塔尼亚、尼日尔、加纳、几内亚、多哥、冈比亚、尼日利亚、塞拉利昂及非洲其他区域的国家	单一目的的政府间组织	促进非洲民用航空领域的合作
	利普塔克－古尔马地区开发权威机构（Authority for the Development of the Liptako-Gourma Region, ALG）	布基纳法索、马里和尼日尔	多重目的政府间组织	成员国在该地区的经济合作与开发
	牲畜和肉类经济共同体（Economic Community for Livestock and Meat, CEBV）	贝宁、布基纳法索、科特迪瓦、尼日尔和多哥	单一目的政府间组织	牲畜与肉类产业的合作
1970 年	西非大米开发协会（West African Rice Development Association）	贝宁、布基纳法索、科特迪瓦、马里、毛里塔尼亚、尼日尔、塞内加尔、多哥、冈比亚、加纳、几内亚、利比里亚、尼日利亚、塞拉利昂、几内亚比绍和乍得	单一目的政府间组织	水稻的生产、销售、研究与开发
	贝宁电力共同体（Electricity Community of Benin, CEB）	贝宁和多哥	单一目的政府间组织	促进电力生产，减少进口
1971 年	尼日利亚/尼日尔合作共同委员会（Nigeria/Niger Joint Commission for Cooperation, NNJCC）	尼日利亚和尼日尔	多重目的政府间组织	水资源的公平开发、保护与使用

续表

成立时间	组织	成员国	性质	宗旨
	塞内加尔河开发组织取代了 1968 年建立的塞内加尔河流域域国家组织（Organisation Pour la Mise en Valeurs du Fleuve Sénégal, Omvs）	马里、毛里塔尼亚和塞内加尔	多重目的政府间组织	加强在开发塞内加尔河资源上的合作，从技术和经济角度加强对河谷盆地的研究，并提出促进发展的建议；20 世纪 80 年代完成了塞内加尔境内迪亚马和马里境内的马南塔利两座水坝；从塞内加尔河口至马里的卡伊可全年通航
	西非经济共同体（West African Economic Community, CEAO）	科特迪瓦、马里、毛里塔尼亚、尼日尔、塞内加尔、布基纳法索、贝宁（1984 年加入）	一体化集团	实际取代了 UDAO。协调各成员国的农牧业政策；建立地区合作机制；通过交通和通信的发展合作改善地区的基础设施；促进和加速成员国的工业化；改进工业制成品和原材料的贸易；建立团结互助发展基金
1972 年	技术航空测量区域培训中心（Regional Centre for Training in Technical Aerial Survey, TECTAS）	贝宁、布基纳法索、马里、塞内加尔、多哥、冈比亚、加纳、尼日利亚、喀麦隆、中非共和国、乍得、尼日尔和扎伊尔	单一目的政府间组织	航空测量的技术合作
	粟和高粱食品开发非洲协会（African Society for the Development of Millet and Sorghum-based Food, SADIAMIL）	布基纳法索、马里、毛里塔尼亚、尼日尔和苏丹	单一目的政府间组织	农业粮食作物的研究、开发、生产与销售
	西非健康共同体（West African Health Community, WAHC）	冈比亚、加纳、利比里亚、尼日利亚和塞拉利昂	单一目的政府间组织	卫生健康领域的合作
	西非开发银行（La Bangue Ouest Africaine de develope, BOAD）	贝宁、科特迪瓦、尼日尔、塞内加尔、多哥和布基纳法索	货币与金融机构	受西非货币联盟（UMOA）指导和控制，寻求促进西非发展和经济一体化

续表

成立时间	组织	成员国	性质	宗旨
1973年	马诺河联盟（Manor River Union, MRU）	利比里亚、塞拉利昂、几内亚（1980年加入）	一体化集团	通过消除关税障碍扩大相互之间的贸易；为扩大国际贸易加强合作；为扩大本地区的生产能力创造条件；建立关税同盟
	萨赫勒地区国际抗旱委员会（Inter-State Committee for the Fight Against Drought in the Sahel, CILSS）	布基纳法索、佛得角、乍得、冈比亚、毛里塔尼亚、尼日尔和塞内加尔	多重目的政府间组织	确保萨赫勒地区的粮食安全，控制干旱和沙漠化
1975年	西非水泥公司（West African Cement Company, CIMAO）	科特迪瓦、加纳和多哥	单一目的政府间合作组织	水泥工业方面的合作
	西非票据交换所（West African Clearing House, WACH）	西非国家中央银行成员国（BCEAO）、冈比亚、加纳、几内亚、几内亚比绍、利比里亚、毛里塔尼亚、尼日利亚和塞拉利昂	一体化集团	促进成员国货币在区域内贸易和交易中的使用；促进区域内贸易的自由化；促进货币合作和咨询
	西非国家经济共同体（Economic Community of West African States, ECOWAS）	科特迪瓦、马里、毛里塔尼亚、尼日尔、塞内加尔、布基纳法索、贝宁、几内亚、多哥、佛得角、冈比亚、加纳、几内亚比绍、利比里亚、尼日利亚和塞拉利昂	一体化集团	经济一体化

资料来源：World Bank, Memorandun of the President of the International Development Association to the Executive Directors on a Regional Integration Assistanle Strategy for West Africa, July 11, 2001. J. P. Renninyes, *Mullinational Co-operation for Development in West Africa*, Pergamm Press, 1979.

英语西非国家彼此分割的客观状态以及英国政府间接统治的统治模式，可能影响了英语非洲国家独立以来的一体化实践活动。在哈里森（Harrison）等看来，[①] 无论是西非国家的合作和团结还是西非国家的分裂都可以追溯到殖民时期。但是，恩克鲁玛执政时，曾多次尝试打破这种分裂状态，如建立以加纳－几内亚为核心，随后马里加入进来的非洲国家联盟（Union of African States），以及以加纳、几内亚和利比里亚为创始国面向所有独立非洲国家的非洲独立国家共同体（Community of Independent African States）（见表2－2）。尽管恩克鲁玛努力的目标是整个非洲大陆的团结，但是其基础来自西非各国的团结与区域主义指向。这些努力虽然失败了，但是它们为未来的西非区域合作和一体化提供了有益的经验。这表明西非国家在区域合作和一体化上有着实践的积累，同时主观上有着西非国家领导人的推动。

虽然非洲人意识到经济一体化及非洲各国的密切合作与协调是应对非洲本地市场狭小、改变不发达状况、革新不合理经济结构的出路所在，但将这种意识落实到行动上，则面临着各种有形与无形的障碍。有形障碍可能体现为经济发展模式的选择不同、人力资源和技术的不足、关税水平的不同、生产与产品的相似、彼此进行联系与交流所需的基础设施的缺乏。有形的障碍基本是可以克服的，但无形的障碍——对捍卫主权的过度敏感、英法的影响、彼此之间的竞争与猜忌、利益及代价的分摊、传统文化的消极影响等，[②] 克

---

① C. Harrison, T. B. Ingawa and S. M. Martin, "The Establishment of Colonial Rule in West Africa, c. 1900 –1914", in J. F. Ade Ajayi & Michael Crowder, eds., *History of West Africa*, Longman Group UK Limited, 1987, pp. 485 – 545.

② Adibe 归纳了影响西非社会经济交流的两个原因：一是自然障碍，与原始性（primitivity）相关的通信和交通设施的缺乏；二是人为障碍，与现代性（modernity）相关的诸如海关和移民局。Adibe 指出的这两个障碍的危害在于法属西非国家为英属西非国家设置的关税高于法属西非国家之间的关税，法属西非国家从欧洲进口货物要比从英属西非邻国进口便宜，反之，英属西非各国也是如此。Clement Emenike Adibe, "ECOWAS in Comparative Perspective", in Timothy M. Shaw and Julius Emeka Okolo, eds., *The Political Economy of Foreign Policy in ECOWAS*, The Macmillan Press Ltd., 1994, pp. 187 –217。多数西非一体化的研究者都把法国因素作为一体化中的一个重要干扰因素。

服起来则有着相当的难度。尽管有着诸多的障碍和困难，但是西非国家仍然尝试着相互合作，从功能性合作组织、经济合作组织、政治经济合作组织到致力于建立邦联的合作（见表 2 - 2 和表 2 - 3）。

除了法语西非国家的一再尝试外，跨英语非洲和法语非洲的国家也尝试过合作，如基于意识形态基础的加纳－几内亚合作、加纳－几内亚－马里的三国联盟和非洲国家联盟；基于地理、地缘政治或其他因素的合作，如塞内加尔－冈比亚、塞内加尔－马里、几内亚－科特迪瓦－利比里亚－塞拉利昂自由贸易区、加纳－布基纳法索、马诺河联盟等。其中几内亚－科特迪瓦－塞拉利昂－利比里亚计划的自由贸易区被西蒙斯（Simmons）看作西非国家走向更大合作的一个缩影，他在 1972 年预言该自由贸易区对未来西非区域合作有重要意义。[①] 这些组织有的得到外部力量的支持，如法国对法属西非国家建立的各种区域组织的支持，有的完全是西非国家依靠自己的力量建立的，如马诺河联盟。这些组织以致力于单一目的或功能合作的政府间组织最多；其次为致力于多重目的合作的政府间组织；再次为货币与金融方面的合作组织；数目最少的是政治与外交方面的合作组织。这些合作组织涉及范围广泛，包括了政治、经济、外交、农业、工业、卫生、基础设施、环境、教育等方方面面的合作。这些区域组织不论成功与否，都是西非区域合作过程中的有益尝试，是西非一体化实践经验的积累，也是西非国家在区域合作上有着共识的体现。经济、政治的客观需要推动着非洲区域一体化的发展。这些合作实践显示了西非共同体意识与精神的存在与发展。或者用前西共体秘书长的话说，就是"西非国家彼此之间多年来已经培养出团结和共同体的精神"[②]。表 2 - 2 显示，西非国家在独立后直至 1975 年不到

---

① Andre Simmons, "Economic Cooperation in West Africa", *The Western Political Quarterly*, Vol. 25, No. 2, Jun. 1972, pp. 295 - 304.

② Abass Bundu, "Chapter 2 ECOWAS and the Future of Regional Integration in West Africa", in Réal Lavergne, ed., *Regional Integration and Cooperation in West Africa – A Multidimensional Perspective*, Canada: International Development Research Centre, Africa World Press, Inc., 1997, pp. 29 - 47.

表2-3 1975年后西非参与成立的主要区域组织

成立时间	组织名称	成员国	性质	宗旨
1976年	非洲团结基金(African Solidarity Fund,ASF)	科特迪瓦、马里、尼日尔、塞内加尔、布基纳法索、贝宁、几内亚、多哥、布隆迪、喀麦隆、中非共和国、乍得、加蓬、毛里求斯、扎伊尔和法国	货币与金融机构	资助公共投资和私人投资,促进成员国经济发展
1977年	非洲保险与经济合作基金(African Guarantee and Economic Cooperation Fund,FAGACE)	布基纳法索、中非共和国、科特迪瓦、尼日尔、卢旺达、塞内加尔和多哥	货币和金融机构	为成员国企业提供信贷和担保支持,参与实施各类经济项目,促进成员国经济和社会发展
	萨赫勒研究所(Sahel Institute,INSAH)	布基纳法索、佛得角、乍得、冈比亚、马里、毛里塔尼亚、尼日尔和塞内加尔	单一目的政府间组织:农业和自然资源	促进生态平衡,保障粮食安全;协调和推动科学技术研究与培训及促进干旱控制、人口管理和沙漠化防治方面信息的传播
	瓦加杜古遥感中心(Remote Sensing Centre of Ouagadougou,RSCO)	阿尔及利亚、贝宁、布基纳法索、喀麦隆、刚果、科特迪瓦、加纳、几内亚、利比里亚、马里、毛里塔尼亚、尼日尔、塞内加尔、塞拉利昂和多哥	单一目的政府间组织	促进遥感和地理信息系统及其应用于环境和资源管理方面的技术转让
1978年	冈比亚河流域开发组织(Organization for the Development of the Gambia River,OMVG)	冈比亚、几内亚、几内亚比绍和塞内加尔	多重目的政府间组织	建立生产系统监控网络,寻求农、林、牧业协调发展,保护生态环境等
	非洲货币研究中心(African Centre for Monetary Studies,ACMS)	除利比里亚以外的所有西共体成员国和非洲其他区域的国家	货币与金融组织	进行货币和金融研究

续表

成立时间	组织名称	成员国	性质	宗旨
1979 年	非洲机械设计和制造区域中心（African Regional Centre for Engineering Design and Manufacturing, ARCEDEM）	贝宁、布基纳法索、加纳、几内亚、利比里亚、马里、尼日尔、尼日利亚、塞内加尔、塞拉利昂和非洲其他区域的国家	单一目的政府间组织	技术设计、开发与制造及工程培训
1980 年	尼日尔盆地权威机构（Niger Basin Authority, NBA）取代尼日尔河委员会（RNC）	贝宁、布基纳法索、喀麦隆、科特迪瓦、几内亚、马里、尼日尔和尼日利亚	一体化集团	促进成员国合作，通过全方位的合作促进该区域的一体化
1994 年	西非经济货币联盟（West African Economic and Monetary Union, UEMOA）取代西非货币联盟	贝宁、布基纳法索、科特迪瓦、马里、尼日尔、塞内加尔、多哥和几内亚比绍	一体化集团	促进成员国间人员、物资和资金的流通，最终建立西非共同体

资料来源：World Bank, Memorandum of the President of the International Development Association to the Executive Directors on a Regional Integration Assistance Strategy for West Africa, July 11, 2001, Union of International Organizations, Yearbook of International Organiyations, 2005.

20 年的时间里成立了众多的国家间合作组织，进行了多样化的合作尝试，这些尝试为西非国家经济共同体的成立奠定了基础，并提供了有益的经验与教训。表 2-3 则表明西共体成立后，仍有新的区域间组织出现，这些新的区域组织或者是适应形势需要而新成立的，或者是旧的组织的继承者。1975 年以后的区域一体化倾向，仍然是法语非洲国家强于英语西非国家，法国殖民统治时的联邦建制和对独立后的法语西非国家合作的支持是其中重要的因素。然而，从数量上看，1975 年以后的新区域组织明显减少，这表明，西非国家区域一体化已从创建扩展时期过渡到巩固和深化时期，一体化由广度向深度延伸。

2. 对西非区域组织和一体化实践的评述

在这些区域组织中，法语西非国家组成的西非货币联盟（WAMU）运作得较为成功，多年来西非法郎与法国法郎挂钩，并且可兑换，价值一直被高估，直到 1994 年贬值 50%。西非经济共同体在非洲贸易区域一体化方面的程度相对较高。塞内加尔和科特迪瓦在该共同体内是较发达的国家，是共同体区域内制成品的主要净出口国，因而也是补偿基金的贡献国。但是，相同的工厂出现于不同的成员国内，说明了成员国之间的发展政策缺乏协调，也使合作的规模效益难以展现。20 世纪 90 年代末，西非经济共同体放弃了补偿机制的安排，该组织几乎名存实亡。尽管在有些学者看来，这些国家间区域组织仍是原宗主国进行剥削的工具——当然工具没有好坏之分，关键在于西非国家对这个工具的革新改造，使其更服务于西非区域发展的需要——不是真正的一体化，[①] 不管怎样，我们应该承认经济发展水平很低的西非国家看到了自身发展的弱点，也看到了彼此合作对克服这些弱点并实现国家乃至整个区域发展所具有的潜在推动作用，从而形成了加强合作的共识，没有这种共识，这些组织是难以建立起来的。

阿德德吉（Adedeji）指出西非国家独立后 10 年的一体化实践中的四点教训：①脱离了西非发展现状的"要么一切、要么零"的合作方式，"西非区域合作的形式越复杂，取得的成效就越少"；②人口、资源的不均衡分布；③各国经济独立性差；④缺乏良好的政治意愿。[②] 阿德德吉的这种评述有失偏颇，就第一点教训而言，表 2-2 和表 2-3 显示，西非国家的合作并非是"要么一切、要么零"的方式，而是进行了多层面、多角度的尝试，故区域组织才会如此多。这样众多的区域组织的存在也表明西非国家并不缺乏良好的政治意愿，而各国人口、资源的差异是客观事实，是一体化必须推动的一个缘由，不是教训。西非国家经济的依附性也是一个客观事实，是西非国家经济的缺陷所在，这个缺陷正是西非一体化过程中要逐步加以克服的。

西非国家独立后的区域一体化实践直到 20 世纪 90 年代都是在

---

① Arthur Hazelwood, ed., *African Integration and Disintegration*, Oxford University Press, 1967.

② Adebaya Adedeji, "*Prospects of Regional Economic Co-operation in the West Africa*", *Journal of Modern African Studies*, Vol. 8, No. 2, Jul. 1970, pp. 213 – 231.

效仿西欧一体化，即追求由经济自由主义和功能主义指导的经济
一体化模式。这种模式期待各国经济合作的自然外溢效果，即经
济一体化的深化将带动各国的政治合作及一体化。西非各国对自
身经济发展的局限性有所认识，即对规模经济在现代化过程中的
作用的认识，在这种思想认识的基础上，西非各国开展了一系列
的区域合作及一体化实践。相比西欧，西非一体化的经济迫切性
超过了政治迫切性，① 这种经济迫切性就是经济发展规模的迫切需
要及变经济依附为经济自主的需要。加纳领导人恩克鲁玛在独立
之初就对这个问题有着深刻认识。② 英国经济学家杰克逊也指出
了这一点，他认为，非洲的联合和一体化存在"纯粹的经济原
因"③。

在涉及西非国家区域合作的形式上，主权是否受到侵害和经
济是否获利才是西非区域合作和一体化所面临的主要问题。表2-
2所示的各种国家间组织中，基于政治、意识形态的区域组织都非
常短命，因为政治的结盟首先触及主权，主权对有过被他人统治
的殖民经历的西非国家而言，是倍受珍惜的政治自主权，故它们
对在主权上的谈判格外慎重。而目标单一的功能性合作组织与主权
的关联较小，故数目众多。西非经济共同体在消除成员国发展的不
平衡和资源分布不均方面有一些积极的经验可以供西共体借鉴，如
它们通过发展共同基金（Fonds Communautaire de Développement,
FCD）和争取共同体发展巩固与干预基金（Fonds de Solidarité et
d'intervention pour le développement de la communauté）来平衡共同
体的不平衡发展。

另一点教训应该是各国基于自身利益的考虑，对一体化给本
国所带来的得与失的预期不一样，承受程度不一样。这主要分为

---

① 尤其在非洲统一组织成立之后，非洲独立各国基本遵守了互不侵犯原则和不干
涉内政原则，非洲大陆内的国际政治关系基本缓和。而西欧一体化的政治迫切
性超过了经济迫切性。

② Kwame Nkruma, *Africa Must Unite*, Heinemann Educational Books Ltd., 1963.

③ 〔英〕巴巴拉·瓦尔德·杰克逊：《自由非洲和共同市场》，《亚非译丛》1962
年第1期，第8~14页。

两类情况；一是发展水平较低的国家和小国的担忧，这类担忧既包括政治层面的担忧，即对主权受到限制甚至侵蚀的担忧，也包括经济层面的担忧，如担心无法从一体化合作中获利，反而遭受损失；二是发展水平相对较高的国家和大国的担忧，这类担忧主要是经济层面的，担心自己国家在一体化合作中的付出多于所得。

这些国家间合作组织的存在本身就证明了西非国家一直在尝试着打破独立时彼此分离的局面，进而打破新殖民主义的经济封锁。从上述区域组织的成员看，首先，原法语非洲国家合作的意愿要强于英语非洲国家，主要是殖民时期曾存在的法语西非联盟，且法语西非国家在地理位置上也连成一片，客观上有利于促成国家间的合作。但法语国家之间的这种合作意愿始终受制于同原宗主国法国的紧密联系，难以打破对法国的依附。其次，跨英法势力范围的英语西非国家与法语西非国家之间的合作也尝试过，如加纳－几内亚、加纳－布基纳法索、塞内加尔－冈比亚的政府间合作组织。这些跨越英法势力范围的合作在独立后的初期非常可贵，是西非国家试图扭转历史惯性的一种尝试，这种尝试的发起国包括了来自英语、法语国家的两个主要国家加纳和塞内加尔，这对西共体的成立是一个有益的经验。所有这些尝试与实践为西共体的成立积累了不少的经验与教训。

四 西非国家经济共同体的形成与发展

比较西非地区曾经存在或依然存在的其他区域组织，西共体在打破独立前的殖民地结构方面迈出了一大步，打破了英语国家和法语国家的界限，成为一个真正意义上的覆盖整个西非区域的区域组织，是西非区域合作的最大成果，也是西非国家在新的国际政治经济形势下的一种自主选择，是将区域认同付诸实践的一个新起点。西共体提供了区域合作的制度性基础，尤其是规范了各国之间的关系。

1. 西非国家经济共同体的建立

西共体从酝酿到成立前后历时 10 年。利比里亚前总统杜伯曼于 1964 年向西非各国提出建立"西非自由贸易区"的设想，并在当年与科特迪瓦、几内亚和塞拉利昂三国一起在蒙罗维亚开会讨论建立西非自由贸易区的问题。1965 年 2 月，四国代表再次举行会议，起草通过了建立临时经济合作组织的协议。1967 年 4 ~ 5 月，在非洲经济委员会的支持下，贝宁、加纳、利比里亚、马里、毛里塔尼亚、尼日利亚、塞内加尔、塞拉利昂、多哥和布基纳法索，以及后来的加蓬的代表在阿克拉签署了成立"西非共同体"的议定书。1968 年 4 月，加纳、冈比亚、几内亚、利比里亚、马里、毛里塔尼亚、尼日利亚、塞内加尔和布基纳法索九国首脑出席的蒙罗维亚会议强调了"西非必须实行经济统一"，并宣布建立"西非集团"。但由于当时正是西非最大的国家尼日利亚的内战时期，英国仍然置身欧洲经济共同体之外，英法分歧的影响依然很大，上述西非国家区域合作的努力停滞不前。

尼日利亚内战改变了尼日利亚对西非区域政治经济合作的认识，直接促成了西非国家经济共同体的成立。法国在内战中对分裂的比夫拉的支持，英美的骑墙态度，尼日利亚邻国尤其是科特迪瓦和塞内加尔对比夫拉分离主义分子的支持，不仅使尼日利亚联邦政府丢弃了对西方国家的幻想，而且使尼日利亚政府理性审视与邻国的关系，以戈翁将军为首的军政府开始把尼日利亚的国家利益与西非区域利益联系起来。此时景气的石油经济所带来的收入使得戈翁政权致力于西非区域一体化的努力成为现实。尼日利亚首先获得了多哥的信任，1972 年，尼日利亚总统戈翁和多哥总统埃亚德马共同倡议建立一个包括所有西非国家的经济共同体。接着两国与其他西非国家广泛磋商，于 1973 年 12 月在多哥首都洛美召开了西非 15 国经济部长会议，① 讨论并制订了成立西非国家经济共同体的总原则和时间表。1974 年 2 月，在阿克拉召开了 10

---

① 包括加蓬，但没有冈比亚。

国法律专家会议，① 起草了《西非国家经济共同体条约草案》。1975 年 1 月，西非 14 国（不包括马里）在蒙罗维亚举行部长会议，讨论通过了《西非国家经济共同体条约草案》。1975 年 5 月 28 日，拉各斯西非 15 国首脑会议，讨论签署了《西非国家经济共同体条约》（又称《拉各斯条约》），宣告了西非国家经济共同体（ECOWAS）的成立。

条约致力于实现西非经济一体化的自由贸易区，目标主要是经济方面的。利比里亚内战推动成员国将政治与社会层面的区域一体化纳入区域合作的范畴，这就有了经过修正的 1993 年条约。1993 年条约第三条明确了共同体的宗旨与目标：①促进合作与一体化，最终建立西非经济联盟；②分阶段促成：a）各国政策在食品、农业与自然资源、工业、交通与通信、能源、贸易、货币和金融、税收、经济改革政策、人力资源、教育、信息、文化、科学、技术、服务、卫生、旅游、法律等方面的协调统一；b）环境保护政策的协调统一；c）联合企业的建立；d）建立共同市场，废除区域内各国的进出口关税和非关税壁垒，创设自由贸易区；针对区域外的共同关税，针对第三方的共同贸易政策，消除阻碍人员、商品、服务和资本自由流动的障碍，保障西非人民的自由居住与迁徙权利；e）采取共同的经济、金融、社会和文化政策，以建立经济联邦和货币联盟；f）通过跨界投资区域协议等，促进私人企业及其他经济活动体的合资合作经营；g）实施促进私企一体化措施，优化中小型企业发展的宏观环境；h）创设一个良好的法治环境；i）协调各国投资法，最终实现共同体单一投资法；j）标准与规范的统一；k）促进区域平衡发展，对成员国之间的差异区别对待，尤其内陆和岛屿国家；l）促进信息的流通；m）制定区域人口政策，以实现人口指数与社会经济发展的协调；n）建立合作、补偿与发展基金；o）成员国所采取的其他政策都应致力于促进区域目标的实现。第四条指出了西共体成员国应恪守的基本准则：a）平等与相互依存；b）团结与集体自力更生；

① 科特迪瓦、布基纳法索、毛里塔尼亚、塞内加尔和尼日尔没有参加。

c）合作与政策协调和一体化；d）互不侵犯；e）促进加强睦邻友好关系，确保地区和平、稳定与安全；f）和平解决争端，和平环境是经济发展的前提；g）遵照非洲宪章中有关人权的条款促进人权保护的改善；h）促进问责，经济与社会公正和大众参与；i）确认并遵守共同体条约及原则；j）依照1991年在阿布贾签署的政治原则宣言，促进并巩固民主治理；k）保证经济合作与一体化成本与效益的公平公正分配。①

国家元首和政府首脑会议是西共体的最高权力机构，每年召开一次，必要时将召开特别首脑会议。执行主席由各成员国轮流担任，任期一年。西共体还设有部长理事会、执行秘书处、6个技术和专门委员会、法院和议会等。执行秘书处设在尼日利亚政治首都阿布贾。西共体委员会、议会、法院和西共体投资与发展银行是西共体组织的四个主要运作机构。

为了更好地适应国际环境的变化，更有效地发挥西共体组织促进一体化和发展进程的作用，2006年首脑会议决定将秘书处改为委员会。变动后的机构有一名主席，一名副主席和分别负责行政与财政事务、农业与环境和水资源、人的发展与性别、基础设施、宏观经济政策、政治与安全、贸易和工业与自由迁徙事务的7名委员，以促成员国落实区域规划。依据平等、透明和效能原则对关键岗位实行轮换制。

委员会的权力大于原来秘书处的权力。改革有助于巩固西非共同体精神，强化超国家性，使共同体法直接适用于各成员国。过去共同体条约与议定书要对成员国产生约束作用，需要等待各国漫长的议会批准，从而延缓了区域一体化；而首脑会议决定则对成员国有即刻的约束作用，部长理事会的决定仅对西共体各机构有约束力。②

西共体议会由来自各成员国的代表组成，成立于2000年，总部设在尼日利亚的政治首都阿布贾，是咨询和论坛性机构，参与

①　参见西共体网站，http：//www. comm. ecowas. int/sec/index. php？id = treaty&lang = en，2013年8月13日。

②　http：//www. comm. ecowas. int/dept/index. php？id = p_ p1_ commission&lang = en，2013年8月13日。

西共体部分政策的制定。首脑会议决定了席位数目。目前有 115 个席位。每个成员国至少有 5 个席位，其余 40 个席位根据人口比例分配。这样贝宁、佛得角、冈比亚、几内亚比绍、利比里亚、塞拉利昂、多哥 7 国均有 5 席，布基纳法索、几内亚、马里、尼日尔、塞内加尔 5 国均有 6 席，科特迪瓦 7 席，加纳 8 席，尼日利亚 35 席。

从内容看，可以说是西非已经有了自己的共同宪法。

西非国家经济共同体的成立既是西非区域政治经济和社会发展的内在要求，又有外部因素的推动。20 世纪 70 年代是非洲区域与次区域经济一体化蓬勃发展的时期，主要是因为 1974～1975 年世界经济危机严重影响了非洲的经济发展，在外部条件日益不利的情况下，非洲各种区域组织活跃发展起来。非洲国家开始意识到本国的工业发展与邻国的工业发展的密切关系，并把本国的发展与区域合作及区域一体化相联系。西非国家与其他发展中国家一样在反思协调发展的问题，反思 20 世纪 60 年代早期孤立地进行工业化的努力，[①]这种反思反映在 1973 年非洲统一组织第十届首脑会议讨论通过的《关于合作、发展和经济独立的非洲宣言》上，在宣言中第一次明确提出非洲国家集体自力更生的方针。

法语西非国家的区域合作得到了法国的支持，很大程度上是因为法国要抗衡尼日利亚在西非的影响。但是随着法国经济的发展，法属西非国家在法国经济中的重要性逐渐下降，法国干预西非的意愿减小，客观上为西非大国尼日利亚发挥作用提供了条件。尼日利亚推动西共体成立的动力之一，就是要增加西非同区域外

---

① Asante 指出，在 20 世纪 60 年代早期几乎没有国家把自己的工业发展战略与邻国的工业发展战略联系起来，因而加纳的 Akosombo 大坝和科特迪瓦的酿酒厂因市场狭小而无法发挥全部生产效能。参见 S. K. B. Asante, *The Political Economy of Regionalism in Africa*, Praeger Publishers, 1986, pp. 42–43。Ogundana 在分析西非各国港口建设及区域合作时指出，港口的空间布局及发展需要协调以使各国对港口的技术改造与革新掌握在西非自己手里。因为"缺乏协调一致的行动使得彼此孤立的各国非常易受发达国家技术革新的影响"，并且使用的革新技术标准不一。Babafemi Ogundana, "Seaport Development – Multi-national Co-operation in West Africa", *Journal of Modern Africa Studies*, Vol. 12, No. 3, Sept. 1974, pp. 395–407。

势力抗衡的能力，不仅是提高作为整体的西非地区与外部政治、经济实体的讨价还价的能力，同时要逐渐减少法国的影响。正是从这个角度看，多个国家间组织的存在尤其是以法语非洲国家划界的区域组织，不利于西共体的发展。[①]

区域一体化的内在客观要求早于西非各国的独立，而外在要求是非洲大多数国家独立后的国际形势与非洲大陆形势的客观发展。如西共体条约中有关人员自由流动的条款，实际上是"从法律上确认存在了几个世纪之久的事实上的跨国劳力流动"[②]。西共体的成立不仅是区域经济一体化的一种尝试，而且是一种预防冲突的政治合作和信任机制。西共体的成立反映了西非经济和战略利益的双重一体化，[③] 是西非各国做出的一种政治选择，是各国政策取向一体化的标志。

2. 西共体对区域组织重叠问题的解决

表2-2和表2-3表明西非存在着多种区域组织，不利于资源的有效利用。根据西共体前秘书长的看法，西非地区40个左右的政府间组织中，多数是涉及特定领域的合作的，用于解决某个共同问题和/或促进共有资源的开发。彼此之间发生冲突的可能性较小，但是区域内三个经济共同体性质的政府间组织——西非经济共同体（CEAO）、马诺河联盟（MRU）与西非国家经济共同体（ECOWAS）之间的关系，尤其是西非经济共同体和西非国家经济共同体的关系对西非区域合作和一体化的深入有着重要的作用。

---

① 曾为尼日利亚外交官的戚本杜大使就认为西共体未能实现其中的一些目标的主要原因是"该地区存在着多个国家间组织（比如西非经济共同体和马诺河联盟），以及成员国政府缺乏决心，这反映在这些国家不愿在本国实施这些政策，以及成员国缺乏与秘书处的联系"，〔尼日利亚〕维克托·恩瓦奥齐奇·戚本杜：《尼日利亚外交政策（1961~2002）》，周平待译，世界知识出版社，2005，第40页。

② Arie M. Kacowicz, "'Negative' International Peace and Domestic Conflicts-West Africa, 1957 – 96", *The Journed of Modern African Studies*, Vol. 35, No. 3, Sept. 1997, pp. 367 – 385.

③ E. John Inegbedion, "ECOMOG in Comparative Perspective", in Timothy M. Shaw and Julius Emeka Okolo, eds., *The Political Economy of Foreign Policy in ECOWAS*, The Macmillan Press Ltd., 1994, pp. 218 – 244.

如果三个经济共同体之间的关系处理得好，那么就有助于区域一体化；如果处理得不好，将阻碍区域一体化。西非经济共同体成立于 1972 年，前身是法语西非国家组成的关税和经济组织——西非关税和经济联盟（UDEAO），在 1994 年 3 月被西非货币与经济联盟（UEMOA）取代。马诺河联盟成立于 1973 年，成员国是几内亚、利比里亚和塞拉利昂。

众多区域经济共同体组织彼此重叠并相互竞争，减免关税的框架也不一样，在原产地、关税法则和补偿原则上也存在差异，尤其是西非国家经济共同体组织、西非经济共同体组织和马诺河联盟三大区域组织。这些组织不可避免地会彼此冲突，机构重叠而加重财政负担，妨碍一体化合作的开展。1975 年西共体成立时并没有明确说明如何处理与其他区域组织的关系问题，直到 1983 年西共体国家才开始正视这个问题，逐步制订了对各种区域组织进行优化协调的计划。1991 年西共体通过了在非洲经济委员会和西共体共同研究基础上提出的有关区域政府间组织体制改革的建议，认为确定一体化政策和监控区域一体化过程的区域经济组织应该只有一个，西共体的专门机构应该从现有的部门政府间组织中发展而来。1992 年该建议又经过了修正。1993 年，对西共体条约进行了修正，该修正条约在 1995 年生效，这个修正条约确立了西共体作为西非区域内的经济共同体的唯一性，协调了西共体与西非区域内的其他区域组织，尤其是与西非经济共同体和马诺河联盟的关系。

3. 西共体在经济一体化方面的进展

金融贸易领域　金融与贸易领域在 21 世纪初发展很快，但单一货币目标的实现日期一再被推迟。

原西非法郎区的贝宁、布基纳法索、科特迪瓦、马里、尼日尔、塞内加尔、多哥于 1994 年成立了西非经济货币联盟（Union Economique et Monétaire Ouest-Africaine，UEMOA），1997 年，葡语的几内亚比绍加入。该组织是 8 个西共体成员国之间建立的一个关税和货币联盟，旨在提升经济竞争力，使宏观经济政策和指标趋同，创建共同市场，协调部门政策和财政政策。自成立以来，该联盟已经实施了区域结构政策和区域行业政策，宏观经济标准的趋同，有效的监督机制，实现了关税同盟和共同的对外关税，统一了间接税法规。2002 年 9 月，国际货币基金组织的调查指出，该组织是非洲所有区域组织中一体化进展最大的。[①]

　　西共体和西非经济货币联盟在贸易自由化和宏观经济政策趋同上已采取了共同的行动计划，且在贸易原产地原则上适用共同的法则，西共体同意采纳西非经济货币联盟的关税申报形式和补偿机制。1998 年 10 月，西共体决定发行西共体旅行支票，这实际上是西共体未来共同货币的雏形。西非货币学会（WAMI）已设立专门贷款，支持通过调整市场结构和健全安全保护体系，促进实时在线支付的发展，这为西非中央银行的成立进行了热身。此外，该学会努力推动冈比亚、塞拉利昂和利比里亚的股票交易市场。1999 年，第 22 届西共体首脑会议就通货膨胀率、外汇储备、货币逐渐统一设定了要实现的目标，提出要在 2004 年实行单一货币。2001 年要求各成员国严格执行共同体宏观经济指标，2001 年成立了西非货币机构，为统一货币（Eco）的实现开展研究准备工作。2002 年阿克拉声明，启动了冈比亚、加纳、几内亚、尼日利亚和塞拉利昂 5 个国家组成的西非第二货币区（West Africa Monetary Zone），期望同西非经济货币联盟的法郎区实现合并。2009 年开始为两个货币区的合并做准备，并敦促两个货币区之外的佛得角和利比里亚加入到两个货币区中来，但单一货币的发行被多次推迟，从 2004 年到 2007 年，又到 2015 年，再到 2020 年（截至 2013 年 7 月）。

　　由此看来，西非国家为推动区域货币一体化进行着不懈的努力与尝试，但一体化遇到的困难是巨大的，[②] 这使单一货币发行一再被推迟。如果单一货币能够尽早实现，将大大推动西非一体化

---

　　① Africa Seeks to Lay Foudation for Growth，http：//www.imf.org/external/pubs/ft/survey/2002/092002.pdf.
　　② 德拉玛提到了投资缓慢、缺乏能够进行协调的超国家机构、金融市场不发达等五个问题，参见德拉玛《西非国家货币一体化研究》，《商场现代化》2009 年第 3 期，总第 564 期，第 353 ~ 354 页。

的发展，因为共同货币的实现，有助于西非的融资与投资，有助于资本在区域内的流动。但各国政府对货币一体化或者说"货币合作的政府的直接成本要显著高于贸易合作的政府的直接成本"的担忧，主要是"当政府共享或附属于共同货币时，它将失去一个重要的经济和政治上的工具"①。

2001 年，西共体第 25 届首脑会议通过了关于将西共体基金转变为"西共体投资和开发银行"（ECOWAS Bank for Investment and Development）的决议。西共体投资和开发银行于 2003 年 2 月成立，总部设在多哥首都洛美。西共体投资和开发银行在继续履行其摆脱贫困和促进区域发展的使命的同时，促进自身向商业化方向发展。2004 年，西共体投资和开发银行成功地把以前共同体的发展、补偿与合作基金重组为控股公司，同时成立了西共体地区投资银行和地区发展基金。

西共体自由贸易区计划始于 1981 年，当时规定免除区域内原产地非加工品和传统手工艺品关税。各成员国取消区域贸易非关税壁垒。2000 年 3 月，西共体自由贸易区提案得以通过，标志着一体化设想和规划开始付诸实施。从 2000 年 4 月 15 日起，共同体决定彻底废除经审批合格的区域内原产地工业产品、农产品和工艺品的关税。2003 年 3 月，西共体出台了新的政策，规定工业产品的原产地成分必须达到 60%，修订了海关申报单，简化了审批程序，修订了补偿机制。② 区域内贸易 1995 ~ 2001 年间达到年均 200 亿美元，2001 ~ 2007 年，区域内贸易年均增长 11%，成员国之间的经济一体化在加深，一些国家间的贸易相互依存达 60% ~ 80%，如科特迪瓦与布基纳法索、马里之间，塞内加尔与马里之间，尼日利亚与贝宁、尼日尔之间等。③ 2006 年 1 月，西共体

---

① 王汉、高娃、邵丹红：《浅析区域货币合作与区域贸易合作异步发展的原因——以中美洲共同市场和西非经济共同体为例》，《经济师》2008 年第 4 期，第 218 ~ 220 页。该文论证说，政府的担忧来自在调控国内宏观经济和对外政策上，货币政策不再起作用，经济决策权受制于大国，失去铸币税收入。

② http：//zcq. ec. com. cn/pubnews/2006_ 03_ 15/100300/1142325. jsp.

③ West African Common Industrial Policy (WACIP), July 2010, http：// www. ecowas. int/Wacip_ final_ 20100622. pdf.

部长理事会和首脑大会同意了对外共同关税（Common External Tariff，CET）的实施计划，创设了共同关税管理委员会。关税的取消增加了成员国之间的贸易量，也给相应国家造成了财政损失。

西共体还开发了贸易机会管理系统（Trade Opportunities Management System）以促进区域内不同公司间的贸易交流，推动贸易自由化框架（Trade Liberalization Scheme）。西共体交易会定期举行。[1]

基础设施领域　西非在公路和能源等方面的区域一体化进展显著。这些层面的合作是西非国家的一种区域战略合作。在公路方面，从尼日利亚的拉各斯至毛里塔尼亚首都努瓦克肖特的沿海高速公路和由塞内加尔首都达喀尔至乍得恩贾梅纳的横跨撒哈拉沙漠草原的高速公路基本建成。2006年西共体成员国国际公路运输议定书（Inter-State Road Transit，ISRT）在加纳的特马正式启动。ISRT规定，商品可在西共体成员国之间穿越一国或者多国境内自由运输，以最快速度运抵目的地。一条连接尼日利亚首都拉各斯与科特迪瓦首都阿比让的"西共体高速公路"将于2014年投入建设。此公路建设项目主要由沿线5个西非国家及西共体合作完成。项目投资渠道多元化，包括国家银行和私人及合作伙伴等。拉各斯至阿比让的公路是首条"西共体高速公路"，将打通西非地区国家间的交通壁垒，最大限度地减少各国海关和警察关卡，为该地区人员自由流动及货物跨境运输创造便利条件，为全面实现西共体经济一体化发挥重要作用。[2]

西共体在能源建设方面取得了较大突破，主要表现在两大多边能源项目，即西非天然气管道工程（West Africa Gas Pipeline）和西非电力联营（The West African Power Pool）两个项目上。1981年，西共体成员国就能源开发制订了工作计划，在区域基础上分析能源问题，提高能源的使用效率，并寻找可替代能源；1982年，能源发展基金（Energy Resources Development Fund）成立，致力于

---

[1]　http：//www. sec. ecowas. int/sitecedeao/english/cdec051292. htm.

[2]　http：//www. its114. com/bencandy. php？fid = 51&id = 7573.

建立一个能源数据支持中心。西非天然气管道项目是尼日利亚与贝宁、多哥、加纳等国共同投资 5.9 亿美元建设的大型工业项目，旨在将尼日利亚生产的天然气通过 678 公里长的管道输送到贝宁等 3 个国家。

此外，在电力上，许多国家的电网都实现了连接，如马里、毛里塔尼亚和塞内加尔建设了马南塔里大坝（MANATLI），使三国首都的电网连接起来。位于几内亚湾的科特迪瓦、多哥、贝宁和加纳四国的电力实现了联网。尼日尔和尼日利亚的电力也实现了联网。

工农业领域 西共体工业领域的目标是加快区域工业化步伐，主要体现在协调各成员国工业政策和吸引外国投资方面，但实质进展很小。目前进行的工作主要有：①完成了《工业和固体矿产开发报告》，秘书处将召集各成员国对报告进行讨论和修正，然后付诸实施；②与联合国工业发展组织（United Nations Industrial Development Organization，UNIDO）合作完成了与贸易有关的基础设施和服务标准与控制文件，以提高区域产品的质量、标准和检测手段。西共体农业农村区域发展计划主要集中在制定区域农业政策、保障食品安全和促进区域农业项目合作方面。1982 年，西共体制定了农业发展战略，计划到 2000 年时实现区域/次区域粮食自给自足，土壤分析、种子挑选、牲畜发展都包括在该战略中。

2005 年 1 月，西共体阿克拉会议通过了西共体共同农业政策，制订了 2006～2010 年中期行动计划，为实现西共体农业一体化奠定了基础。2006 年第 29 届国家和政府首脑会议批准实施共同农业政策（ECOMAP）计划。西共体还在 9 个成员国中建立了种子生产中心，在 3 个成员国中建立了牛养殖基地和家畜疾病监控系统，取得了较好的效果。

2010 年西共体部长理事会（Council of Ministers）通过了西共体共同产业政策（the West African Common Industrial Policy）及其行动计划和补充条款。三项文件立足于全球视野，力图使成员国发挥比较优势，实现优势互补，尤其是要实现西非的产业多样化，希望在 2030 年时实现本地产品率 30% 的目标。通过支持新产业生产能力和发展，升级现有的产业，促进本地制造业在 GDP 的贡献由 6% ~7% 增至 20%，区域内贸易由 13% 升至 40%，西非对全球市场的出口由 0.1% 提升至 1%。[①]

上述情况表明，自 1975 年成立以来，西共体在许多方面致力于推进西非区域一体化的进展，且取得了一定的成效。然而，西共体在成立时所确定的许多目标并没有实现，或实现目标的期限一再被推迟，如前文提及的反复被推迟的货币统一的时间，20 世纪 80 年代确定的在 2000 年实现区域粮食自给的目标也没有实现。共同对外关税的实施也一再拖延。各成员国在执行区域内贸易的有关规定时缺乏协调和保障，各国各自为政，为商品流通设置障碍，不遵循共同体规定的情况时有发生。就吸引外商直接投资来说，西共体比不上本区域的西非经济共同体，也比不上世界发展中国家的其他区域一体化组织如东南非优惠贸易区（PTA，1982）、东盟（ASEAN，1967）、中美洲共同市场（CACM，1960）、拉美一体化组织安第斯集团（ADEAN GROUP，1969）、加勒比共同体（CARICOM，1973）。

邓宁指出，西共体外商投资少的原因是"共同体未能对区域内的行政机器和组织能力进行必要的改革"[②]。阿迪比（Adibe）指出，区域一体化在贸易自由化的开展上未能达到预期目标，首要原因是缺乏解决技术层面问题的政治决心，如对各国税率不一，以及对商品双重收税的问题；其次是四大国不愿在赔偿机制上让步；最后，产品产地原则不仅限制了有限的制造业，导致走私增加，而且把区域内的最大贸易国家科特迪瓦排除在外。[③]

西非区域一体化未能实现既定目标，除了各国政治意愿不足

---

① http://ecowas.int/presslist.php.

② John H. Dunning, *Multinational Enterprises and the Global Economy*, Addison-We Sley Publishing Company, 1993, p. 498.

③ Clement Emenike Adibe, "ECOWAS in Comparative Perspective", in Timothy M. Shaw and Julius Emeka Okolo, eds., *The Political Economy of Foreign Policy in ECOWAS*, The Macmillan Press Ltd., 1994, pp. 187 – 217。

外，或许也与制订目标时对客观存在的困难考虑不足、脱离实际等因素有关，当然也同评估一体化的标准有关，目前评估区域一体化的标准，主要还是经济标准。如果考虑到西非区域一体化的基础薄弱，各国独立时的内部一体化有限，各国横向联系不足，或者能从综合方面评估西非的区域一体化发展，或许，人们对刚刚独立就能致力于一体化的西非国家会有更积极的评价。西非国家领导人也已经意识到，一体化起步虽由各国政府推动，但必须实现从"国家的西共体到人民的西共体的转变"①，使自上而下的一体化与自下而上的一体化结合起来。

本章回顾了欧洲殖民大国，尤其是法国、英国对西非行政区划的决定性影响，追溯了当代西非国家边境形成的历史缘由，及当代西非国家受制于这种行政区划的原因，同时描述了当代西非国家致力于打破这种局限追求一体化的实践过程。这种历史的回顾可以让我们看到殖民地国家所继承的殖民遗产的双重性特征：殖民统治在造成西非地区被分割、小国林立的同时，也促进了西非区域意识的发展，催生了西非民族主义思想，从而使西非成为区域意识比较强烈、各种区域组织较为活跃和发达的地区。西非国家民族主义和区域意识二者之间既联系又对立的关系，贯穿西非独立运动的始终，虽然以领地为基础的民族主义思想构成了西非国家独立的主流，但是区域意识并没有因此彻底消亡，而表现为西非国家寻求国家间合作、建立各种区域组织、致力于区域一体化的实践。不同合作形式的尝试和经验的积累为西非最大的区域组织西非国家经济共同体的成立奠定了基础。西共体执行秘书长钱伯斯在西共体成立 30 周年接受采访时说，未来西共体的发展取决于区域的和平与民主，各国政策的协调及区域基础设施的完善。②

---

① ECOWAS, *Vision 2020*, www. spu. ecowas. int/documents/vision/?.
② Ben Asante, "ECOWAS Has Lived up to Its Expectations, Says Chambas", *New African*, June 2005, http：//findarticles. com/p/articles/mi_ qa5391/is_ 200506/ai_ n21373712/pg_ 2/.

第三章
受制于国内环境的
主权与西非一体化

　　国家民族主义和区域主义之间的互动决定着西非区域一体化的前途。西非国家的独立为西非现代化提供了一种动力，西非区域合作和一体化实践主要是在政府主导下进行的。国家政府对一体化的承诺与实践是西非区域一体化的关键。西非各国经济基础薄弱，发展水平低，表现出很强的外向性和依附性特征，区域内各国经济联系有限，这种客观上的缺陷对区域一体化构成了巨大挑战，从而在政治上的要求会远远大于基于发达经济基础上的欧洲一体化。政治上的要求体现在区域内各国政治稳定和政策上，同时体现在和平的区域政治环境上。政治稳定因素中的政府合法性与权威性及政府效能决定着西非一体化的发展；区域内各国的发展政策致力于区域一体化目标，是落实区域一体化的保障；区域内国家之间的外交关系是区域一体化的启动因素。

　　自上而下的政府主导的西非区域一体化实际预设了西非各国政府制定政策的权威性和政策执行的有效性。西非国家政府的权威性因一再出现的合法性危机而受到削弱与限制；政府执政的效能则处于积累经验的阶段，尚待发展。西非国家政府作为西非一体化的主要推动者与实施者，政权稳定与政府能力是保证一体化发展的关键。

一　巩固主权的努力与西非区域一体化

1. 政治秩序初建导致的主权不稳固

尽管欧洲一体化的发展对西非一体化的发展乃至世界其他区

域一体化的发展有着示范作用，尤其是在西欧各国对 16~17 世纪初以来所确立的主权原则的灵活运用上，值得其他国家学习，但是发展中国家的一体化与发达国家的一体化有着本质上的差异，前提条件是无法比较的。[①] 西欧启动一体化靠的是经济手段。西欧一体化的客观物质基础是西欧各国已经具有了良好的工业化经济，各国的宪政民主政治已基本稳定；历经两次大战的洗礼，面对美苏两个超级大国，西欧小国在合作共赢的理念上已形成共识。然而，西非区域一体化启动的基础条件则正好相反，基本没有工业基础，主权观念刚刚确立，政治独立的历史短暂。

除了上述宏观层面的不同外，卡科维茨（Kacowicz）从传统一体化理论角度出发，还列举出西非经济一体化所面临的三大类问题：①领土大小、人口规模、经济发展水平上的差异；②货币多样、区域内贸易水平低下、彼此竞争、基础设施短缺等需要靠发展才能解决的问题；③区域组织众多和政权稳定的问题。[②] 这些问题中的第一类问题是世界所有区域共同体面临的共性问题；第二类和第三类问题是发展中国家区域共同体的共性问题，并非西非地区的特定问题，只是西非的这类问题更严重些，尤其是成员国政权稳定的问题最为严重。第二类问题的解决的前提是第三类问题的解决，尤其成员国政权的稳定构成了制定合理政策的前提，也构成了领导人能够平衡区域一体化要求和本国需求的前提。

西非国家的政治秩序和政治体系一再受到挑战。在独立后的 40 多年中，西共体多数成员国政局动荡，频繁的政变与政权更迭破坏了国内经济发展所需要的稳定环境，使得西非国家无

---

① Asante 分析了发展中国家区域合作及一体化与发达国家在成员国物质基础乃至国民觉悟上的差异，尤其是两类一体化目标上的不同。S. K. B. Asante, *Regionalism and Africa's Develop ment Expectations*, *Reality and Challenges*, The Macmillan Press Ltd., St. Martin's Press, 1997.

② Arie M. Kacowicz, *Journal of Modern African Studies*, Vol. 35, No. 3, Sept. 1997, pp. 367–385.

暇顾及区域合作。① 西非国家不管独立时建立的是何种政权，或以何种意识形态为指导，都发生过军事政变（塞内加尔除外）。② 表 3－1 显示，西非国家在独立以后的近半个世纪中，共发生了 55 次军事政变。独立后的最初 10 年和 20 世纪最后 10 年是军事政变频繁发生的两个时期。在 20 世纪 60 年代，西非国家的一体化进展有限，尤其在打破英法殖民地界限的区域合作方面。20 世纪 70 年代相比 20 世纪 60 年代、80 年代和 90 年代，军事政变的发生次数最少，大部分西非国家政治比较稳定，西非最大国家尼日利亚虽历经多次改变，但克服了国家分裂的危险，结束了内战，能够有精力关注区域一体化的发展，开始着手推动区域组织的建立。西非区域的和平与稳定局势同尼日利亚政治稳定有相当大的关联。与此同时，区域内的关键国家加纳也结束了国内政治的动荡，一再反复的军事政变，在罗林斯的领导下，对政治民主化和发展经济进行了艰难探索。1975 年，西非国家经济共同体成立，标志着西非区域一体化进入了制度化、组织化的阶段。尤其是尼日利亚和加纳这两个在西非一体化中比较关键的国家。其国家政权合法性初步确立的过程整整用了加纳近半个世纪的时间。

　　在政治动荡时期，任何一个国家政府都无法把注意力集中在发展国家经济上，无法对国家利益与区域一体化的关系做出理性判断，西非区域一体化的发展因而进展缓慢。21 世纪初的 15 年里，西共体将主要精力用于解决利比里亚、塞拉利昂、几内亚比绍和尼日尔等成员国内部的政治社会冲突。西非经济一体化进程因种种因素而步伐迟缓，设定的时间表往往不能如期实现。

---

① 东南亚联盟的发展期就出现在 20 世纪 60 年代中期成员国政权基本稳定之后。

② 如加纳在 1966～1981 年的 15 年间有过 6 次政变，其间有过短命的两届文职政权；尼日利亚在 1966～1993 年的 27 年间有过 7 次政变，大部分时间是军政权执政；科特迪瓦的政治动荡因博瓦尼的长寿而延长至 1993 年，在 1999 年发生军事政变；其他西非国家也没有逃脱这种模式。

表 3 - 1　西非国家独立以来政变次数统计

	20世纪60年代	20世纪70年代	20世纪80年代	20世纪90年代	2000~2010年	合计
贝　　宁	4	1				5
布基纳法索	1	1	3			5
佛　得　角			1			1
科特迪瓦				1	1(内战)	2
冈　比　亚			1(未遂)	1	1	3
加　　纳	2	3	1			6
几　内　亚			1		1	2
几内亚比绍			1	2	2	5
利比里亚			1	1		2
马　　里	1			1	1	3
毛里塔尼亚		1	1		2	4
尼　日　尔		1		1	1	3
尼日利亚	2	1	2	2		7
塞内加尔						
塞拉利昂	2			3		5
多　　哥	2					2
合　　计	14	8	12	12	9	55

资料来源：1996 之前的数据转引自 Adebayo Adedeji，"Comprehending African Conflicts"，in Adebayo Adedeji, ed. , *Comprehending and Mastering African Conflicts: the Search for Sustainable Peace and Good Governance*, Zed Books in Association with African Centre for Development and Strategic Studies (ACDESS), Ahmadu Bello Universtiy Press Ltd. , 1999, p. 6。

1996 年之后的数据由笔者依据中国媒体新华社的发布的消息和 http://www. allafrica. com 提供的数据统计整理而得。

　　政权频繁更迭影响着国家政府机构职能的发挥，军事政变增强了政治领导人的不安全感，使得他们过度关注国内政治，难以顾及国家乃至区域的长远利益；即使有了致力于长远目标的规划，非洲国家政府在政治意志和行政能力方面的弱点又使得计划的实施大打折扣。[1]

① Thomas M. Callaghy 以扎伊尔为例，在分析非洲国家债务的政治经济原因时指出，非洲国家的政权性质，就政治意志和行政能力而言，弱于拉美国家。尤其是非洲国家的技术和行政能力的欠缺，使得私人商业银行在国家经济政策的制订过程中所起的作用相当大。Thomas M. Callaghy, "The Political Economy of Debt: Zaire", in John Ravenhill, ed. , *Africa in Economic Crisis*, The Macmillan Press Ltd. , 1986, pp. 307 - 346。

2002年1月，塞拉利昂宣告持续10多年的内战结束，该年5月，卡巴总统在大选中获胜，蝉联总统；2004年塞解除武装、复员和重返社会（DDR）计划正式结束，迄今为止，塞政局基本稳定。2003年利比里亚内战结束；2005年举行总统选举，团结党领袖瑟利夫女士当选。2008年12月几内亚总统孔戴病逝，部分军人发动政变，政局持续动荡，直到2010年11月才举行大选，阿尔法·孔戴赢得选举，成为几内亚第一位民选总统。2003年，几内亚比绍军人发动政变，拘捕昆巴·雅拉，国会大选被多次延期，2004年10月，赛亚布拉将军和其他人在一场军事叛变中死去，引发动乱。直至2009年马兰·巴卡伊·萨尼亚当选总统，但2012年他病逝后，政变军方宣布解散全部政府机构，国家进入最长两年的过渡期，并将在过渡期满后举行总统和议会选举。

自20世纪90年代以来，西非北部萨赫勒地区因族群之间的资源争夺（跨马里、尼日尔、布基纳法索与阿尔及利亚的图阿雷格族的诉求）而局势动荡。21世纪初，以美国为首的西方国家借反恐名义加大在该地区的存在、不同势力对该地区丰富的矿产资源的觊觎都加剧了该地区局势的动荡，也使该地区脱离了相关西非国家、西共体乃至非盟的控制，为老牌殖民大国继续发挥影响力埋下了伏笔。2012年3月22日，马里首都部分军人发动政变，杜尔政府被推翻。同时，马面临严峻的北方分裂危机。马北方图阿雷格族分裂武装发动叛乱，并于4月6日成立"阿扎瓦德独立国"。"伊斯兰马格里布基地组织"等恐怖和极端势力也借机在马北方扩充势力，控制了马北方三大区。2013年1月13日，法国发动"薮猫行动"（Operation Serval）出兵4000人，帮助马里政府镇压了北部的叛乱。一方面，不管出于何种动机，这是21世纪法国加深对非洲控制的一个事例；另一方面，法国的出兵也反衬出马里政府、西共体和非盟的软弱无力。

曾经被誉为法国后花园的科特迪瓦2002年爆发内战，在法向科派出"独角兽"部队后，科国内主要政治派别才达成和平协议。2010年底总统选举后，科出现"一国两主"僵局，暴力事件频发。法国率先承认瓦塔拉，联合国、西共体、非盟等组织随即支持瓦塔拉，但西共体和非盟多次所派代表斡旋无法说服巴博让权，最终还是法国推动欧盟对巴博方面采取了一系列制裁措施。法在科驻军根据联合国安理会第 1975 号决议采取行动，摧毁了巴博阵营的重武器，并协助瓦塔拉方面抓捕了巴博。瓦塔拉就任总统后，就同法国签订了新的防务协定。根据协定，法向科提供 15 亿非郎（约合 285 万美元）用于军事指挥、军队及海军组编和军官培训等。

2. 西非现代民族国家构建面临合法性的挑战

西非的独立运动不是对旧的传统、道德规范、已确立的受宗主国塑造的权力和社会价值观进行挑战，而是专注于接管殖民管理机构。殖民管理的机构主要服务于宗主国，没有或基本没有构建非洲现代国家发展需要的体制。虽然不能断言西非独立运动领导人只是"简单地接管了由他们的殖民老师所留下的政治和官僚机器"①，但是独立运动过程中政治动员有限、社会准备不足的缺陷是存在的，这造成了领导西非独立运动的西非民族主义精英们的社会政治基础的不牢固，导致他们之间的团结受到影响。

西非独立运动因置身于二战结束之后世界反帝反殖的民族主义运动高潮中，虽然缺乏广泛的社会基础，甚至西非本身也不够团结，然而，即使面对依然强大的宗主国，西非各国除利比里亚和通过武装斗争获得独立的几内亚比绍和佛得角外，其他国家还是以和平形式获得了独立。和平独立的获得既是国际政治经济形势变化的结果，也是西非独立运动领导人与宗主国双方妥协让步的结果。② 这造成了内外两方面的后果，对外而言，西非仍然受着宗主国多方面的控制和影响，尤其是经济自主权；对内来说，人民没有被充分发动起来，接管权力更多的是西非精英分子的事情。

---

① 桑巴特·钱堂冯：《第三章 托克维尔的〈美国民主制〉与第三世界》，〔美〕V. 奥斯特罗姆、D. 菲尼、H. 皮希特编《制度分析与发展——问题与抉择》，王诚等译，商务印书馆，1992，第 55~82 页。

② 参见 Tony Chafer, *The End of Empire in French West Africa - France's Successful Decolonization?*, Oxford International Publishers Ltd., 2002; W. David McIntye, *British Decolonization, 1946 - 1997: When, Why and How did the British Empire Fall?*, St. Martin's Press, 1998。

反帝反殖的泛非主义意识形态没有被及时赋予促进各国现代化需要的内涵，其作为国家政权巩固与国家发展的指导性作用弱化。

　　这些问题在西非国家独立后开始发酵。如何动员大众并争取大众对新政权的认同、促进国家现代化发展立刻成为西非各国独立之后所面临的问题。问题的实质是表面具备了政治主权的西非各国如何应对被迫卷进世界一体化进程后的"非洲文明危机和民族意识危机"的持续发酵。① 相比世界其他地方的现代政治发展，独立时的西非国家政治缺乏组织，是"不稳定的、断裂的、狭窄的"②。政党体制相当薄弱，既缺乏前后一致改造社会、凝聚人心的理念追求，也没有建立起制度化的政治参与体系，无论是基于经济基础的现代利益集团如工会、商会，还是职业协会、学生团体，几乎对决策施加不了影响，甚至政府中的技术精英、国会机制及国会代表在决策中的作用也非常有限。典型例子是科特迪瓦，科特迪瓦自独立以来一直在博瓦尼领导之下，政治基本保持稳定。然而，这种基于个人魅力的统治方式在博瓦尼去世后令科特迪瓦陷入了困境，国家政治难以为继、出现断裂，动荡因此而生。作为西非第二大经济实体的科特迪瓦自20世纪90年代后半期以来出现的政治动荡影响了科特迪瓦四个邻国（马里、布基纳法索、几内亚和加纳）的贸易、国家收入和私人投资，进而阻碍了西非一体化的发展。有学者曾运用数学模式论证说，如果该地区的政治稳定性能改进1%，那么就可能使这四个相邻国家的经济增长6%。③

---

① 参见张宏明《多维视野中的非洲政治发展》，社会科学文献出版社，1999，第73页。当然，笔者理解这里所讲的非洲文明更多的是一个相对于欧洲文明、亚洲文明、美洲文明的十分宽泛的概念，是指很多世纪以来，非洲人对全人类发展的独特贡献，而非洲文明危机是指世界现代化和一体化并存互动以来，非洲文明还能否像过去一样有所贡献、有所创造，非洲民族意识危机是指获得政治独立的非洲各国是否能够巩固自身的独立并促进非洲现代化的发展。

② S. P. Huntington, *Political Order in Changing Societies*, Yale University Press, 1968, p. 343.

③ Ousmane Doré, Benôt Anne, and Dorothy Engman, *Regional Impact of Côte d'Ivoire's 1999 – 2000 Sociopolitical Crisis: An Assessment*, International Monetary fund, 2003.

非洲多数国家的政治自主是有缺陷的，大多数非洲国家的独立是不彻底的，还"继续维持同宗主国在军事和政治上的密切联系"，还有少数国家仅仅是"形式上的独立"。① 非洲国家这样一种非完全自主的政治主权必定影响着国家发展道路和政策的选择，也使其改变经济依附性的作为受到制约。这就是说，非洲国家政权仍然带有殖民性质，这种殖民性质很难与非洲社会相协调，从而也成为独立后非洲大陆动荡不安、各种冲突不断的一个根源，②同时必然影响这些国家的彼此团结合作、促进一体化的努力。非洲民族独立运动的时间短暂，无论在民众动员，还是民族独立运动的领袖和政党深入了解社会以取得社会共识方面，做得还不充分，乃至对独立后的国家框架设想都还没有，使得非洲国家不得不在独立后进行"补课"，③ 完成民族独立运动未能完成的任务。

3. 并非源自西非社会的国家设置

人类自诞生之日起同时进行着两种实践，即改造自然的实践和改造自身的实践，在由自然环境的被动适应者到主动适应者的变化过程中，人类之间的关系在改变，国家是这一变化的产物。这是所有国家起源学说理论都认同"国家是通过专门化分工和官僚阶级的精心经营而发展起来的"④的原因所在。国家的产生是通过协调人类自身的关系来适应人类与自然环境关系的变化的。从这个意义上讲，国家是人类面对自然环境时所形成的一种共同体，也是人类的一种组织方式。故国家既体现了人类面对自然时的团结协作，又体现了人类对自身的管理，是人类减少自然束缚（血缘关系）、走向自主（相对于自然）的一个标志。在这一点上，黑

---

① 陆庭恩、彭坤元主编《非洲通史》（现代卷），华东师范大学出版社，1995，第 19 页。

② Jeremiah O. Arowosegbe, "Claude E. Ake: Political Integration and the Challenges of Nationhood in Africa", *Development and Change* 42 (1), Jan. 2011, pp. 349 – 365.

③ 张象:《当代非洲国家发展阶段探析》,《西亚非洲》1998 年第 1 期, 第 45 ~ 47 页、第 47 页。

④ 〔美〕哈斯:《史前国家的起源》, 求实出版社, 1988, 第 134 页。

格尔对国家极尽赞美之词，在他眼里，"普遍真理存在于国家中，存在于国家的法则中，存在于国家普遍和理性的规划中"，人类所拥有的所有精神存在只能通过国家来体现。国家是我们的主客观意志相融合、统一的体现。西方学者对国家起源学说的研究有逐渐偏重国家的后一方面的趋势，尤其体现在关于国家起源的人性说、契约说、冲突说中。而灌溉说、贸易说侧重的是前一方面。库诺指出，恩格斯强调了国家作为统治工具的一面，而忽视了国家同样是社会的一部分，是社会的"执行的、自觉的、官方的表现"这样一面。

无论从国家起源的哪种假说角度看，西非地区建立国家的过程被区域外的力量打断，现代西非独立国家的建立被外部势力主导都是毋庸置疑的。西非国家的建立具有明显的外在性特征或偶然性特征，宗主国对其领土的划定、行政体系的确立起了决定性作用。这些国家虽然不是内生的，但是被外在赋予了其领地性和组织管理性，国家的重要属性已经具备了。这种外在型国家缺乏内生型国家所具有的凝聚力和团结。契约说也可以适用于西非国家，但是这种契约不是西非人民之间妥协谈判的产物，而是宗主国与西非精英人物的契约。用非洲 Ake 的话说，非洲的国家主要是宗主国用于管控非洲社会的一种机制，这种机制的结构源于宗主国自身已建立的现代国家模式，外在于非洲社会，[①] 而不是恩格斯所言的，"从社会中产生但又自居于社会之上并且日益同社会相异化的力量，就是国家"。

西非虽然曾诞生了加纳、马里、桑海等古代王国，但这些王国始终没有完全解决中央权力的合法继承权问题。[②] 正是无法解决继承权问题，显赫一时的王国最终灭亡，中央权力的扩张在西非没有完成。在殖民者入侵之前，西非基本保持着部落社会的结构，殖民者的入侵激化了不同部族的矛盾及冲突。

---

① Claude Ake, "The Future of the State in Africa", *International Political Science Review*, 6 (1), 1985, pp. 105 – 114.

② J. D. Fage, *A History of West Africa*, Gregg Revivals, 1992, p. 25.

与此同时，非洲传统社会中的部族意识和酋长制度，在非洲大陆争取解放与独立过程中发展为非洲地方民族意识，[①] 对国家统一与政权合法性构成威胁，"建立民族国家的主观愿望和努力与族体和文化的多元性这一社会现实，每每构成黑非洲国家政治发展的一对基本矛盾"[②]。族体与文化的多元性主要源于非洲社会内部的一体化程度低，相互融合还不充分。"由前工业社会向现代社会转化是一个带有方向性的特殊的社会变革，它意味着原有的社会利益分配模式遭到破坏，平衡机制失去效能，社会财富流向发生了新的变化，这是一个十分痛苦的过程。"[③] 在诸如科特迪瓦和布隆迪之类的国家，部族、种族、宗教的从属关系形成了人们的政治立场的基础。部族体系对该地区以殖民方式强加的政治制度构成了直接威胁，该地区大多数政府都是在这种制度下运作的。

二战结束后获得独立的非洲国家所依赖的这样一种经济结构与机制必须加以改变，这是所有被压迫民族和国家获得独立后迫切想要完成的历史任务，但这种改变需要政治上的真正自主和国内社会的相对稳定。地方与中央的关系主要被部族问题主导，而在权力更替方式上社会没有取得共识。政变与政权的频繁更迭破坏了国内经济发展所需要的稳定环境，使得非洲国家无暇顾及区域合作。"国家政权对迟发展国家民族资本主义的快速形成，扭转欠发达的恶性循环，抗拒和分解国际资本压力，以及实现民族整

---

① 参见陆庭恩《对非洲国家政治发展问题的一些看法》，《西亚非洲》2004 年第3 期，第 18～23 页。李安山：《试析非洲地方民族主义的演变》，《世界经济与政治》2001 年第5 期，第 44～49 页；李安山：《非洲国家民族建构的理论与实践研究》，《西亚非洲》2002 年第 4 期，第 7～13 页；〔英〕威廉·托多夫：《非洲政府与政治》，肖宏宇译，北京大学出版社，2007，第 90～92 页；李文刚：《尼日利亚地方民族组织的缘起与演化》，《西亚非洲》2009 年第 9 期，第 25～31 页。

② 张宏明：《部族主义因素对黑非洲民族国家建设的影响》，《西亚非洲》1998 年第 4 期，第 48～56 页。

③ 钱乘旦、杨豫、陈晓律：《世界现代化进程》，南京大学出版社，1997，第 240 页。

合和政治发展有着极端重要的作用。"①政治的动荡必然影响各国政府推动一体化的政治决心与承诺履行，使得各国领导人更多关注国内政治，难以对国家乃至区域的长远利益进行战略谋划。

西非国家政治动荡不仅是因为国家治理机构带有殖民政权的特征，而且也源于西非历史上国家等级权力结构治理经验的缺乏。这两点使得西非国家的非原生型特征非常突出。西非国家的非原生型特征是指西非国家构成要素中的领土因素、行使权力的行政结构主要继承自殖民宗主国。② 在世界反殖民主义浪潮中获得独立的西非各国建立在殖民行政区划基础上，国家的治理经验源于强加于西非的殖民统治。科特迪瓦在第一代独立领导人去世后就进入了动荡时期。科选举僵局表明科特迪瓦的领导权与责任已经让予外部势力，当政者如果在政治及经济政策与措施中，不注重国家民族构建过程中的向心力，不培养人民的一种共同命运感，不注重族群的融合，而诉诸族群差异谋取政治私利的话，就会在人民心中构建起族群之墙。

这种非原生型国家的政权合法性的社会基础相当薄弱，因为继承自殖民者创建的国家框架机构"源于外部，依据功能进行规划、依据官僚体制进行设计，在本质上是专制的，主要关心的是统治而不是合法性"③。这从法语西非各国边界的历史变更可以得到验证。独立前，法语西非各殖民领地的管辖范围多次变更，布基纳法索就被分割并入邻近殖民领地两次。当时由法国军队直接控制的毛里塔尼亚在 20 世纪 20 年代、尼日尔在 40 年代都不包括在法兰西共同体内，两个殖民地在法国 1956 年基本法（海外改革

---

① 李继东：《现代化的延误——对独立后"非洲病"的初步分析》，中国经济出版社，1997，第 297 页。

② 无论从国家起源的哪种假说入手分析，我们都可以说西非地区建立国家的过程被外部力量打断了，现代西非独立国家的建立具有明显的外在性特征或偶然性特征，国家的领土和层级行政管理都源自殖民宗主国，而不是西非社会发展的结果，从某种程度上说，是西非精英人物与宗主国之间的契约的产物，不是西非人民之间的契约的产物。

③ Naomi Chazan, Robert Mortimer, John Ravenhill and Donald Rothchild, *Politics and Society in Contemporary Africa*, Macmillan Education Ltd., 1988, p. 41.

法）通过后，对殖民行政体系进行了大重组。多哥则是法国在第一次世界大战中从德国手中攫取的，直到独立前期，基本还是一个托管领地。1958 年法国第五共和国宪法将法兰西联邦改为法兰西共同体，使每个殖民领地都成为"保护国"，拥有一个仅有咨询功能的国民大会。法国任命的总督名称变为高级专员，实为国家首脑，国民大会提名政府首脑，其有向国家首脑建议的权力。1960年，法国宪法因法国印度支那战争的失败和阿尔及利亚的形势发展而被修正，允许法兰西共同体成员单方面改变其自身的宪法。

西非缺乏本土经验积累起来的组织能力，遗留下的问题又被殖民宗主国所利用强化，西非社会的凝聚力受到摧残，明显的特征是互不来往甚至彼此争斗的传统族群势力成为西非政治中的重要因素。这个因素对西非新独立国家构建新的民族国家的努力形成了挑战，因为"要在不同社会实体之间建立真正和谐的感情和共同的利益，建立起对一个新的超部族政权即国家权威的一致崇拜，从来都不是一件容易的事情"。掌权或试图掌权的人都求助各自的族群和地区，族群差异和地区主义相互作用，阻碍了社会的团结与融合，进而无法在"政策制定、参与、代表、平等、公正和责任心上达成一致"①。独立后的西非国家缺乏组织能力，相对于社会权威性不足，因而容易受制于社会的分歧。以族群为基础的政府更偏重于公共花费和服务等财富分配领域，忽视创造财富的国家经济决策，不利于国家采取与邻国合作、促进西非区域一体化发展的决策。"原因在于它们大都缺乏控制自主发展所必需的手段和条件，黑非洲国家普遍贫弱，经济上的对外严重依附性决定了其政治上的脆弱性，极易受外部环境变化的影响。"② 发展落后，欠发达国家可利用的资源有限，争夺有限资源的斗争异常激烈。

西非军事政变、军人干政的恶习始自曾被称为"西非病儿"

---

① Naomi Chazan, Robert Mortimer, John Ravenhill and Donald Rothchild, *Politics and Society in Contemporary Africa*, The Macmillan Education Ltd. , 1988, p. 43, p. 201.

② 张宏明：《西方调整对非政策的原因、内涵及其效应分析》，《亚非纵横》1999年第3期，第34~37页。

的贝宁。在贝宁独立后的最初 12 年先后发生过 10 多次政权更迭，制定了 5 部宪法。其原因就在于，虽然政府和各党派都认识到实现国家政治上的统一是国家最重要的目标，"却从来没有实现过"。原因首先是三大主要政党的基础建立在地方和族群之上，其次是各党派领袖人物的分歧。①

西非最大的国家尼日利亚三大政党的情况也与此类似。1914 年被英国的《卢加德决定》人为制造出的尼日利亚，独立后即受制于国家东部、西部、北部的伊博人、约鲁巴人、豪萨 - 富拉尼人的争斗，尼日利亚三大政党尼日利亚公民全国委员会、行动派、北方人民大会分别以这三个族群为基础。这种被地区和族群利益分割的状况是尼日利亚内战的根本原因。

独立国家不是非洲社会进化发展的结果，而是来自外部的力量，政权统治者的阶级性基础薄弱，权威性有限。② 西非国家要完成将服务于宗主国的殖民政权变成服务于非洲社会的国家政权的转变，实质是巩固非原生型政权的问题。这是西非国家合法性和认同性基础较弱的根本原因，是政治动荡、政权更迭、对内统治面临挑战的深层原因。

西非国家的合法性危机并不是无法克服的，只是需要时间。现代民族国家的历史事实上就是一个国家在发展中如何应对政治与经济彼此不适应的挑战，应对国内阶级斗争、社会矛盾和冲突的挑战，以及如何构建国家政治、建立法治与民主、树立国家核心价值观的历史。这是任何现代民族国家都难以避免的历史过程。这个历史过程总是危机频发，其中任何一个方面出现问题，都会对国家的统治提出合法性的挑战，这种挑战或者表现为革命，或者表现为政变或内战。20 世纪后的西非国家所经历的正是这个动荡的历史过程。20 世纪 90 年代西非国家的军事政变的发生达到一

---

① 参见张宏明编著《贝宁》，社会科学文献出版社，2004，第 66～74 页。
② Richard Higgott 在对比非洲国家与亚洲的新兴工业化国家及拉美国家时，指出非洲国家的权威性不够，阶级基础薄弱的特征。Richard Higgott, "Africa and the New International Division of Labour", in John Ravenhill, ed., *Africa in Economic Crisis*, The Macmillan Press Ltd., 1986, pp. 286 - 306.

个高峰，尤其是原本从未发生政变的科特迪瓦和冈比亚都相继发生政变。几乎每一个国家都存在着诱发冲突的因素，相对稳定的塞内加尔存在着卡萨曼斯（Casamance）的长期叛乱，结束了内战的尼日利亚始终未能有效制止尼日尔三角洲的冲突。规模小、不设防的边界线使西非区域内一国的政变引发的内乱常常波及邻国，利比里亚、塞拉利昂和几内亚比绍三国的政治动荡局面相互影响。这些起源于一国内部的冲突最终都波及邻近国家而成为区域不稳定的主要根源。邻国总是因难民、军事物资的运送、跨国境的人道主义援助、支持或反对反叛者等而卷入内战中，很难置身事外。1990 年利比里亚内战爆发之后，利比里亚难民的涌入以及查尔斯·泰勒（Charles Taylor）对塞拉利昂叛军的支持，加上政变和在国家东南部福代·桑科（Foday Sankoh）领导的革命联合阵线（Revolutionary United Front，RUF）的叛乱使得塞拉利昂在近 10 年内基本处于内战之中。

在这种动荡的政治探索与改革时期，任何一个国家的政府都无法把注意力集中在发展国家经济上，无法对国家利益与区域一体化的关系做出理性判断，西非区域一体化的发展因而进展缓慢。

4. 西非国家对区域政治稳定的认识提高

西非国家对国家的这一建构过程的艰巨性不是没有认识。它们与其他非洲国家一道确认了非洲统一组织宪章中的不侵犯主权原则和互不干涉内政原则，通过对这两项原则的确认规范了彼此之间的关系，也向非洲以外的国家宣示了非洲的团结，从而非洲各国能够致力于国家内部的政治问题和国家建设。非统成员国也都认为一体化与区域合作是克服主权不完整缺陷、应对内外挑战的一种有效选择。1977 年的《互不侵犯和防御互助条约》（Protocol on Non-Aggression and Assistance in Defense）、1978 年的《互不侵犯条约》（Protocol on Non-Aggression）和 1981 年的《防御互助条约》（Protocol on Mutual Assistance in Defense），表明西非区域内成员国对区域内和平与安全是经济发展和进步的必要前提条件的确认。这些条约及其条款为西共体以后的发展提供了法律准则。但是直到冷战结束，西非国家之间的军事安全合作交流都比政治经济的合作交流少，甚至少于社会文化层面的合作，原因在于冷战中的西非国家在军事安全事务上严重依赖外部势力。[①]

二　西非国家的经济政策与西非一体化

除了区域内不利的政治环境外，西非国家在经济决策上的合作与协商也不够。区域合作和一体化的进展需要各国在规划国家发展计划、制定发展战略时，能够与其他国家的发展计划和战略相协调，使之成为区域发展的一个有机组成部分。作为一体化主导者的国家政府最终要靠制定并实施适当的政策来完成一体化路径的铺就。

1. 政策制定对西非国家的重要性

这一节我们要分析的是西非国家独立后的发展战略与政策和西非区域一体化的关系。这一节的讨论方法依据的是一体化研究中的国内政治研究方法，这种方法起源于 20 世纪 70 年代末 80 年代初欧洲一体化处于徘徊停滞时期时，研究人员开始强调构成一体化组织的政府间性质，重新强调国际关系中国家作为主要行为体的作用，以及在区域组织中的主体作用。英国曼彻斯特大学教授西蒙·布尔莫（Simon Bulmer）提出了有关国内政治方法的五种假设，其中之一是欧共体成员国的共同体政策只是国家政策的一部分，不应该与其他的国内政策及行为分开。他指出，一体化的国内政治研究方法的目标之一是，分析一个成员国在一些问题上把共同体当作采取行动的最佳场所，而在其他问题上又重视国家或另一些国际组织的原因。[②] 这种方法很好地解释了同样是政府主导的东盟一体化的发展过程。这种方法认为国家主权依然是至关

---

① http://www. ecowas. int. 同时参见 Michael Onipe Anda, *National Attribtes*, *Elite Perceptions and Interstate Interactions*: *An Analysis of Foreign Policy Behavior in West Africa*, Ph. D. dissertation, Milwaukee: The University of Wisconsin, ProQuest UMI® Dissertation Services, 1990。

② 转引自李巍、王学玉编《欧洲一体化理论与历史文献选读》，山东人民出版社，2001，第 192 ~ 205 页。

重要的，区域一体化只是反映政府意愿、服务于国家利益并受国家机构的控制。换言之，国家利益决定了一体化进程的深度和广度，各国政府始终保持着对一体化进程的控制。

现代国家的一个重要作用就是促进民族的现代化发展，并且国家往往是通过一系列的发展政策与战略设计来履行这种作用的。伊尔奇曼和巴加瓦的话阐明了国家在现代化发展过程中的地位，为了促进现代化国家需履行的职能，以及履行这些职能所必须具备的政治制度基础。他们指出，国家在现代化过程中应该具有这样三种职能：促进资本形成、对稀缺资源和价值进行分配、对社会的不同要求进行仲裁。① 国家对当今世界来说仍是最基本的。国家常常借助政策来履行这些职能。

政策从来就是国家实现某个目标借助的工具，如科尔巴奇指出，政策在"本质上是与政府有关的"，"'统治'、'政府'和'政策'相互媾和。在这种世界观之下，政府的活动被看成是选择目标解决问题，并且'政策'和'公共政策'几乎是不可缺少的"。②政策制订过程中的优先问题的确定非常重要。优先问题的确定往往影响着政策能否成功实施。西非国家在这方面经验有限，仍在摸索之中。

对现代化的后起追赶者即发展中国家而言，其国家工业化的国内外历史条件和环境已经不同于资本主义早期的自由竞争环境，资本主义已经发展到垄断资本主义，无论是国内的垄断还是国际垄断都在加强，因此"发展中国家的工业化不再单纯地取决于市场力量的自然进化，而越来越借助于政府的发展意识和外部的推动力"③。这就是说，发展中国家的现代化取决于政府的能动意识，取决于相对有利的国际环境和适应这种环境的发展模式。后进国

---

① W. F. 伊尔奇曼、R. C. 巴加瓦：《第三章 平衡思想与经济增长》，〔美〕查尔斯·K. 威尔伯主编《发达与不发达问题的政治经济学》，高铦等译，中国社会科学出版社，1984，第49～76页。

② 〔英〕H. K. 科尔巴奇：《政策》，吉林人民出版社，2005，第14～15页。

③ 谈世中主编《发展中国家经济发展的理论和实践》，中国金融出版社，1992，第383页。

的发展模式与先进国肯定有不同的途径，主要体现在"后进国面临的是通过学习来追赶的发展模式"①，后进国在学习中形成的发展模式，更多的是要避免先进国曾走过的弯路，但很难找到一条顺畅的发展之路。这种学习过程是一种反复取舍与修正的过程。

这种反复取舍与修正的过程体现于国家不同时期的优先目标与政策，故有人指出，"现代化的初始条件具有相对的稳定性和延续性，而国家政府的发展政策却能够变化和修正。……发展中国家的政府是现代化的倡导者、计划者、推动者和实行者，决定着它的成败"②。

西非国家必须具备足够的政治意愿来实施区域一体化，必须把政治决策和经济决策相结合起来才能真正促进区域一体化的发展。③ 也就是说，西非各国政府必须把区域一体化当作国家发展战略的一部分。罗布森因而论述说，"非洲多数国家长远目标的实现依赖彼此之间的经济合作，但是短期的利益常常使得各国诉诸独立的行动（无视合作的要求）。非洲经济合作的前途取决于长短期利益考虑中哪种占上风"④。如果是短期利益占了上风，区域合作的前途就是暗淡的，区域各成员国的长远利益也无法实现。

对西非独立各国来说，市场经济还不发达，私人资本主义发

---

① 王振寰：《全球化、在地化与学习型区域：理论反省与重建》，载贺照田主编《后发展国家的现代性问题》，吉林人民出版社，2002，第 71~110 页。

② 余新天：《机会与限制——发展中国家现代化的条件比较》，上海社会科学院出版社，1998，第 203 页。

③ 伊赞维指出，成员国把国家内部发展政策和实施与西共体的发展相统一是西非区域一体化获得成功的条件之一；无论哪个政府，成员国都应该给予西共体强有力的支持。阿桑特则指出，非洲领导层缺乏把一体化当作发展战略的承诺是造成一体化失败的原因之一。参见 Uka Ezenwe, *ECOWAS and the Economic Integration of West Africa*, St. Martin's Press, 1983, pp. 153 – 154; S. K. B. Asante, *Regionalism and Africa's Development: Expectations, Reality and Challenges*, The Macmillan Press Ltd., St. Martin's Press, 1997, p. 82。Robson 也指出影响一体化进程的真正关键因素是各成员国进行一体化的政治意志和妥协的意愿。Peter Robson, "Regional Integration and the Crisis in Sub-Saharan Africa", *Journal of Modern African Studies*, Vol. 23, No. 4, Dec. 1985, pp. 603 – 622。

④ Peter Robson, *Economic Integration in Africa*, G. Allen & Unwin, 1968, p. 21.

展程度不高，国家政权推动发展的作用要比西欧的先进国更强。这样主要靠继承殖民遗产而确立的官僚机构"构成了主要的社会驱动力"①。西非国家干预经济的作用不是自独立以来才开始的，早在第二次世界大战期间，殖民宗主国就开始加强殖民行政机构对经济的干预和对大型公司的控制，计划成为促进发展的一个因素，如英国政府建立起了殖民发展和福利基金，1945 年尼日利亚殖民政府甚至提出了一个需要 4000 万英镑的十年发展计划。②

第二次世界大战结束到 20 世纪 70 年代初，世界各国在凯恩斯主义经济理论以及苏联社会主义理论和实践的影响下都加大了政府对经济的干预作用，而多数发展中国家无论是选择自由资本主义道路，还是非资本主义道路，都推崇经济计划，西非国家也不例外。

独立后宣称走社会主义道路的西非国家有加纳、几内亚、塞内加尔、马里和克雷库上台后的贝宁。加纳独立领导人恩克鲁玛的话可以说明这些国家选择社会主义道路的原因，他说，"贫穷的恶性循环使我们始终处于贫困状态，只有采取大规模的计划经济，才能打破这个怪圈"③。恩克鲁玛的非洲事务顾问帕德莫尔的话更是直接指出了这种计划的实质是"运用一切国家权力去推进工业化进程"④。

而选择西方道路的国家如科特迪瓦、尼日利亚和利比里亚倾向于西方式市场经济，虽然更强调市场的作用，鼓励竞争，扶持私有经济，但没有忽视政府对经济发展的控制和干预。⑤ 尼日利亚

---

① 〔埃及〕萨米尔·阿明：《不平等的发展》，高铦译，商务印书馆，1990，第 296 页。
② 参见 Michael Crowder，"The 1939 – 45 War and West Africa"，in J. F. Ade Ajayi & Michael Crowder, eds., *History of West Africa*, Longman Group UK Limited, 1987, pp. 665 – 692。Crowder 在第 681 页写道，"战争不仅见证了西非经济的扩展，而且见证了在法属西非和英属西非去殖民化时期有着重要影响的发展迹象：（1）国家对经济干预的增长和控制大公司的趋向；（2）放弃殖民地自给自足的原则"。
③ E. W. Nafziger, *Inequality in Africa*, Cambridge University Press, 1988, p. 66.
④ 转引自唐大盾等《非洲社会主义：历史·理论·实践》，世界知识出版社，1988，第 16 页。
⑤ 参见舒运国《失败的改革——20 世纪末撒哈拉以南非洲国家结构调整评述》，吉林人民出版社，2004；罗建国：《非洲民族资本的发展》，华东师范大学出版社；杨德贞、苏泽玉：《非洲市场经济体制》，兰州大学出版社，1995；谈世中：《反思与发展——非洲经济调整与可持续性》，社会科学文献出版社，1998。

独立后虽然政府和政权频繁更迭，但经济政策或者说战略仍然保持了延续性，这种延续性主要体现在注重政府在发展经济中的作用，除了 1985 年上台的巴班吉达政府以外，因为该政府的经济政策开始向私人企业和市场力量倾斜。[①]

2. 各国政策协调与合作情况

无论走何种道路的国家都有赶超型工业化战略、企业经营国有化、制订中短期经济计划的特征，[②] 且基本都实行进口替代工业化的内向型经济战略，这主要是因为各国经济政策的制定更多的是出于现实主义的考虑，基于眼前的国家政治经济困难而制订的发展计划没有将区域合作考虑在内。多拉尔（Dollar）对 20 世纪 70 年代中期至 80 年代中期西非 16 国的贸易政策进行了研究，发现有 10 个国家的贸易政策的内向性居于 95 个发展中国家的前列，其中包括西非的四个最大贸易国家（科特迪瓦、加纳、尼日利亚和塞内加尔）。[③] 这种内向型经济政策很难与区域一体化设计目标相协调，所创造的生产和贸易环境不利于区域市场的一体化。

这些西非国家的经济计划缺乏的是现代化过程中关键领域的合作，即工业领域的合作。工业领域的合作面临着严峻的挑战，因为工业政策不是限于工业政策这个领域，而是包括社会政策、区域政策、政治问题等在内的一个综合性政策领域。[④] 首先，各国对未来工业发展的前景通常有不同看法，从而对何种工业应该受保护并通过何种方式进行保护难以达成一致；其次，工业政策的

① Tom Forest, *Politics and Economic Development in Nigeria*, Westview Press, 1995, p. 7.

② 陆庭恩：《试论非洲国家独立后的经济发展》，载李保平、马锐敏主编《非洲变革与发展》，世界知识出版社，2002，第 16~31 页。

③ D. Dollar, "Outward-oriented Developing Economies Really Do Grow More Rapidly: Evidence from 95 LDCs, 1976 - 1985", in *Economic Development and Cultural Change*, University of Chicago Press, 1992.

④ Asante 非常强调工业领域合作的重要性，他认为工业领域的合作构成西非国家经济共同体成功的基本条件。S. K. B. Asante, *The Political Economy of Regional in Africa*, Praeger Publishers, 1986, pp. 82 - 92。

内部协调可能因工业的不同分布而产生利益的对立；最后，不同的工业发展战略通常源自意识形态和哲学理念的不同。第一类国家强调对经济的全面计划，对大企业、产业、商业和金融实行公有制，靠政府干预来发展国家工业能力，如贝宁、佛得角、几内亚、几内亚比绍就是如此，加纳同样也属于这类国家，只是计划覆盖面与渗透性弱些，公有制也不是那么普遍；第二类国家虽然也强调计划，但仅仅是从宏观经济的管理入手，只有战略性企业如电力公司和大生产性企业为部分国有或全部国有，也很少对价格进行控制，这类国家主要是西非货币联盟成员国（贝宁除外）和马里、毛里塔尼亚；第三类国家主要依赖市场机制和私人经济，但不排除对某些企业实行公有制，这些国家是说英语的冈比亚、利比里亚、尼日利亚和塞拉利昂。

在吸引外商直接投资方面，西共体成员国各行其是，各自采取了不同的促进投资自由化的政策法规。这造成了各国之间的竞争，降低了引进外资的效益，而且因各国市场有限，所吸引的外资总量很少，整个区域所吸引的外资数量不多。因而马朗（Marong）认为，西共体成员国只有彼此协调统一它们各自的投资法规，并争取推行国际投资的单一法规框架，才能有效吸引外资。[1]

在声称要进行区域合作时，西非国家所制定的国内政策却与区域合作的要求背道而驰，[2] 这不仅有损区域一体化的追求，而且阻碍非洲各国的现代化进程。任何有意义的经济合作都要求成员国对其经济关键部分加以调整，无法想象经济政策不做任何有助于区域内经济合作和一体化的改革，一体化会自我实现。虽然西共体条约所确立的目标是经济层面的，但是没有各国政府的政治合作，制定与区域一体化经济目标相适应的政策，区域经济目标的实现就是一句空话，目标本身绝不会自我实现。各国政府推动

---

[1]　Alhagi Marong, LLM, "Economic Integration and Foreign Direct Investment in West Africa", McGill University, UMI – ProQuest Digital Dissertation, 1998.

[2]　Adebaya Adedeji, "Prospects of Regional Economic Co-operation in the West Africa", *Journal of Modern African Studies*, Vol. 8, No. 2, Jul. 1970, pp. 213 – 231.

的区域一体化，不仅体现在制定宏观目标上，更重要的是在制定并认真实施政策推动一体化向前发展的运作中。"一开始国家是否愿意接受实际有效的因素流动表明了这个国家是否真正与他国合作的政治决心的有与无"[①]。任何促进增长的经济政策的制定、实施都离不了政治的决心、政治的保障。什么样的政治决心与保障能够保证经济目标的实现是政府要努力解决的问题。但是即使制定了有助于一体化深入的政策，国家在权威与行动上的弱点，能否确保政策的实施还是一个问题。

面对不利的外部环境，能否坚持既定的正确政策目标，成为另一种挑战。事实上，西非国家未能经受住这种挑战的考验。20世纪80年代以来西非多数国家接受了国际金融机构所主导的结构调整方案，国家的发展战略和政策自主性受制于国际金融机构。故在进行结构调整的80年代和90年代，西非国家的经济政策很少是顺应区域合作、促进区域一体化要求的。

3. 政策协调与合作所存在的问题及应对

西非国家独立以来对集体自力更生缺乏信心，无论是走哪种道路的西非国家专注的都是自己国家内部的问题，没有把彼此的合作、区域一体化合作当作国家发展不可分割的一部分，没有认真对待区域一体化合作为国家现代化发展所提供的机遇，从而也不会从政策上向区域合作倾斜。国家利益甚至当权者的个人利益决定着一体化进程的广度和深度。直到20世纪80年代，非洲大多数国家的发展没有积累起非洲国家现代化所必需的物质基础，导致发展缓慢的原因有多种，真正的原因在于"非洲国家政府及其顾问们对自己社会的发展动力一无所知，只是简单地把其他社会的发展经验搬过来运用在自己的社会。此外，他们也没有认真究问为什么及为谁而发展，他们追求的是一种延续继承理论基础上的既定政策路线，这种路线受到的抵制很少"[②]。但这条看似容易

---

① Omotunde E. G. Johnson, "Economic Integration in Africa: Enhancing Prospects for Succes", *Journal of Modern African Studies*, Vol. 29, No. 1, Mar. 1991, pp. 1–26.

② Michael Crowder, ed., *The Cambridge History of Africa* (from c. 1940 – c. 1975), Cambridge University Press, 1984, p. 250.

的道路，仅仅是满足了非洲少数人尤其是占据领导地位的精英们的愿望与需要，未能让广大的非洲民众受益，这或许是非洲国家自独立以来政变频繁的根本原因。[①]

当然，西非国家的这些发展战略或政策是否得到了认真执行也受到了学者们的质疑，非洲国家的"每个政党都要发表一份纲领，作为获取选票的工具。但是只有十分天真的人才会预期党会坚持它的纲领。当一个政府发布一个发展计划的时候，它体现的也是一种仪式。无论这个发展计划是认真制订的，还是敷衍塞责的结果，它的公开发表都是一个重大的时刻。发展计划并不是一份授权的文件，这一不幸的事实使政府可以乘机利用它来达到政治目的"[②]。贝宁在独立后的 12 年中先后制订了三个经济发展计划，但这些发展计划都成了"一纸空文"，原因是陷入了无休止的政治争斗之中的政府无暇顾及经济的发展问题。

正如福里斯特（Forest）指出的，尼日利亚经济政策中的延续性并不意味着尼日利亚有着明确的经过认真讨论的经济发展政策和发展方向，相反"在福利、公共所有权、收入和财富的再分配方面都缺乏强有力的意识形态或者政治诉求"[③]。石油景气时的尼日利亚政府经济政策的非理性，行为的铺张、浪费、短视就是这种缺乏方向感的体现。在福里斯特看来，这是因为尼日利亚不存在一个具有凝聚力的政治阶级。因而可以说"执政党没有对经济议题产生有意义的作用似乎是非洲大陆的一个普遍特征"。

新的秩序、体制的建立绝非一朝一夕的事。探索自己发展的新道路所需要的能力的培养也是一个渐进的过程，无论是确定自己的发展目标，还是制订切实可行的实施计划和战略步骤，非洲国家的能力都尚待发展。相比亚洲与拉丁美洲，非洲的制度能力

---

① 参见张宏明编著《贝宁》，社会科学文献出版社，2004，第 174～176 页。

② 〔英〕阿瑟·刘易斯：《发展计划》，何宝玉译，北京经济学院出版社，1988，第 145 页。

③ Tom Forest, *Politics and Economic Development in Nigeria*, Westview Press, 1995, p. 40.

相对弱些，这是非洲经济发展不快的一个重要因素。[1] 经济学家阿塔（Atta）指出，"加纳经济增长缓慢的原因不是经济的内在弱点，而是政策的失败"[2]。哈里森曾指出，发展中国家在经济发展上存在的多数问题是由政府政策的歧视所造成的，原因是在国内复制了西方殖民主义。[3] 正是这种内部化的殖民主义阻碍着区域一体化的发展，这是西方主导的结构调整战胜非洲主导的拉各斯计划的原因。以新自由主义为指导的结构调整维持并深化的是非洲国家在世界经济中的边缘化地位，削弱了本身就很脆弱的国家体制，从而打击了靠国家推动的西非区域一体化。

自 20 世纪 70 年代以来，多数西非国家先后陷入了危机之中，国际上试图改善南北关系的努力遭到挫折，西非国家与整个非洲大陆开始反思历史的经验和教训。此时依附论及萨米尔·阿明关于"脱钩"的激进主张在非洲颇受推崇，区域合作成为一项诱人的替代选择。[4] 非洲开始制定符合非洲具体情况的经济发展战略，拉各斯计划是这种反思的成果，因此该计划也被称为"非洲经济大宪章"。拉各斯计划确立了摆脱对外部世界的依赖、走集体自力更生和自主发展的道路的经济发展战略，因而鼓励支持非洲各区

---

[1]　Louis A. Picard & Michael Garrity，"Improving Management Performance in Africa：Collaborative Intervention Models"，in Louis A. Picard and Michael Garrity，eds.，*Policy Reform for Sustainable Development in Africa：The Institutional Imperative*，Lynne Rienner Publishers，Inc.，1994，pp. 132 - 165.

[2]　J. Ofori-Atta，"The Stagnation Crisis in Ghana：A Call for Pragmatism"，*Universitas*，Vol. 4，No. 2，May 1975，Cambridge University Press，1984，p. 29.

[3]　〔英〕保罗·哈里森：《第三世界——苦难、曲折、希望》，钟菲译，新华出版社，1984，第 227 页。

[4]　〔埃及〕萨米尔·阿明（Samir Amin，1931 ~ ），著名经济学家，研究发展中国家社会经济发展理论的著名学者。1957 ~ 1960 年担任埃及经济发展组织的高级经济学家，1960 ~ 1963 年担任马里政府计划技术顾问，1963 年起先后担任过设在达喀尔的联合国非洲经济开发与计划研究所所长和联合国未来非洲战略局负责人。他认为，要根除在国际贸易的不平等交换背景之下，发展中国家经济发展中所出现的"三重畸形"，即"出口畸形""生产奢侈品部类畸形""积累过程的外向性"，发展中国家必须与发达资本主义国家进行"脱钩"，使国家的发展战略脱离世界资本主义的所谓"全球化"战略，"脱钩"的方式就是进行社会主义革命，社会主义是发展中国家经济独立的必然发展趋势。

域的一体化努力。这是包括西非国家在内的整个非洲在经济发展问题上所形成的共识。然而，共识本身不能保证有利于区域一体化的国家政策的制定与实施。面对恶化的国际经济形势和国际金融机构还债的压力，西非国家放弃了拉各斯计划，接受并实施了代表世界银行、国际货币基金组织和主要西方国家利益的伯格报告（《撒哈拉以南非洲加速发展的行动纲领》）所确立的经济结构调整方案。"舍己求外"的根本原因在于各国的民族主义需要超越了区域主义的认同。在结构调整计划中，各国的经济发展政策更多是为了促进出口贸易，换取外汇以偿付国家的外债，而不是促进国家的经济结构的转变、减少经济的依附性，这种自由主义原则主导的结构调整方案最终是使西方金融垄断资本获利，西非的经济依附性和在全球经济中的边缘化趋势却在加深。

西非各国政府无论在政策制定还是在政策实施方面都没有同区域一体化相联系。除了政权本身原因之外，各国领导阶层本身的素质及能力也起了很大的作用，无论在政策制定阶段还是确保政策的实施方面，各国领导人都起着重要甚至决定性的作用，但是他们仍然有着"与新殖民主义联合"，从而延续"殖民统治"的嫌疑。① 他们缺乏远见，从而难以真正把区域一体化作为自身国家发展的途径加以追求。西非国家政府在不同国际环境下所采取的外交政策，更多地取决于当政者的个人看法，而非基于国家长远的外交目标追求。② 在这方面，经济学家刘易斯的话——"如果没有高瞻远瞩的政府的积极推动，没有一个国家能够在经济上取得进展"——就是最好的说明。③

让人高兴的是，经过这些年的挫折与学习，西非国家领导人逐渐意识到了这个问题，开始采取切实的措施促进彼此国家战略

① 〔埃及〕萨米尔·阿明：《世界一体化的挑战》，任友谅等译，社会科学文献出版社，2003，第 221 页。

② Peter A. Dumbuya, "ECOWAS Military Intervention in Sierra Leone: Anglophone - Francophone Bipolarity or Multipolarity?", *Journal of Third World Studies*, Vol. XXV, No. 2, Fall 2008, pp. 83 – 102.

③ 〔英〕阿瑟·刘易斯：《经济增长理论》，周师铭等译，商务印书馆，2002，第463 页。

的协调与合作，促进政府执政能力的提高。即使发展战略或计划成效不大，但西非国家积累了经验，这为国家主导的区域合作提供了便利条件。如 2005 年底，几内亚政府开始实施为期 3 年的过渡期新关税，以最终实现与西非经济货币联盟相一致的关税，促进经济一体化进程，加强区域交流。① 西非国家经济共同体将成立一个政策研究及战略制定部门，这个新部门除了将战略决策转化为多领域、多国家的务实计划，解决区域需求外，还将促进政策研究和分析，在"非洲发展新伙伴计划"的框架下制定区域战略，并为有效实施所制订的计划创造一种机制。作为克服能力缺陷战略的一部分，西非国家经济共同体将开发本区域内外研究中心、智囊机构的资源，提高及促进其政策研究、分析水平和领域的拓展等。②

三　西非国家间外交关系与西非一体化

西非国家之间的外交关系直接影响着区域合作和一体化的进程，是西非区域合作和一体化进程的晴雨表。西非国家之间的外交关系不仅受到其各自国内政治经济形势的制约，而且受到英语法语国家间的分歧、领导者个人成见等因素的制约。这些制约因素限制了西非国家间密切的外交关系的发展，进而影响了区域合作和一体化进程。

1. 西非国家外交的出发点

从现实主义角度看，国家被认为是普遍追求权力的，争夺权力的斗争是国际关系的实质，出现在国际舞台上的主要角色多是大国，正是大国之间的争斗决定了国际局势的发展，而小国、弱国只能被动地适应这种发展。尽管是被动地适应，但在所属区域

---

① http://xyf. mofcom. gov. cn/aarticle/ghlt/cksm/200508/20050800324860. html.

② http://www. nigeria. mofcom. gov. cn. 据尼日利亚《卫报》（*The Guardian*）2005年 5 月的报道，西非国家经济共同体执行秘书查姆巴斯（Chambas）在一次涉及西非研究中心任务、智囊机构和西非国家经济共同体官员的大会上谈到了共同体的这一计划。

层次上，小国或弱国之间的关系、小国或弱国与强国的关系是国际关系的一个重要组成部分。外交就是为了争取政治上的主动，以政治上的主动保障国家利益的实现。在评判国家外交政策的有效性时，依据的只能是政策的实施是否有利于国家根本发展利益的实现。

决策就是从带有不确定因素的备选方案中做出选择的行为。与国内政治相比，对外政策制订过程更难明确有哪些备选方案，这主要是因为对外决策背景更不容易为决策者所认识和了解。一项外交政策的行动就是政府通过改变或保持国家的行为来实现目标的一种交流方式。

西非国家独立后都面临着国家政治统一和经济发展两大任务。西非国家的外交就是要服务于这两项任务。外交对西非国家而言不仅是内政的延续，还是国家合法性的一个来源，外交的开展有利于获得国际社会对国家的广泛承认、对政权的支持。在既有的国际国内环境下，积极的外交也可以为国家争取最优的国际空间，增加国家的政策选择余地；相反，消极的外交却会将国家已有的国际空间缩小，导致国家的政策选择余地减小。为此多数西非国家都与原宗主国保持着密切的关系，只有几内亚和加纳等少数几个国家例外，从而限制了彼此之间关系的发展。如法语西非国家首脑更热衷于参加法非首脑会议，而不是西共体召开的会议。

即使反帝反殖立场坚定的几内亚在主观上也依然要维持同法国的友好关系，尽管客观上无法做到。这间接影响了几内亚同科特迪瓦和塞内加尔的关系，直到1978年几内亚同这两国的关系才实现了正常化。

独立后，科特迪瓦奉行"和平、中立、对话和不结盟"的外交政策，重点发展同法国、美国等西方国家的关系，外交政策偏向保守，如反对恩克鲁玛的泛非主义主张，与尼日利亚等国一起组成蒙罗维亚集团。博瓦尼在任期间，科特迪瓦在区域和国际事务中都十分活跃，在西非地区事务中起着举足轻重的作用。博瓦尼是蒙博托对内镇压工人的支持者，是南非种族隔离政权的坚定盟友，并允许萨文比（Jonas Savimbi）在科特迪瓦建立活动基地。他所领导的科特迪瓦民主党（PDCI）是法语西非政党网络非洲民主联盟（RDA）的一支。在法国支持下，该联盟反对泛非主义，并破坏非洲人民试图超越东西冲突及法语非洲和英语非洲界限的努力，支持法国在阿尔及利亚和越南的军事镇压行动，是法国在西非的宠儿。

　　法国将非洲作为维护其国际影响力的关键，而对西非的控制是确保法国这一战略的保障。博瓦尼因在关键时刻与法国结盟，帮助了法国在非洲的驻军，获得了丰厚的回报，其个人积聚的财富达100多亿美元。来自西欧及北美的投资开始涌入科特迪瓦，其首都阿比让成为法航的枢纽，也成为法国对付前殖民地的总策划地。这个迅速发展的城市的规划有着明显的种族隔离色彩，欧洲人、黎巴嫩贸易商、非洲工人分别聚居在城市的三个区域。城市带有明显的法国文化标记，公共建筑物和大桥都以法国领导人名字命名。博瓦尼从利比里亚、塞拉利昂和几内亚的内战中大发不义之财。在去世前的最后几年，他将成百万的稀有外汇花在修建家乡亚穆苏克罗（Yamoussoukro）的和平圣母大教堂（the Basilica of Our Lady of Peace）上，它是在梵蒂冈之外的最大的天主教堂。教堂的修建表明了科特迪瓦统治精英的文化与政治认同。

　　1960～1990年科特迪瓦保持了30多年的稳定状态，曾被视为非洲发展的楷模。这主要是因为在经济增长持续向好的环境下，博瓦尼靠娴熟的政治手腕，尤其以胡萝卜和大棒并用的手段拉拢政治对手，消除了潜在的挑战者；在处理国内族群问题上，他用国家权力机构的族群配额制平息了族群的不满。但随着20世纪80年代国际经济形势的恶化，科特迪瓦经济形势日益严峻，再加上90年代席卷非洲的多党民主化，科特迪瓦的政治稳定局面被打破，博瓦尼1993年去世后的科国内政治争斗开始诉诸族群问题，政变、未遂政变、南北冲突不断，直至2010年选举僵局导致了双头政治局面的出现。

　　一国的横向政治不平等和政治排外程度越高，族群被动员和发生暴力冲突的可能性就越高。[1] 政权稳定不仅取决于精英在游戏规则上的共识，还取决于国家体制内政治和经济特权职位的分配。精英关注政治权力的分配，大众关注的是社会和经济地位及其改善。

加纳布西亚政府执政时，改变了恩克鲁玛时期外交政策的激进倾向而倾向保守，重视同西方的合作，试图改善与非洲大陆温和国家，尤其是西非区域内法语邻国的关系。当时的加纳政府组成成员的部族、地方色彩浓厚，缺乏和解、宽容。在国内经济恶化、政治出现动荡、急需西方资金援助的情况下，政府发布了一系列本土化法令并做出了驱逐外国人的决定（the Aliens Compliance Order），这是加纳政府迫于当时的国家形势而做出的调整。但是，这种只从狭隘的国家利益出发，没有顾及对邻国造成的影响的做法，破坏了与相邻国家的关系，对西非区域一体化产生了消极影响，从长远来说，也影响了加纳的国家利益。

近年来，加纳意识到区域安全的维护和区域市场的形成有利于政权的稳定。[2] 在维护区域的整体和平上，尤其在西共体停火监督组织的成立并介入利比里亚、塞拉利昂的内战方面，加纳一直配合尼日利亚的行动，20 世纪 90 年代中期积极促成利比里亚各派的谈判，到 1997 年为止共接纳利比里亚难民 1.7 万人。加纳成为西共体停火监督组织的一个支柱，开始积极参与解决发生在西非和中非的争端与冲突，成为监控塞拉利昂局势的四成员（科特迪瓦、几内亚、尼日利亚和加纳）之一。

独立前，塞内加尔一直被法国当作对西非进行殖民统治和扩张的基地，法国对它的投资一直是法语西非国家中最多的。独立后，塞内加尔失去了法国殖民统治时的特殊地位，对法国的军事

---

① Langer, Arnim, "Horizontal Inequalities and Violent Group Mobilization in Côte d'Ivoire", *Oxford Development Studies*, Vol. 33, No. 1, Mar. 2005, pp. 25 – 45.

② Agyeman-Duah 和 Daddieh 认为加纳 "临时国防委员会及其继任政府，为了防止国家局面的再度恶化，将可能运用加纳的外交政策资产来加强区域市场和区域一体化"。Agyeman-Duah, Baffour and Daddieh, Cyrilk., "Ghana", in Timothy M. Shaw and Julius Emeka Okolo, eds., *The Political Economy of Foreign Policy in ECOWAS*, The Macmillan Press Ltd., 1994, pp. 32 – 46.

战略重要性下降，法国逐渐减少并最终停止了对塞的主要出口农产品的扶持政策。虽然塞内加尔的经济在法属西非联邦各殖民地中是最发达的，但是其原料和市场都依赖其他殖民地，其畸形殖民地经济的脆弱性暴露出来，经济发展速度和发展水平都赶不上科特迪瓦。塞内加尔的政治经济状况使得塞内加尔追求与邻国合作、争取区域一体化发展。正是"国家资源（主要是经济资源）影响了决策者对于其国家实力地位的看法和外交政策的制定"①。同样，塞内加尔支持尼日利亚为首的西共体停火监督组织时所表现的犹豫不决，对出兵计划进行的反复修改，表明了塞内加尔在顾及西非区域内各种利益之间错综复杂的关系时表现出的谨小慎微。莫蒂默（Mortimer）分析了塞内加尔的这种瞻前顾后的原因，他指出，"美法在全球层次上、科特迪瓦和尼日利亚在区域层次上、索耶（Sawyer）与泰勒在利比里亚层次上、（塞内加尔国内的）卡萨芒斯问题和国内选举政治、（以尼日利亚为首的）常任调解委员会和亚穆苏克罗进程在外交决策领域"等多层面的斗争，导致了塞内加尔迟迟不出兵，出了兵又提前撤出的外交行为。②

2. 西非国家的双边外交与区域一体化

西非国家都是主权国家，是国际行为主体，既是西非区域一体化的推动者，又是区域一体化的实践者。区域国家外交关系面临着来自各国内部政权更迭、内战的挑战，同样面临着来自国家外部因素的挑战。在独立以来的近半个世纪中，西非国家虽然国内政治动荡，但是彼此之间没有发生大的长期战争；虽然存在英语、法语西非的分歧，但没有发生两大集团的战争。尽管两国或多国之间没有发生战争是多种因素导致的结果，但是西非国家在处理外交关系上的理性应该得到肯定。如独立初期，西非国家相

---

① Michael Onipe Anda, National Attribtes, *Elite Perceptions and Interstate Interactions: An Analysis of Foreign Policy Behavior in West Africa*, Ph. D. diss., Milwaukee: The University of Wisconsin, ProQuest UMI Dissertation Services, 1990.

② Robert A. Mortimer, "Senegal's Role in Ecomog: The Francophone Dimension in the Liberian Crisis", *Journal of Modern African Studies*, Vol. 34, No. 2, Jun. 1996, pp. 293 – 306.

比非洲其他国家，更尊重国际法院的裁决，西非国家还注重本区域内领导人乃至其他非洲国家领导人对冲突的调解。① 从而在冷战结束之前，西非国家彼此之间没有发生大的冲突。西非地区国家之间的争端，更容易通过一个非洲或世界性国际组织的斡旋得到解决，② 如加纳与科特迪瓦之间、尼日利亚与贝宁之间的边界争议。避免战争冲突、尊重国际协议和调解是西非外交关系史上的有益经验，有利于分歧的解决和区域合作的展开。

意识形态在西非独立之初对西非国家的外交关系的影响是两面的，既有积极的影响，也有消极的影响。积极的影响体现在加纳与几内亚能够打破英语、法语国家的分歧，携手合作。消极的影响是西非国家分裂为两大不同的集团，一个是多数法语西非国家和英语西非国家属于持温和、亲西方立场的布拉柴维尔集团；另一个是两个法语西非国家几内亚和马里以及一个英语西非国家加纳属于持激进立场的卡萨布兰卡集团。这是双方对待泛非主义的具体实现形式和对待原殖民宗主国的立场不同而引起的。意识形态因素的影响随着国际金融机构的结构调整方案在西非多数国家的实施和冷战的结束而变弱。

此外，领导者个性的不同以及对西非区域领导权的争夺引发的相互猜忌乃至指责，如多哥与贝宁之间、多哥与加纳之间、几内亚与塞内加尔之间、加纳与尼日利亚之间、塞内加尔与科特迪瓦之间都发生过类似的龃龉，这些都在一定程度上影响了西非国家合作的意愿和诚意。

西非国家自独立以来并没有制定基于长远的政治、经济和军事利益考虑并规范彼此关系的战略，在对待区域邻国的外交政策上个人化倾向严重，制度化和职业化受到削弱，尤其是领袖魅力色彩突出的国家更是如此，这使西非区域一体化进程缺乏有效的

---

① Jon Kraus, "The Political Economy of African Foreign Politics", in Timothy M. Shaw and Julius Emeka Okolo, eds., *The Political Economy of Foreign Policy in ECOWAS*, The Macmillan Press Ltd., 1994, pp. 245 – 283.

② 〔埃及〕布特罗斯·加利:《非洲边界争端》，仓友衡译，商务印书馆，1979，第 13 页。

政治保障和支持，一体化进展有限。阿赫内（Ajene）的博士学位论文通过对尼日利亚、加纳和塞拉利昂三国领导人在冷战中的外交决策和行为的分析，指出西非国家的外交行为更多地受到西非国家领导人对问题的看法的影响，而不是国际环境因素的影响。[①]如 20 世纪 60 年代，加纳与多哥、与布基纳法索关系改善的迹象都是在恩克鲁玛下台之后才出现的。加纳 60 年代反帝反殖和推动非洲统一的激进外交政策也随着恩克鲁玛的下台而被改变。这种个人化外交政策因不同领导人的政治远见与素养而不同，并随着领导人的更迭而变化，故外交政策促进国家长远发展的作用有限，更多的是服务于领导人的私利。

科特迪瓦领导人博瓦尼的个人化统治和外交色彩都非常突出。博瓦尼温和保守的政治观点和亲西方的外交政策以及其个人抱负，使他"决意要获得西非地区的重要地位，拒绝接受在法语西非国家中的从属角色"[②]。他的外交政策主张与多数非洲国家相悖，如 1968 年他试图说服其他四个协商委员会成员国（尼日尔、布基纳法索、达荷美和多哥）同科特迪瓦一样承认从尼日利亚分离的"比夫拉共和国"。为了与塞内加尔争夺对法语西非的主导权，1959 年他倡议成立了协商委员会以破坏塞内加尔和马里组成的马里联邦，1966 年主导成立西非国家关税与经济联盟以取代对塞内加尔有利的西非关税同盟。博瓦尼也借助这些法语西非国家区域组织反对在意识形态上与他有分歧的加纳、几内亚，如 1965 年联合协商委员会其他成员国在外交上对加纳进行孤立，还支持几内亚的反对派，企图颠覆几内亚政府。即使对协商委员会其他成员国，他也不能平等相待，并且还驱逐了这些国家在科特迪瓦的人员。1967 年他拒绝签署西非经济共同体成立协议，因为他只能领

---

① Oga Godwin Ajene, Ph. D. diss., *Leadership Perception of Issues and Foreign Policy Difference: A Study of Foreign Policy Decisions and Orientations in Nigeria, Ghana and Sierra Leone*, Madison: The University of Wisconsin, UMI – ProQuest Digital Dissertation, 1984.

② Jeanne Maddox Toungara, "The Apotheosis of Cote d'Ivoire Nana Houphët-Boigny", *Journal of Modern African Studies*, Vol. 28, No. 1, 1990, pp. 23 – 54.

导 14 个成员国中的 5 个。同样因为个人原因而在利比里亚内战中支持查尔斯·泰勒。科特迪瓦对泰勒的支持削弱了尼日利亚主导的西共体停火监督组织的努力。博瓦尼在世时，作为西非的一个大国，科特迪瓦对西非区域一体化的发展没有起到积极作用，且充当了法国新殖民主义代理人的角色。[1]

当然，有时自身国家发展和区域一体化的需求，会同领导者的个人利益追求互相促进。在西非国家经济共同体成立后，作为该区域组织的重要成员国领导人，博瓦尼懂得区域平台更有助于强化他对国家的领导，扩大他在区域内的影响，故他能配合与支持尼日利亚，维护共同体的团结。当时尼日利亚领导人巴班吉达在声望上比不上他，故对这个西非地区在位时间最长的开国领袖尊重有加。

博瓦尼时期的科特迪瓦，对西非区域一体化的追求，限于其能否作为区域一体化的领导者。无论是法语西非国家间的合作，还是跨英法语的西非国家的合作，莫不是为了加强科特迪瓦的领导作用，并借助这些区域组织增加科特迪瓦在非统组织中的分量。博瓦尼反对建立一个尼日利亚主导下的西共体，而想要建立一个自身能够起到主导作用的区域共同体。西非经济共同体的再分配机制的建立得益于西非区域内政治经济的变动，主要是尼日利亚内战结束后政治趋于稳定，加上石油价格上升使得西非这个潜在的区域领导者即将变成现实的领导者，这使得塞内加尔和科特迪瓦"埋葬了 20 年的竞争，联手建立能够抗衡尼日利亚的法语区域集团"，尤其是科特迪瓦，最终同意建立补偿机制。在此前，科特迪瓦一直反对法语西非国家间加强区域经济合作，仅想把西非法语国家间的合作局限在政治层面，如 1964 年科特迪瓦就有效地阻止了塞内加尔试图把非洲和马尔加什政治联盟（UAM）转变为一个经济联盟的努力。[2]

---

[1] Kunle Amuwo, "France and the Economic Integration Project in Francophone Africa", *African Journal of Political Science*, Vol. 4, No. 1, 1999, pp. 1 – 20.

[2] Daniel C. Bach, "Institutional Crisis and the Search for New Models", in Réal Lavergne, ed., *Regional Integration and Cooperation in West Africa*, Africa World Press Inc., International Development Research Centre (IDRC), 1997, p. 86.

西非国家外交政策的个人化倾向仅仅是问题的一个方面。西非国家外交政策还受制于该国的资源条件、历史传统、国家在世界体系中的地位和国际政治格局。在西共体 16 国中，尼日利亚、加纳、科特迪瓦、塞内加尔、几内亚 5 国相比其他 11 国具有较好的条件，有着相对较好的外交政策选择。如加纳的较独立的外交立场归功于第一个撒哈拉以南非洲独立国家所拥有的声誉和恩克鲁玛有关非洲合众国的泛非主义理想及其领袖魅力。几内亚的外交声誉也因几内亚是西非法语国家中敢于对法国说不的唯一国家而得到提升。这些国家对待西非区域合作和一体化的态度以及所采取的政策和它们之间的关系对西非一体化有着重要的影响。

加纳首先打破英法语国家的界限，在舆论与意识形态上大力传播西非区域合作思想，并致力于区域合作的外交实践，如加纳－几内亚、加纳－上沃尔特联盟的成立，这是加纳外交政策中激进的一方面。但另一方面它又忽视发展与西非邻国的友好合作关系，先后与多哥和布基纳法索发生争端，关闭边界事件时有发生。因意识形态分歧，加纳不注重发展与尼日利亚和科特迪瓦的关系，甚至与尼日利亚展开了争夺西非区域领导权的竞争。[①] 恩克鲁玛致力于非洲团结事业，并怀抱创建非洲合众国的理想，但他为此采取的过激措施与手段扩大了非洲独立国家的分歧，反而影响了西非国家之间的团结。

塞内加尔始终把追求非洲团结及区域一体化作为外交的四大支柱之一，塞内加尔的决策精英们认真对待区域合作，这体现在其宪法前言中对选举出来的官员的要求上，"必须不遗余力地实现非洲的团结"[②]。这已被塞内加尔的外交实践验证。从政治联盟到

---

① Naomi Chazan, "Ghana", in Timothy M. Shaw and Olajide Aluko, eds., *The Political Economy of African Foreign Policy*, Gower Publishing Company Ltd., 1984, pp. 94 – 121.

② Peter J. Schraeder and Nefertiti Gaye, "Senegal's Foreign Policy: Challenge of Democratization and Marginalization", *African Affairs*, Vol. 96. No. 385, Oct. 1997, pp. 485 – 508.

功能性经济区域组织，塞内加尔一直在反复尝试，前者如 1960 年的马里联邦，1982～1989 年的塞内加尔－冈比亚联邦；后者包括塞内加尔河谷发展组织、冈比亚河谷发展组织及西非经济共同体和西非国家经济共同体。但是这种对区域合作或非洲团结的追求在桑戈尔时代和后桑戈尔时代有所不同：在桑戈尔时代，塞内加尔政府更多地受到法国的影响，在西非区域一体化问题上与法国保持了一致，也与科特迪瓦保持着一致，这就是把尼日利亚看作一个扩张的英语非洲国家，认为其威胁到了西非法语国家的利益。但在后桑戈尔时期，即迪乌夫（Diouf）执政时期，迪乌夫开始向注重非洲团结的方向倾斜。冷战结束后，塞内加尔政府正确地估计了国际形势，在面临政治民主化和经济边缘化的双重挑战时，开始寻求以非洲方式解决非洲问题，如正确地评估了伊斯兰教对塞内加尔的影响，参加了三次伊斯兰会议，塞内加尔改变了原来视尼日利亚为威胁的看法，[①] 转而积极支持尼日利亚在西非的主导作用；同时在与几内亚比绍的边境冲突中采取理性态度，以务实手段解决同邻国几内亚比绍的边境地区争议，避免了与邻国的冲突，在一定程度上解决了国内分离主义者的问题。冷战后塞内加尔外交政策的务实倾向，是非洲国家民主化和边缘化两种发展趋势所驱使的，边缘化更"促进了非洲国家寻求非洲方式解决非洲问题"[②]。总体而言，塞内加尔是西非区域一体化过程中的一个积极因素、一个推动者。

---

① 塞内加尔曾经在西共体成立之初主张把扎伊尔包括进来，其目的就是要限制尼日利亚的作用，参见 Olatunde Ojo， "Nigeria and the Formation of ECOWAS"， *International Organization*， Vol 34， No. 3， Autumn 1980， pp. 571 – 604；Daniel C. Bach， "The Politics of West African Economic Cooperation: CEAO and ECOWAS"， *Journal of Modern African Studies*， Vol. 21， No. 4， 1983， pp. 605 – 23。

② Peter J. Schraeder and Nefertiti Gaye， "Senegal's Foreign Policy: Challenges of Democratization and Marginalization"， *African Affairs*， Vol. 96， No. 385， Oct. 1997， pp. 485 – 508. Julius Emeka Okolo 也指出，西共体成员国政治领导层并不缺乏强烈的政治意愿，甚至得到了国家精英阶层的支持。"Integrative and Cooperative Regionalism: The Economic Community of West African States"， *International Organization*， Vol. 39， No. 1， Winter 1985， pp. 121 – 153。

3. 法语西非和英语西非不同的外交特点对一体化的影响

法语西非国家和英语西非国家所表现的不同外交特点对西非区域合作和一体化产生了非常复杂的影响。西非法语国家的外交政策可以从三个层面加以解释：一是维持与加强法语国家共同体，注重与原宗主国法国的文化联系，这构成独立以来西非法语国家外交政策的基石，法语国家共同体会议和法非首脑峰会是法语西非国家重视的外交场合，它们对其的重视甚于它们对非统组织会议的重视；二是注重法语西非国家的区域合作和发展，创设了许多区域组织，由协商委员会到西非经济共同体直至西非经济与货币联盟，它们还在 1977 年签署了互不侵犯与防御协议，但是这个协议的基础是法国通过一系列双边条约继续提供安全后续支持；三是注重用外交手段解决区域冲突。[①]

在笔者看来，这三个层面实际上是法语西非国家在外交实践上所体现的三种倾向。这三种倾向都包含了促进区域合作和一体化深入的因素，也包含了阻碍区域合作和一体化发展的因素。前两个倾向的积极因素在于促进了法语西非国家区域合作的开展，在实践中积极探索了主权国家的合作方式和实现渠道。这种与原宗主国有着渊源关系的区域合作在关税一体化和共同货币的使用上取得了些许进展，同时也在抑制成员国彼此冲突上起到了一定的作用。法语西非国家区域合作的消极因素是为法国干涉西非区域内政治提供了便利条件，不利于法语西非国家与英语西非国家的合作。第三个倾向防止并控制国家间的武力冲突，有利于区域的和平。

法语西非国家与法国的这种密切关系，延续了殖民统治时期造成的英法语分歧，即使在西共体成立后，这种分歧依旧存在，如 1990 年 8 月西共体停火监督组织成立时法语非洲国家与英语非洲国家所出现的分歧：西共体成员国英语国家支持利比里亚、塞

---

① 笔者认为 Schraeder 对法语西非国家外交政策的分析比较好地反映了法语西非国家外交的特点。Peter J. Schraeder, "Francophone West Africa", in Gilbert M. Khadiagala & Terrence Lyons, eds., *African Foreign Policies – Power and Process*, Lynne Rienner Publishers, 2001, pp. 41 – 65。

拉利昂的政府；而法语国家，主要以科特迪瓦和布基纳法索为首，支持两国政府的反叛军队。法语西非国家与法国的密切关系还抑制了尼日利亚在西非区域合作和一体化进程中的作用。法国在尼日利亚内战中明确支持比夫拉地方分离主义者，尼日利亚的两个法语西非邻国科特迪瓦和布基纳法索公开承认了比夫拉地区分离政府。

英语西非5个国家的合作相对松散，且彼此边界不相连，各自独立时间也不一样，但是在外交政策上显示了"不平常的延续性和革新"①。它们在两个方面表现出与法语西非国家的不同。第一，在反对殖民主义立场上，英语西非国家更为坚决和彻底，英国没有像法国那样通过一系列协定来保持自己在军事、政治、经济、文化方面的特权，甚至与尼日利亚签署的军事防御条约也很快被尼日利亚政府废除。在20世纪90年代解决利比里亚内战造成的区域安全与稳定问题上，以尼日利亚为首的英语西非国家坚持非洲人的事务非洲人解决的立场。第二，因为泛非主义的影响，英语西非国家的外交政策相比法语西非国家具有更多多边主义的倾向。② 英国、美国在该地区的同时存在、尼日利亚的潜在资源和加纳独立运动领导人恩克鲁玛秉持的泛非主义立场，赋予了西非英语国家坚持较独立外交立场的选择余地和思想基础。

因而相比法语西非国家，英语西非国家更强调非洲人的自主、独立，这有利于西非区域合作排除外来干扰。西非两个较发达的英语国家加纳和尼日利亚先后显示了想要充当西非整个区域的领导角色的意愿。加纳更多的是凭借所谓软实力，即第一个撒哈拉以南非洲摆脱殖民统治获得独立的国家的声望和恩克鲁玛所具有的个人魅力及其所提出的非洲合众国的理想。尼日利亚则是凭借

---

① Clement. A. Adibe, "Anglophone West Africa", in Gilbert M. Khadiagala & Terrence Lyons, eds., *African Foreign Policies – Power and Process*, Lynne Rienner Publishers, 2001, pp. 15 – 39.

② Clement. A. Adibe, "Anglophone West Africa", in Gilbert M. Khadiagala & Terrence Lyons, eds., *African Foreign Policies – Power and Process*, Lynne Rienner Publishers, 2001, pp. 15 – 39.

客观的资源因素（人口、国土面积和石油），加上内战结束后获得的信心来推进自身的外交抱负。

相比之下，较发达的两个法语国家科特迪瓦和塞内加尔更满足于在法语西非国家中的领导地位，在外交政策上抵制加纳和尼日利亚的野心，尤其是尼日利亚在西非的大国角色。[①] 然而自冷战结束以来，法语西非国家对法国的重要性开始下降，法国外交政策也开始变化。1994 年西非法郎的贬值，其他国家在西非的经济竞争加剧，以及 1996 年尼日利亚对法非首脑会议的参与，使法语西非国家和英语西非国家的分歧有所弥合。21 世纪初，尼日利亚试图弱化法语西非和英语西非的差异，将牵头组织成立西非区域航空公司，这将促进西非国家之间的联系。

西非国家之间的政治与外交互动关系既受到资源、人才的制约，也受到体制安排的制约。西非国家的外交代表的派出侧重于非洲大陆外的世界大国而不是所有区域内的邻国或其他非洲国家自身；非洲国家间外交的局限还在于派出的外交使团过多，尤其是派驻非洲大陆外的使团，对国家有限的资源构成了一种负担，也减少了用于非洲国家之间关系的投资；再者，缺乏训练有素的外交官，经常造成常驻外交官缺位，外交官们忙于具体事务的外交，并身兼数职有多个身份。[②] 如贝宁在独立初期，有选择地向世界各地派出了 5 个使团，其中的非洲使团在西非的主要活动范围是加纳、尼日利亚。[③]

西非各国政治状况和区域内国家之间的关系决定了西非区域一体化顺利与否。西非国家独立的历史还不足 50 年，这 50 年是西非国家的主权建构时期，是国家与社会的磨合时期。这是一个动

---

① Naomi Chazan，Cyril Kofie Daddieh，Olatunde J. B. Ojo 三人分别从政治经济学的角度论述了加纳、象牙海岸、尼日利亚独立之后的 20 多年里的外交政策，各自从不同角度谈到了这三个西非国家在争夺西非区域领导权方面的斗争。参见 Timothy M. Shaw and Olajide Aluko，eds.，*The Political Economy of African Foreign Policy*，Gower Publishirg Company Ltd.，1984，pp. 190－220。

② Michael O. Anda，*International Relations in Contemporary Africa*，University Press of America，2000，p. 124.

③ 参见张宏明编著《贝宁》，社会科学文献出版社，2004，第 332 页。

荡的时期，但这个时期也是国家认同感逐渐得到加强的时期，虽然多数政权更迭频繁，国家民族主义意识却逐渐培养起来了。不管国家政局如何动荡，西非各国外交政策的以本国利益为主的现实主义色彩浓厚。① 这种民族主义维护的各自的国家利益，基于纯粹的利益动机，并没有深厚的本土理论基础，但从根本上影响着西非各国的政策选择和外交行动。无论是西非大国尼日利亚的政策选择，还是西非小国多哥追随尼日利亚的选择，都是出于这种利益的民族主义主张。西非民族主义思想的主流变成了捍卫国家主权的国家民族主义思想。西共体成员国往往从宏观和战略方面谈及一体化时，都能就加快一体化达成共识，但涉及具体的、眼前的利益时，往往是本国利益优先，如科特迪瓦在20世纪90年代西非区域维和中的消极作用，和在2010年科特迪瓦的选举僵局问题上，加纳的立场同尼日利亚主导的西共体有所不同。

对政治主权的珍视在一定程度上妨碍了国家对主权的灵活运用。在主权问题上的过分敏感，使得主权共享、国家之间的政策协调的阻力很大。这种对于主权的担忧，也使西非小国对西非的地区大国尼日利亚保持警惕，影响了尼日利亚作用的发挥。

西非区域一体化正是在这样的历史背景下展开的，这种历史背景决定了国家主导的区域一体化过程。在这个过程中，国家民族主义与区域主义二者的互动决定着西非区域一体化的发展路径和前途，两者之间的关系又取决于西非各国的政治经济状况，以及各国的互动。

如果西非区域一体化是西非各国实现发展的路径，那么这种路径所需要的前提条件首先就是良好的区域政治环境，取决于西非各国政治环境的稳定。历史经验表明，任何国家、地区经济的发展都是一系列复杂因素相互作用的结果，这些因素可能包括国家的政治制度、政府政策、国家与国内社会的互动关系、国家与

---

① Olayiwola Abegunrin, *Nigerian Foreign Policy Under Military Rule*, 1966 – 1999, Praeger, 2003. 当然，有时国家利益被领导者的个人利益所取代，但领导者所追求的个人利益总是受制于本国的现状。

国际社会的互动关系。在这些复杂因素的互动过程中，能够驾驭互动关系，使互动关系向着良性方面发展的国家或政府，总能创造出经济发展的奇迹。但驾驭这种复杂的互动关系的能力需要在反复试错的长期积累中才能逐渐获得。

区域一体化已经在西非各国形成共识。虽然西非多数国家政局持续动荡、政权更迭频繁，西非国家经济共同体却顽强地生存了下来，除 1999 年毛里塔尼亚的离去外，即使是在共同体发生严重政治危机的时刻，多数成员国也不愿脱离出去。这说明一体化的追求有利于各国的利益，并能潜在地有助于其各自政权的存在。① 但是在把共识落实到国家的具体行动上，即从经济、外交政策层面向一体化倾斜方面，西非国家还做得很不够。在制定政策方面走的弯路多，缺乏自主性，缺乏自信。自主性不强、自信心不够始终贯穿非洲国家独立后的国家建设中。经济的依附性使得西非国家经济发展政策的选择余地有限，政权的频繁更迭使得政府把政策的重点放在了短期的眼前的获益上，难以保持持久的承诺，这是西非区域一体化进展的最大障碍。

西非一体化的成功与否还取决于尼日利亚能否真正扮演一个负责任的大国角色。任何小国都难以保持完全的自主、拥有绝对的主权，依附于某一大国常常是小国的政策选择，但小国接受大国领导的前提是大国有能力并有意愿提供保护。在西非，尼日利亚的大国地位还不稳固，如曾积极与尼日利亚合作推动西共体成立的多哥在 1986 年面临政变威胁时，求助的仍是前宗主国法国。尼日利亚的另一邻国尼日尔则更注重发展与原宗主国法国、世界大国美国及北非阿拉伯世界的联系。② 这些小国在西非区域一体化方面的患得患失态度，既出自各自不同的利益考虑，也与对尼日利亚不够信任有关。

---

① David J. Francis, *The Politics of Economic Regionalism – Sierra Leone in ECOWAS*, Ashgate Publishing Ltd. , 2001, p. 36.

② Robert B. Charlick, "Niger", in Timothy M. Shaw and Julius Emeka Okolo, eds. , *The Political Economy of Foreign Policy in ECOWAS*, The Macmillan Press Ltd. , 1994, pp. 103 – 124.

第四章
主权初步巩固后的西非一体化

一 现代民族国家构建的初步完成与
西非一体化——以尼日利亚为例

1. 尼日利亚概况

如果把尼日利亚看作西非的一个缩影，那么我们就可能对西共体的未来充满信心与希望，因为尼日利亚维持了独立时的联邦建制，没有被族群、地区、宗教的差异性所分裂，克服了1967～1970年内战危机，在动荡的国际政治经济形势中度过了国家分裂的危机，维护了国家的统一。尼日利亚外交与经济发展战略对西非一体化的发展至关重要，尤其是对区域内的最大组织西共体而言。

尼日利亚的国土面积为92万多平方公里，相当于4个英国。它的人口达1.7亿（2012年），占西非总人口的近50%，是非洲人口最多的国家，黑人人口占非洲黑人人口的20%，也是非洲第二大穆斯林人口拥有国，世界第七大穆斯林人口国家。尼日利亚的人口由大约250个族群组成，其中北部的豪萨－富拉尼人、东南部的伊博人和西南部的约鲁巴人人数最多，他们有着不同的宗教信仰，主要是伊斯兰教和基督教。

尼日利亚国内生产总值占西非的41%，矿产资源丰富。它的石油储量在世界上也名列前茅。尼日利亚是非洲第一大产油国、世界第十大石油生产国及第八大原油出口国，已探明天然气储量居世界第五位。煤储量约 27.5 亿吨，是西非唯一的产煤国。还有非洲第二大证券交易所及发展良好的金融、法律、通信和交通业。进入 21 世纪，尼日利亚已被归类为世界新兴市场，2006 年成为偿还巴黎俱乐部债务的第一个非洲国家，按购买力平价计算，2007 年尼日利亚的 GDP 排在世界第 37 位。

尼日利亚是在 1914 年殖民宗主国英国的卢加德决定基础上成立的一个国家。独立后，国家共同体意识的培养和国家的政治统一成为尼日利亚政府面临的历史任务。克服地方民族主义的分裂冲动、族群因素对政治的影响，是尼日利亚巩固主权、构建现代民族国家的艰巨任务。① 自独立以来的大部分时间里，它都被军事集团控制着，正是在这些军事集团手里，联邦保持了完整。目前尼政局总体保持稳定，但种族和宗教冲突、恐怖袭击事件时有发生，北部宗教极端组织"博科圣地"多次在各地制造恐怖爆炸事件，尼日尔河三角洲产油区的反政府武装也不时制造恐怖袭击事件。虽然有过多次选举，直至 2003 年的大选才被认为是尼日利亚史上第一次真正的现代民主选举。

2. 尼日利亚的外交政策

这样的客观物质基础使尼日利亚具备了成为该地区乃至非洲大国的潜能，尼日利亚人也意识到了这种潜能。独立之初，尼日利亚人就展示了成为非洲大国的抱负，如时任尼日利亚外交与英联邦部长的瓦楚库吾在第 16 届联大会议上的演讲中所说的："所有非洲问题应被视为尼日利亚的事务。非洲的和平就是尼日利亚的和平。非洲的忧患就是尼日利亚的忧患。我们不能对非洲的将来漠不关心。"② 不管是独立之初还是内战结束以后，尼日利亚的领导人和学者在这点上达成了共识，即他们的国家注

---

① 参见李文刚《尼日利亚的民族问题与民主化研究》，北京大学国际关系学院博士学位论文，2007。也参见刘鸿武等《从部族社会到民族国家：尼日利亚国家发展史纲》，云南大学出版社，2000，第 192~205 页。

② 转引自〔尼日利亚〕维克托·恩瓦奥齐奇·威本杜《尼日利亚外交政策（1961~2002）》，周平等译，世界知识出版社，2005，第 68 页。Adebajo 指出尼日利亚的统治精英一向视本国为西非地区大国。Adebayo Adebajo，"Nigeria: Africa's new gendarme?"，*Security Dialogue*，No. 2，2000，pp. 185 – 199.

定要领导非洲，且在对外政策上奉行"非洲中心主义"，为此恪守"不结盟、国家主权平等、不干涉内政和多边主义"① 的外交原则，故尼成为非洲大陆提供维和部队人数最多的国家，同时跻身世界十大维和部队提供国。自独立以来，无论是文职政权还是军政权，都将发挥尼日利亚在西非的领导作用，进而在非洲大陆乃至世界起到重要作用作为目标，落脚点则在推动西非区域一体化的实践中。

肖从依附论及实力政治的角度分析指出，尼日利亚的外交目标是成为世界中等大国，但在世界政治经济中的半边缘地位使其受制于两种趋势：一是在西非甚至整个非洲大陆的主导角色；二是全球层面的依附角色。② 这两种趋势虽然不是简单的此消彼长的关系，如外部力量借助尼日利亚的主导角色影响西非区域政治经济的走向，但从另一个角度看，尼日利亚在西非区域中的主导地位的加强，将使其减少对外部世界的依赖。尼对西非区域一体化的倡导就是试图通过区域合作促进发展，并减少外部势力对尼日利亚以及西非的渗透与干预。

在 20 世纪 60 年代，尼日利亚领导人虽然有领导非洲的抱负，但独立时所继承的殖民传统、统治者亲西方的意识形态和国家经济的依附性，限制了尼日利亚的外交政策选择，阻碍着尼日利亚政府把这种抱负贯穿于外交政策及行为中。巴勒瓦（Balewa）政府对本国实力和地位的弱点有着清醒的认识，尽力避免与世界大国尤其是西方大国发生冲突，保持克制与谨慎的态度。这种务实主义首先体现为巴勒瓦政府保守的亲西方倾向的不结盟外交，对非洲大陆解放事业的有限支持，主张非洲团结的渐进主义。独立后，尼日利亚与英国签署了共同防御条约，

---

① G. O. Olusanya and R. A. Akindele, "The Fundamentals of Nigeria's Foreign Policy and External Economic Relations", in G. O. Olusanya and R. A. Akindele, eds., *Nigeria's External Relations: The First Twenty-five Year*, University Press Limited, 1986.

② T. M. Shaw, "The State of Nigerian Oil Crises, Power Bases and Foreign Policy", *Canadian Journal of African Studies*, Vol. 18, No. 2, 1984, pp. 393 – 405.

在罗得西亚问题上支持英国；在非洲团结的方式上，支持温和的蒙罗维亚集团，主张功能合作为主的非洲团结，反对恩克鲁玛的激进的非洲政治联盟形式。[①] 这种亲西方的保守外交与加纳的激进外交的冲突妨碍了西非的团结。整个 20 世纪 60 年代，尼日利亚在西非的大国作用没有体现出来，对西非区域的政治经济活动比较冷淡，与周边国家的双边/多边关系有限，尤其与法语国家比较疏远，还没有把区域合作当作国家战略思考的目标。

独立初期形成的这种以国家利益为中心的外交特点一直被随后的各届政府继承下来。[②] 此外，尼日利亚外交还表现出以非洲为中心的特点。[③] 这个特点随着形势的变化表现形式有所不同，且随

---

① 巴勒瓦曾说，"我必须说政治联邦不可行……期待国家放弃刚刚获得的主权是不现实的，期待政治联邦自身能够把这些国家团结起来，肯定是错误的"。但是他如果想把尼日利亚变成"非洲共同市场的工业中心"的话，尼日利亚应该促进区域经济一体化的发展。转引自 Akiba Okon, *Nigerian Foreign Policy Towards Africa*: *Continuity and Change*, Peter Lang Publishing, Inc., 1998, p. 34, p. 58。

② Akiba Okon 在其 *Nigerian Foreign Policy Towards Africa*: *Continuity and Change* 一书中，也论述了尼日利亚自独立以来，外交政策的延续和各届政权保持外交现状的倾向。还有学者认为尼日利亚无论是加入石油输出国组织（OPEC）还是西共体，都是一个相对富裕的国家为维护自身的利益而采取的策略，参见 Josoph Wagas, *Nigeria's Leadership Role in Africa*, The Macmillan Press Ltd., 1979。

③ 这是戚本杜大使的《尼日利亚外交政策（1961～2002）》一书中贯穿的主线，并得到尼日利亚前外长奥利塞莫卡（1998～1999 年在任）的认同，奥利塞莫卡还认为，外交政策的延续性应归功于第一共和国的政治家和外交们，尤其是巴勒瓦总理和瓦楚库吾外长（1961～1964 年），见该书序言部分。Ojo 指出了巴勒瓦政府在外交政策中的不结盟、追求泛非领导权及反对殖民主义和种族主义的有限而务实的政治目标。参见 Ojo, "Nigeria", in Timothy M. Shaw and Olajide Aluko, eds., *The Political Economy of African Foreign Policy*, Gower Publishng Company Ltd., 1984, pp. 190 - 220。同时参见 Shaw, 他指出尼日利亚自独立以来直到 80 年代其外交目标有三个：(1) 在非统体系内解决冲突；(2) 南非的政治解放；(3) 西非一体化。Timothy M. Shaw, "The State of Nigeria: Oil Crises, Power Bases and Foreign Policy", *Canadian Journal of African Studies*, Vol. 18, No. 2, 1984, pp. 393 - 405。

着不同掌权者的不同看法而有所变化。① 20 世纪 60 年代，尼日利亚以非洲为中心的外交主要是顺应整个非洲大陆的反殖民主义和反种族主义倾向。内战的爆发使得尼日利亚这种外交政策发生转变，开始注重同邻国的关系和整个西非的政治经济外交关系。内战中尼日利亚遭遇的外交困境与西方大国的背信弃义（英美两国态度骑墙，法国支持分离的比夫拉地区；两个法属西非邻国承认分离地区）震动了尼日利亚联邦政府，从而使尼日利亚联邦政府看清了西方大国的真实面目，开始真正把西非区域看作国家外交政策的中心。内战使得尼日利亚政府明白了自身的安全与区域环境密切相关，也使尼日利亚得到了教训，即不可把国家安全寄托于西方大国身上。

内战成为尼日利亚外交政策的分水岭，自此尼日利亚领导人开始真正把西非当作一个与自己利益密切相关的地区，把实现西非区域内的经济合作不仅看作减少西非国家对外依附的手段，而且看作促进西非区域所有国家繁荣的手段。② 尼日利亚提倡西非区域一体化主要基于对两个相互关联问题的关注：一是促进本国以及西非整个区域发展的区域合作；二是增强自力更生的能力，减少对区域外的依附，尤其是对欧洲的依附，为此给予了加纳、几内亚、利比里亚援助，并计划建立区域安全合作组织。③ 然而尼在把这种认识贯彻到国家的外交行动中时遇到了巨大的挑战，频繁的政变削弱了尼日利亚作为区域一体化领导者的作用，而尼日利亚在国家建设过程中，政治统治阶级的不成熟，利益集团之间的

---

① Cycil I. Obi, "Nigeria's Foreign Policy and Transnational Challenges in West Africa", *Journal of Contemporary African Studies*, Vol. 26, No. 2, Apr. 2008, pp. 183 – 196.

② Olatunde J. B., "Nigeria", in Timothy M. Shaw and Olajide Aluko, eds., *The Political Economy of African Foreign Policy*, Gower Publishing Company Ltd., 1984, pp. 190 – 220；也参见 Emeka Nwokedi, "Sub-Regional Security and Nigerian Foreign Policy", *African Affairs*, Vol. 84, No. 335, Apr. 1985, pp. 195 – 209。

③ Timothy M. Shaw, "Oil Crises, Power Bases and Foreign Policy", *Canadian Journal of African Studies*, Vol. 18, No. 2, 1984, pp. 393 – 405.

分歧，加上宗教、族群、地区对待区域一体化的不同态度，使得尼日利亚推动区域一体化的政治决心大打折扣；[①] 石油经济的不稳定也影响了国家实行区域一体化政策的连续性。

潜在资源带来的自信、内战的教训加上 20 世纪 70 年代的石油景气促成了尼日利亚领导角色由可能性向现实性的转变，1975 年成立的西共体就是这种转变的成果。

内战结束以后，尼日利亚首先促成了非洲国家在与欧共体签署洛美条约时的一致立场，接着与多哥结成了经济联盟，开始了促进西非区域一体化的实践。

西共体的成立与尼日利亚对待西非邻国的务实外交分不开。[②] 尼日利亚首先从友好的邻国多哥入手，争取到多哥的支持后，夹在两国之间的贝宁为避免孤立也不得不加入进来，经济上严重依赖尼日利亚的另一个邻国尼日尔也随即加入进来。尼日利亚以经济实惠作诱饵对这些小国展开外交行动，凭借当时石油经济景气带来的收入，给予这些小国免息贷款、赠款和减价的石油，以及对这些国家的工程项目进行股本投资等，消除了法语西非小国对一体化所带来的负面影响的担忧，从而最终也说服了塞内加尔和科特迪瓦。[③]

由于尼日利亚自身实力的局限，尼日利亚倾向于采取多边区域安全机制，而不是双边机制。它对法国在西非的存在，也采取了循序渐进的方式，这不仅弱化了法国的戒备心，也让法语西非

---

① Julius Emeka Okolo and Stephen Wright, "Nigeria", in Timothy M. Shaw and Julius Emeka Okolo, eds., *The Political Economy of Foreign Policy in ECOWAS*, The Macmillan Press Ltd., 1994, pp. 125 – 146. 他们指出，尼日利亚政治阶层既无法使议会制运转，也无法使总统制运转，接二连三的军事政变凸显了国家的不稳定。他们认为尼日利亚的利益集团有代表劳工的尼日利亚工会大会 (Nigerian Labor Congress, NLC)，代表商业利益并赞成区域一体化的尼日利亚商业、工业、采矿和农业商会 (Nigerian Chamber of Commerce, Industry, Mines and Agriculture, NCCIMA)，代表激进的代表学生利益的尼日利亚学生全国联盟 (National Association of Nigerian Students)，以及伊斯兰组织、基督教组织、妇女和人权组织。

② Olatunde Ojo, "Nigeria and the Formation of ECOWAS", *International Organization* 34, No. 4, Autumn 1980, pp. 571 – 604.

③ 参见 Olajide Aluko, "Oil at Concessionary Prices for Africa: A Case-Study in Nigerian Decision-Making", *African Affairs*, Oct. 1976, p. 430。

国家感到放心。甚至在西共体成立后，尼日利亚依然默许法国与西非法语国家的秘密军事协定的存在。[1] 尼日利亚政府认识到西共体的未来不仅取决于尼日利亚的作用和区域外大国的影响，而且取决于正确的外交策略。[2]

1975～1979 年穆尔塔拉/奥巴桑乔（Murtala/Obasanjo）政权的外交政策明显地体现为石油外交，石油收入成为影响外交政策和行动的重要因素。在 1973 年前，除了人口因素以外，与其他西非国家相比，尼日利亚没有太大优势，石油景气到来后，尼日利亚经济高速增长，尼日利亚外交活动显著增多，设立了"尼日利亚信托基金"，与其他金融借贷机构合作，向最贫穷的或遭受自然灾害最严重的非洲国家提供援助。倡议并成立了西非国家经济共同体，并负担西共体组织 1/3 的预算、1/3 的合作和补偿基金。尼日利亚领导层已经在展望尼日利亚的第二个国家发展计划成功后的工业产品的销路问题。[3]

1979～1983 年的沙加里（Shagari）政权一再重申非洲是尼日利亚外交政策的中心，但是石油收入的锐减，国内经济状况的恶化，使尼日利亚很快失去了前期石油收入所带来的外交影响力。尼政府自信心锐减，放弃了前几届政府注重维护西非区域合作促进西非一体化的外交政策。就西共体而言，沙加里政府甚至不顾国内舆论，试图同法国结盟。1983 年尼日利亚政府对所谓非法移民的驱逐，没有与其他国家进行协商，仅仅出于当时本国的利益权衡与考量，而忽视了这种短视的外交行为可能对其在区域合作

---

① Emeka Nwokedi, "Sub-Regional Security and Nigerian Foreign Policy", *African Affairs*, Vol. 84, No. 335, Apr. 1985, pp. 195 - 209.

② Timothy M. Shaw, "The State of Nigeria: Oil Crises, Power Bases and Foreign Policy", *Canadian Journal of African Studies*, Vol. 18, No. 2, 1984, pp. 393 - 405.

③ 参见 Akiba Okon, *Nigerian Foreign Policy Towards Africa: Continuity and Change*, Peter Lang Publishing, Inc., 1998。尼日利亚经济发展和重建联邦部的官方文件称，"拉各斯应该通过加强与法语邻国的关系，促进新的双语经济集团的形成来削弱非洲与马尔加什共同组织（OCAM）的团结，这个双语经济集团将取代 OCAM，为尼日利亚的工业产品开拓新的市场"。

中的领导作用的损害，以及所带来的消极示范影响。1984 年上台
的布哈里（Buhari）政权已经无力对西共体组织提供财政支持，政
府也失去了担当西非地区领导角色的愿望。甚至在西共体成员国
首脑会晤时，布哈里已经不再提以往的那些许诺。[①]

尼日利亚外交机制的相对不成熟和邻国的过度弱小使得区域
大国尼日利亚更倾向于运用强制手段达到其外交政策目标。[②] 1985
年政变上台的巴班吉达军政权不顾西共体其他成员国的反对再一
次关闭了边界。西非区域一体化遭遇严重挫折。尼日利亚的反复
出现的这种霸道自私的外交行为对区域的团结、成员国对一体化
的信心、区域意识的培养造成了严重破坏，对区域合作的共识基
础和一体化精神构成了严重挑战。正如阿德德吉指出的，"假如西
非人在本区域内被当作外国人对待，那么区域经济合作的基础就
根本不存在"[③]。

1985 ~ 1999 年先后有巴班吉达、肖内坎、阿巴查三个军政权
上台，其间正是经济自由化、政治民主化在非洲风起云涌之时，
尼日利亚接受世界银行和国际货币基金组织附带条件的贷款和援
助，实行国家经济结构调整计划，其国家发展战略和政策自主性
受到了侵蚀，使西方及其金融机构如伦敦和巴黎俱乐部以及世界
银行和国际货币基金组织几乎拥有了对尼日利亚外交政策的否决
权。[④] 正如法弗沃雷斯（Fafoworais）所说，"世界银行和国际货币

[①] Toyin Falola and Julius O. Ihonvbere, eds., *Nigeria and the International Capitalist System*, GSIS Monograph Series in World Affairs, Lynne Rienner Publishers, 1988.

[②] Clement Emenike Adibe, "ECOWAS in Comparative Perspective", in Timothy M. Shaw and Julius Emeka Okolo, eds., *The Political Economy of Foreign Policy in ECOWAS*, The Macmillan Press Ltd., 1994, pp. 187 – 217.

[③] Adebaya Adedeji, "Prospects of Regional Economic Co-Operation in the West Africa", *The Journal of Modern African Studies*, Vol. 8, No. 2, Jul. 1970, pp. 213 – 231. Gravil 也指出了这种不成熟的后果，"1983 年初的尼日利亚，因国内问题而恼怒，忘记了作为大众象征（非洲大象）的真实意义，不仅伤害了邻国，而且在全世界玷污了她自己的声誉"。

[④] Chidozie Ogene, "Domestic Economic Interest Groups and Foreign Policy", in Gabriel O. Olusanya, Bassey E. Ate and Adebayo Olukoshi, eds., *Economic Development and Foreign Policy in Nigeria*, Niia Press, 1988, pp. 65 – 79.

基金组织对尼日利亚经济的直接干预对尼日利亚的外交行为产生了严重影响，我们所欠的西方国家集团的大量外债严重限制了尼日利亚的外交行为"①。外交自主性的丧失限制了尼日利亚领导作用的发挥，从而削弱了区域一体化的吸引力。在经济结构调整没有取得预期效果的情况下，1994年政府放弃了市场改革的计划。福里斯特在谈及尼日利亚的经济结构调整改革时指出，这种改革"是由处于外部压力下的军政府引进的"，并非国内压力作用的结果，相反，工会、小生产者、商人、运输业者及左翼知识分子都反对改革。这个时期尼日利亚的政治经济都处于动荡之中，直至1999年奥巴桑乔经选举上台，尼才进入了一个相对稳定的时期。

然而，即使在这样不利的政治经济情况下，尼日利亚仍然显示了一个区域大国的影响力，促成了西共体组织从经济领域合作向政治安全领域合作的转化。对1990年爆发的威胁到西非区域安全的利比里亚内战，尼日利亚仍然以领导者的负责态度，倡导建立了西非维和部队，并承担了80%的兵力和约90%的资金。这支部队对解决20世纪90年代的利比里亚、塞拉利昂、几内亚比绍的冲突发挥了重要作用。在这些西非维和行动中，尼日利亚的作用是举足轻重的，它还积极促成了西共体停火监督组织的成立，并同时参与了联合国在西非的维和行动。

3. 尼日利亚对西非一体化的关键作用

尼日利亚作为一个西非大国，如何发挥其潜在的优势，将在很大程度上影响西非区域一体化的进程。尼日利亚潜在大国影响力的发挥，主要取决于下面的因素。

首先，国内政局是否稳定。政局稳定是尼日利亚能够动员国家各项潜在能力的前提条件。西共体成立以来的30多年时间里，尼日利亚换了9届政府，其中1993年的肖内坎文官临时政

---

① 转引自 Ayo Olukotun, "Economic Development and Foreign Policy in Nigeria", *Canadian Journal of African Studies*, Vol. 24, No. 3, 1990, pp. 477 – 479。

府在任不到 3 个月。政府的频繁更换，国家政局的不稳，大大削弱了尼日利亚在西非的影响力。1990 年西共体停火监督组织成立的时间恰好处于尼日利亚政局相对稳定的时期，这个时期是巴班吉达军政府执政的 12 年。进入 21 世纪后，尼日利亚政权更迭趋于平稳，政局相对稳定，但族群冲突事件仍时有发生，尤其是尼日尔河三角洲频频发生的危机所造成的国际不利影响，[①]妨碍了尼日利亚履行对区域合作的承诺，不利于尼日利亚领导作用的发挥。

其次，尼日利亚是否采取正确的促进区域合作和一体化的政策。戈翁政府采取了正确的外交策略，促成了西共体的成立。巴班吉达执政时，也清醒地认识到利比里亚内战对西非区域政治的破坏性作用，故倡导成立了西非停火监督组织。尼日利亚的这些正确外交措施促进了西非一体化的发展。但是，尼日利亚政府也实施了一些有损西非一体化发展的行动，如 20 世纪 80 年代驱赶移民、关闭边界。

再次，国内政策是否能与区域一体化目标有机统一起来。这就要求尼日利亚在促进自身国家利益时，应该把促进区域合作和一体化当作其国家利益的一个重要部分，而不是把西非一体化仅仅当作一种实现本国利益的工具。[②] 一个负责任的地区大国，至少不要威胁其他西非国家的利益。无论是工具色彩的区域主义主张，还是想使本国利益最大化的区域主义主张都将减弱其他西非国家对尼日利亚的信任，增加它们的怀疑和担忧，进而削弱尼日利亚

---

① 参见 Laz Etemike, "International Dimension of The Niger Delta Crisis: An Insight into Nigeria's Foreign Policy Challenges", *Journal of Alternative Perspectives in the Social Sciences*, Vol. 4, No 3, 2012, pp. 577 – 593; Zainab Sandah, "Nigeria: Northern Nigeria – The Conflict Within", Jan. 17, 2013, http://allafrica.com/stories/201301171033.html? viewall =; International Crisis Group, "Nigeria: Curbing Violence in Nigeria (I) – The Jos Crisis", http://allafrica.com/stories/201212180866.html? viewall =, Dec. 17, 2012。

② Cyril I. Obi, "Nigeria's foreign policy and transnational security challenges in West Africa", *Journal of Contemporary African Studies*, Vol. 26, No. 2, Apr. 2008, pp. 183 – 196.

在区域一体化方面的领导力和影响力。①

在这方面，尼日利亚既有做得好的一面，也有做得不好的一面，如尼日利亚、贝宁、多哥、加纳四国的西非天然气管道项目的实施就是一个正面的例子。该项目的实施有着促进西非一体化的战略考虑，既有助于上述四国以清洁能源替代原油、重油等高污染能源，也有助于尼日利亚充分利用其丰富的天然气资源扩大出口创汇。

在西非贸易政策的协调上，尼日利亚的作用是消极的。西共体共同对外关税因尼日利亚的反对而拖延，经济一体化因此受阻。尼日利亚认为实施新的关税制度将对尼制造业产生严重的负面影响，阻碍尼制造业发展，故拒绝按期实行新关税。2012 年，加纳副总统德拉马尼·马哈马曾间接指出，经济总量占西非 60% 的尼日利亚没有发挥好主导作用，认为这是西共体一体化进程落后于近些年的南部非洲发展共同体的原因。相比之下，南非在南部非洲一体化进程中发挥了重要作用。②

最后，尼日利亚如何在 21 世纪减少外部势力的影响，尤其是在新旧帝国主义对西非事务的干涉中发挥地区大国的影响，同样是西非区域合作和西非一体化深化的关键因素。直到 2014 年初，尼日利亚在这个方面的作用还远远不是一个领导者的角色，无论从 2010 年的科特迪瓦选举僵局来看，还是从马里北部局势恶化的情形看。昔日殖民大国法国重新加强的军事存在，美国对西非的逐渐渗透，借助反恐法、英、美等西方势力在非洲政策上的相互合作与团结，对尼日利亚的区域领导角色都构成了挑战。

---

① 甘巴理（Gambari）认为，尼日利亚是从促进自身国家利益的角度来提倡区域一体化的，因而它把西非一体化看作实现本国利益的工具。正如恩沃科迪（Nwokedi）指出的，尼日利亚致力于西非一体化的外交目标不是出于利他主义的动机，而是"寻求或试图寻求在它所参加的任何一个次区域经济集团中使得自己国家利益的最大化"。参见 Ibrahim A. Gambari, *Political and Comparative Dimensions of Regional Integration: The Case of ECOWAS*, Humanities Press International, Inc., 1991; Emeka Nwokedi, "Sub-Regional Security and Nigerian Foreign Policy", *African Affairs*, Vol. 84, No. 335, Apr. 1985, pp. 195 – 209.

② 白景山：《加纳敦促西共体议会加快西非一体化进程》，新华网，http://www.chinadaily.com.cn/micro – reading/dzh/2012 – 02 – 29/content_ 5278724. html.

　　不管怎样，尼日利亚在西共体内已经担当起经济领导角色，并在区域维和中行使了军事领导权。无论尼日利亚是"保护者还是威胁者，区域内其他行为体都不会忽视它，否则安全就会受到威胁"①。

二　政治民主化的初步实现与西非一体化——以加纳为例②

　　加纳对西非乃至非洲的贡献有两点：独立时恩克鲁玛倡导的非洲合众国理想，对泛非主义的继承与发展；现代民主法治政治的平稳确立，其中罗林斯的作用不容忽视。

　　政治民主化在一定程度上是人们享有越来越多自由和权利，能够越来越多地参与国家治理，制约与监督权力行使的过程。非洲国家在世界第三次民主化浪潮的冲击下，20世纪90年代进入了民主化的实践。经过10多年的实践，非洲国家已基本"搭起一个包括宪法、政党和选举制度在内的民主制度框架，初步完成了民主化第一阶段的制度建设"③。在此次堪称"非洲第二次解放"④的政治变革中，西非再一次走在了撒哈拉以南非洲的最前列，贝宁成为第一个在多党民主化浪潮中实现政权和平更迭的国家，创造了"贝宁模式"。⑤

　　加纳和贝宁自20世纪90年代开始的民主化历程是西非政治走向稳定的信号。加纳民主化的实质就是用法理权威逐渐取代传统权威及个人感召权威。但这种取代的过程是曲折的，要使取代的过程向前推进，国家政局必须基本稳定。国家政局的稳定除了经

---

①　Francis M. Deng, Sadikiel Kimaro, Terrence Lyons, Donald Rothchild and I. William Zartman, *Sovereignty as Responsibility – Conflict Management in Africa*, The Brookings Institution, 1996, p. 133.

②　这一节的主要内容曾发表，参见肖宏宇《加纳政治民主化实践及其启示》，《西亚非洲》2007年第11期，第37~41页。

③　贺文萍：《非洲国家民主化进程研究》，时事出版社，2005，第189页。

④　徐济明、谈世中主编《当代非洲政治变革》，经济科学出版社，1998。

⑤　张宏明编著《贝宁》，社会科学文献出版社，2004，第161~164页。

济因素之外，在很大程度上取决于传统、个人感召和现代法理三种权威的平衡关系。加纳的民主在不断地成熟，成为西非地区民主的典范。罗林斯有较强的个人感召魅力，同时很好地处理了现代政治结构与传统政治结构的关系，解决了执政初期政权合法性的问题，从而保证了加纳政局在民主化过渡时期的稳定。加纳民主化能够平稳过渡，也取决于罗林斯政权采取了适当的政治、经济策略，以及当时比较宽松的国际环境。他的对内政策表现出四个方面的特点：① 罗林斯政权能够主动顺应时代潮流，将过渡进程控制在手中；② 执政者政策得当，对反对派采取适度的容忍态度，避免了矛盾激化；③ 政府颁布了一些有利于保持稳定、防止动荡的立法；④ 罗林斯执政期间，经济上实行自由主义，重视农村地区的发展，加上持续获得西方社会提供的经济援助，经济状况明显改善。应该说，经济的逐步好转是加纳民主化平稳进行的基础，没有经济发展的基础，不管多么英明的政治决策都会流产。罗林斯对此有深刻的认识，他告诫人们："民主最大的敌人是虚弱和混乱的经济。"[1]

现代政治民主化实质上是国家治理趋于法治，政权更迭趋于竞争票决，政府决策对人民负责。正如前联合国秘书长加利所言："民主化是造就一个更加开放、更具参与性和更少威权的社会的过程。……从拉丁美洲到非洲、欧洲和亚洲的许多地方，许多威权政权已让位于民主力量、日趋对人民负责的政府和日趋开放的社会。"[2]

从 1951 年加纳历史上的第一次大选到 2000 年大选，加纳政治历史发展的戏剧性及曲折性值得人们深思。加纳作为撒哈拉以南非洲第一个独立国家，于 20 世纪五六十年代的反殖民主义浪潮中在非洲乃至世界上起到了示范作用。但加纳独立后不到 10 年，就发生了军事政变，其后的 15 年内加纳已成为一个政治、经济的试

---

① Gwendolyn Mikell, "Peasant Politicalization and Economic Recuperation in Ghana: Local and National Dilemmas", *Journal of African Studies*, Vol. 27, No. 3, 1989, pp. 455 – 478.

② 〔埃及〕布特罗斯 · 布特罗斯 - 加利：《联合国与民主化》，载刘军宁主编《民主与民主化》，商务印书馆，1999，第 305 页。

验场，军政权与文人政权交替登场，加纳政治的这种变化不定、忽左忽右的特性被一些学者比喻为"钟摆政治"。① 政变接二连三，但真正的社会革命并没有发生。到 1981 年罗林斯发动政变时，人们丝毫不敢预见发端于南欧的第三波民主化浪潮会影响到加纳，更不会预见 2000 年加纳会进行和平的总统大选，不到 60 岁的军事政变者罗林斯主动退出总统选举。

　　恩克鲁玛领导加纳取得独立后，并未能改变加纳建筑在现代权力结构与传统权力结构基础上的二元政治结构。恩克鲁玛尝试以"一个政党、一个领袖、一个国家"模式打破政治上的二元结构，未能成功。恩克鲁玛执政不到 10 年就因军事政变而下台。继任的第一届军政权采取的治国策略是弱化恩克鲁玛的影响，恢复多党制，在 3 年后将政权移交给经大选产生的科菲·布西亚文官政府。布西亚政府在政治上恢复了独立时的英国议会民主制，其内阁成员由所谓的精英人士即律师、商人和教师组成，轻视工人、农民阶层的利益，其明显缺陷是政府的组成部族、地方色彩浓厚，缺乏和解与宽容。随着世界经济形势在 20 世纪 70 年代初的恶化，加上当时政府失当的经济政策与措施，工人处境变糟，为寻求维护自身的利益，他们开始罢工。布西亚政府违宪颁布解散工会联合会的命令，使其原本就很薄弱的执政基础受到了进一步削弱。

　　1972 年 1 月，阿昌庞上校发动了军事政变，推翻了布西亚文人政权。阿昌庞宣称要实行"民众主义"，建立一个无政党的国家。但他政治上独揽大权、强化部族冲突、镇压反政府派别的做法，激化了其与知识分子之间的矛盾，与此同时，其政府在改善加纳经济发展状况方面进展甚微，人民生活、社会状况改善有限。1978 年 6 月布西亚文人政权又被以阿库福为代表的军内保守派推翻。阿库福军政权执政只短短一年，即被空军上尉罗林斯发动的"六四革命"所推翻。他一反前三次政变中军人恋权图位的特点，在政变仅 3 个月后就将政权移交给大选后成立的文官政府。但接管

---

① Deborah Pellow and Naomi Chazan, *Ghana Coping with Uncertainty*, Westview Press, 1986, p. 89.

了政权的利曼政府，不能公平处理社会族群的分歧，反而强化了北方部族特色，造成了死伤约 3000 人的部族武装冲突，停止了罗林斯政变后实行的严厉打击前三届军政权中贪官污吏的"大清扫"运动，进而解除了罗林斯的军职。1981 年 12 月 31 日，罗林斯再次发动政变，推翻了利曼政府。罗林斯在为自己的这次政变辩护的声明中说："人民需要的满足并不取决于一部宪法或文人掌权。"这次政变在加纳历史上意义重大。这次政变的后期政治影响说明它实际上是一次革命，是引导加纳走向宪政民主，为饱受贫困、动乱的加纳人民带来稳定、民主的一场革命。而加纳社会的发展状况是，加纳人民已经厌倦社会经济的停滞不前、政治生活的动荡不安。加纳人民逐渐知道本国需要一个怎样的政府。这是罗林斯上台时的政治环境。

如何对待政治遗产的问题，实质是为新政权寻找合法性基础的问题。罗林斯 1981 年政变执政后面临如何处理加纳的五份政治历史遗产、为军政权寻找合法依据的问题。这五份遗产包括独立前的三份——一是殖民前的政治历史遗产；二是殖民时期留下的遗产；三是反殖民主义的遗产；再加上恩克鲁玛执政时的遗产及恩克鲁玛后的文官政权与军政权交替执政留下的遗产。① 这五份遗产问题的关键是非洲传统和独立后的加纳追求现代化国家过程中的政治实践。在对待非洲传统上体现为三种态度，即非洲传统是反民主的，应被彻底抛弃；非洲传统能促进民主，应发扬光大；非洲传统包含民主的因素，但现代民主在非洲的建立需要有适宜的外部环境支持。②恩克鲁玛的政治影响已成为加纳现代历史上的一个重要组成部分。他的政治影响既有正面的，也有负面的。加纳政治中的非暴力倾向是恩克鲁玛留给加纳的宝贵政治遗产。恩克鲁玛在消除非洲地方主义（部族主义）影响方面的努力是其后

---

① 参见 Naomi Chazan, "Between Liberalism and Statism: Africna Political Cultures and Democracy", in Larry Diamond, ed., *Political Culture and Democracy in Developing Countries*, Lynne Rienner Publishers, Inc., 1994, pp. 59 - 98。

② 参见李宝源《非洲民主问题再认识》，《西亚非洲》1993 年第 1 期，第 53 ~ 56 页。

的领导人所不及的，① 也是其后的加纳领导人所努力为之的。然而，佩洛（Pellow）和沙赞（Chazan）认为，恩克鲁玛的政治负面影响大过正面影响，因为加纳独立后的政治实践遗产是可悲的倒退，体现为权威个人化、零和政治游戏规则、政策难以转化成实践、暴力镇压反对派。② 但这只是西方学者把加纳政治与西方发达国家的成熟民主政治相比较得出的结论，且是西方学者对有着共产主义倾向、大力倡导非洲团结打破西方帝国主义的分而治之阴谋的非洲领导人的诋毁。恩克鲁玛的下台虽然同他不当的国际国内政策有关，但是，国际反动势力对独立后的加纳政治的插手不容忽视。对恩克鲁玛的评价将随着非洲团结趋势的加强，随着时间的流逝越来越高。恩克鲁玛如果是尼日利亚人，或许西非区域一体化的发展更顺利些。历史上的伟大人物的诞生，要满足两个条件：生逢其时，生逢其地。恩克鲁玛的不幸在于加纳是一个微型国家。

对恩克鲁玛的不同评价恰好反映了恩克鲁玛之后的加纳或反对他或步他后尘的政治派别轮流上台执政的现实。1992 年，加纳政治人物基本分为两派：一是以罗林斯为代表的肯定恩克鲁玛派；二是以前总统利曼为代表的否定恩克鲁玛派。肯定恩克鲁玛派最终赢得了 1992 年的选举。1992 年 5 月开放党禁后，形成罗林斯派、丹夸－布西亚派和恩克鲁玛派三大政党派系。从罗林斯执政近 20 年的实践来看，他在对待历史遗产方面，尤其在对待非洲传统文化及恩克鲁玛执政时的政治经验方面是成功的，他所领导的政府较好地处理了争取外部经济援助与抵制外部政治压力的关系，从而使加纳政治民主化进程能够控制在加纳本国人手中。

纵观加纳政治民主化的发展过程可见，加纳的政治民主化大致经历了下列四个阶段。

---

① Yakubu Saaka, "Recurrent Themes in Ghanaian Politics—Kwame Nkrumah's Legacy", *Journal of Black Studies*, Vol. 24, No. 3, Mar. 1994, pp. 263 – 280.

② 参见 Deborah Pellow and Naomi Chazan, *Ghana Coping with Uncertainty*, Westview Press, 1986。

（一）巩固政权和排斥民主时期（1982～1983 年）

罗林斯执政后，宣布中止宪法、解散议会、禁止政党活动，但他提出了"权力归人民""百姓参与民主"的口号，并表示在时机成熟时还政于民。他成立了"临时国民国防委员会""人民保卫委员会""工人保卫委员会"，制定了《政府官员行为准则》，以防止政府官员腐败。面对来自政权内外的各种颠覆活动，罗林斯采用了军政权上台时通用的方法：攻击历届政府的腐败行径，镇压谋反者，限制新闻自由，甚至实行宵禁。在政权内部，严惩军队中滥施权力者，清洗激进派，甚至暂时关闭了三所大学。奥乌苏（Owusu）认为，这是"非常政治时期"，其政策带有激进、冒险和乌托邦式的特点。[①] 这期间罗林斯所采取措施的暴力倾向比较明显，对付反对派的手段以镇压为主，这违背了恩克鲁玛执政时遵循的非暴力原则，与民主原则背道而驰，当然也可以说，这是非常时期的非常措施，是巩固政权的政治手段。加纳不是唯一运用这种暴力手段的国家，几乎所有已经步入现代化的国家都经历过类似的非常时期。

（二）军政权寻求合法化基础和探索民主模式时期（1983～1989 年）

临时国民国防委员会把加纳政治过去出现的问题归咎于多党政治，计划创造出以"人民民主"为基础的新民主形式。无党派政治并非罗林斯的发明，早在阿昌庞军政权时期就已提出，但罗林斯没有停留在空洞的口号上，而是为实施无党派政治做出了实践探索。自 1984 年开始，罗林斯政治上转向务实，将激进的两个群众保卫委员会合并为全国保卫委员会。他提出，多党制并不等于民主，加纳可以在没有政党的情况下实现真正的民主，为此成

---

① Maxwell Owiisu, "Traditionand Transformation: Democracy and the Politics of Popular Power in Ghana", *Journal of Modern African Studies*, Vol. 34, No. 2, Jun. 1996, pp. 307 - 343.

立了全国民主委员会，并责成其研究和筹划政治体制改革。尽管罗林斯不赞同多党民主制，但他并非不要民主，而是试图探索出非多党制民主模式的民主，并探索与西方民主模式不同、有加纳特色的民主模式。1988～1989 年举行的县市议会选举，是罗林斯试图在地方一级建立起无党政治民主并以此发展国家政治民主的一种尝试，也是他试图在中央与地方关系上进行民主改革的尝试。依据 1987 年 7 月加纳颁布的《地方政权和地区选举法》，未来的中央政府应在完成民选的地方政府后建立。依据此文件，加纳将实行地方分权制，同时否定了政党制，该文件规定有政党背景的人不许参选。

这一系列政治民主化尝试显然是罗林斯政权认真思考加纳的历史传统，以及独立后加纳在政治体制实践中饱受惨痛经历后做出的选择。这种新体制还将传统权力机制——酋长制融合进来，改革的调和色彩、稳健特征是显而易见的，但传统的酋长制、部族意识都对加纳的政治施加了重要影响。无论在殖民地时期，还是在独立后的恩克鲁玛执政时期，酋长制、部族主义都是国家在民主化进程中需要克服的制约因素。无论是恩克鲁玛还是罗林斯都意识到了这个问题。恩克鲁玛尝试用强大的中央集权削弱酋长制和部族的影响。罗林斯则试图以无党制、地方更大的自治权消除酋长制和削弱部族的影响。

（三）政权基本巩固和民主化过渡时期（1989～1992 年）

面对 20 世纪 90 年代后以多党制为特征的民主化浪潮，以及西方为首的援助方敦促加纳推行政治民主化的压力，罗林斯重新调整了原定的无党民主化进程，显示了驾驭加纳政治发展动向的智慧与能力。1990 年 7 月 5 日至 11 月 9 日，军政府先后在全国 10 个省的省会就"县市议会和推进民主化进程"问题展开辩论，使加纳人民加深了对不同民主化的认识。这次讨论显示了加纳人民在实行多党制和宪政方面存在着共识，讨论的成果被收录到题为《发展真正的民主》的报告中。

1991 年，罗林斯政府宣布接受多党制原则，建立了"全国民主大会党",但他同时表示在新宪法生效之前不解除党禁。同年12月,加纳成立了负责划分选区、监督选举和投票的"过渡国民选举委员会"。1992年4月28日,加纳就新宪法举行了公民投票,约92.6%的选民投了赞成票。1992年3月,政府开放党禁,颁布政党法。政党法规定合法政党必须在全国10个省份都有分部,其中央机构内必须有全国110个县的创始成员参加。这不仅排除了以部族或宗教为基础的政党的出现,同时也限制了政党的数量,避免了在开放党禁后普遍出现的政党林立、争斗不休的弊病。1992年11月3日,罗林斯代表全国民主大会党提出"统一、稳定、发展"的竞选口号,并当选为总统。执政的全国民主大会党在议会选举的200个议席中获得了189个议席。1993年1月7日,加纳第四共和国成立,罗林斯宣誓就任总统,这实际上是通过选票箱使罗林斯所领导的政党获得了执政的合法性。[①]

在短短3年内,加纳军政权主动迎接民主化浪潮的挑战,结合加纳国情,有计划、有步骤地推进了加纳的民主进程,完成了向民选政府的过渡。在过渡时期,罗林斯政府显示了稳健、宽容的政治特点,成功地驾驭了民主化转型。因此,加纳民主化进程是加纳社会发展的结果,国际社会和西方国家的持续压力及世界民主化的影响只是在客观上加快了加纳民主化进程的步伐。同多哥、尼日利亚等其他非洲国家相比,加纳的民主化过渡较为平稳。但这并不是说,加纳的民主化过渡没有波折。在此过程中,罗林斯当权派曾与反对派进行过较量与斗争。

(四) 民主化巩固时期 (1992 年以来)

潘弗德(Panford)在评估 1991~1996 年的加纳民主化时认为,加纳国民在宽容和政治成熟度上显示出进步,媒体相对比较自主

---

① Jeff Haynes, "Ghana: From Personalist to Democratic Rule", in John A. Wiseman, ed., *Democracy and Politica l Change in Sub-Saharan Africa*, Routledge, 1995, pp. 92 – 115.

的地位已经确立，在保障公民权利如集会、言论自由方面迈出了可喜的步伐。①自 1992 年以来，加纳民主机制发展比较顺利，主要体现为竞争的政治精英之间增进了团结，领导层由不同派别的政治精英组成，具有广泛的代表性，这形成了加纳政治稳定和民主化趋势加深的一个因素。②反对党在加纳第四共和国成立后不久，也显示出遵守宪法的决心和对执政党的谅解。反对党组成的党际协调委员会发表声明，要求其支持者"容忍"新政府，并放弃了诉诸武力的方式，而是发挥院外反对党的作用，与政府对话，监督政府实施宪法。一些领导人还表示为了国家利益不计前仇，"与政府打交道"。罗林斯政府也积极回应，欢迎反对党通过议会专门委员会提出意见和建议。1994～1995 年，罗林斯政府还平息了加纳北部地区的族群冲突和因征收增值税而引起的大范围的抗议、游行与罢工，显示了加纳政权的巩固及政府治国的效能。1996 年底，加纳举行了第二次总统和议会选举，罗林斯蝉联总统。这次选举的成功在于执政党凭借执政优势和妥当的选举策略，成功地把政治的支持力量由城市转向乡村和外国经济援助；反对党对执政党和反对党力量对比的判断出现失误，且接受了过渡条件。整个选举过程处于全国民主委员会的有效控制之下。③反对党没有抵制这次选举，参选后成为议会反对党，执政党和在野党双方都表现出了克制与容忍。落选者马哈（Mahma）与库福尔（Kurfour）都在大选结果公布后承认失败，并向罗林斯表达诚挚的祝贺。他们也敦促其支持者接受选举结果。罗林斯则在当选后提醒加纳人民，大选结果表明并不是他的党赢得了胜利，而是加纳全国人民赢得

① Kwamina Panford, "Elections and Democratic Transition in Ghana: 1991 - 1996", in Jean-Germain Gros, ed., *Democratization in Late Twentieth Century Africa: Coping with Uncertainty*, Greenwood Press, 1998, pp. 113 - 127。

② 参见 Johanna Odonkor Svanikier, "Political Elite Circulation Implications for Leadership Diversity and Democratic Regime Stability in Ghana", *Comparative Sociology*, Vol. 6, Jss. 1/2, Feb. 2007, pp. 114 - 135。

③ 参见 Kwamina Panford, "Elections and Democratic Transition in Ghana: 1991 - 1996", in Jean-Germain Gros, ed., *Democratization in Late Twentieth Century Africa: Coping with Uncertainty*, Greenwood Press, 1998, pp. 113 - 127。

了胜利。故戴蒙德认为，与其他非洲国家相比，经历第二次相对来说比较公平、自由的选举后，加纳民主已迈过"门槛"阶段。[1]

在 2000 年的加纳总统大选中，年仅 53 岁的罗林斯退出竞选，他所在政党的总统候选人米尔斯（Mills）在总统选举中获得了 44.5% 的选票，负于赢得 48.2% 选票的反对党候选人库福尔。在国会选举中全国民主大会党也仅比库福尔领导的党少 7 个议席。这次的投票选民占选民总数的 61.7%。至此，加纳政治实现了历史上的第一次政权和平易手，在加纳政治发展史上意义重大。

在库福尔执政的四年中，加纳宏观经济基本稳定，"国内生产总值以年均 5% 以上的速度增长；通货膨胀率回落；出口和外汇储备增加，贷款利率下降；企业经营成本降低，利润提高；外国投资回升，财政收入扩大；旅游业迅速发展，目前，加纳已成为非洲十大旅游国之一"[2]。基于良好的经济发展业绩，库福尔连任总统直至 2009 年 1 月。2009 年 1 月，全国民主大会党候选人米尔斯当选总统。2012 年 7 月 24 日，米尔斯因病去世，时任副总统马哈马继任总统。同年 12 月，加纳举行新一届大选，马哈马获胜，并于 2013 年 1 月 7 日宣誓就职。

加纳的政党轮替表明其选举政治已经步入成熟期，保持了 20 多年的政局稳定。如果国际政治经济形势没有大的逆转，加纳政治发展的良好态势将继续。这 20 多年来，加纳认为全球化为发展中国家提供了发展的机遇，非洲国家将在民主、良政和法治的理念下实现非洲复兴；非盟将有助于促进非洲国家间的了解、交流与合作，推动非洲大陆一体化进程；区域一体化构成非洲一体化的重要组成部分，是非洲各地区联合自强的必然趋势，且全力参与西非经济共同体的建设，加强与西非国家的协调，积极促进西非货币的统一。

---

[1] 参见 Larry Diamond, *Developing Democracy Toward Consolidation*, The Johns Hopkins University Press, 1999, p. 55。

[2] 赵章云：《非洲经济发展的"样板"——加纳纪行（下）》，《人民日报》2005 年 8 月 12 日。

三　主权共享与超国家的西非区域 安全机制的建设

20 世纪 90 年代西非区域维和以及预防冲突框架机制建立，西共体循序解决了塞拉利昂、利比里亚的长期内乱与内战问题，也有效遏制了违反宪法程序的政权更替，逐渐使制度化和法治化的政权更替成为西非政治的主流。21 世纪的西非区域整体呈现稳定态势，尤其是尼日利亚、加纳、塞内加尔的相对稳定，有助于稳定西非局势，并促进了整体局势的好转。但是到目前为止，几内亚、几内亚比绍、马里、科特迪瓦的局势都还存在不稳定因素。

1. 预防冲突机制的建立

西共体成立之初的目标主要是促进成员国间的经济合作。这不同于源于抑制彼此间冲突和战争的欧洲经济共同体。西共体开始在政治安全领域方面合作有限，虽然互不侵犯和相互防卫两个协定分别于 1978 年和 1981 年签署，但协定的国家中心主义色彩浓厚。但成员国从合作实践中认识到，合作遇到的问题与阻碍往往不限于经济，没有区域安全的战略保障，没有对安全环境的共识，经济合作难以自动推进。而且，在世界第三波民主化浪潮的影响和西方大国势力重心的转移、本地族群与宗教问题等多重因素的综合作用下，马诺河流域的利比里亚、塞拉利昂和几内亚比绍相继陷入政变、内战；萨赫勒地区的马里和尼日尔出现图阿拉格人（Tuareg）的分裂活动，塞内加尔有卡萨曼斯省的叛乱，引发尼日利亚内战的尼日尔三角洲的地方分裂主义依然活跃。独立以来一向稳定的科特迪瓦自 2002 年以来也在内战的边缘徘徊。此外，世界各地所面临的非传统安全问题如贩毒、人口走私、洗钱在西非也非常突出。

西共体对此有所预见与准备，从而出台了 1991 年的人权、自由和民主的政治原则宣言，1993 年关于建立冲突预防、管理和解决机制的开罗宣言，从根本上改变了西非经济区域主义的性质、规模和层次。对区域和平与稳定的秩序开始发挥作用。西共体组织借助西共体停火监督组织（ECOWAS Ceasefire Monitoring Group），先后于1990年、1999年和2003年在利比里亚，1997～2000年在塞拉利昂，1999年在几内亚比绍，2003年在科特迪瓦实施了维和行动。西共体的维和使命涉及的领域也逐渐扩展开来：对本区域局势的观察与监控，人道主义干预，包括禁运在内的制裁，为预防冲突发生而提前部署部队，解除武装与裁军，遏制诈骗和有组织犯罪。西共体在区域危机管理方面积累了经验，发展了某种体制化的能力。西共体的维和在防止冲突恶化或者改变冲突的性质方面起了积极作用。

新旧世纪交替之际，西非国家在如何构建本地区和平与稳定上达成了共识，对区域一体化的认识和区域现代化的发展有了战略考量，并认识到二者的互动关系，开始对区域和平与安全进行全面综合的规划。西非地区和平与稳定的安全机制随后逐步建立起来。1999年签署了有关冲突预防、管理、解决、维和与安全机制（Mechanism for Conflict Prevention, Management, Resolution, Peacekeeping and Security）的协定，从而为预防、管理、解决区域内冲突和区域政治稳定提供了体制框架。其主要内容包括：①成立被称为"西非安理会"的"调解与安全理事会"，成员包括尼日利亚、马里、科特迪瓦等10国；②坚决打击轻武器的非法流通与扩散；③在贝宁、布基纳法索、冈比亚和利比里亚设立4个地区安全观察站；④成立调解争端的"贤人委员会"。

2001年4月，马里、尼日利亚和多哥总统组成的调解委员会成立。在该委员会的斡旋下，塞拉利昂削减解除武装工作取得进展。在健全冲突预防机制方面，拟议成立的西非7个冲突预报办公室中的4个率先在科托努、瓦加杜古、班珠尔和蒙罗维亚4个城市相继设立。2005年开始筹划组建西非多国维和干预部队，直至建立西非常备军。对中小型和轻型武器的管控逐步制度化，压缩了叛乱、恐怖主义活动和贩毒犯罪行为的空间。连同先期成立的早期预警机制和西共体停火监督组织，两个培训中心（设在阿克拉的科菲·安南国际维和培训中心和阿布贾的国防学院），西非和平与稳定维护机制基本成形。1991年的政治原则声明和2001年通过的关于"民主与良政"（Democracy and Good Governance）补充协定，为这种冲突预防和和平维护机制提供了合法性基础。[1]

如出现下列情形，这种冲突预防机制就会启动：成员国受到入侵或入侵威胁；成员国间发生冲突；成员国内冲突有可能引发人道主义灾难，或威胁到本地区的和平与安全；发生了严重违反人权和法治的事件；推翻或企图推翻民选政府；以及调解与安全理事会认定的其他可以干预的情形。

20世纪90年代西共体在区域维和与区域安全干预上的成功，表明了西非国家在外交能力和合作机制上的进步，也创造了区域组织成功干预其成员国的内乱、恢复和平的范例。西共体为非洲其他区域组织乃至非盟提供了如何进行成功干预的经验：干涉力量必须公正，领导者具有排除干扰提供必需的财政和后勤支持的政治意志。[2]

2. 灵活运用主权赋予西共体以超国家权威性

西非区域意识得到加强，首先体现为西共体对自身超国家性原则的确认。1993年西共体修正条约确认了西共体的超国家性，从而赋予了共同体机构以更大的权力，并设立了区域法庭。为使西共体的超国家性得以落实，西非秘书处变身为西非委员会，西非议会和西非法院都相继成立，强化一体化政策与措施的落实，提高西共体机构的运作效率与权威，使西共体逐渐向准国家机构过渡。

除了自上而下强化一体化趋势外，西非各国也致力于促进自下而上的一体化发展，循序渐进地强化西非社会与人民的区域意识。相比更早成立的欧共体（欧盟），西共体这方面的一体化合作

① Regulation MSC/REG, The ECOWAS Conflict Prevention Framework, www.ecowas.int/publications/en/macro/srrp.pdf, 2013年8月14日。

② Peter Arthur, "ECOWAS and Regional Peacekeeping Integration in West Africa: Lessons for the Future", *Africa Today*, 57（2）, Winter 2010, pp. 3 - 24.

进展是很快的。1978 年西共体各成员国实行"人员自由流动"政策，取消签证及居住证的申请，区域内公民除申请移民须按有关规定办理外，均可在 90 天内到其他成员国居住、过境而无须出示签证。2002 年，西共体统一护照样本已通过大多数国家的批准。从 2004 年 1 月开始，"西共体护照"开始在成员国内向公民全面颁发。各成员国公民持统一护照将不需事先获得签证便可前往西共体任何国家旅行、工作和定居，完全实现了成员国间人员的自由流动。这一举措使西非地区成为非洲大陆目前唯一的公民可自由流动的地区。

与此同时，西非社会和人民的区域意识开始觉醒，各种关注区域安全的民间和非政府组织纷纷成立，如塞拉利昂的致力良政运动（Campaign for Good Governance），利比里亚的民主赋权中心（Centre for Democratic Empowerment），天主教正义与和平委员会（Catholic Justice and Peace Commission），国际廉政基金（Foundation for International Integrity），加纳的非洲安全与发展基金会（Foundation for Security and Development in Africa），非洲安全对话与研究会（African Security Dialogue and Research），西非构建和平网络（West African Network for Peacebuilding），尼日利亚的非洲战略与和平研究团体（African Strategic and Peace Research Group），民主与发展中心（Centre for Democracy and Development）与可持续低能源、低排放和少噪声基金会（The Continuous Lower Energy, Emissions and Noise, CLEEN），几内亚、利比里亚和塞拉利昂的马诺河妇女和平网络（the Mano River Women's Peace Network），和由西非发展至整个非洲大陆的非洲安全部门网（the African Security Sector Network）。

在奥罗尼撒金（Olonisakin）看来，冷战结束之后的西非和平与安全框架的构建既表明西共体突破传统主权原则的限制，承担起区域安全与和平的责任的推动力，也显示了西非大众的区域意识觉醒和建立致力于西非和平与安全的社会组织的推动力，与此同时，西共体与西非市民社会组织形成了良性互动。他指出，这种良性互动如果维持下去，将推动区域安全的重心由国家安全的需要转向人民安全的需要。① 除了民众和社会的觉醒外，西共体和各成员国还要通过积极的政策引导，实现西非社会经济结构的转型，完成由"国家的共同体到人民的共同体"② 的转变。

区域意识得到加强的另一个体现是对民主原则的确认。1993年的西共体修正条约确认了民主原则，鼓励部门和基层共同参与区域合作和一体化建设。西非跨界银行（区域银行）显然是具有双重使命的商业行为体。进入21世纪以来，政府和区域组织逐渐将中央银行行使的重要管理权让予或外包给了这些区域银行。这些本区域的商业行为体更可能促进区域经济一体化，因为它们视本区域为其投资重心。这些商业行为体通过资本的牟利性来塑造区域中心性，展示国家和非国家行为体能够驯服全球化，或将全球化内化在区域一体化中。可以将当代非洲的区域一体化理解为非洲社会的不同行为体（国家、市民社会乃至个人）互动的结果。③

西非国家对国家建构过程的艰巨性不是没有认识。它们与其他非洲国家一道确认了非洲统一组织宪章中的不侵犯主权原则和互不干涉内政原则。通过对这两项原则的确认规范了彼此之间的关系，也向非洲以外国家显示了非洲的团结，从而非洲各国能够致力于国家内部的政治问题和国家建设。1977年的《互不侵犯和防御互助条约》（the Protocol on Non-Aggression and Assistance in Defense）、1978年的《互不侵犯条约》（the Protocol on Non-Aggression）和1981年的《防御互助条约》（the Protocol on Mutual Assistance in Defense），表明了西非区域内成员国对区域内和平与安全是经济发展和进步的必要前提条件的确认。这些条约及其条款为西共体以后的发展提供了法律准则。但是直到冷战结束，西非国家之间的军事安全合作交流相比政治经济的合作交流少许多，

① Funmi Olonisakin, "ECOWAS and Civil Society Movements in West Africa", *IDS Bulletin*, Vol. 40, No. 2, Mar. 2009, pp. 105 – 112.

② 尼日利亚外长（Dr. Aliyu Idi Hong）对媒体的发言，http://ecowas.int/presslist.php.

③ Okechukwu C. Iheduru, "Regional Integration and the Private Authority of Banks in West Africa", *International Studies Review*, 14, 2012, pp. 273 – 302.

其至少于社会文化层面的合作，原因在于冷战中的西非国家在军事安全事务方面严重依赖外部势力。[1]

冷战结束后，这种情况发生了变化。在动荡的局势下，西非国家对在政治安全领域的区域合作取得共识，1991 年西共体的政治原则声明在法律上确认了西共体对成员国内部的政治进行干预的权力，或者说西共体成员国开始在政治安全领域共享主权。1993年，西共体成员国对西共体条约进行修正，尤其是修改了有关政治和安全合作方面的条款，从根本上改变了西非经济区域主义的性质、规模和层次，进而在 1999 年签署了有关冲突预防、管理、解决、维和与安全机制的议定书，从而为预防、管理、解决区域内冲突和维护区域内的政治稳定提供了体制的框架，有效防止了类似于中非国家卢旺达的种族大屠杀事件。西共体成员国之间加强了在地区军事安全上的合作，西共体先后于 1990 年、1999 年和 2003 年在利比里亚，1997～2000 年在塞拉利昂，1999 年在几内亚比绍，2003 年在科特迪瓦实施维和行动，在区域危机管理方面积累了经验，并具备了某种体制化的能力。西共体的维和在阻止冲突恶化或者改变冲突的性质方面起到了积极作用，改变了西共体的不干涉内政原则，开辟了构建区域安全的新路径。2005 年西共体对多哥总统继任危机进行了成功干涉，通过中止多哥在该组织的成员国资格，对多哥实施制裁，迫使非宪法程序继任的福雷辞职，在多哥恢复了宪政。

西共体停火监督组织对西共体成员国国内政治的干预，是西非国家对西非区域政治环境与西非各国政治状况的关系在认识上的一种深化。西非国家确认它们共处于一个"安全综合体"中。[2]在这样一个安全综合体里，区域共同体利益与国家利益、区域共

---

① http://www. ecowas. int. 同时参见 Michael Onipe Anda, *National Attribtes*, *Elite Perceptions and Interstate Interactions*: *An Analysis of Foreign Policy Behavior in West Africa*, Ph. D. diss., Milwaukee: The University of Wisconsin, ProQuest UMI Dissertation Services, 1990。

② 根据 Buzan 的观点，地区冲突综合体是一个内涵很广的观念，其中国家间关系是主要的，他认为如果"一组国家的主要安全事务彼此紧密相关，以至于根本无法脱离彼此而实现自身安全"的话，这组国家就构成了一个安全综合体。Barry Buzan, *States and Fear*, Harvester Wheatsheaf, 1991, p. 190。

同体的外交与国家的外交聚合在了一起。① 尤其是西非大国局势的动荡，对西非一体化进程的影响更为严重。如 20 世纪末，科特迪瓦局势动荡严重影响了西非区域政治的稳定，邻国布基纳法索、马里、尼日尔和几内亚的政治与经济都受到了影响。

　　非洲国家外交政策的个人化倾向不是非洲领导人的臆想与胡作非为，而是受制于该国的资源条件、历史传统、国家在世界体系中的地位和国际政治格局。非洲大多数血腥的冲突发生在一国境内，但这些起源于一国内部的冲突最终都波及邻近国家而成为区域不稳定的主要根源。即使在和平时期，软弱低效的非洲政府也难以对边界实施有效管理，更何况动乱时期。处于冲突中心的政府与反叛者都竞相利用这种区域特点达到自己的目的。而邻国总是因难民、军事物质的运送、跨国境的人道主义援助、支持或反对反叛者等而卷入了进来，很难置身事外。正如扎特曼（Zartman）所指出的，邻国对另一邻国的内部冲突的态度"可能是友好的，或者充满敌意的，但是很少是无动于衷的"②。内战往往制造出外国干涉的需求。这是西非国家超越历史所做的尝试，是西非国家区域一体化发展过程中的一次突破，是西非国家确认彼此共处于一个安全综合体中，在这样一个安全综合体里，区域共同体利益与国家利益、区域共同体的外交与国家的外交聚合在了一起。③ 贝宁前总统索格洛的话最能反映这种认识，他说："在此区域内的每个国家作为一条稳定链条中的一环，只要任何一环出现问题，立刻就会波及其余。我们任何国家的和平与稳定问题都不能仅仅被当作一国内部的主权问题。"

---

①　E. John Inegbedion, "ECOMOG in Comparative Perspective", in Timothy M. Shaw and Julius Emeka Okolo, eds. , *The Political Economy of Foreign Policy in ECOWAS*, The Macmillan Press Ltd. , 1994, pp. 218 – 244.

②　Francis M. Deng, Sadikiel Kimaro, Terrence Lyons, Donald Rothchild and I. William Zartman, *Sovereignty as Responsibility – Conflict Management in Africa*, The Brookings Institution, 1996, p. 151.

③　E. John Inegbedion, "ECOMOG in Comparative Perspective", in Timothy M. Shaw and Julius Emeka Okolo, eds. , *The Political Economy of Foreign Policy in ECOWAS*, The Macmillan Press Ltd. , 1994, pp. 218 – 244.

在冷战结束后的世界中，传统意义上的内战根本不存在，任何内战的背后都有来自邻国、贸易公司与企业、世界大国与地区大国的影子，从而使凭借一国的力量来结束战争变得非常困难。西非维和机制的创立正是从这样的战略高度思考国家安全与区域安全的相互关系。西非各国在区域安全认识上的转变，有助于从区域层面管理与应对危及西非区域安全的冲突，促进了西非安全管理一体化。西非维和机制的建立开创了国际政治关系上的一个先例，是联合国区域维和机制的首次实践。[1] 西非区域一体化在区域维和上对国际关系理论与实践都做出了贡献。西共体干预任何成员国所产生的可能危及整个共同体安全与和平的内部武装冲突，是对神圣的不干涉内政原则的发展，是对集体安全和国家安全的正确认知。

自 20 世纪 60 年代西非多数国家独立以来，一体化进展，就各国政治而言，主要就是受制于上述国内政治的现实，受制于各国政治的动荡。西非各国在自身政治问题重重的情况下，致力于一体化的政治意愿、政治行动能力都是有限的。这让人们对西非区域一体化的前途充满担忧。然而从另一个角度看，政治动荡没有造成任何西非国家的解体，甚至尼日利亚的内战也没有造成尼日利亚的分裂，这本身是西非国家的一个成就，或者说这些动荡是新兴国家在独立后必然要经历的民族国家建构过程，在这个过程基本完成后，政权就会进入相对稳定的时期。这种动荡的过程先期现代化的西欧各国都经历过。西非国家在努力进行各自民族国家建构的过程中，也同时进行着区域合作的实践与探索，西非各种性质的区域组织，尤其是西共体的成立，就是这种区域合作的尝试。西非国家领导人在区域合作上达成了共识，显示了联合起来的勇气与决心。

---

[1] Ademola Adeleke, "The Political and Diplomacy of Peacekeeping in West Africa: the ECOWAS Operation in Liberia", *Journal of Modern African Studies*, Vol. 33, No. 4, Dec. 1995, pp. 569 - 593. Adebajo 甚至认为西非安全机制的建立将最终导向"西非治下的和平"。Adebayo Adebajo, *Building Peace in West Africa: Liberia, Sierra Leone and Guinea-Bissau*, Lynner Boulder, 2002, pp. 137 - 164。

西共体通过在塞拉利昂的维和实践向世界展示了自己的"区域性"，尤其是"从国际政治的客体转变为能够表达非洲利益的国际政治的主体"①。这是西非国家在区域一体化实践中积累经验并积极创新的过程，是西非各国从区域内实际出发摸索出的一条自己的区域一体化道路，摆脱了盲目模仿的模式——这条道路不同于欧洲的一体化。西共体停火监督组织对西共体成员国国内政治进程的干预是西非国家成功灵活运用主权的一种表现，是西非国家区域一体化发展过程中的一次突破，也是西非区域一体化进程中的一个分水岭。这表明西非国家不仅在区域政治与安全环境上达成共识，而且开始采取措施促使区域政治安全环境向着良性方向转化。

2009 年起西共体开始建立自己的常备部队以应对突发事件，并提升其在非盟中的作用。西共体虽然逐步提高了应对区域突发事件的能力，但提升的程度与速度依然赶不上西非政治安全局势的发展。如面对马里北部局势动荡引发的马里政局不稳，西共体似乎失去了主导权。2013 年初，针对马里日益严峻的局势，西共体轮值主席、科特迪瓦总统瓦塔拉在马里局势紧急峰会开幕式上呼吁西共体成员国以外的其他国家立即伸出援手，"大国、其他国家和组织应该立即在军事行动上承担更广泛的义务，展现更大团结，与法国和非洲一道，加入多方参与的全面战争，对抗马里的恐怖主义"。2013 年 1 月，应马里政府请求，法国出兵马里，帮助打击北部叛军，并表示不会在马里永久驻军。目前，法国在马里驻有约 4000 名军人。② 联合国安理会 2013 年 4 月 25 日通过决议，决定设立联合国马里多层面综合稳定团（简称"马里稳定团"），并决定将此前部署的由非洲主导的国际支助团（简称"非洲支助团"）于 7 月 1 日起移交给马里稳定团。马里稳定团应开始执行包括实现马里稳定和协助建立国家的权力、支持执行过渡路线

---

① David J. Francis, *The Politics of Economic Regionalism - Sierra Leone in ECOWAS*, Ashgate, 2001, p. 234.

② http://news. xinhuanet. com/world/2013 - 04/26/c_ 124633037. htm? anchor = 1.

图、保护平民和联合国人员、增进和保护人权、支持人道主义援
助工作、支持保护文化及支持司法等在内的任务，初步期限为 12
个月。

四　灵活运用主权与西非一体化①

西共体的成立是西非区域主义的胜利，是西非区域一体化进
程中的重大事件。它的成立克服了不同殖民统治在西非造成的消
极影响，在一定程度上弥合了英语西非、法语西非和葡语西非国
家的分歧。自成立以来，西共体在金融、贸易、基础设施和能源
等经济一体化方面取得了很大的进展；同时实现了从注重经济一
体化的单一性区域组织向兼顾政治与安全一体化方向的综合性区
域组织的转化，为维护区域政治稳定与安全做出了突出贡献，尤
其是西共体停火监督组织的成立和冲突预防、处理和解决机制的
建立，是西非国家在主权原则认识和实践上的一大突破，也是西
非国家灵活运用主权的实践。超国家原则和民主原则的确认，是
西非区域意识得到加强的标志。西共体为西非人自主决定本区域
的前途和区域一体化提供了一种有效的机制，为加强西非区域认
同提供了一种制度保障。

西非国家在建立各种区域组织的过程中，其民族主义思想的
形式发生了变化，即形成了捍卫国家主权的国家民族主义思想。
这种变化了的民族主义和区域意识的相互关系将决定西非区域一
体化的发展路径和前途。两者之间的关系又取决于西非各国政治
经济的状况，以及各国的互动。

1. 现代化的客观要求与区域主义的追求

西非国家诉诸国家民族主义，是经济基础决定的，本地经济
一体化程度低的客观事实，加上殖民时期形成的基于领地的政治
一体化现实，使得基于行政基础的国家民族主义的吸引力大于区

---

① 这一节主要内容参见肖宏宇《西非区域一体化的发展与主权原则的灵活运用》，
《西亚非洲》2003 年第 4 期，第 58～63 页。

域民族主义，更大于大陆民族主义－泛非主义。国家民族主义采取行动的基础已存在，不可分割、不受干预的主权原则是国家民族主义的核心，主权原则所体现的独立与自主特性，是针对世界现代化进程中无情的、扫荡一切的市场力量而言的。越是后发展的国家，越强调主权的作用，越注重主权原则的灵活运用。这是现代化的后进国与先进国的不同所在，先进国的先例与经验也为后进国的灵活运用提供了经验与教训。最重要的教训就是后进国要追赶先进国，要顺应并驾驭市场力量，必须以民族国家为单位，以主权原则为基础，通过加快完善制度、统筹产业发展，学习先进技术，尽早尽快地发挥竞争比较优势，在世界市场的竞争中站稳，使市场的公平原则真正发挥作用。①

区域一体化的本质是扩大规模。非洲国家的发展受到规模小的限制。区域一体化的发展是非洲的前途所在。泛非主义的基础是非洲大陆的区域性特征，非洲复兴的保障在于非洲各国及其人民坚定泛非主义信仰，并把这种信仰具体化为行动。西非各国诉诸西非区域一体化的实践表明，只有处理好坚守信仰与捍卫各国主权之间的矛盾才能促进非洲一体化实践与现代化实践的良性互动。西非国家不仅要从思想上而且从行动上认识到西非各国独立的有效维护是真正把主权转化为参与世界的一种方式，从而在主权原则上采取务实与灵活的态度，加强各国在主权上的合作与让渡。唯有如此，区域一体化才会成为西非各国国家发展战略的内在组成部分，并使超国家原则得到切实遵守。

具有不同特征的区域组成了世界，大小不一的主权国家组成了国际社会。区域与国家不存在孰大孰小的问题。国际政治中的地缘政治强调地理环境对国家生存、发展、外交、军事的决定性影响，虽然有些偏颇，但在一定程度上描述了现代国际政治斗争的实情。现代国际政治中的主要角色美、中、俄都是各自占据一个

---

① 参见瞿宛文《全球化与后进国之经济发展》和王振寰《全球化，在地化与学习型区域：理论反省与重建》，载贺照田主编《后发展国家的现代化性问题》，吉林人民出版社，2002，第46～70页、第71～110页。

广大地理区域的国家。在追求多极化的世界政治过程中，英、法、德单凭自身无法成为一极，但联合的欧洲的确是举足轻重的一极。西欧在经受了一战、二战的洗礼后成为最早的醒悟者，成为大区域的追求者，从而造就了今日的欧盟。目前世界现代史提供的主权国家联合的经验主要来自欧洲国家的实践。区域一体化发展本质上是扩大规模效益。非洲国家的小型化对非洲国家的经济发展形成制约，而区域一体化的深入可以解决非洲国家经济规模过小的问题。早在非洲各国独立之初，英国经济学家杰克逊就从经济学的角度进行了分析论证，[①] 他认为，非洲的联合与一体化存在"纯粹的经济原因"，只有非洲打破主权国家的疆界，促进非洲内部贸易的发展，打破与前宗主国的"垂直"经济关系，才能真正走向经济独立。早已被纳入国际经济一体化、以出口初级产品为特征的"畸形专业化"的微型非洲国家要争取的经济区域民族主义正好被其政治的国家民族主义所束缚。克服这种束缚，就有必要提倡非洲的区域主义，并以此促进非洲的区域一体化发展。迪亚瓦拉的话表达了这种迫切性，他指出，"为了在新的地区经济力量和信息系统主导下的后现代世界中生存下去，西非各国就必须接受区域观念……基于语言相似、经济现实、位置相近基础上的区域特性"[②]。为了在这个愈来愈一体化的后现代世界中生存下去，非洲各国有必要联合。

人们用功能主义、新功能主义、超国家制度主义与政府间主义描述解释欧洲区域一体化的发展。学者们把这些理论看作国际关系中的一体化与国际合作理论，而不是将它们视为区域一体化理论。正因如此，客观再现区域的独特社会、经济特征，从政治上对这些特征加以解释的区域主义提法并不流行。因为区域主义的提法有弱化国家、弱化国家作为国际社会主要行为者的倾向。在现有区域主义研究中，把区域主义作为国家的一种实用主义工

---

① 〔英〕巴巴拉·瓦尔德·杰克逊《自由非洲和共同市场》，《亚非译丛》1962年第1期，第8~14页。

② 曼西亚·迪亚瓦拉：《论非洲区域观念》，载〔美〕弗雷德里克·杰姆逊、三好将夫编《全球化的文化》，马丁译，南京大学出版社，2002，第126页。

具的主张颇为流行，而把区域主义当作"区别全球主义策略的一种国家策略"①，或者是"介于世界政府与主权国家之间的妥协方案，是具有共同利益而非普世利益的国家能够凭借的工具"② 的说法受到欢迎。但区域主义绝非民族国家单纯的实用工具或策略，而是对区域特征起着重塑、强化、引导作用的一种理论，是"人们对区域在世界政治中的重要性的强调，以及对区域、区域一体化、区域意识、区域认同、区域觉悟等方面内容的理论构建"③，其目标是建立一种超越现代主权国家的治理模式，这种模式更有利于市场发挥作用，也有利于避免市场所带来的消极影响。现代主权国家这种人类组织自身的模式依然是各地追求现代化的有效模式，区域主义只能是现代主权原则的一种补充，是主权原则的灵活运用。当今世界区域主义仍是一种新的不系统的理论，没有民族主义那样深厚的理论积淀，缺乏成熟的意识形态所具有的号召力，因而对区域一体化的发展与深化所起的作用依然有限。这正是基于区域主义的非洲民族主义——泛非主义的弱点所在。④

泛非主义高举反对殖民主义、种族主义的旗帜，致力于非洲挣脱殖民统治，争取整个大陆的独立，这是泛非主义受到整个非洲大陆拥护的原因。但在争取摆脱殖民主义、实现非洲独立的过程中，这种以区域性特征为根基的非洲民族主义显示出薄弱性，逐渐被以殖民时期确立的行政区划为基础建国的非洲国家所抛弃。泛非主义在非洲国家独立后不再受欢迎，其原因就在于它的大陆区域性特征对独立国家的主权是一种威胁。非洲国家独立后只吸

---

① Andrew Gamble and Anthony Payne, eds., *Regionalism and World Order*, The Macmillan Press Ltd., 1996, p. 250.

② J. W. Burton, "Regionalism, Functionalism and UN's Arrangements in Regional Security", in Paul Graham Tayler and A. J. R. Froom, eds., *InternationalOrganization: A Conceptual Approach*, Frances Pinter Ltd., 1978, p. 350.

③ 陈玉刚:《国家与超国家——欧洲一体化理论比较研究》，上海人民出版社，2001，第362页。

④ 俄罗斯科学院院士阿列克谢耶夫认为，区域主义是民族主义的基础，正是文化的区域性特征构成了民族特性的重要方面。参见丁建定《区域主义、民族主义与苏联解体》，《世界民族》2000年第3期，第26～27页。

收了泛非主义中的反殖民、反种族成分，而抛弃了其中的大陆性成分。非统组织在国际政治上的团结与非洲事务上的无能为力反映了这种状况，致使独立后的非洲国家缺乏统一人民思想、凝聚人心的精神武器。非洲独立国家抗拒泛非主义原则凭借的武器是主权原则。不受干涉的主权原则减弱了非洲国家的外部压力与挑战，却导致了国家统治的合法性危机。非洲国家只有权力的象征而失去了权威与物质的依托。处于合法性危机中的国家不仅不利于解决国家普遍面临的经济依附、部族冲突问题，而且会导致问题恶化。20 世纪 90 年代再度复兴的泛非主义面临的挑战依然是以主权原则为根基的非洲国家民族主义，且是已有 40 多年实践历史的主权原则，如果说当初非洲国家赢得独立时泛非主义屈从了主权原则，那么在当今能否胜任挑战非洲各国主权的重任，则是个未知数。况且当政的非洲各国精英并不会轻易为了整个非洲的发展而放弃自己的特权。不过非洲联盟的诞生显示了非洲国家的政治决心与共识。

非洲的复兴希望在于非洲国家的联合。非洲区域一体化的实现要以非洲次区域一体化为基础，次区域一体化的发展是非洲实现真正联合的基础。在以国家为主实行的非洲化（本土化）政策、国有化政策、进口替代、发展计划中的间接流下（滴入模式）、与外资的合作、国家资本主义、外援、非洲社会主义，以及经济结构调整无法取得理想的效果后，区域一体化道路势在必行。西非国家经济共同体的实践与发展最能说明西非区域一体化过程中的关键是主权共享，是建立起以区域主义为导向实现主权共享、超国家原则的"准区域国家"。"准区域国家"应是非洲国家参与当今世界经济的制度手段。单个西非国家因其本身的弱小及对外的过度依赖无法有效参与世界，而联合起来的西非区域则会提供西非有效参与世界的方式，因为现代主权国家在伴随资本主义兴起时，本身就"包含一种参与世界的方式，一种分配资源和组织经济交流的方式，一种区分组织、文化和民族的方式"①。如果一个政

---

① 〔澳〕约瑟夫·A. 凯米莱里、吉米·福尔克：《主权的终结》，李东燕译，浙江人民出版社，2001，第 292 页。

治独立的国家不能运用主权以促进国家经济的发展、物质财富的积累，这种主权就将失去赖以为继的根茎。

2. 西非国家灵活运用主权原则的实践及其启示

1993 年经过修改的西共体条约中引入了超国家原则及超国家机构，如共同体法院、议会等，是西非国家在主权观念上的重大突破。超国家原则意味着主权的让渡。无论西共体成员国是否在行动上遵守此原则，至少是在思想上、外交辞令上承认了主权让渡。西共体在消除西非区域一体化目标的障碍因素上达成了共识，即和平、稳定的政治环境是发展的前提。和平稳定的环境更多地取决于西非国家之间和平相处和国内政治的稳定。任何一个被政变、频繁的示威游行、政权一再更迭困扰的国家都无暇顾及内政以外的事务，更不用说履行区域一体化条约的义务。它们首先承认了非洲多数国家的主权合法性危机带来的政治动荡，认识到任何一国的危机都会波及区域内的其他国家，各国很难独自解决危机，如国内动乱产生的难民带给邻国的负担、一国的反对派在他国建立基地等，故大家必须减少内耗同舟共济，不再互相拆台。

区域化选择绝非各国的一种权宜之计，而应是由西非各国设计进国家发展战略的内在组成部分，否则区域化只会流于形式，成为西非国家外交工作的装饰品。西非区域化的前期发展很大程度上印证了这一点——文件协议多，但付诸实践的很少。这主要是因为西非各国对国家利益与区域利益的关联性认识不足。西非国家有必要放弃国家利益与区域利益对立的观念。两种利益对立的根本在于西非国家强烈的捍卫绝对主权的意识。刚刚独立的西非国家将对待西方强权的主权问题上的不妥协态度也用于对付非洲邻国。不过，在彼处是利的放在此处却成了弊。从根本上改变西非国家经济的依附性，尤其是对原殖民宗主国的依附性，建立独立的经济基础，不是西非小国能独立完成的。

首先，改变区域性计划的模棱两可与随意性，将各项区域计划、外援精心设计成促进区域发展的项目，与此同时，兼顾不同国家的利益。完善补偿机制，第一，可以防止某个国家在区域化过程中权利与义务、利益与损失的过度失衡；第二，可以克服合作组织的多样与重叠，以有效使用资源，发挥区域组织的作用，从而减少西非社会多样的派性与分裂对区域化发展的掣肘。提倡区域利益可以从某种程度上遏制独立后非洲各国的既得利益者把国家主权当作谋私的工具满足私利的欲望。因为穆契描述的"后殖民主义的精英为达到自我利益而满足于同殖民压迫的工具相处"①的现象在非洲的确存在。当权者以维护国家利益为借口，以主权原则对抗来自区域化合作的对其谋私利的挑战，从而成为阻碍西非区域化的现实障碍。而当前，西非一些石油资源丰富的国家主要是尼日利亚受到西方大国尤其是美国的关注。如何克服石油投资国对西非区域化的影响，避免西非国家重蹈阿拉伯石油国家的覆辙，是非常迫切的。欧盟团结所带来的成果与中东阿拉伯石油国家不团结所带来的后果形成的对比强有力地证明了小国的国家利益依赖区域利益的实现。

其次，区域化的发展有待西共体各成员国确实遵守超国家原则。20 世纪 90 年代以后西非区域一体化比较快的发展要归功于各国灵活对待区域合作中主权的部分让渡。不仅货币联盟意味着重大的主权让渡与共享承诺，而且关税的减免、集体维和机制都需要成员国在主权方面的自我限制并支持超国家区域机构的治理。但西非经济货币联盟的超国家原则目前仅停留在区域内中央银行与区域银行委员会的水平上，在关税同盟方面超国家原则尚未完全起作用。国家在政策、法规层面的改变最能显示一国是否有诚心与他国共享主权。各国宪法的规定要与区域共同体宪章及区域共同体条约一致。要使共同体法院在共同体规定区域内有独立的明确的执法权力，如对违反条约、不履行条约者进行惩处，才能真正保证西非各国主权实质上的共享。但有效地参与多边国际组织要求国家遵守承诺，并能在多边组织框架内维护本国的权益。无论在技术方面还是在国家政令畅通方面，非洲国家都显得很薄弱。

---

① 〔埃塞俄比亚〕马莫·穆契：《泛非一体化：非洲自由繁荣之路》，潘华琼译，《西亚非洲》2001 年第 2 期，第 49 页。

最后，灵活运用主权原则是西非区域一体化成功的关键所在。世界经济与政治的发展，使各国对主权的认识也相应发生了变化。国家主权没有终结，但国家"对主权的要求在政治上已变得更加不固定，而在法律上则变得更模糊"① 是既成事实。每个国家都在主观上认定自身主权对内的最高性和对外的平等性，但这仅是从理论或法律意义上界定的，而实际上，不同国家的对内统治能力与对外自治能力是有很大区别的。美国正是利用了主权的这种真实情况，借反恐在阿富汗重建亲美政权，借防止大规模杀伤性武器扩散推翻反美的伊拉克萨达姆政权。尽管主权国家依然是世界秩序的基础，但世界确实处于某种新的世界秩序的形成过程之中。这就像家庭依然是社会的基础一样——尽管家庭模式已经多样化，传统的几代同堂、标准的核心家庭依然是主要模式，但单亲家庭、同性婚姻家庭逐渐获得合法地位，并且彼此相安无事。要使世界秩序的变化有利于自己的发展，西非国家必须采取行动。西非各国无论是在对内对整个国家的统治方面，还是在对外追求平等权方面都显得软弱。而要克服这种软弱性，西非国家就要联合起来。20 世纪 60 年代非统组织的成立便是非洲国家联合起来维护主权的例证，也是非洲国家于独立之初在外交主权问题上展现灵活态度。需要指出的是，非洲国家没有将这种灵活性运用到主权的其他方面。

主权本是一个不可分割的概念，但在具体实践中，主权体现在国家的领土防御、经济、外交、法律和行政治理的职能等方面。欧洲区域化的发展最重要的是首先消除了欧洲内部的战争威胁，欧洲煤钢共同体不仅是一个经济部门联合的问题，而且是西欧各国尤其是法、德两国放弃对战争重要资源的主权控制问题。同时西欧各国默认美国在西欧的军事存在及其对北约的主导，实际上是将领土防御托付给美国。非洲国家自赢得政治独立以来，遭遇非洲以外的入侵的情形极少，这在西非尤其明显。最重要的国家主权的领土防御职能较国家主权的经济职能不是那么迫切，故军

---

① 〔澳〕约瑟夫·A. 凯米莱里、吉米·福尔克:《主权的终结》，李东燕译，浙江人民出版社，2001，第 192 页。

队的国防职能模棱两可，非洲各国军队的作用更接近于维护治安的警察作用。退一步说，西非大部分国家的军队不超过 1 万的兵力，① 无论从兵力上还是从武器装备上，西非国家的军队都不足以抵抗外来侵略，却增加了西非内部各国之间的不信任，同时各国军队的存在使非洲各国有限的资源被滥用。如果西非各国组建一支区域化部队取代各国的军队，支持区域维和，不仅能有效利用资源，而且能抑制任何一个国家内部的军事政变。削减军费也将减轻各国经济发展的负担，强化国家发展经济的职能。组建区域化军队，其立足点仍是区域内的安全问题，而不是防御外来入侵。西非维和部队仍是朝着这个方向努力的一个初步尝试，也是西非各国在主权的重要领域——安全方面的合作。在安全方面的合作，对西非而言，既是敏感的，也是非常关键的。西非各国开始尝试从管控武器入手，如 1998 年建立了危机预防、管理与解决机制，以及有关终止轻武器的进出口、制造规定。但至今这项规定并没有在各国得到严格执行，轻武器的买卖、流通并没有得到有效控制，仍是影响西非各国政治及国家之间关系的因素。整个西非地区大约有 800 万件非法轻武器在流通，对西非的安全与发展构成挑战，并引发人道主义灾难。利比里亚总统曾批评美国对几内亚的军事援助，指责几内亚支持利比里亚的反政府叛乱，不顾西非有关轻武器的禁运协议和联合国有关武器禁运的规定，向利比里亚出口武器。他还反对在利比里亚境内部署维和部队，声称"我们不能也不会接受一支维和部队，但我们会接受能组建自己军队的力量"②。利比里亚总统显然是在用绝对主权原则为自己辩护，并

---

① 其中有 5 国超过 1 万人。马里约 15 万人，包括警察及共和国卫队，1996 年国防开支为 308.82 亿非洲法郎，占国家预算的 8.2%。布基纳法索有正规军 1 万人，每年军费预算约占国内生产总值的 17%～20%。尼日尔有正规军 1 万人，准军事力量 5900 人，军费开支占国家预算的 8% 以上。尼日利亚总兵力 8.5 万人，并有警察 17 万人，2000 年军费开支占政府预算的 5.2%。塞内加尔 2000 年总兵力为 1.52 万人。以上数字参见《世界知识年鉴》，世界知识出版社，2002。

② Sheriff Adams, "To Defend Sovereignty: We Have Started Ordering Arms", *The News* (*Montovia*), http://www.allAfrica.com/stories/200303270622.html, Mar. 27, 2003.

以主权原则挑战西非国家的维和努力。西非区域的稳定，还有很长的一段路要走。西非各国的政治相互依存度远远高于经济依存度。任何一国的政治动乱都会引发整个区域的政治动荡。政治动荡往往是区域外势力介入的最好借口，在政治方面的超国家原则将把区域外势力的介入限制到最低水平。可喜的是，西共体成员国已清楚地意识到西非区域化的障碍在于各国的民族主义情感（或者毋宁说各国对主权原则的认识），以及各国政治经济中的利益分歧。思想认识的变化在有利的环境下将会转变成行动，从而带来西非区域化的实质深入。

第五章
受制于国际环境的主权与西非一体化

西非区域一体化的成败取决于区域内外各种政治因素的作用，其中国家政治与区域政治的稳定、国家在经济外交政策上的协调和区域主要国家的作用是影响西非一体化的区域内因素，也是区域一体化的决定性因素。但影响西非一体化的区域外因素也不可忽视，这主要是指包括西方大国、国际与地区组织在内的国际政治因素，以及国际金融机构和世界贸易结构等国际经济因素。

非洲国家外交政策的一个总趋势是减少外部力量对非洲的干预、抵制外部压力，但同时要积极寻求外部的支持资源。[①] 这是两个相互矛盾的追求，只有在两者相互妥协的情况下才能同时取得。虽然"对区域外行为体是促进还是阻碍一体化进程这个问题人们存在着争议，但是第三世界国家高度依赖工业化国家提供的发展资金和技术，并把工业化国家作为主要的原材料出口市场是一个不争的事实"[②]，如果西非一体化是要减少这种为发达国家带来高额利润的不对称依附，那么这些工业化国家会支持西非区域一体化进程是值得怀疑的。西非领导人对西方大国在西非区域一体化上所采

---

① Sam C. Sarkesian, "African Community Building", Gavin Boyd, ed, *Regionalism and Global Security*, D. C. Heath, 1984, p. 55.

② Julius Emeka Okolo, "Integrative and Cooperative Regionalism: The Economic Community of West African States", *International Organization*, Vol. 39, No. 1, Winter 1985, pp. 121 – 153.

取的立场有着清醒的认识，"发达国家想在非洲保持住市场，我认为它们不鼓励我们建自己的工厂以生产出取代它们的产品的产品"①。

一　西方大国与西非一体化

独立之初的 10 多年中，在冷战的国际局势中，无论是激进还是温和的西非独立国家总体上都坚持和平、中立、不结盟方针，但冷战对其外交关系留下了痕迹，几内亚、加纳等激进国家，主动或被迫减少了与原宗主国的关系，发展了与苏联、东欧国家、中国等社会主义国家的关系；温和型国家如塞内加尔、尼日利亚、科特迪瓦仍然保持着与原宗主国的密切关系。但从 20 世纪 70 年代开始，西非大多数国家的对外关系都呈多样化趋势。

法属西非国家除几内亚外，在如何保持同法国的关系上，分裂为联邦派和反联邦派。联邦派以塞内加尔的桑戈尔为代表，反联邦派以科特迪瓦的博瓦尼为代表，不幸的是最后是主张走巴尔干道路的反联邦派占了上风，从而丧失了联合起来与法国谈判的力量，这样法属西非国家在独立后除几内亚外，大多数同法国签署了涉及政治、外交、经济、贸易、科学文化、财政金融、司法行政、原料和战略物资、军事与防务等的各种合作协定，方便了法国对这些国家的继续控制及维护其原有利益。进入 20 世纪 70 年代后，因国际形势的发展，更重要的是这些国家的人民的进一步觉醒，追求对外关系中的平等，法国被迫修改了这些严重侵犯它们主权的条约或协定，取消了某些政治、经济和军事特权。

在英属西非国家中，加纳的对外关系类似几内亚，尼日利亚则与其他法属西非国家类似。在独立之初，尼日利亚与英国的关系依然是非常密切的，甚至签订了共同防御协定，并且尼日利亚在内战前的基本倾向是注重与西方集团发展关系，尤其是与美国发展关系。但内战的爆发，各国政府出于不同目的对尼日利亚的

---

① Barbara Gullahorn Holecek, "Paying the Piper", *Transition*, No. 62, 1993, pp. 158 – 174.

不同态度，使得苏联及东欧国家密切了与尼日利亚的关系，而且内战中法国及南非对比夫拉分裂分子的支持，令尼日利亚政府对外部势力想肢解尼日利亚的企图格外警惕，因此在内战后，尼历届军政府都采取反对帝国主义、殖民主义和种族主义的激进政策，反对外来势力对非洲事务的干涉。从 1975 年后，尼日利亚的外交一直以非洲为中心，积极地推进非洲的团结合作。在经济上推行尼日利亚化政策，于 1971 年参加 OPEC 石油输出国组织，颁布《尼日利亚企业振兴法令》，把尼日利亚的外资企业分成三类，第一类企业必须由尼日利亚人经营，第二、第三类企业中尼日利亚人必须占 40% 和 60% 的股份，从而使政府控制了国民经济中的关键部门。到 1979 年时，尼政府宣布，在所有外资石油公司中它已占有不少于 60% 的股权。

法属西非联邦的解体导致的不是西非法语国家与法国纵向联系上的减弱而是加强，西非国家彼此之间的横向联系则正好相反。马里与毛里塔尼亚、尼日尔与贝宁、上沃尔特与马里的边界争议，使得它们为获得援助及投资在法国面前争宠。

冷战结束之后，代表西方利益的世界银行开始用冲突解决范式来对待非洲问题，对冲突产生的背景及性质却不做区分，如把西非 90 年代纯粹出于劫掠财富的塞拉利昂的内战和利比里亚内战与卢蒙巴带领刚果人民为自由而战的正义战争混为一谈。[①]

原殖民宗主国法国和英国对独立后的西非有着重要的影响，这种影响不仅体现在经济方面，而且体现在政治与外交上。美国对西非的影响在逐渐增大，甚至有取代原宗主国的趋势。

1. 法国因素

在西方大国中，法国最重视西非，对西非政策具有历史连续性，在西非一体化方面的积极作用也非常明显。

（1）法国对法语西非国家的控制。

西非与西欧的相邻地理位置，决定了西欧在西非的利益及影

---

① Horace Campbell，"50 Years after Lumumba – the Burden of History"，http://allafrica. com/stories/201101210696. html？page＝3.

响。虽然法国、英国、葡萄牙、德国、比利时、西班牙都曾在该地区进行过争夺，但自 20 世纪 60 年代西非多数国家独立以来，对该地区影响最大的是法国，其次是英国，葡萄牙的影响在几内亚比绍和佛得角取得独立以后逐渐减弱。法国工业所需的 90% 以上的铀、钴、锰，76% 的铝矾土，50% 的铬，30% 的铁矿石来自非洲；英国工业所需铬的 80%、润滑油的 65%、锰的 55%、钴的54% 也来自非洲。① 法语西非与英语西非的龃龉往往受制于法、英两国的关系。1964 年 8 月，几内亚、科特迪瓦、塞拉利昂和利比里亚在利比里亚首都蒙罗维亚开会组建了自由贸易区，但是其发展因英法语两类国家的分歧而受阻。在西非多数国家独立后的 10年里，西非国家一再尝试加强彼此的关系，试图朝着经济一体化方向努力，但最终成效甚微，西非国家无法摆脱对前殖民宗主国的经济联系是主要的因素，西非国家之间的合作"更多地受制于欧洲所发生的政治事件，而不是西非区域内部的事件"②。正是在英国成为欧共体成员国之后，英法关系缓和，法国不再视尼日利亚为西非地区的威胁后，跨越英法语西非国家的西共体才得以成立。英国在 1972 年加入了欧共体，1975 年西非国家经济共同体诞生。

英法两国领导人在第二次世界大战期间都阐明了他们不会放弃殖民地的决心，如 1942 年时任英国首相的丘吉尔所做的声明，他说作为英国首相"不是为了眼巴巴地看着英帝国被清理掉"。戴高乐同年也阐明了撒哈拉以南非洲对战争中及战后法国的经济与政治的重要性，"在经济利益方面，黑非洲的土地为法国提供了支持战争必需的战略物资；在人力上，黑非洲人民为法国提供了殖民地部队。……正是法国在黑非洲拥有的这块领地维持了自由法国政权的正统性"③。但法国对非洲更为重视，且战后法国对非政

---

① 黄泽全：《神奇的土地，乐观的人民》，《人民日报》2006 年 11 月 1 日，第 6版。

② Andre Simmons，"Economic Cooperation in West Africa"，*The Western Political Quarterly*，Vol. 25，No. 2，Jun. 1972，pp. 295 – 304.

③ 参见肖玮《试论戴高乐对黑非洲的看法的嬗变》，《乐山师范学院学报》2011年 10 月，第 93～97 页。

策的基调基本未变。1944 年戴高乐在布拉柴维尔演讲时明确指出
"法国与法国海外殖民地是不可分割的",指出了法属非洲对法国的
战略意义。[①] 密特朗总统则在 1957 年的书中表明了他视非洲为法国
不可分割的一部分的立场。[②]

就法属西非停止运转而言,法国只是解散了一个殖民统治的
行政设置。随着非殖民化运动的深入,殖民地独立的趋势不可避
免。这个设置不仅不再有用,而且会威胁法国将来对西非的主导
作用,因此法属西非失去了存在的理由。法属西非本就是法国的
一个创造物,是法国为了加强对西非属地的统治而建立的,[③] 那么
到了 1956 年时,这种行政设置对法国已没有多少作用,加上此时
西非独立运动的领袖们坚持要求在领地基础上获得更多权力与自
治,法国在接受了阿尔及利亚及印度支那的教训后,调整政策顺
应西非领地非洲领袖们的这种要求,法属西非就自行解体了。1956
年法国国民大会通过的《基本法》中的殖民地自治原则,实际是
鼓励法属西非和法属赤道非洲追求各自的独立,而不是以原有的
联邦形式独立,法国对西非各国的双边外交行为表明其"更致力
于非洲的分裂而不是一体化"[④]。马丁认为法国成功地贯彻了分而
治之的古老战略,使其所属殖民地巴尔干化了。[⑤]

法国继续把独立的法语非洲国家作为法国的势力范围,当作
支撑法国世界大国地位的工具。法国极力维护其在非洲,尤其是

---

① "Discours de Brazzaville 30 janvier 1944", Digithèque MJP, http://mjp. univ -
perp. fr/textes/degaulle30011944. htm; http://www. charles - de - gaulle. org/pages/
stock - html/en/the - man/home/speeches/speech - made - by - general - de -
gaulle - at - the - opening - of - the - brazzaville - conference - on - january - 30th -
1944. php.

② François Mitterrand, *Présence française et abandon*, Plon, 1957.

③ W. A. E. Skurnik, "France and Fragmentation in West Africa: 1945 - 1960",
Journal of African History, Vol. 8, No. 2, 1967, pp. 317 - 333.

④ Kunle Amuwo, "France and the Economic Integration Project in Francophone
Africa", *African Journal of Political Science*, Vol. 4, No. 1999, pp. 1 - 20.

⑤ Guy Martin, "Francophone Africa in the Context of Franco - American Relations", in
John W. Harbeson & Donald Rothchild, eds., *Africa in World Politics*, Westview
Press, 1995, p. 166.

在西非的影响，这是法国追求经济利益、追求世界大国的长远与
战略目标所决定的。如果法国失去了对非洲所属殖民地的影响，
二战后的法国就不能算是一个大国。[①] 非洲对法国的重要性是全方
位的，不限于政治、经济或文化的某一方面。[②] 无论在国防、外
交、行政还是经济、文化上，法国的影响都制约着西非法语国家
主权的行使与发挥，法国对法语非洲国家始终采取的是"监护、
干扰有时甚至是明目张胆的干涉主义"的立场。[③] 法国不惜诉诸
包括经济、文化、外交、军事干涉等手段，借助正式的法非峰
会、法非国家元首与政府首脑的互访，乃至精心发展法非领导
人之间的私交，甚至包括频繁使用间谍等秘密手段，来保持其
无所不在的影响，以维护法国追求世界大国地位的利益。

　　这在法属西非和中非更为明显，因为北非的阿尔及利亚的独
立是经过 8 年的武装斗争取得的，加上阿尔及利亚独立后有丰富的
石油和天然气资源，经济相对能够自主，反帝的立场非常坚定而
彻底。突尼斯和摩洛哥虽然反帝不是那么坚决，但是也没有接受
法国作为保护者的角色。对西非和中非殖民地的独立和非殖民化
运动，法国改变了策略，使西非、中非各殖民地都以和平方式获
得了独立，戴高乐及时通过所谓"合作"政策，即与新独立国家
签订军事、经济、财政、文化等一系列双边"合作协定"，用马丁
的话说就是，"法国设法把自身的政治、经济、货币和文化优越性

---

① 戴高乐对第二次世界大战后法国对非洲的看法及其政策的塑造起了关键作用，
　参见吴清和《戴高乐与非洲》，《西亚非洲》2009 年第 5 期，第 64 ~ 69 页。

② John Ravenhill, "Africa and Europe: The Dilution of A 'Special Relationship'", in
　John W. Harbeson & Donald Rothchild, eds., *Africa in World Politics*, Westview
　Press, 1995, pp. 179 - 201.

③ Crawford Young, "The Heritage of Colonialism", in John W. Harbeson & Donald
　Rothchild, eds., *Africa in World Politics*, Westview Press, 1995, pp. 23 -
　40. Martin C. Thomas 指出，1949 ~ 1954 年法国海外部军事事务局和跨部门中部
　非洲防务委员会致力于实现法国在法语非洲的三个目标：无论欧洲是否处于战
　争中，都要保持法国对法属非洲的主权；促进地区战争经济与法国经济融为一
　体；装备非洲军队，使之听候北大西洋公约组织的调遣。Martin Thomas,
　"Innocent Abroad? Decolonization and US Engagement with French West Africa,
　1945 - 56", *Journal of Imperial and Commonwealth History*, Vol. 36, No. 1, Mar.
　2008, pp. 47 - 73.

加以制度化而建立了法非特殊关系"①。事实上，合作协定是法国准许殖民地独立的前提条件，因而也是非洲国家宣布独立的代价。②

合作协定的主要内容是：在外交上，互通情况和保持磋商，以便"在做出任何重大决定前谋求立场和行动的协调"；在经济上，缔约国之间相互提供关税优惠，本国货币同法郎保持固定比价，除毛里塔尼亚和马达加斯加外，所有前法属殖民地都留在了非洲法郎区内（几内亚和马里最初没有加入），法国允诺向缔约国提供经济援助，这种货币安排是保持法国持续影响的便利手段，同时令法国商人受益，但是加入法郎区的非洲国家基本丧失了对本国货币政策的控制权，③经济自主权被扼制；在文化技术上，法国向缔约国派遣包括海关、税务、司法等职能部门的技术顾问、技术人员并向学校派遣教师。军事协定分为两种。一是防务协定，允许法国保留军事基地、驻扎军队和军事干预的权力。20世纪60年代初，除马里、几内亚外，其他西非法语国家都与法国签订了这种军事防务协定。20世纪70年代中期，贝宁、毛里塔尼亚、尼日尔相继与法国解除了防务协定，但是科特迪瓦、塞内加尔、多哥依旧维持着这种防务协定。法国在塞内加尔的达喀尔、科特迪瓦的布韦港继续保有军事基地。二是军事技术合作协定。除几内亚外，所有法语非洲国家都签署了这种协定。法国承诺为组建当地军队、警察提供顾问、教官和装备。马丁收集的数据表明，1963～1983年的20年里，法国在非洲进行的军事干涉达20次。④ 戴高

① Guy Martin, "Francophone Africa in the Context of Franco – American Relations", in John W. Harbeson & Donald Rothchild, eds., *Africa in World Politics*, Westview Press, 1995, p. 167.

② Jean-Pierre Cot（法国前合作部长），"两种制度同时起作用，独立与合作协定，缺一不可"，转引自 Emeka Nwokedi, "Sub-Regional Security and Nigerian Foreign Policy", *African Affairs*, Vol. 84, No. 335, Apr. 1985, pp. 195 – 209。

③ John Ravenhill, "Dependency by Default: Africa's Relations with the European Union", in John W. Harbeson & Donald Rothchild, eds., *Africa in World Politics*, Westview Press, 1995, pp. 95 – 126.

④ Guy Martin, "Bases of France's African Policy", *Journal of Modern African Studies*, No. 2, 1985, pp. 189 – 208.

乐执政期间，对毛里塔尼亚、塞内加尔进行过军事干预。此外，与毛里塔尼亚、塞内加尔和多个其他法属中非国家签署过有关战略原材料和产品的特别协定，拥有对缔约国的铀、钍、锂等战略物资的勘探、开采和销售的优先权。

这些军事、经济、外交协定的内容显然表明了西非国家主权的有限性及继续受制于法国的现实。法国通过貌似尊重非洲国家的独立、与非洲国家协商的外交手段，保持其对非洲殖民地的持续控制，赋予其继续控制原殖民地的合法性。这些协定阻碍着非洲国家灵活行使主权。在这样的形势下，法语西非国家的外交政策与追求自主发展都受到限制，想要打破英语和法语西非国家的界限也非易事。如法国的军事存在对尼日利亚的制衡，挫伤了尼日利亚的政治抱负，[①] 延迟了西非区域一体化的进展。

（2）鼓励法语西非国家进行合作。

面对强大的原英国殖民地尼日利亚，法国鼓励独立后的法语西非国家合作以对抗尼日利亚的影响。法语西非国家独立以来所建立的一系列区域组织，从西非货币联盟、西非经济共同体到西非经济货币共同体，都有法国的支持；尤其在保险、社会安全、商法、区域训练中心和非洲电台合作上促进法语西非国家之间的合作与一体化，并致力于促进西非货币联盟和中非国家银行（BCAS）转化为成熟的经济联盟。[②] 法国对 1991 年塞内加尔农村发展部长西索科（Cissokho）的倡议给予了支持，该倡议致力于建立区域农产品贸易自由区。另外，法国重视区域一体化中基础设施和关键部门的集体管理，以及共同的区域部门政策及重要的规模经济的建设，如塞内加尔河开发组织（OMVS），萨赫勒地区国际抗旱委员会（CILSS），以及非洲航空运输安全机构（ASECNA）等。

① John Ravenhill, "Dependency by Default: Africa's Relations with the European Union", in John W. Harbeson & Donald Rothchild, eds., *Africa in World Politics*, Westview Press, 1995, p. 110.
② Momar-Coumba Diop and Réal Lavergne, eds., *Regional Integration in West Africa*, Proceedings of International Conference Organized by IDRC in Dakar, Senegal, Jan. 11 – 15, 1993, the International Development Research Centre, 1994, p. 5.

法国所设计的这些制度对法语西非国家的一体化有着一定的积极作用，如非洲法郎和西非共同市场的持续存在，法国的作用是明显的，因为法国的存在与支持客观上压制了各成员国反对经济合作的政治与经济动作。非洲国家与欧共体的关系也主要受法国的影响。非洲法郎的存在不仅有利于法国对非洲的控制，同时保证了资金源源不断地流入法国。当然西非国家在失去货币主权，或者说在货币主权受到限制的情况下，也从这种一体化的安排中获益了：首先通货膨胀得以避免，其次筹资的方便也避免了对外支付问题的出现，同时也吸引了外资，主要是法国投资，其中科特迪瓦和塞内加尔因经济相对发达、国家政局基本稳定，获得的外商投资最多。

（3）法国对非洲政策的调整。

长期以来西共体的发展受到法语非洲国家和英语非洲国家之间差异的掣肘，尤其是法国与法语西非国家的紧密联系，法国对尼日利亚的遏制与提防，不利于尼日利亚发挥区域领导作用，如西非经济共同体就被看作法国对付尼日利亚的一个工具。[①] 随着 20 世纪 80 年代中期以来的国际政治经济发展和法国自身经济发展的变化，法国开始积极看待尼日利亚起主导作用的西共体的存在与发展。法国默认了尼日利亚在西共体中的领导作用并积极对待西非区域一体化的发展，尽管法国对西非一体化的支持重点仍然是法语西非国家。

冷战结束后，法国介入法语西非国家内部冲突的意愿开始减弱，如对 1991 年 4 月马里的特拉奥雷（Moussa Traore）政权的垮台置之不理，对非洲采取"既不介入，也不忽视"的政策。实际上，法国是否介入主要取决于法国自身发展的需要，有三个因素决定了法国是否干涉原法属非洲殖民地的内政及干涉的方式：法国在该国的经济利益和卷入规模与程度，法国公民的数量，法国和该国统治精英现存关系的性质。[②] 在这

---

① Julius Emeka Okolo, "Integrative and Cooperative Regionalism: The Economic Community of West African States", *International Organizatio*, Vol. 39, No. 1, Winter 1985, pp. 121 – 153.

② Guy Martin, "Francophone Africa in the Context of Franco – American Relations", in John W. Harbeson & Donald Rothchild, eds., *Africa in World Politics*, Westview Press, 1995, p. 176.

三个因素中，经济因素最为重要。法语西非在法国的地位开始下降，法国在非洲的最大贸易伙伴来自北非和南部非洲，与尼日利亚和赞比亚的贸易超过了与法语西非的任何一个国家。早在1975年尼日利亚就已成为法国在西非的最大贸易伙伴，法国对尼日利亚的出口在1975～1978年成倍增长，1981年尼日利亚已成为法国的第三大石油供给国。[①]1994年法国放弃了对西非法郎的支持，导致非洲法郎（CFA）贬值50%，就是经济关系变化的一个结果。自1994年起，法国与非洲法郎区的对外贸易额开始低于它同南非、尼日利亚等英语非洲国家的对外贸易额。[②]此后对这个地区的法国援助承诺都附带了与国际货币基金组织和世界银行相同的条件。通过这种方式，法国把诸如喀麦隆和科特迪瓦这些国家的沉重外债从法国财政部转移到了以华盛顿为基地的金融机构。[③]

　　非洲大陆自然资源丰富，市场潜力巨大。与非洲整个大陆建立新型伙伴关系符合时代潮流，更符合法国的利益。这种政策调整始自20世纪80年代，当时密特朗政府就提出了把法非特殊关系纳入第三世界总政策的范围；1990年的法非首脑拉博勒会议也是法国调整对非政策的重要标志，开始把经济援助同"民主化"挂钩；1992年的法非首脑利伯维尔会议又把"稳定"作为对非政策的优先目标。20世纪90年代，随着美国在非洲的影响日益增强，为抗衡美国，法国对非政策又一次进行了重大调整。这种调整主要体现为走出法语非洲，面向整个非洲大陆；强调与非洲的经济合作关系，弱化政治军事关系。[④]这些调整的目的都

---

① Daniel C. Bach, "France's Involvement in Sub-Saharan Africa: A Necessary Condition to Middle Power Status in the International System", in Amadu Sesay, ed., *Africa and Europe: From Partition to Interdependence or Dependence?*, Croom Helm, 1986, p. 79.

② Xavier Renou, "A New French Policy for Africa?", *Journal of Contemporary African Studies*, Vol. 20, No. 1, 2002, pp. 5 – 27.

③ Guy Martin, "Continuity and Change in Franco – African Relations", *Journal of Modern African Studies*, Vol. 33, No. 1, 1995, pp. 14 – 20. 到1993年底时，法国政策变化的影响已经显而易见了——法国加入了它的西方伙伴中间。

④ 赵慧杰：《法国对非洲政策的调整及其战略构想》，《西亚非洲》1999年第1期，第31～36页。

是想稳定非洲局势，修补法非关系，以保住法国在非洲的优势。法国对非政策的调整并不意味着法国对非外交政策目标的根本改变，改变的只是实现目标的手段，用泽维尔（Xavier）的话说，法国是在"借助新的手段达到同样的目标"①。"法国对外援助模式显示的国际战略利益考量，特别是大国国际影响力考量显而易见。"②

在新形势下，西非区域一体化进程得到了法国的支持，因为法国公司在整个西非区域经济中所占的份额很大，能够从西非区域一体化中获利。非洲法语地区尤其西非是法国的传统势力范围，是法国与非洲大陆建立新型伙伴关系的支柱。法国外交传统中的大国思维、在国际事务中一贯的自主外交倾向在9·11事件以后有所加强。法国在许多问题上与美国产生矛盾，尤其在伊拉克问题上的分歧非常严重；美国对非洲的进攻态势更令法国惶恐。"法国在非洲法郎区虽然没有财政税收权，但是法国财政部在非洲法郎区的投票权，不仅控制着该区域的政治、经济利益的再分配，同时非洲法郎区作为'布雷顿森林体系'的一种抗衡，不仅为法国在非洲谋得独特的影响力提供帮助，也为对抗美国在非洲影响力的扩张提供了保障"③。无论在国际政治方面，还是在非洲资源和市场方面，法国都需要非洲，这一点自第二次世界大战以来都没有变化。21世纪初，法国总统希拉克这个戴高乐主义者，对冷战结束后10年中的非洲政策做了重大调整，重新回到"借重非洲"的外交战略上来。④ 2005年2月，西非六国元首（尼日利亚总统奥巴桑乔、尼日尔总统马马杜·坦贾、马里总统阿马杜·图马尼、布基纳法索总统布莱

---

① Xavier Renou，"A New French Policy for Africa?"，*Journal of Contemporary African Studies*，Vol. 20，No. 1，2002，pp. 5 – 27.

② 余南平：《法国在南部非洲国家的影响力塑造——以法国对非洲援助为视角》，《欧洲研究》2012年第4期，第90~108页。

③ 余南平：《法国在南部非洲国家的影响力塑造——以法国对非洲援助为视角》，《欧洲研究》2012年第4期，第90~108页。

④ 张祝基：《法国对非洲实行"借重战略"——评第22届法非首脑会议》，《人民日报》2003年2月25日，国际版。

斯·孔波雷和毛里塔尼亚总统马维亚·乌尔德·塔亚及东道主塞内加尔总统阿卜杜拉耶·瓦德）和法国总统希拉克出席了达喀尔国际农业会议。希拉克在会上重申，法国将一如既往地致力于非洲大陆的和平与安全。他强调，即便非盟决心自己承担起非洲安全责任，法国仍然希望与非洲伙伴共担责任，共同确保非洲的安全。

萨科奇出任总统以后，顺应国际形势和全球化的深入，试图弱化法国传统的独立自主外交特色，加强多边外交攻势，在全球范围内加大同美国的合作，重新融入北约；在对非关系上，强化多边框架，淡化法非特殊关系，注重平等伙伴关系的经济交往，与欧盟、联合国合作，与非洲发展关系，加强与非洲区域组织和次区域组织的联系。然而，在其任内，法对非洲的干涉却在加强，无论是出兵利比亚还是对 2011 年科特迪瓦选举的干涉，都是如此。进入 21 世纪以来，法国对安全的重视，在反恐议题上同美国的配合是显而易见的，法国视以萨赫勒地区为主的地区为"弧形危险带"（arc of danger）。

但法国外交传统的惯性决定了法国外交政策变化的局限性，尤其是在对非外交问题上，根深蒂固的军方和情报系统等各种政治势力的影响，左右派的分歧，不是总统能够轻易改变的。"法国外交政策呈现出惊人的连续性，几乎就像梵蒂冈的外交政策一样长期保持不变"[1]。法国未来的对非政策依然将受到种种历史与现实因素的制约，即使执政党更换也难以保证真正变革的实现。[2] 继 2013 年 1 月法国帮助马里当局从圣战分子武装那里夺回了对马里北部控制权的"薮猫行动"之后，法国特种部队同年 5 月 24 日又出兵尼日尔北部，这次是为了保护阿尔利特的法国铀矿企业，再次给人法国是"非洲警察"的感觉。

---

① Asad Hashim, "France's foreign policy: plus ca change?", http://www.aljazeera. com/indepth/spotlight/francevotes2012/2012/05/201254151956248836. html.

② 李洪峰:《萨科齐时期的法国对非政策：难以实现的"决裂"》,《国际论坛》2012 年 7 月，第 13 ~ 18 页。

2. 英国因素

尽管二战期间的丘吉尔保守党政府还有竭力保持大英帝国昔日风采的打算，但二战结束后上台的工党政府在如何对待殖民地的问题上比丘吉尔领导的保守党政府更为务实与进步，工党政府不仅接受了英国实力大大被削弱的事实，也能看到殖民地人民已经觉醒的事实和美苏都在利用殖民地问题争夺霸权的国际趋势，故采取了"顺应非殖民化潮流的政策和立场"①。自多数非洲国家独立以来，英国对非洲，尤其是对西非的兴趣减少，这与法国形成了鲜明对比。这主要是因为西非的尼日利亚、加纳、塞拉利昂和冈比亚对英国经济的分量小，不如东非和南部非洲。而1979年上台的保守党政府，基本把殖民地遗产当作某种"尴尬之物"，因而不愿进行太多的政治投资。②

英国没有法国借力非洲保持世界大国的外交战略。英国在二战结束后的国际政治战略主要分为三个层次：①保持与美国的特殊关系，维护其中等强国的世界地位；②作为欧共体成员国维护欧洲的地区性利益；③ ③借助英联邦继续保持对原殖民地和领地的影响乃至对世界事务的影响。英国通过与不同殖民地签署各种军事、经济及公职人员等方面的条约和协定，将新独立国家纳入英联邦，④ 从而维护英国在原殖民地的利益，保持对独立国家的影响。尤其在经济关系上，新独立国家对英国依赖依旧很深，如英镑区和英联邦特惠制延续下来，英国的垄断金融网依然存在，如

---

① 倪学德：《战后初期英国工党政府的非殖民化政策》，《历史教学》2005年第8期，第24~28页。

② John Ravenhill, "Dependency by Default: Africa's Relations with the European Union", in John W. Harbeson & Donald Rothchild, eds., *Africa in World Politics*, Westview Press, 1995, p. 101.

③ 田德文：《对外援助与国家利益：英国个案分析》，载周弘主编《对外援助与国际关系》，中国社会科学出版社，2002，第107~125页。

④ 英联邦是由英国和已经独立的前英国殖民地或附属国组成的联合体。1960年，英国促成了英联邦非洲特别援助计划（Special Commonwealth African Assistance Plan, SCAAP），旨在"扩大英联邦国家对发展中的非洲英联邦国家的援助"。该计划主要包括在双边协议下或借助多边国际机构如联合国等提供资本援助和技术援助。

英国巴克莱银行在尼日利亚有分支机构和营业处 89 个，在加纳有 55 个，塞拉利昂有 14 个。①

西非国家独立时，大量英国军事人员与公务人员留了下来。例如 1962～1965 年三个财政年度英国在加纳的联合训练队成员每年都有 200 人左右（见表 5-1）。②

表 5-1　英国在加纳军事人员统计表（军官/其他军事人员）

	1962 年 4 月	1963 年 4 月	1964 年 4 月	1965 年 4 月
皇家海军	18/25	20/20	26/18	26/18
陆　　军	17/35	17/35	17/35	17/35
空　　军	48/98	50/93	51/70	51/20
总　　数	83/158	87/148	94/123	94/73

与法国重视对西非国家领导人的培养不同，英国政治家"没有兴趣为培养非洲国家代理人而付费"③。英国对与西非的关系，更多地采取听之任之的态度，尤其是政治兴趣小，经济兴趣也只集中于尼日利亚，对非洲国家援助预算的下降已经使英国成为非洲事务上的二流角色。英语非洲国家的地位在英联邦成员组织中没有印度重要，英语西非的地位也赶不上南部非洲和东非。英国对非洲国家的官方双边援助不及美、法、德等国。在西非它援助的主要对象是加纳和尼日利亚。20 世纪 60 年代后半期及整个 80 年代和 90 年代的多数时间，英国的对非援助呈下降趋势。1987 年英国对整个撒哈拉以南非洲的援助不及意大利，仅占法国援助数量的 16%，只相当于加拿大和瑞典提供的援助。其在非洲的经济利益也几乎可以忽略不计，如 1987 年整个非洲大陆才占英国总出

---

① 南开大学经济研究所世界经济研究室编《跨国公司剖析》，人民出版社，1978，第 309 页。

② 转引自张顺洪、孟庆龙、毕健康《英美新殖民主义》，社会科学文献出版社，1999，第 167 页。

③ Christopher Clapham, *Africa and the International System*, Cambridge University Press, 1996, p. 87.

口量的 3.2%，非洲产品只占英国总进口量的 1.9%。[1]

这既有英国自身的原因，也有美国加强与英国在经济和文化上竞争的原因，美国的强大使得美国的吸引力更大，且有西非英语国家有意识地使对外关系多样化，以减少对英国的依赖的因素。[2] 第三章中所谈及的英语西非国家的三个外交倾向（比较彻底的反对殖民主义倾向、多边主义倾向、自主倾向）也减弱了英国在西非的影响。

英国政府历来是援助国集团利益的倡导者，但是英国的外交政策始终都是以国家利益为重，"当集团利益与国家利益重合的时候，以集团利益之名行国家利益之实；当集团利益损害了国家利益的时候，则坚决地捍卫国家利益"[3]。卡明（Cumming）指出，冷战结束后，英国给援助附加条件的目的是想减少援助预算。[4] 进入 21 世纪后，英国忽视了非洲的战略地位，缺乏持续、认真的外交介入，过度依赖援助政策，对非政策依赖日益削弱的传统纽带。[5]

2002 年 2 月，英国首相布莱尔访问了加纳、尼日利亚、塞拉利昂和塞内加尔，访问的目的首先是确保非洲政府同意实施"非

[1] John Ravenhill, "Africa and Europe: The Dilution of A 'Special Relationship'", in John W. Harbeson & Donald Rothchild, eds., *Africa in World Politics*, Westview Press, 1995, pp. 179 - 201. "大不列颠对非洲失去了兴趣在前主要殖民大国中是最为突出的"。

[2] 转引自 James Mayall in Michael Onipe Anda, *National Attribtes, Elite Perceptions and Interstate Interactions: An Analysis of Foreign Policy Behavior in West Africa*, Ph. D. diss., Milwaukee: The University of Wisconsin, ProQuest UMI Dissertation Services, 1990。

[3] 田德文：《对外援助与国家利益：英国个案分析》，载周弘主编《对外援助与国际关系》，第 114 页。Tony Killick 指出，英国的对外援助政策就是为了促进英国的国家利益，如外交、安全、移民和商业利益，这在 80 年代非常明显，几乎一半的双边援助都要求购买英国的商品和服务。Tony Killick, "Policy Autonomy and the History of British Aid to Africa", *Development Policy Review*, Vol. 23, No. 6, 2005, pp. 665 - 681.

[4] Gordon D. Cumming, "British Aid to Africa: A changing Agenda?", *Third World Quarterly*, Vol. 17, No. 3, 1996, pp. 487 - 501.

[5] Tom Cargill, "Our Common Strategic Interests-Africa's Role in the Post-G8 World", A Chatham House Report, June, 2010, www.chathamhouse.org.uk.

洲发展新伙伴计划",其次是准备把该计划提交给同年 6 月在加拿大举行的八国峰会。英国政府 2004 年启动了非洲委员会,并在 2005 年发布了该委员会的报告,试图为非洲的发展提出一系列综合的政策方针。2005 年英国首相布莱尔担任八国峰会及欧盟轮值主席期间,把加速非洲发展作为两项重要议程之一。英国打算在发展援助方面大幅增加预算。2007/2008 财年英国官方发展援助总额达到 65 亿英镑,相当于其 GDP 的 0.47%。自 1997 年以来,净增长了 140%。同时英国还积极推动实现联合国提出的将官方发展援助提高到占本国 GNI 0.7% 的目标,直到 2012 年这一比例还是 0.56%。[①]

然而,英国军火商人从非洲所获取的巨大利益与英国政府的这种积极政治承诺形成了巨大反差,英国对非洲武器销售在 2002 ~ 2005 年的四年时间里达到了 10 亿英镑(约 18.3 亿美元)。英国官方数字显示,这一数字和 1999 ~ 2004 年英国对非洲武器的销售量相比几乎增长了 3 倍,创下历史新高。对尼日利亚的武器出口自 2000 以来增长了 10 倍,连英国本国议员都在质疑这种武器销售与动用政治资金减免非洲债务的自相矛盾之处。[②] 由此看来,经济利益在英国对西非关系上仍然是主要的,英国对西非政策的任何改变都不会威胁其自身的利益。

随着欧共体及欧盟的成立,作为整体的欧洲继续重视西非,从《洛美协定》《科托努协议》至 2000 年《开罗宣言》的非欧对话,都显示欧洲国家尤其是德国、法国、英国在对外战略与外交上越来越趋于一致。尤其是英、法两国于 1998 年的圣马洛(St Malo)首脑会晤,确定了协调两国对非政策的意向。

3. 美国因素

美国对西非的影响可以分成三个阶段:第二次世界大战结束直到冷战结束之前,冷战结束之后直到 9·11 事件的发生,9·11

---

① Christopher Hum 于 2005 年 6 月 7 日在非洲委员会报告发布会上的开幕词,https://www.gov.uk/government/collections/overseas-development-aid-oda-information,2007 年 2 月 21 日。

② 英国《观察家报》2005 年 6 月 12 日,http://xinhuanet.com/mil/2005 - 06/12/content-3075/44.htm。

事件之后。

（1）冷战结束之前美国的影响。

从二战结束直到 1996 年，美国对非洲始终缺乏一套整体的外交政策框架，但这并不是说美国对非政策没有连贯性特征，这种连贯性特征体现在美国始终把非洲看作世界的边缘地区，只有当美国认为其反对的非洲外部势力如苏联的共产主义、宗教激进主义开始影响非洲时，它才会采取一些权宜之计。① 冷战时期，非洲对于美国来说，仅仅是美国与苏联争夺战略空间的一个微不足道的大陆。虽然美国为树立良好国际形象，顺应历史潮流，打出了反对殖民主义的旗号，但本质上是为了与欧洲老殖民帝国争夺市场，而在与苏联的冷战中，又需要这些欧洲国家的支持，故仍把非洲看作欧洲的势力范围。1959 年 10 月 23 日，美国参议院外交委员会发表的《美国对非洲的外交政策》的研究报告承认了这一点，"直到最近时期以来，我们一向依靠欧洲友好国家继续控制非洲"②。

20 世纪 50 年代末 60 年代初，分别以美苏为首的两大阵营经历了两次柏林危机、古巴导弹危机之后，进入了所谓和平竞赛的时期，苏美两国加强了对第三世界的争夺。此时非洲的前欧洲殖民地国家纷纷宣布独立，欧洲的影响减弱，其中一些国家受到社会主义制度吸引，美国觉得有必要对非洲国家给予援助，以防止非洲全面倒向

---

① Peter J. Schraeder, *United States Foreign Policy toward Africa*：*Incrementalism*，*Crisis and Change*, Cambridge University Press, 1994. Schraeder 在书中通过分析美国官僚政治、总统政治和国内政治三者在对非政策上的影响，指出了官僚政治在决策中的重要性以及这种重要性所带来的政策的渐进性特征，这种特征只有在非洲发生危机和危机加重时，才能被总统政治和国内政治所稍稍改变。但危机一结束，政策又恢复到官僚政治所主导的状况。这种官僚政治对非洲事务的看法受到下列三种趋势的影响：美国总统对非洲的忽视；认为欧洲应该对西方在非洲的利益承担主要责任；直到冷战结束前，东西问题的影响。冷战结束之后，美国对非政策的六种趋势：非洲对美国而言依然是微不足道的；减少经济与军事援助的压力增大；负责国家安全的人员依然是对非政策的主要驱动力；宗教激进主义的威胁；借助其他西方大国、国际组织和地区组织的多边主义方式处理非洲危机；在把民主标准作为加强美国与非洲关系的前提条件方面存在争论。

② 参见梁根成《美国与非洲》，北京大学出版社，1991，第 42 页。

社会主义。1958 年，美国国务院设立了非洲局并开始向非洲派遣
"和平队"，给予非洲国家发展援助，致力于在非洲扩大影响，但是
1967 年在苏联势力逐渐撤出非洲后，美国对非洲的援助就呈急剧下
降的趋势。美国的《对外援助法》称，美国发展援助的对象是那些
对地区有稳定作用的国家，如北非的埃及、西非的尼日利亚。

　　1967 年尼日利亚内战爆发时，美国表面上持"中立"立场，
实际支持的是分裂的东部地区"比夫拉"，向比夫拉地区提供了所
谓的人道主义援助，主要觊觎的是石油。① 美国不满加纳领导人恩
克鲁玛的社会主义倾向，在推翻恩克鲁玛的政变中插了一手。②

　　（2）冷战结束之后美国的影响。

　　冷战结束以后，在美国看来，非洲的战略价值大大降低。即
使是作为全球大国，美国的外交资源也是有限的，故在分配有限
的资源时，非洲所获得的资源最少。美国大部分的外交资源都用
在了与美国有着直接利害关系的地区，如中东、东亚、欧洲。虽
然美国想通过在非洲推广所谓自由市场与民主的价值观来保护美
国的经济与安全利益，但是对于应该从哪个地方开始、在何种程
度上推进及推进的方式，美国国内存在分歧。③ 对非洲问题的解
决，美国倾向于采取多边主义的立场，通过与区域组织、国际组
织或其他大国合作寻找解决方法。④ 1993 年美国在索马里所遭遇的

① Peter J. Schraeder, *United States Foreign Policy Toward Africa: Incrementalism,
Crisis and Change*, Cambridge University Press, 1994. Schraeder 指出，在尼日利
亚内战问题上，美国政府主要出于同西方盟国英国保持政策一致的考虑，对内
战双方持中立立场，但是随着内战的继续、选举日期的来临，美国国内倾向于
支持要求分离的比夫拉地区。梁根成指出，比夫拉富产石油是美国倾向于支持
比夫拉的动机所在。梁根成：《美国与非洲》，北京大学出版社，1991。

② 美国报刊透露美国中情局难逃干系。

③ David F. Gordon, "Congress and the Future of U. S. Foreign Policy Toward Africa",
A Journal of Opinion, Vol. 24, No. 1, Issues in African Higher Education, Winter -
Spring 1996, pp. 5 - 9.

④ 参见 Donald Rothchild, "Regional Peacemaking in Africa: The Role of the Great Powers
as Facilitators", in John W. Harbeson and Donald Rothchild, eds., *Africa in World
Politics*, Westview Press, 1995, pp. 284 - 306. 同时参见 Donald Rothchild, "The
United States and Conflict Management in Africa", in John W. Harbeson and Donald
Rothchild, eds., *Africa in World Politics*, Westview Press, 1995, pp. 209 - 233。

挫折使克林顿政府重新研究了美国对非洲的军事战略，制定了减少直接干预、加强训练非洲国家军队的方针。美国减少了对非洲的援助及国际维和预算，尤其是对撒哈拉以南非洲，如对在卢旺达发生的种族屠杀、利比里亚的内战，都没有进行军事干预，更没有去帮助卢旺达人民捍卫人权与自由。虽然美国与利比里亚有着特殊关系，但是因利比里亚在冷战后的美国全球战略中的地位下降，美国不再继续维护这种关系。美国的态度影响了联合国，间接影响了非统组织，这是利比里亚和塞拉利昂内战持续很长时间的国际因素。美国只是在西共体停火监督组织开始干预利比里亚内战后，给予了西共体一定数量的资金支持，并劝说了塞内加尔出兵。其间美国对非的外交政策，主要体现在年度预算分配的资金额度上，仅仅通过支持国际维和组织、联合国及其相关专门机构，进行人道主义紧急救助、双边援助，如通过联合国开发署和联合国儿童基金会、国际金融机构（主要是世界银行的无条件低息长期贷款）、国际发展协会等对非洲给予援助。

美国在非洲减少军事干预的同时，并没有放松对经济领域的开拓，不再听任欧洲独占非洲市场。1996年2月，克林顿政府向国会递交了《美国对非洲贸易和发展援助的综合政策》报告，报告主要内容是非洲市场应该向所有人开放，美国的对外政策必须有助于促进美国企业在非洲地区的发展。此报告表明美国已经改变了冷战时期偏重政治和军事的对非战略，而形成了偏重资源和市场的新战略。[①] 克林顿总统1998年曾访问了6个非洲国家以显示美国开始重视非洲。

1996年，美国创建了"非洲危机反应部队"（African Crisis Response Force），由美国欧洲司令部指挥。1998年，美国驻肯尼亚和坦桑尼亚使馆遭到恐怖组织袭击后，美国加大了在非洲的反恐力度。1997~2000年对塞内加尔、乌干达、马里、加纳等国的部队进行了训练。后来，"非洲危机反应部队"更名为"非洲危机

---

① 夏吉生：《论克林顿政府对非洲政策》，《西亚非洲》1998年第1期，第16~22页；汪勤梅：《不变中有变化的美国对非政策》，《和平与发展》1998年第1期，第42~46页；李欣欣：《美国关注非洲的原因》，《经济研究参考》1998年第40期，第20~28页。

积极反应部队"（African Crisis Active Response Force），2002 年，它又被改编为"非洲紧急作战训练援助部队"（African Contingency Operations Training and Assistance Force）。美国通过四项措施强化在非洲的军事存在：一是大幅修改训练内容；二是在非洲新设美军基地，或加强原有美军基地的作用；三是以美国特种作战部队指导各国军队的形式打击恐怖组织；四是同当地部队进行联合演习。美国不仅在尼日利亚的训练中心对非洲各国军队进行"攻击训练"，还向各国提供攻击性重武器。

　　（3）9·11 事件后美国的影响。

　　9·11 事件后，布什政府以"国家安全战略"为中心加紧调整对非洲的政策，重新确认非洲的战略价值，并将非洲大陆作为美全球战略的一个支撑点，2003 年发表的《美国国家安全战略》将强化与非洲能源生产国的合作确定为"加强美国自身能源安全"的重要途径，并通过包括军事培训和提供必要的设备等各种方式，促进非洲国家的反恐工作，从而为美国利益提供安全保障。美国在非洲东北部的吉布提拥有军事基地后，又谋求在西非岛国圣多美和普林西比建立海军基地，基地将具有可停泊航空母舰的规模。以反恐和石油安全为主轴的美国对非政策形成。美国重新把非洲纳入其全球战略，非洲成为其 21 世纪全球战略的重要一环，如同冷战时期一样。但不同于冷战时期之处是假想敌是动态的，不确定的，反恐战争是"一场既无明确边界也无明确敌人的战争"①，这样一来，对谁是恐怖主义分子、何种行为是恐怖主义行为的认定就是可以被随意裁定的，这为美国干预他国内政、操纵国际事务，乃至实行双重标准提供了便利条件。

　　2002 年11 月，美国国务院的反恐办公室"为支持美国在非洲发起反恐战争和提高区域安全与和平的两大目标"，提出并开始实施泛萨赫勒倡议（the Pan Sahel Initiative），旨在"通过人员培训、设备提供与加强彼此合作，帮助马里、尼日尔、乍得和

---

①　"The Responsibility to Protect", Report of the International Commission on Intervention and State Sovereignty, http://www.idrc.ca.

毛里塔尼亚这些国家有效检测及应对可疑的跨境人员及商品"。该倡议在 2005 年被覆盖面更大的跨萨赫勒反恐倡议（the Trans-Saharan Counterterrorism Initiative）① 取代，进而成为 2008 年美国非洲司令部计划的一部分。该倡议确定了美国反恐的新战场包括"从非洲之角到西撒哈拉的大西洋岸的不受治理的狭长地带"，在这个新的与"基地"组织和圣战分子作战的地方，"美国吸取了在阿富汗和伊拉克的教训，改变了战术，不再直接出兵，而是向非洲合作伙伴国派遣特种部队帮助训练非洲士兵，提供必要设备"②。这使萨赫勒地区成为美国"持久自由行动"全球反恐战略的六个组成部分之一，③ 目的是防止该地区成为恐怖分子的避风港。来自北非和西非的 11 个国家成了这个倡议的成员国：阿尔及利亚、突尼斯、摩洛哥、利比亚、乍得、马里、毛里塔尼亚、尼日尔、塞内加尔、尼日利亚、布基纳法索。这种所谓的反恐战略无视萨赫勒地区的经济贫困、政治纠葛和历史遗留的族群问题，掩盖了该地区的真正问题。西方军事力量的存在不仅无助于减少恐怖主义滋生因素，反而使当地原本温和的政治派别极端化，无助于该地区的发展和稳定。古特留斯（D. Gutelius）所预言的"美国制造了原本并不存在的非洲敌人"④ 逐渐变成了事实。

美国在非洲的反恐和保障美国的能源供应链密切相关。⑤ 美国

---

① http://www.globalsecurity.org/military/ops/pan - sahel.htm；Statement of General James L. Jones, USMC, Commander, United States European Command, before the Senate Foreign Relations Committee, on 28 September, 2005, Senate Foreign Relations Committee, http://www.globalsecurity.org/military/ops/tscti.htm.

② Craig Smith, "U. S. Training African Forces to Uproot Terrorists", *New York Times*, May 11, 2004.

③ 2001 年 9·11 事件后，美国发动了名为"持久自由行动"（Operation Enduring Freedom）的全球反恐战争，该战略包括六个部分，分别在阿富汗、菲律宾、非洲之角、潘基斯峡谷（已于 2004 年完成）、跨萨赫勒地区及加勒比和中美洲地区展开，http://en.wikipedia.org/wiki/Operation_Enduring_Freedom。

④ David Gutelius, "US Creates African Enemies Where None Were Before", *Christian Science Monitor*, July 9, 2003.

⑤ Michael Klare & Danel Volman, "The African 'Oil Rush' and US National Security", *Third World Quarterly*, Vol. 27, No. 4, 2006, pp. 609 - 628.

把非洲石油定义为实现美国国家利益的战略产品。美国加快了石油多元化战略步伐，加紧对西非石油资源的抢占和控制，以减少美国对中东地区石油的过分依赖，增加石油进口渠道，保证本国的石油供应安全。因此，重视加强与西非国家的能源合作，以逐步减少对海湾原油的依赖。几内亚湾沿岸西非国家已经成为美国实施非洲石油资源战略所瞄准的头号目标，美国在非洲几内亚湾地区的石油勘探和开采活动已经覆盖20万平方公里，涉及近10个国家。资料显示，几内亚湾地区的石油储量可能超过800亿桶，且油质上乘，便于海上运输。[①] 美国各大石油公司计划在未来的10年内在这一地区投资700亿~800亿美元。在尼日利亚和安哥拉之后，美国石油公司又进入几内亚比绍、乍得及圣多美和普林西比，并逐步向整个几内亚湾地区扩张。

美国战略与国际研究中心（the Centre for Strategic and International Studies，CSIS）毫不隐讳地指出了美国在9·11事件后大幅增加对西非及中非，尤其是对尼日利亚、安哥拉的投资的五点理由：①地理位置易接近；②尼日利亚、安哥拉提供的投资条件优厚，如减免税、特许权、投资回报率高（达15%）等；③中非、西非海岸新发现油田，海上石油前景吸引人；④石油价格持续走高；⑤除尼日利亚外，其他国家如安哥拉、赤道几内亚等不是OPEC成员国，不受OPEC石油配额的限制。[②] 这五点理由赤裸裸地暴露了美国重视尼日利亚等非洲国家的真正图谋。正如该中心所说的，重视西非是美国能源供应多元化战略的需要，

① 西非地区石油储量丰富，原油品质高，开发和提炼成本较低，尤其是在海上开发石油既可避开一些国家的政治或社会动乱，又为外运提供了便利。在美国勘探成功发现油井的比例大约是10%，而在西非发现的比例则高达50%~60%。西非石油储量估计可达1000亿桶，相当于伊朗的石油储量。http://www.cetsgm.com/2006-2/200626153732.htm，陈顺：《美国加紧控制西非石油资源》，《中国石油报》2006年2月6日。

② David L. Goldwyn and J. Stephen Morrison（cochaits），*A Report of the CSIS Task Force on Gulf of Guinea Security*，July 1，2005，http://csis.org/publication/strategic-us-approach-governance-and-security-gulf-guinea；Walter H. Kansteiner Ⅲ and J. Stephern Morrison，*A Report of the Africa Policy Advisory Panel*，May，2004，http://CSIS.org/publication/rising-us-stakes-afarica.

无论美国支持尼日利亚在西非的领导作用，还是谴责尼日利亚政府统治不够民主，出发点都是为了保障美国在这个地方的石油利益。

2005 年 7 月 20 日，美国国务卿赖斯出席了在塞内加尔首都达喀尔举行的《非洲增长与机遇法》第四次论坛。赖斯在论坛闭幕式上敦促西非国家珍惜美国向非洲大陆提供的经济增长机遇，增加对美国的出口，特别是石油出口。2005 年 10 月，美国在塞内加尔首都达喀尔设立了其在西非地区的第二个贸易中心，与 2003 年在加纳首都阿克拉开设的贸易中心密切配合，以加强美国与西非地区的贸易往来，尤其是石油贸易。2003 ~ 2004 年，美国从撒哈拉以南非洲国家的进口增加了 88%，达 266 亿美元，其中 80% 是石油和石油产品。雪佛龙、埃克森－美孚及埃索等美国各大石油公司已经在西非国家站稳了脚跟。目前，赤道几内亚、安哥拉、加蓬、刚果（布）和科特迪瓦等国的油气资源已基本掌握在美国公司手中。

美国只有在事关本国安全、经济等切身利益时才会想到非洲，无论是冷战时与苏联的争霸，还是 9·11 后的反恐都是如此，而不会因非洲的贫困、疾病与政治经济状况而重视非洲。美国一向是以军事保石油，在中东如此，在非洲亦然。美国对非洲产油地区的军事影响正在快速增强。

为了加强同其他国家的竞争，美国开始了立足长远的非洲战略规划，注重亲美人才的培养。2010 年，名为"总统倡导的非洲青年领袖论坛"（the President's Forum with Young African Leaders）吸引了来自非洲政治、经济、文化和社会各个领域、代表 45 个国家的非洲青年领袖。奥巴马政府提出了青年非洲领袖倡议（Young African Leaderships Initiative），到 2013 年 6 月时，已有 250 人接受了培训，还通过富布赖特项目（Fulbright Program）每年资助来自 34 个非洲国家的 260 名学生到美国学习，并资助泛非大学（the Pan African University）。①

---

① Reuben Brigety, Deputy Assistant Secretary, Bureau of African Affairs, Hilton Washington, D. C., "Intertwined: The History of Africa and America", 29 – 05 June, 2013, http://www. africanexecutive. com/modules/magazine/articles. php? article = 7246& magazine = 441.

允诺利用技术帮助非洲更全面地融入全球经济，通过"保障未来粮食供给"（Feed the Future）的粮食保障行动计划，促进12个非洲对象国实现农业现代化；且开始注重非洲大陆内的区域一体化发展。2012年，奥巴马在新战略中承诺帮助非洲国家改善贸易与投资环境，促进地区一体化，增强非洲进入全球市场的能力。这是美国执行"轻脚印"政策的一方面。美国非洲司令部司令卡特·汉姆最近在美国国会表示，"轻脚印"政策才符合美国在非洲的需要。南非媒体认为，"重脚印"会使非洲国家和国际社会担忧美国将加大对非洲军事存在。同时美军在非洲多以"执行医疗救助、紧急疏散、后勤支持"等借口建立情报网。美国非洲司令部网站报道，美国非洲司令部2012年6月14日成立两支新作战任务部队，帮助非洲预防和消灭疟疾。①

2013年，在非盟成立50周年前夕，美国非洲事务官员撰文称，美国是非洲大陆以外第一个向非盟派驻大使的国家；希拉里在其任职国务卿的最后日子里，同非盟秘书长祖马签署了美国－非盟战略伙伴关系谅解备忘录；在过去的15年里，美非贸易额由310亿美元增至990亿美元；在《非洲增长与机遇法》实施后的12年里，非洲向美国出口产品价值4240亿美元，2015年该法案将续订；美国对非的高层访问大幅增加。

对法国、英国、美国的对非关系的分析表明，大国对西非的政策始终是以自己国家利益为中心的，不会顾及西非的选择。越是实力强的国家，其对非政策的变动越大，也越自私，因为它有求于西非的相对少些，尤其是面对单个国家时。法国无论在经济上、政治上还是外交上都有求于西非，且占据文化上的优势，法国与西非关系的开展更有可能是平等互利的，但西非各国必须联合起来，才有实力同法国进行平等的谈判。尽管西方大国在经济方面存在着竞争关系，尤其是法美在非洲竞争较激烈，但西方大国在后冷战时期，

---

① 苑基荣：《贸易"擂重鼓"，军事"轻脚印"——美两手调整对非政策》，《人民日报》2012年6月19日，第21版。

在对待非洲的外交方面更趋向于"采取集体行动",① 尤其是在政治、军事方面。

西方国家常常言行不一,口头上大力宣传要推行民主与法治,但是其实际作为往往背道而驰,仅在 2003 年,八国集团就向发展中国家出口了价值 120 亿美元(66 亿英镑)的武器装备,其中,八国集团的六个成员国——美国、英国、法国、俄罗斯、德国和意大利都名列全球武器销售排行榜的前 10 位。"武器控制运动" 2005 年 5 月公布的一份报告证实了上述数字,② 该报告发现,八国集团的所有成员国都与"未能防止不负责任的军火交易"有关联。该报告还发现,世界贫穷国家(多数是非洲国家)所欠债务的 20% 都来自过去同八国集团所做的军火交易。

非洲国家不应忘记这样的忠告:"超级大国更多的是要降低非洲国家紧张关系的'微小影响',而不是消除紧张关系的根源。它们关心的是防止其各自(非洲)代理人利用内部或区域冲突危及它们自己的全球优先利益而不是在非洲促进'社会主义'或者'自由主义'。"③ 这些大国的影响不会从主观上有利于西非国家之间的合作和西非区域一体化的发展与深化。如果西非国家的合作有利于这些大国获取更大的利益,这些大国就会支持,至少不会反对,否则它们就会无情地加以阻挠。这是西非国家在西非一体化中应该时刻注意的。

二 国际组织与西非一体化

来自联合国、非统/非盟和欧共体/欧盟三个国际组织的影响对西非区域一体化的进展有着积极的作用,这些积极作用体现为

---

① 钟伟云:《非洲在国际体系中的地位》,《西亚非洲》2002 年第 3 期,第 16~21 页。

② http://www.xinhuanet.com/world/2005 - 06/28/content_ 314506.htm. "武器控制运动"包括英国牛津饥荒救济委员会(Oxfam)、大赦国际、国际轻武器行动网络。这些数字是美国国会研究处公布的,涉及 1996~2003 年的军火交易情况。

③ Phoebe Kornfeld, "Togo", in Timothy M. Shaw and Julius Emeka Okolo, eds., *The Political Economy of Foreign Policy in ECOWAS*, The Macmillan Press Ltd., 1994, pp. 173 - 186.

咨询建议、技术帮助和方向上的指导。

1. 联合国的作用

成立西非国家经济共同体的创意来自非洲经济委员会，早在 20 世纪 60 年代中期非洲经济委员会为非洲进行发展规划时，就把非洲分成了东、西、南、北、中五大区域，其中西非包括 14 个国家（当时葡属几内亚比绍和佛得角还未独立）。1966 年 10 月和 1967 年四五月分别在尼亚美和阿克拉召开了专门会议，讨论设计中的经济合作组织及签署计划中的西非经济共同体的组织条款（an Article of Association of the Proposed Economic Community of West Africa）和成立过渡部长理事会（an Interim Council of Ministers）。1968 年 11 月，过渡委员会在达喀尔开会，为 1968 年 4 月在蒙罗维亚召开的国家元首峰会做准备，峰会决定建立西非区域集团，但是当时只有 9 个国家参加并签署了草约，1969 年还计划签署西非共同市场条约。

1986 年的《联合国 1986~1990 年非洲经济复兴和发展行动纲领》（United Nations Program of Action for African Economic Recovery and Development）、结构调整方案的非洲替代框架（African Alternative Framework to Structural Adjustment Programs，AAF－SAP）和阿布贾条约（Abuja Treaty）、1991 年的《联合国 20 世纪 90 年代非洲发展新议程》（United Nations New Agenda for the Development of Africa in the 1990s，UNNADAF）和 1995 年的《开罗行动议程》（Cairo Agenda for Action），是联合国通过的一系列促进非洲经济一体化目标实现的新建议和承诺。

对多国发展项目给予金融支持是非洲开发银行（African Development Bank，ADB）的法定义务，非洲开发银行也对区域机构给予支持，如与西共体和西非发展银行有合作方面的安排，为西非发展银行提供担保；组织区域活动支持私人部门的发展，并在专门领域创设区域机构。[①] 但是非洲开发银行在多国发展项目的

---

① Momar-Coumba Diop and Réal Lavergne, eds., *Regional Integration in West Africa*, Proceedings of International Conference Organized by IDRC in Dakar, Senegal, Jan. 11 – 15，1993，the International Development Research Centre, February 1994, p. 5.

资金支持方面表现不容乐观，1967～1991年，非洲开发银行仅有2.13%的贷款和助款用于多国项目（其中47%通过次区域金融机构发放，25%用于交通部门）。原因可能是多种的，成员国没有把多国项目作为优先项目是原因之一。

联合国对冷战后的西非区域社会政治稳定起了很大作用，首先是支持西共体结束利比里亚内战的努力。这些努力包括在1990年建立西共体的观察部队军事观察组（西非观察组）、实行武器禁运、任命特别代表，1993年设立利比里亚观察团（联利观察团）（United Nations Observer Mission in Liberia，UNOMIL），联利观察团是联合国第一次同另一个维持和平行动组织进行合作的使团。继联利观察团于1997年9月30日完成任务后，联合国设立了联合国利比里亚建设和平支持援助办事处（联利支助处），由秘书长的代表领导。这是联合国缔造和平使命的第一个支助办事处，其主要任务是在1997年7月多党选举后协助政府巩固和平。2003年8月1日，安全理事会通过了第1497号、第1509号决议，授权并建立了联利特派团，该联合国多国部队有15000人，主要是贝宁、冈比亚、加纳、几内亚比绍、马里、尼日利亚、塞内加尔和多哥等国政府派遣的部队。联利特派团如期于当年10月1日接管了西共体部队的维持和平的职责。①

在努力结束利比里亚内战的同时，1995年联合国开始参与结束塞拉利昂内战，秘书长任命了一个特使，以便在内战中进行调解。联合国安理会于1997年对塞拉利昂的又一次军事政变实施了石油和武器禁运，并授权西非国家经济共同体动用其停火监督组织的部队以确保禁运的实施，接着成立了联合国塞拉利昂观察团（联塞观察团）（United Nations Observer Mission in Sierra Leone，UNOMSIL）、联合国塞拉利昂特派团（联塞特派团）（United Nations Mission in Sierra Leone，UNAMSIL）和审判战争罪犯的一个特别法庭。到2001年11月，联合国塞拉利昂特派团完成了在该国各地派驻维和部队的任务。解除武装的进程在2002年1月完成。

---

① http://www.un.org/Chinese/peace/peacekeeping/Liberia/background.htm.

属于各个派别的总数为 57000 人的战斗人员被解除武装并复员，从而为总统选举和议会选举铺平了道路。

随着 2002 年 5 月选举的结束，联合国塞拉利昂特派团通过增强国家权威，使前战斗人员重返社会（共有 46900 名前战斗人员受益于短期"重返社会项目"，2003 年 6 月也有同样的举措），帮助国内流离失所者和国外回归者安置生活等，全力帮助该国政府巩固和平。国内流离失所者的重新安置工作于 2002 年 12 月完成，塞拉利昂真相与和解委员会、特别法庭于 2002 年中期开始发挥作用。

2002 年 9 月，安理会批准了分四个阶段完成削减联合国塞拉利昂特派团部队的计划，并计划于 2004 年 12 月最终完成。前两个阶段的任务按期完成。到 2004 年 2 月，特派团部队的人数从 17500 人削减到 11672 人。削减的步伐根据塞拉利昂安全部队在承担国内安全和国外安全任务的能力上所取得的进步而定。为达到这一目的，安理会批准派 170 名民警工作人员到联合国塞拉利昂特派团，以协助训练塞拉利昂警察部队。而一个国际军事顾问训练组一直在帮助重建和改革塞拉利昂军队。

2002 年下半年，西非国家经济共同体牵头的关于科特迪瓦的商谈陷入僵局，此后，联合国安理会开始了主导在科特迪瓦恢复和平与稳定的过程，扮演和平调停与促进者的角色，帮助科特迪瓦解决危机。自 2003 年 2 月以来先后通过第 1464 号决议（2003）、第 1479 号决议（2003）、第 1528 号决议（2004）、第 1572 号决议（2004）、第 1584 号决议（2005）、第 1609 号决议（2005）、第 1721 号决议（2006）、第 1739 号决议（2007）等一系列决议，敦促科特迪瓦各方遵守利纳 – 马库西（Linas-Marcoussis）协议。联合国任命阿尔贝·泰沃埃代日尔为其科特迪瓦特别代表，先后成立了联合国科特迪瓦特派团（联科特派团）（United Nations Mission in Côte d'Ivoire，MINUCI）及联合国科特迪瓦行动（United Nations Operation in Côte d'Ivoire，UNOCI），同时授权法国军队在科特迪瓦采取行动，与非盟和西共体密切配合，确保有关和平协议的实施、监督裁军、解除武装，保护平民、恢复政府权威，并支持科特迪瓦举行自由、公正的选举。①

1999 年 3 月，联合国成立了联合国几内亚比绍建设和平支持援助办事处，旨在帮助该国政府形成一个有利环境，以便恢复和巩固和平、民主、法治，并组织自由和公正的选举。2003 年 12 月 19 日，安理会恳请各方给几内亚比绍提供紧急援助。联合国成立了由联合国开发计划署管理的紧急基金，帮助该国政府（政府当时面临 1830 万美元的预算短缺）度过危急阶段，以便使该国的社会服务能继续进行。

2004 年 2 月 13 日，在科特迪瓦的阿比让召开了有联合国驻塞拉利昂、利比里亚和科特迪瓦三支维和部队指挥官参加的"加强军事合作"会议，20 日联合国在塞内加尔首都达喀尔召开了联合国驻上述三国和驻几内亚比绍的和平使团团长参加的"行动协调"会议。至此，联合国在西非地区的政治和军事协调行动全面展开。联合国鼓励驻西非各代表团间的政治协调和和平行动，加强人员联络和信息交流，以便在有情况时做出快速反应；维和部队间保持着经常联系，并在边境建立观察所，一旦发生突发事件，可马上向对方发出警报；加强边境地区地面和空中联合巡逻，最大限度地控制人员流窜与武器走私。②

联合国为平息 20 世纪 90 年代以来西非国家相继发生的内战与动乱做出了不懈努力，参与了利比里亚、塞拉利昂、几内亚比绍和科特迪瓦的政治秩序的重建过程，帮助树立相关国家政府的权威，其中有些努力是不可替代的，如授权西非国家经济共同体停火监督组织的维和使命，为几内亚比绍提供救助资金，稳定西非大国科特迪瓦的局势等，③ 这些努力促进了西非区域政治的稳定。由西非各国组成的联合国维和部队在组织上为合作积累了经验，

---

① http://www.un.org/Depts/dpko/missions/unoci/mandate.html.

② 赵章云：《联合国协调西非行动全面展开》，《人民日报》2004 年 2 月 24 日，第 3 版。

③ Francis 详细论述过联合国对稳定塞拉利昂局势所做的贡献。David J. Francis, *The Politics of Economic Regionalism – Sierra Leone in ECOWAS*, Ashgate Publishing Ltd., 2001, pp. 165 – 178。

加深了区域共同体意识。

联合国在推动非洲区域一体化发展方面进行了两种不同的尝试：冷战中，注重从经济发展入手，倡导集体自力更生，为非洲大陆一体化和区域一体化进行宏观筹划，西非区域一体化的启动得益于这种引导；冷战结束后，联合国对西非区域一体化的发展的贡献体现在政治安全方面，在利比里亚、塞拉利昂、几内亚比绍、科特迪瓦四国所进行的维和任务促进了西非区域政治的稳定，为一体化的推进创造了有利条件。

2011 年国际社会对科特迪瓦选举僵局和利比亚动乱危机的反应与行动，对非洲一体化有着非同寻常的意义。一方面，从积极意义方面来看，区域组织在处理本地区冲突与危机中的作用越来越大，被看作了地区冲突与危机处理的守门员，影响着联合国安理会议题的设定与政策选择；① 但是另一方面，安理会解决利比亚人道危机的第 1973 号决议打破了联合国在人道主义干预中须征得当事国同意的底线原则，这为外部干预政权更迭打开了方便之门。针对科特迪瓦选举僵局的第 1975 号决议，突破了"主权不可干涉原则"，突破了联合国维和行动的"中立、同意、自卫"三原则，导致人道主义干涉难以避免"选择性"和"工具化"。②

2. 非洲统一组织/非盟的作用

非洲统一组织追求的就是非洲国家之间的团结与合作，并指出要通过协调和调整各国在政治、外交、经济、文化等六个方面的政策来实现非洲一体化的目标。其宪章确认了不干涉内政和尊重各国主权与领土完整的原则。1964 年在开罗举行的非洲统一组织第一届国家和政府首脑会议上，做出了关于非洲边界不得改变的决议。这些原则避免了非洲国家之间因边界问题而发生争端、影响非洲国家之间的团结和非洲政治的稳定。虽然西非各国先后发生过军事政变，

---

① Allex J. Bellemy and Paul D. Williams, "The New Politics of Protection? Côte D'Ivoire, Libya and the Responsibility to Protect", *International Affairs*, 87: 4, 2011, pp. 825 – 850.

② 李瑞景：《联合国维和部队"人道主义干涉"的合法性辨析》，《国际资料信息》2012 年第 1 期，第 25～30 页。

国内政治动荡，但西非国家之间并没有发生很大的冲突乃至战争，这很大程度上要归功于非洲统一组织所确认的这两条原则。1969 年通过的《关于非洲难民问题的公约》也是协调非洲国家关系的一个重要条约，有效地减少了国家之间产生摩擦的根源。1973 年第 10 届非统组织首脑会议通过了《关于合作、发展和经济独立的非洲宣言》（the African Declaration on Cooperation, Development and Economic Independence），即亚的斯亚贝巴宣言（Addis Ababa Declaration），第一次明确提出"集体自力更生"的方针。在该宣言的鼓舞下，包括西非国家经济共同体在内的许多非洲区域经济合作组织相继成立。1976 年在金沙萨通过了《非洲实行新经济秩序原则的修正框架》（the Revised Framework of Principles of Implementation of the New Economic Order in Africa）。1979 年在蒙罗维亚通过了《非统组织成员国元首和政府承诺为建立国际经济新秩序而在社会和经济发展中实现国家的和集体的自力更生的纲领和措施的蒙罗维亚宣言》（简称《蒙罗维亚宣言》），该宣言承诺要推动并促进非洲地区的社会发展和经济一体化，希望努力推动非洲共同市场的建立，并最终建成非洲经济共同体。该宣言展望了 21 世纪初的非洲愿景：高度自给自足，各国民主得到发展，财富公正分配，非洲团结巩固，国际地位提升。① 在《蒙罗维亚宣言》的基础上，1980 年通过了《拉各斯行动计划》及《拉各斯最后行动方案》（the Final Act of Lagos），重申自力更生是非洲国家、区域和大陆三个层面发展的基础；要将外部资本引向采矿业、能源和大型项目；尽快促进非洲国家间的经济合作。②

1985 年非统通过了《1986～1990 年非洲经济复兴优先方案》（Africa's Priority Program for Economic Recovery, APPER）。1989 年 7 月，非统第 25 届首脑会议通过决议，要求认真执行《拉各斯行动计划》，促进和加强非洲的合作与经济一体化，加快建设拟议中的非洲经济共同体，并通过了《非洲社会经济转型结构调整替代方案框架》

---

① "What Kind of Africa in the Year 2002?", OAU, Addis Ababa, 1979.
② Abdalla Bujra, ed., "Africa Development", *A Quarterly Journal of CODESRIA*, Vol. VII, No. 1/2, 1982, A special number on The LPA, See Bujra's Editorial, p. I to VI.

〔the African Alternative Framework to Structural Adjustment Programme for Socio-Economic Transformation（AAF－SAP），UNECA〕。但这个非洲国家自己制订的符合非洲发展需要的方案遭到来自西方主要捐助国的反对，沦为一纸空文。1991 年 6 月，非统第 27 届首脑会议在尼日利亚首都阿布贾签署了《非洲经济共同体条约》，计划在 34 年内逐步完成并建成非洲经济共同体，最终建立非洲内部市场、非洲中央银行和非洲统一货币。这个条约描绘了非洲一体化与非洲发展的蓝图，并强调了一体化对非洲发展的作用。①

所有这些决议与宣言表明，非洲国家在这一点上已经达成共识，即没有各国之间的协调与合作，尤其是在发展政策上的协调，非洲国家就无法取得真正的经济发展。这些协议也表明了非统从政治性较强的组织向政治经济相结合的组织转变的过程，直至被非洲联盟所取代。② 非盟积极落实 2001 年发起的"非洲发展新伙伴计划"，③ 推动各国加强基础设施建设、吸引和争取外资及援助，

---

① Abass Bundu, "Chapter 2 ECOWAS and the Future of Regional Integration in West Africa", in Réal Lavergne, ed., *Regional Integration and Cooperation in West Africa－A Multidimensional Perspective*, Canada：International Development Research Centre, Africa World Press, Inc., 1997, pp. 29－47.

② 参见徐人龙《非统组织的历史作用》,《西亚非洲》2003 年第 2 期，第 43～46 页。1999 年 9 月，非统组织第四届特别首脑会议通过《苏尔特宣言》，决定成立非盟。2000 年 7 月，第 36 届非统首脑会议通过了《非洲联盟章程草案》。2001 年 7 月，第 37 届非统首脑会议决定正式向非盟过渡。2002 年 7 月 8 日，非统组织在南非德班召开最后一届首脑会议。9 日至 10 日，非盟举行第一届首脑会议，并宣布非盟正式成立。

③ "非洲发展新伙伴计划"（the New Partnership for Africa's Development，NEPAD）是 2001 年 7 月在赞比亚首都卢萨卡召开的第 37 届非洲统一组织首脑会议上一致通过的。它是非洲自主制订的第一个全面规划非洲政治、经济和社会发展目标的蓝图，旨在解决非洲大陆面临的包括贫困加剧、经济落后和被边缘化等问题。"非洲发展新伙伴计划"描绘了非洲未来的发展和振兴前景。20 世纪 90 年代末期，姆贝基提出的"非洲复兴"口号得到了许多非洲国家的响应；随后，姆贝基、尼日利亚总统奥巴桑乔和阿尔及利亚总统布特弗利卡共同提出了"非洲复兴千年伙伴计划"，最后定名为"非洲发展新伙伴计划"。但由于非洲一些国家局势动荡等因素，实现这一计划并非易事。因此，该计划的实施除需依靠非洲各国自己的努力和协调之外，还需要国际社会特别是发达国家的积极支持和配合。

以促进非洲大陆经济一体化。在维护地区安全、调解地区战乱与冲突方面，非盟也采取了积极的行动，非盟计划组建一支由1.5万人组成的非洲常备维和部队，以应对非洲大陆可能发生的冲突事件，使非洲大陆出现了"摒弃暴力，寻求和平"的良好势头。"非洲互查机制"是"非洲发展新伙伴计划"的一项重要内容。① 西非的加纳和尼日利亚等国都参加了互查机制。2006年7月1日，非盟第七届首脑会议在冈比亚首都班珠尔召开，会议的主题为"推动经济共同体与地区一体化协调发展"。

在维护区域安全方面，非盟担当起越来越重要的角色。拉克索（Laakso）倡议在维和和非洲区域安全方面使用多层面治理模式（Multi-level Governance）时，指出非盟的参与是其中的一个重要层面，他认为当卷入冲突的国家为该区域的主要领导角色时，或者区域内邻国之间对抗激烈时，非盟的作用就凸显出来，而且非盟更能在全球层面上代表非洲安全利益，更有能力赢得国际机制的持续支持。② 如在解决西非大国科特迪瓦的动乱问题上，西共体组织的作用就赶不上非盟及联合国的作用。2005年10月13日，联合国安理会听取了非盟递交安理会的对科特迪瓦形势的声明，经过讨论于14日发表支持非盟立场的公报，即科特迪瓦总统巴博在当年10月30日任期满后留任一年，任命一位各党派都接受的新总

---

① 为确保"非洲发展新伙伴计划"的顺利实施，2003年3月，该计划首脑执行委员会会议通过了关于实行非洲互查机制的一系列文件，希望通过这一机制推动各国政府实行良政，从而实现政治稳定、经济快速增长，使非洲走上持续发展的道路。2004年2月，20多位加入"非洲发展新伙伴计划"框架的非洲国家领导人和高官在卢旺达首都基加利举行首届非洲互查机制论坛，正式启动了"非洲发展新伙伴计划"框架内的非洲互查机制。根据有关规定，非洲联盟的53个成员国可自愿加入互查机制。加入的国家必须将其政府管理、经济政策及人权等方面的情况公开，接受其他成员国按照既定标准进行检查和评估。如果经过互查，某个成员国没有达到预先规定的标准，互查机制的专门机构有权要求该国在没有达标的方面进行改革，并提出具体建议。

② Liisa Laakso, "Beyond the Notion of Security Community: What Role for the African Regional Organizations in Peace and Security?", *The Round Table*, Vol. 94, No. 381, Sept. 2005, pp. 489 – 502. Laakso的多层面治理实际上是四种层面的治理，即大陆层面的非盟、区域层面的区域组织、国家和非政府组织，在文章中他重点论述的是除国家以外的三个层面。

理，在国际社会的监督下尽快组织公正透明的大选。联合国安理会这份公报的发表表明整个国际社会都支持科总统巴博留任，这对稳定 10 月 30 日之后的科特迪瓦国内局势起到了十分关键的作用。在这之前，科特迪瓦反对派一再宣传巴博留任不符宪法，并号召罢市和抵制政府。

作为非洲大陆新的地区性组织，非盟为消除地区贫困、促进非洲大陆经济发展、维护地区和平做出了积极努力。非盟致力于建设一个团结合作的非洲，力争在重大国际事务中能够用一个声音来说话。

联合国、非洲统一组织/非盟在区域一体化方面，更多地体现为指导、支持区域组织的决议，赋予区域组织决议合法性的作用，代表着国际社会对非洲区域组织支持的道义力量，在特定条件下发挥着西非区域组织无法发挥的作用。

3. 欧洲共同体/欧盟的作用

欧盟对西非区域一体化也有着重要影响，经历了由欧非联系制度、《雅温得协定》、《洛美协定》到《科托努协定》的变化。

西非与欧洲地理位置接近，西非（除了利比里亚）的四个主要原宗主国都在欧洲，法、英是欧共体三驾马车中的两驾，另一驾马车德国曾是多哥的殖民宗主国。这种历史纽带是世界其他地方难比的，除葡属小国几内亚比绍和佛得角是靠武装斗争获得独立的以外，其他西非国家的独立都没有经过残酷的血的洗礼，故西非与欧洲的关系没有受到严重破坏，连续性很强。在非盟庆祝成立 50 周年前夕，非盟主席祖马对欧盟主席巴罗佐所说的话很能说明欧洲与非洲的这种关系，"在这个一直变化的世界中，非盟与欧盟一直是近邻是不变的。非盟的 54 国与欧盟的 28 国彼此为邻，曾携手走到了今天，还将携手走向明天"[①]。

除几内亚外，法语西非领地和托管地在独立前夕就被纳入了欧共体联系制度，联系制度的内容包括"对等互惠贸易"和发展援助，并为此设立了"海外国家和领地发展基金"（Overseas Countries and

---

① AUC Chairperson Dr. Nkosazana Dlamini Zuma and EC President José Manuel Barroso, "Africa and Europe: Two Continents, One Vision", http://www.africanexecutive.com/modules/magazine/articles. php? article = 7196&magazine = 437.

Territories Development Fund），即欧洲发展基金（the European Development Fund，EDF）的前身。[1] 这些殖民地独立后，1963 年该联系制度转化为以条约形式来规范的国家协定，即《雅温得协定》，8 个法语西非国家（不包括几内亚）都是条约签约国。依据该协定，欧洲发展基金也正式设立。

1973 年，英国、丹麦和爱尔兰加入欧共体之后，英联邦国家中的 21 个发展中国家与《雅温得协定》的 19 个成员和其他包括西非利比里亚、几内亚和几内亚比绍在内的 6 个非洲国家组成了 46 国非加太集团，从 1973 年 7 月与欧共体展开谈判，1975 年 2 月 28 日，欧共体 9 国与 46 个非加太国家在多哥首都洛美最终签订了《洛美协定》。到 2000 年时已签订了四个《洛美协定》。这是一项综合性的援助－贸易协定。2000 年签订的《科托努协定》标志着《洛美协定》的结束。《科托努协定》自 2003 年开始正式生效，该协定明确了欧盟国家对非加太国家的区域一体化的支持，撒哈拉以南非洲是欧共体的主要援助对象。[2] 稳定出口收入体制（Stabex）

---

[1] 1957 年《罗马条约》第 131 条规定："成员国同意与比利时、法国、意大利、荷兰有特殊关系的非洲国家及领地建立联系。"目的在于"促进海外国家和领地经济与社会发展，在这些国家和领地与作为一个整体的共同体之间建立紧密的经济关系"。

[2] 2000 年 6 月 23 日，非洲、加勒比海和太平洋地区国家集团（简称"非加太集团"）77 个成员国和欧洲联盟 15 国在贝宁首都科托努签订了《非加太地区国家与欧共体及其成员国伙伴关系协定》，即《科托努协定》。该协定前身是 1975 年 2 月 28 日由非加太集团 46 个成员国与欧洲经济共同体 9 国在多哥首都洛美签订的贸易和经济协定，即《洛美协定》。《洛美协定》曾是非加太集团和欧盟间进行对话与合作的重要机制，也是迄今最重要的南北合作协定，自 1975 年以来共执行了四期，欧盟一直通过该协定向非加太集团成员国提供财政、技术援助和贸易优惠。2000 年 2 月，非加太集团和欧盟就第五期《洛美协定》达成协议，并于同年 6 月在科托努正式签署，称《科托努协定》。《洛美协定》就此宣告结束。经欧盟 15 国和非加太集团 76 国政府的正式批准，《科托努协定》自 2003 年 4 月 1 日起正式生效。《科托努协定》将包括经济、社会、文化、环境和制度在内的区域一体化作为实现其发展战略的具体工具，它在"经济与贸易合作的原则"中强调，双方经济与贸易合作将建立在非加太国家区域一体化的动议之上；区域一体化是非加太国家融入世界经济的关键性工具；区域一体化将决定双方合作的深度和广度。协定在"区域一体化"部分特别强调，该领域的合作旨在促进非加太国家区域一体化机构组织能力的增强，支持非加太国家参与创建区域市场并从中获取利益，支持区域层次的部门改革和贸易自由化，支持跨边界的区域和次区域经济一体化的动议等。

是欧共体的一种援助政策工具，用以保障非加太国家的非矿产类初级产品的出口收入不受市场波动或生产意外性下滑的影响。

2000年4月，在开罗举行的首次欧盟－非洲国家首脑会议上，在葡萄牙的倡议下，这种关系已确定为同非洲国家发展更为广泛的欧非大陆双边关系。这次会议是两个大陆迄今为止举行的规模最大的一次国家元首/政府首脑会议。该次会议的目标是促使国际社会意识到非洲的重要潜力，鼓励非洲融入世界经济并建设欧非战略伙伴关系，以促进和平、民主和发展。双方未来的合作将在一定程度上取决于该次首脑会议签署的行动计划。行动计划的重点集中在进一步促进地区一体化并制订实施方案，以提供一个可靠的杜绝腐败的环境来吸引外国投资，这些包括：增强危机处理能力和维和能力，制止国家之间和国家内部的冲突。这些目标将通过一个常设的政府官员委员会和定期举行的部长级会议来贯彻落实。

《乔治敦协议》（Georgetown Agreement）是将非加太作为一个整体看待的一个协议，该协议于1975年首次签署，1992年、2003年修订补充。① 其中非洲国家占2/3。欧共体给予撒哈拉以南非洲的援助一直占撒哈拉以南非洲所得总援助的50%，欧共体的多边援助基金、欧洲发展基金对撒哈拉以南非洲的援助比联合国各种机构（联合国开发计划署、联合国国际儿童急救基金、联合国难民署和世界粮食计划）给予的援助总和还多。② 欧共体与非洲的关系借助《洛美协定》得到了延续。《洛美协定》是在石油输出国组织成功使石油价格上涨的情况下，欧共体为了确保未来原材料的稳定供应而与非加太地区国家签订的协议，是两极政治争霸的国际政治环境下欧洲国家未雨绸缪的举措。西非国家在尼日利亚的

---

① http://www.wipo.int/wipolex/en/other_ treaties/text.jsp? doc_ id = 150499&file_ id = 201070；http://www.wipo.int/wipolex/en/other_ treaties/text.jsp? doc_ id = 150498&file_ id = 201069；http://www.wipo.int/wipolex/en/other_ treaties/text.jsp? doc_ id = 129243&file_ id = 173331.

② John Ravenhill, "Dependent by Default: Africa's Relations with European Union", in John W. Harbeson and Donald Rothchild, eds., *Africa in World Politics*, Westview Press, 1995, p. 99.

协调下统一了立场，获得了暂时的利益。

但是非洲学者阿明批评《洛美协定》"维护了旧的分工，把非洲置于原材料的生产者这个位置上……协议让非洲在进行历史性转变的决定性时期丧失了 30 多年的时间"①。从改变经济依附性这个角度看，西非国家在独立后 30 多年依然保持着与欧洲的传统贸易关系，对欧洲的依附依旧，在争取自力更生方面进展缓慢。阿明正是看到了《洛美协定》不利于西非国家摆脱依附地位的一面。经济依附性地位的改变不是短期就能完成的，包括西非国家在内的非加太国家采取的是更为务实的做法，从而获得了对内协调立场、加强团结，对外保持立场一致的经验。西非国家参与签署《洛美协定》的过程，是彼此学习合作、增加谈判经验的过程，是西非国家能力提高的过程。这是《洛美协定》有利于西非区域一体化的一面。

欧盟试图与非加太三个发展中地区建立区域合作关系，以区域经济合作伙伴协议取代《洛美协定》。阿斯拉姆·阿齐兹（Aslam Aziz）指出欧共体委员会在非洲全球联盟（the Global Coalition for Africa）框架下支持非洲区域合作和一体化。② 欧盟在 1994 年明确了支持西非一体化的立场，并于 1996 ~ 1999 年实施了资金为 1.44 亿欧元的第一阶段（PARI-1）和资金达 0.65 亿欧元的第二阶段（PARI-2）的区域一体化支持计划。

欧盟是西非一体化最大的财政支持者。欧盟提倡动态的一体化，在西非区域内促进西非国家经济共同体和西非经济货币联盟的共同发展，提倡简化西非区域组织以提高效率，并减少组织重叠、资金竞争和多重身份所产生的问题与相关费用。欧盟是西非经济货币联盟的主要赞助方。欧盟在影响资助团体支持一体化方面有着领头的

① 〔埃及〕萨米尔·阿明：《世界一体化的挑战》，任友谅等译，社会科学文献出版社，2003，第 224 页。Asante 也指出《洛美协定》妨碍了西非国家之间的区域合作，S. K. B. Asante, *The Political Economy of Regional in Africa*, Praeger Publishers, 1986, p. 52, p. 54。

② Momar-Coumba Diop and Réal Lavergne, eds., Regional Integration in West Africa, Proceedings of International Conference Organized by IDRC in Dakar, Senegal, 11 - 15 Jan., 1993, Canada: the International Development Research Centre, February 1994, p. 6.

作用；欧盟关注一体化和在结构调整计划下的政策的联系；欧盟还为区域交通和通信基础设施建设提供资金，支持区域功能组织。

自 1998 年以来，西非经济共同体与欧盟就经济与政治事务保持了对话机制，两个机构在国家元首、大使、部长三个级别展开会晤。2003 年 10 月 6 日，欧盟与西非各国开始就《经济伙伴关系协定》（下文简称 EPA）进行地区性谈判。欧盟负责非洲事务的专员迈克尔（Louis Michael）宣布，第 10 批欧洲发展基金计划在 2008～2013 年的 5 年内向西非国家提供 690 亿非郎（约合 1.3 亿美元）的经济援助。2005 年欧盟批准动用 227 亿欧元执行第 10 批欧洲发展基金计划。在这之前，欧盟批准动用 135 亿欧元在 2002～2007 年执行第 9 批欧洲发展基金计划。2006 年欧盟向西非经济共同体提供的援助主要有：签订执行西共体数据发展计划（ECOSTAT）的融资协议；提供技术开展共同对外关税方面的研究工作；提供 2.35 亿欧元援助支持西非国家经济、贸易与交通一体化等。[①]

但是这些年因移民与难民问题，欧洲国家更为消极地看待欧非关系，恐怖主义与犯罪成为欧洲国家的关注重点，贸易问题不再是其关切所在。[②] 在与非加太地区进行 EPA 谈判时，欧盟不愿意再续展非加太地区国家能够享受较大关税优惠的《洛美协定》，而是主张按照世贸组织规则重新安排贸易准则。欧盟要求非加太地区国家放宽乃至取消贸易限制，这意味着这些国家和地区从欧盟进口的商品中至少有 80% 应实行零关税。非洲经济委员会在相关国家和地区所做的调查评估显示，欧盟的上述立场将阻碍非加太地区经济一体化进程，并对非加太地区国家的经济发展产生负面影响，包括就业岗位减少、企业倒闭、收入下降。[③] 而且欧盟从经济贸易领域转向欧洲自身社会安全的这一战略转向对非洲地区一

---

① http://search.worldbank.ory/all? qterm = ECOWAS + + and + EPA.

② Adrian Flint, "The End of a 'Special Relationship'? The EU - ACP Economic Partnership Agreement", *Review of African Political Economy*, Vol. 36, No. 119, Mar. 2009, pp. 79 - 92.

③ Olumuyiwa B. Alaba, EU - ECOWAS EPA: Regional Integration, Trade Facilitation and Development in West Africa, 在 GTAP Conference 上宣读的论文，联合国非洲经济委员会，2006 年 5 月。

体化进程具有明显的负面作用，瓦解着非洲国家的一体化进程。"欧盟主导的经济伙伴协定谈判在设定谈判对象时，不仅将非洲大陆划分为 5 个次地区即西部非洲、中部非洲、东南部非洲、东非共同体和南部非洲发展共同体，而且将其分为 4 类国家，即一般普惠制国家、针对最不发达国家的特殊普惠制（即除武器外所有商品享受优惠关税）国家、旨在帮助竞争力微弱国家的附加普惠制国家，以及已与欧盟达成自贸区协定的南非。"① 就西非国家而言，加纳和科特迪瓦率先于 2007 年和欧盟就 EPA 进行了谈判，科特迪瓦随后在 2008 年与欧盟单独签署了协议。按照协议，科特迪瓦从欧盟进口的商品中的 81% 实行零关税。而加纳则认为，协议将损害加纳的经济利益，因此没有在协议上签字。②

法国政策在塑造欧盟对西非的政策时非常重要，在英国加入欧共体之前尤其如此。英国加入欧共体之后，加上德国对非政策注重集体协调的一面，法国的这种作用有所减弱，但是法国的影响仍然突出。如在 1996 年 1 月尼日尔军事政变之后，法国不顾其 7 月的总统选举有重大缺陷，继续维持与尼日尔的双边关系，也不顾主要来自德国和丹麦等欧盟伙伴的批评，继续给予这个西非国家援助。欧盟开始时含糊其辞，最终还是追随了法国，故欧盟对西非一体化的支持，更多地体现在对法语西非国家为主的西非经济货币联盟（UEMOA）的支持上。

从本质上来说，西非的联合尤其是一体化的深入将削弱西方大国的影响，不利于西方控制西非。法国支持成立的西非经济共同体（CEAO）对西共体始终就是一个掣肘。英国对西非的影响虽然不像法国那样大，但是西非最大国家尼日利亚以前也是英国的殖民地，英国影响了尼日利亚也就影响了西非区域合作。美国在西非的影响在迅速上升，美国在西非的军事存在，将深刻影响西非一体化。相对来说，多边国际机构对西非一体化的支持要强些。

---

① 王学军：《欧盟对非洲政策新动向及其启示》，《现代国际关系》2010 年第 7 期，第 50~56 页。
② 参见 http://139.184.32.141/caris/documents/dfif - rta - report.pdf；http://news.163.com/11/1206/14/7KJJTP3L00014JB5.html#from = relevant。

这些国际组织对西非区域一体化的影响是多重的，积极与消极影响共存，联合国体制关注政治危机，它充当国际政治竞争的舞台，但主要是试图确保现有国际秩序，维护世界的和平与稳定。联合国和非盟的政策指导作用、欧盟自身一体化的示范作用及对西非的共同外交政策有利于促进西非国家的合作和一体化的发展。总体而言，这些国际政治组织对西非区域一体化有着帮助与促进作用，为西非区域一体化提供了政治上的支持、政策上的指导和技术上的帮助，因而这些组织是西非区域一体化应该有效加以利用的资源。

西非区域一体化不仅受到这些国际政治组织的影响，而且受到国际经济机制中的国际金融机构、世界贸易结构的影响，受到西非国家所借外债和所需外援的影响。后文将对此加以讨论。

4. 世界银行和国际货币基金组织的作用

国际货币基金组织和世界银行是全球货币和金融体系的重要角色，其成立的宗旨是对国际收支发生困难和缺乏建设资金的国家提供援助，以维护现存的国际经济秩序。西方发达国家尤其是美国对这两个组织的控制，使得这两个国际经济组织主要服务于西方发达国家的利益。在资金贷款方面，发展中国家面临被国际货币基金组织干预国内经济事务，甚至发展道路的自主权受到限制的危险，因为国际货币基金组织规定，为了保证资金的合理利用，成员国有义务向其提供经济资料，在外汇政策和管理方面接受其监督。国际货币基金组织拥有利用援助和贷款影响发展中国家经济发展方向的权能。

相比之下，"世界银行是一个性质复杂而又不断变化的国际组织机构，不同于赤裸裸的'帝国主义'或'霸权主义'组织机构"[①]，它是发展中国家可以利用和改造的一个机构。发展中国家也的确获得了来自世界银行的帮助。世界银行正极力想在促进世界经济发展上扮演一个公正的角色，并非只服务于西方发达

---

① 张顺洪、孟庆龙、毕健康：《英美新殖民主义》，社会科学文献出版社，1999，第 225～258 页。

国家。

世界银行最初对非洲国家发展支持的重点是项目贷款，对项目管理机构的设置、职能和人事任命都进行直接管理，世界银行对获得项目贷款的国家的干预和影响是多方面的。非洲人难以对项目进行控制，项目的实施失去了与国内经济的联系。耶得雷伊（Jedrej）对塞拉利昂南部实施的机械化农业项目失败原因的分析，说明孤立的仅基于技术优势的发展项目在发展问题上的作用有限，他最后的结论非常悲观，"不管技术多么切合当地的需要，但是如果没有相应的大的政治经济环境的话"①，这个项目就会失败。

20 世纪 70 年代末，世界银行开始用"结构"和"部门"的调整贷款来取代对欠发达国家的项目贷款。世界银行的项目贷款开始和国际货币基金组织的"结构调整"贷款联系在一起。结构调整贷款为世界银行干预借款国宏观经济政策提供了强有力的杠杆，甚至对贷款的执行程序、借款国需采取的具体行动和定期检查的量化指标进行了详细规定。

20 世纪 80 年代以来，国际货币基金组织和世界银行借助结构调整方案对非洲国家经济政策产生了很大影响，接受调整方案的非洲国家实质上是把经济政策的决策权交给了这两个国际金融机构。西非国家未能意识到经济的欠发达与本国社会和政治结构的关联，这是从纯经济和技术的观点出发试图对非洲经济进行改造的结构调整方案被非洲多数国家接受的原因。

结构调整方案的实施始于 1981 年世界银行发表《撒哈拉以南非洲加速发展的行动纲领》，即伯格报告。② 这份报告成为西方国际金融机构主导非洲结构调整改革的指导性文件。该报告实际上是把非洲经济恶化的首要原因归咎于非洲国家内部，使非洲国家政府及其实施的政策成为各国经济状况恶化的替罪羊，挫败了 20世纪 70 年代以来发展中国家要求改变国际政治经济旧秩序的努力，

---

① M. C. Jedrej, "The Growth and Decline of a Mechanized Agriculture Schema in West Africa", *African Affairs*, Vol. 82, No. 329, Oct. 1983, pp. 541 – 558.

② 伯格（Elliot Berg）负责组织调查和起草了该报告，故该报告也被称为"伯格报告"。

逆转了包括加强区域一体化在内的南南合作趋势。

虚弱的经济境况和金融体系的不健全使得西非国家失去了发展所需的资金。国家对资金的迫切需要使得西非国家几乎别无选择，最终被迫放弃了拉各斯计划，而接受了结构调整方案，拱手把经济主权让给了布雷顿森林体系组织，放弃了自己的发展议程。国际金融机构推动其计划的武器是贷款，这也是其结构调整方案的优势；非洲人自己的方案实施的资金来源仍然是外部，尤其是西方国家，把西方发达国家的善意作为实施该计划的基础。

南方委员会指出，结构调整方案旨在短期内改善这些国家的国际收支，因而敦促发展中国家实行严厉的经济紧缩政策，促进出口，减少进口，其主观愿望是在维护国际商业银行的利益，而不是全面考虑发展中国家的经济忧患。结构调整方案是西方发达国家对 20 世纪 70 年代以来发展中国家要求建立国际政治经济新秩序的一种回应，也是为了保证发展中国家的持续还贷能力。故奥萨库克拉（Osaku-kle）指出，结构调整方案是西方发达国家对非洲进行再殖民的单方面调整方案。① 结构调整方案是处理发展中国家经济危机的一种应急措施，而并非致力于调整接受方案的国家的经济结构，尤其没有触动西非国家经济的单一性。

这种由国际金融机构主导的改革，外部金融和投资受到重视，不利于国家的积累，同时减小了国家对经济的影响力和 20 世纪 70 年代的国有化努力，不利于国家工业化政策的实现。② 因为结构调整计划是以发达国家的成熟市场经济环境为参照而实施的，③ 其对发展的理解不是建立在一个社会、政治、经济协调发展的概念上，

---

① Daniel Tetteh Osaku-kle, "The Politics of One-sided Adjustment in Africa", *Journal of Black Studies*, Vol. 30, No. 4, 2000, pp. 515 – 533.

② Tom Forrest, *Politics and Economic Development in Nigeria*, Westview Press, 1995, pp. 207 – 227.

③ 舒运国：《失败的改革——20 世纪末撒哈拉以南非洲国家结构调整评述》，吉林人民出版社，2004，第 217 页。

一个发挥人的主动性的概念上，而是纯技术的、片面的概念上。[①]
结构调整方案的实施实际上触及了非洲国家的方方面面，尤其
是全面否定了西非国家在 20 世纪 60 年代和 70 年代的国有化和
民族化尝试，削弱了其制定和实施有效的公共政策的能力，破
坏了其重要的政治效力。其措施强化了西非国家的单一性经济
结构，削弱了非洲国家进行经济多样化的努力。结构调整计划
使非洲国家制定本国发展政策的自主性受到了限制，强化了西
非各个国家对国际金融资本的依附，对西非各国政府主导的区
域一体化是一种打击。国际货币基金组织和世界银行主导的结
构调整计划，强调的是自由市场、私有化、限制并减少国家的
作用，强调的是市场自动发挥作用，而西非一体化的目标是要
争取区域的集体发展，是要克服全球市场自由运作导致的西非
各国经济的畸形依附，是想克服自由市场解决不了的西非各国
的可持续发展问题。

让市场自行解决资源的生产和分配问题，可能会使国家内部
和国家之间产生巨大的不平衡，并且产生迅速破坏国家经济的全
球性资金流。实际上，用缩小国家的管辖范围、削弱其管制能力
的方法来增加市场在社会上的作用，再加上结构调整的严苛条件，
使得国家减少了对弱势群体的保护，进而引起了社会动荡，加大
了非洲国家的合法性危机，导致其国内动荡加剧。接受结构调整
方案的国家或者半途而废，或者拖延实施的时间，从这方面看结
构调整方案对非洲国家来说是不适合的。[②]

[①] 格里芬认为，"一般说来，发展政策的目的是把历史的常数转为变数。有时，
只要改变消费格局和投资结构就能达到这一点。例如，政府可能把收入更多地
花在农村教育方面而较少花在中央政府方面；对军事设施的投资可能减少而直
接生产性活动的开支则增加。可是，在许多情况下，不发达国家的政策不能完
全考虑通常意义上的资源分配；它还必须考虑建立新机构和改造现有的机构。
事实上，发展计划的主要目的是有意识地、明确地、有秩序地、合理地在一个
国家承担必要的结构改造"。基思·格里芬：《第二章 从理论上看不发达问
题》，〔美〕查尔斯·K. 威尔伯主编《发达与不发达问题的政治经济学》，高
铦等译，中国社会科学出版社，1984，第 44 页。

[②] 舒运国：《失败的改革——20 世纪末撒哈拉以南非洲国家结构调整评述》，吉林
人民出版社，2004，第 217～222 页。

　　国际金融机构通过胡萝卜和大棒并用，逐渐蚕食接受结构调整计划的国家制定政策的自主性，其法宝就是给予贷款的附加条件。如乔杜里和比曼（Chowdhry and Beeman）在谈及塞内加尔的结构调整方案时指出，国际金融机构在塞内加尔最终取得了与其金融贡献不相符的影响力。[①]肖指出，世界银行为解决非洲国家面临的危机所开的药方结构调整计划，实际上是一种经济上的"分而治之"政策，重点是非洲的第三世界国家（有农矿产品出口的国家），而让那些第四世界的非洲国家听天由命。[②]

　　国际金融机构主导的以贸易自由化、非洲货币可兑换为目标的经济改革的确向世界开放了非洲市场，开放了区域贸易，推动的是外向型贸易模式，在具体操作上侧重同单个国家或部门打交道，加剧了非洲国家之间的竞争，优惠贸易区的观点受到削弱，也削弱了非洲建立区域贸易集团的能力。[③]区域一体化是内向型的推动社会经济共同发展的非洲战略，提倡集体自力更生，共同体成员相互协调，尤其是成员国之间经济政策的协调。[④]

　　世界银行和国际货币基金组织所提倡的自由竞争的新自由主义与非洲国家致力于提高集体自主能力、有着保护主义色彩的区域主义是不同的。新自由主义指导下的区域一体化"更多的是通过提升在外部市场上的竞争能力来促进与其他世界进行贸易的媒

①　Geeta Chowdhry and Mark Beeman，"Senegal"，in Timothy M. Shaw，and Julius Emeka Okolo，eds.，*The Political Economy of Foreign Policy in ECOWAS*，The Macmillan Press Ltd.，1994，p. 154.

②　Timothy M. Shaw，"The African Crisis：Debates and Dialectics Over Alternative Development Strategies for the Continent"，in John Ravenhill，ed.，*Africa in Economic Crisis*，The Macmillan Press Ltd.，1986，pp. 108 – 126.

③　Carol Lancaster，"The Lagos Three：Economic Regionalism in Sub-Saharan Africa"，in John W. Harbeson & Donald Rothchild，eds.，*Africa in World Politics*，Westview Press，1995，pp. 189 – 206.

④　Nat Kobina Andoh，The Impact of Structural Adjustment on Regional Integration in Sub-Sarahan Africa：A Case Study of the ECOWAS and the Southern African Development Community，PhD，Howard University，1999，UMI ProQuest Digital Dissertations.

介而不是保护区域市场的手段"①。

西非的区域一体化尽管有着历史社会因素的支持，但是主要还是政府主导的，政府的主导主要是以政府对国内主要的政治分配问题、经济决策问题有自主决定的权利，如果这种自主性减少，那么区域一体化就难以深入进行下去。国际金融机构在非洲推行的结构调整，减弱了非洲国家对社会的掌控，尤其是削弱了国家对暴力的独占权，加剧了非洲国家与社会的动荡。

当然，不能说国际金融机构主观上对西非区域一体化完全没有兴趣。从 20 世纪末开始，世界银行逐渐加大了对西非区域一体化的支持。1998 年成立的西共体跨国银行公司（Ecobank Transnational Inc.）是世界银行支持的西非本土银行，其中私人股份占 70%，西共体的股份为 12%，居第三位。该公司致力于挖掘区域投资潜力，并资助了促进区域内产业发展的每两年召开一次的产业论坛（the Industrial Forum）。② 西非四国天然气管道工程还引起了世界银行的高度重视，并于 2004 年 11 月提供了 1.25 亿美元担保贷款，有力地促进了西非天然气管道工程建设的进度。

国际金融机构，主要是世界银行，对 13 个涉及多个国家的主要基础建设项目给予了财政支持，资金总额达 3 亿美元。③ 世界银行大力支持它认为切实可行的倡议，如法郎区的经济联盟计划、电信解除管制计划、改善道路基础设施、西非农业部长会议所提出的计划、区域培训和研究、通过协调区域内的法律与行政环境

---

① Réal Lavergne and Cyril Kofie Daddieh, "Donor Perspectives", in Réal Lavergne, ed., *Regional Integration and Cooperation in West Africa*, Africa World Press, Inc., International Development Research Centre, 1997, p. 115.

② http://ifcl001. worldbank. org/IFCExt. /spiwebsitel. nsf/fge58192. e8a7408b85256a5b006f2d2c/4abd6/674501724a8525688e007b1250? Open Document.

③ Memorandum of the President of the International Development Association of the Executive Directors on a Regional Integration Assistance Strategy for West Africa, *Document of the World Bank*, Report No. 22520 – AFR, July 9, 2001, http; // siteresources. worldbank. org/GUINEABISEXTN/Resources/RIAS. pdf.

而促进投资和贸易的计划。①

21 世纪之初，世界银行制定了西非区域性一体化援助战略，试图帮助西非建立一个开放、统一的区域经济空间，主要涉及宏观经济政策协调、市场一体化（货物、金融服务和基础设施）经济环境和促进私营企业发展等。甚至西方色彩更浓厚的国际货币基金组织也就多边监控机制和共同对外关税的建立与西非合作，承诺对因在转型期引入共同对外关税给西共体成员国造成的关税损失提供财政救济。世界银行还向非洲的援助国提出有效使用外援的建议，并协调援助国的援助计划，指出援助应该顺应非洲的变化的需要，发展以区域为基础的援助机制，援助项目不应该仅限于国家而应该支持经济一体化，鼓励非洲国家进行政策协调，对疫苗注射、区域交通和通信基础设施进行资助，促进贸易结构改善和农业技术的开发，以及遏止威胁整个区域安全与稳定的冲突、传染病和毒品走私。但是世界银行的报告也承认，对于西非跨国活动的资金支持有限，世界银行所起的作用主要还是分析与咨询，因为西非一体化进程还处于起始阶段。②

非洲开发银行与世界银行和国际货币基金组织不同，它不评议成员国的宏观经济政策。非洲开发银行与世界银行 1999 年签署的谅解备忘录确认非洲开发银行主导非洲的一体化议题，1966 ~ 2000 年，非洲开发银行向西非提供了近 3.15 亿美元的资金以促进区域合作。非洲开发银行的战略立足于资助对其成员国经济发展有显著作用的具体项目，尤其是区域性或国家发展规划之内的项目，对于使两个或更多的成员国受益从而可以增进非洲内部合作的一切项目均给予特别优惠。这一类项目包括：运输线路、通信线路、灌溉和洪水控制、电力和其他能源的联合生产及分配、工

---

① Momar-Coumba Diop and Réal Lavergne, eds., *Regional Integration in West Africa*, Proceedings of International Conference Organized by IDRC in Dakar, Senegal, Jan. 11 – 15, 1993, the International Development Research Centre, February 1994, p. 6.

② The World Bank, *Can Africa Claim the 21*st *Century?*, World Bank, 2000, pp. 237 – 238.

业、农业、教育和专业培训项目。

由于缺乏可靠的税基，西非地区本身能够筹集的资金有限，这是拥有资金的外部资助人影响一体化的主要原因。这些主要以西方为主的外部资助人即使支持区域合作和一体化，也倾向于促进"民族国家政府之间的合作，或者专门的区域合作机构合作，而不是区域机构，如西非国家经济共同体"①。

三 外援、外债与西非一体化

世界银行、国际货币基金组织和世界贸易组织（1995年前称关贸总协定）一起构成世界经济的三大主要国际经济组织协调机制，②对二战后的国际经济活动起了非常重要的作用。西非自被卷入全

---

① Réal Lavergne and Cyril Kofie Daddieh, "Donor Perspectives", in Réal Lavergne, ed., *Regional Integration and Cooperation in West Africa*, Africa World Press, Inc., 1997, p. 121.

② 关税及贸易总协定（General Agreement on Tariffs and Trade, GATT）是关于关税和贸易准则的多边国际协定和组织，简称"关贸总协定"。二战后期，国际经济严重萧条，国际贸易秩序混乱，1944年7月在美国的布雷顿森林召开的国际货币与金融会议（44个国家参加）建议成立国际货币基金组织、国际复兴开发银行（世界银行）和国际贸易组织，作为支撑全球经济的三大支柱来调节世界经贸关系，推动全球经济的复苏和发展。1946年，联合国经社理事会决定召开一次国际贸易与就业会议，并成立了一个筹备委员会着手起草国际贸易组织章程。1947年4～10月，在日内瓦召开的第二次筹委会会议同意将正在起草中的国际贸易组织宪章草案中涉及关税与贸易的条款抽取出来，构成一个单独的协定，并把它命名为《关税及贸易总协定》，23个国家和地区签署了这份"临时适用"议定书。它于1948年1月1日起正式生效，并根据该文件成立了相应机构，其总部设在日内瓦。到1993年为止，成员达到了123个。其成员分为缔约方、事实上适用总协定的国家与地区和作为观察员的国家与地区三类。关贸总协定在1947～1994年共举行了8轮多边贸易谈判。据不完全统计，前7轮谈判中达成关税减让的商品有近10万种。1993年12月15日，第8轮谈判（即乌拉圭回合）谈判取得了更为重大的进展，批准了一份"最后文件"，文件规定将建立世界贸易组织，以取代作为临时机构的关贸总协定，同时对几千种产品的关税进行了削减，并把全球贸易规则扩大到农产品和服务业。1995年12月12日，关贸总协定128个缔约方在日内瓦举行最后一次会议，宣告关贸总协定的历史使命完成。根据乌拉圭回合多边贸易谈判达成的协议，关贸总协定从1996年1月1日起被世界贸易组织（World Trade Organization, WTO）取代。

球资本主义体系以来，无论是为这个体系提供廉价劳动力还是提供自然资源，一直就处于这个体系的最底端。西非各国独立前的发展受制于法、英等殖民宗主国，无论是资源的开发、经济结构的布局都是依据宗主国的需要进行，经济收入基于附加值极低的单一农业经济作物或矿产品，工业基础几乎为零。这种经济的依附性特征延续至今，体现为西非在全球贸易中的边缘地位和发展所需资金大部分来自外部，所需的外部资金体现为债务与外援两个方面。"在非洲，贫困与不发达是病症；债务与新自由主义是癌症。治愈的方式是通过矿石冶炼和向东看的健康政策实现工业化。"[1]

1. 西非在世界贸易体系中的地位

全球经济一体化趋势意味着资本运作、产品生产、信息流通、人员流动逐渐在全球范围内展开，任何国家都无法避免这种趋势，但每个国家参与这种一体化趋势的历史环境、政治经济状况颇不一样，故在全球化的经济中所处的位置也不一样，这就是斯特兰奇所说的不同地区的人民参与全球贸易体系的不平等性。[2] 到目前为止，西方发达国家始终占据着最好的位置，或者如沃勒斯坦所说，居于世界体系的中心，在这个一体化趋势中有着很大的主动权和主导权。它们占有资本、技术，管理着跨国公司，其人民几乎可以在全世界自由流动。

在全球贸易中的边缘地位、沉重的债务负担、发展资金匮缺这三个方面相互作用，制约着非洲经济的发展，常常使非洲国家成为世界经济波动的牺牲品，世界贸易条件恶化的替罪羊，这在西非表现得尤为突出，2013 年，除尼日利亚外的其他西共体成员国都被世界银行列为重债穷国。[3]

独立后，西非国家的工业体系没有建立起来，经济未能多样

---

① Garikai Chengu, "Africa's New Struggle against Financial Imperialism", *The African Executive*, Jan. 15 – 22, 2014, http：//www. africanexecutive. com/modules/ magazine/ articles. php? article =7644&magazine =476.

② 〔英〕苏珊·斯特兰奇：《国际政治经济学导论——国家与市场》，杨宇光等译，经济科学出版社，1990，第 200 页。

③ http：//data. worldbank. org/income – level/HPC，2014 年 2 月 7 日。

化，依赖初级产品出口的贸易模式没有改变，在世界出口贸易中所占的份额一直在下降，从 1970 年的 1.1% 到 2004 年的 0.5%，边缘化的趋势非常明显。除尼日利亚外，其他西非国家的财政收入主要来源于外汇收入，而外汇收入则依靠两三种农产品的出口，这些农产品的价格近 35 年来一直呈下降趋势，价格指数从 1970 年的 163 下降到 2005 年的 103，尤其是西非的棉花、可可、咖啡价格下降的幅度更大些，分别从 225、240、330/409 下降到 111、140、102/231。[①] 西非发展银行（BOAD）行长鲍尼（Yayi Boni）对西非经济货币联盟（UEMOA）各成员国所产棉花中仅有 2% 获得加工而感到痛惜。UEMOA 组织成员国平均年产籽棉 200 万吨，棉绒 100 万吨，棉花是地区内重要的外汇来源，占 50% ~ 75%。1999 ~ 2001 年棉花行情的下跌导致贝宁、布基纳法索、马里和科特迪瓦四国损失 3 亿美元（约 2000 亿西非法郎）。此外，因受美国补贴的影响，这些国家损失了相当于国内生产总值 1.5% 的外汇收入。[②] 它们的对外贸易和外债直接受世界初级商品价格波动不稳的影响。

表 5 - 1 显示，在 20 世纪末，西非国家的主要贸易对象仍然是西方国家，西非进出口的贸易对象和项目也基本延续了旧的模式，除科特迪瓦、尼日利亚外，其他国家在本区域内的贸易有限；除少数几个国家外，出口都是以自然资源、经济作物和农产品为主；农业生产保证不了足够的粮食，粮食需要进口，产品附加值高的机械类产品靠进口；彼此出口的产品类似，相互间经济互补性差。

由于发展中国家有 70% 的贫困人口生活在农村地区，因此消除农业贸易壁垒对发展中国家的发展及减贫有着极其重要的意义。发达国家在市场准入上给发展中国家的初级产品，尤其是农业产

---

① http://devdata. worldbank. org/wdi2006/contents/Section6. htm, 2006 World Development Indicators. 以 1990 年的价格指数 100 为基准，咖啡分为两种：一种为 Robustas, 即低品质咖啡，一种为 Arabica, 即高品质咖啡。

② http://bj. mofcom. gov. cn/aarticle/ddfg/200310/20031000134087. html.

表 5 - 2 1995~1999 年西非各国主要进出口商品和贸易伙伴

	主要进口商品	主要出口商品	主要进口国家	主要出口国家
贝 宁	能源设备和产品	棉花及其产品	法国	中国
	运输设备	原油	中国	印度尼西亚
	粮食		泰国	印度
布基纳法索	食品	棉花	法国	法国
	生产资料	牲畜产品	科特迪瓦	科特迪瓦
	石油产品	牲口	意大利	比利时/卢森堡
科特迪瓦	原材料	可可豆	法国	法国
	生产资料	石油产品	意大利	尼日尔
	消费品	鱼产品	美国	美国
冈比亚	粮食和牲口	花生及其产品	德国	英国
	机械和交通设备	鱼及其产品	英国	比利时
	各种制成品	水果、蔬菜	法国	法国/德国
加 纳	机械和交通设备	黄金	美国	瑞士
	粮食和牲口	可可豆	英国	英国
	货车和卡车	木材	德国	南非
几内亚	机械设备	铝矾土	法国	摩洛哥
	燃油	氧化铝	英国	法国
	粮食	黄金	美国	英国
几内亚比绍	粮食	腰果	塞内加尔	印度
	燃料	花生	葡萄牙	乌拉圭
	润滑油	棉花	印度	意大利
利比里亚	粮食和牲口	橡胶	德国	德国
	机械和交通设备	木材	美国	美国
	矿物燃料和润滑剂/大米	可可	荷兰	意大利
马 里	机器和交通工具	黄金	科特迪瓦	德国
	石油产品	棉花	法国	比利时/卢森堡
	食品	牲畜	中国	法国/英国
尼日尔	食品	铀	法国	法国
	石油	牲畜	科特迪瓦	尼日利亚
	车床	藜豆	尼日利亚	科特迪瓦
尼日利亚	基础制造机械	石油	英国	美国
	机械和交通设备		美国	西班牙
	化学品		法国/德国	印度
塞内加尔	食品和牲口	化学产品	法国	印度
	机械和交通设备	无机化学品	尼日利亚	马里
	基础制造机械	磷化品和磷酸盐	意大利	法国

续表

	主要进口商品	主要出口商品	主要进口国家	主要出口国家
塞拉利昂	食品和牲口	钻石	美国	美国
	矿物燃料和润滑剂	金红石	荷兰	英国
	机械和交通设备	可可豆/咖啡	英国/意大利	比利时/荷兰
多 哥	石油产品	原材料	法国	贝宁
	机械和交通设备	食品和牲口	科特迪瓦	加纳
	基础制造机械	基础制造机械	荷兰/日本	加拿大

资料来源: *Europa World Year Book 2002*, Europa Publications, Taylor & Francis Group, London & New York。

品和它们能够生产的工业产品设置了重重障碍,如高关税、特殊关税、"反发展的"关税结构(即关税随加工程度而提高),以及非关税壁垒,如发达国家每年的农业补贴高达 3500 亿美元,这种高额补贴削弱了以农产品出口为主的西非国家的贸易优势,如非洲国家最具竞争优势的棉花和糖类产业,恰恰是欧美国家出口补贴最多的部门,从而导致这类产品的价格处于低水平,如美国 2001~2002 年对其本国棉花出口补贴达 3 亿美元,影响了西非地区的经济发展及扶贫战略的实施。西非地区棉花产量的 95% 用于出口,至少 1000 万人的生活直接或间接依赖棉花生产,尤其在贝宁、马里、布基纳法索等国,棉花的生产及贸易对国家经济发展起着非常重要的作用,棉花出口占出口总额的 1/3 以上,占农业总收入的 60%。[①] 2000~2005 年,贝宁棉花出口收益减少了 39%。

自 2001 年开始的世界贸易组织多哈发展回合谈判,至今仍因欧美不愿取消农业补贴而陷入僵局。在全球化日益加深的形势下,发达国家的贸易保护主义倾向越来越严重。据英国《泰晤士报》报道,美国 2.5 万棉农获得的补贴总额达约 40 亿美元。世界市场棉价连年暴跌,作为西非经济支柱的棉花产业现在濒临崩溃。[②] 不仅如此,美国还通过各种双边贸易协议来破坏发展中国家的团结,

① 刘津:《西非向美国棉花补贴发难》,《农民日报》2003 年 7 月 1 日,第 7 版。
② 露西班纳曼:《补贴让农民倾家荡产》,《参考消息》2007 年 4 月 13 日,第 4 版,译自英国《泰晤士报》2007 年 4 月 9 日文章。

如美国学者所指出的,《非洲增长与贸易法案》(AGOA)更可能是一种挑起穷国互斗的贸易方案,即把某些穷国的一部分贸易分给另一些国家。[①]

一方面,多哈回合谈判的失败意味着世界贸易规则中的扭曲与不公平的继续存在,西非国家又一次失去了改善贸易条件的机会,继续处于世界贸易体系中的不利地位。多哈回合正是在对发展中国家最重要的六个关键问题上进展最为缓慢。这六个问题是:公共卫生和与贸易有关的知识产权协定、农业、纺织品和服装、确保世贸组织的规则促进发展、服务、投资与竞争的新问题。正是在这六个方面,欧盟和美国的贸易保护主义倾向越来越强。

另一方面,西非经济的全球化程度很高。表5-3的数据显示,1990年和2004年,西共体多数成员国的商品贸易、外部直接投资占国内生产总值的比重都超过了世界平均水平,从这两个指标来看,西非已经深深地卷入了全球经济一体化。

表5-3　西非各国卷入全球经济一体化程度

	商品贸易占 GDP 的百分比		外商直接投资占 GDP 百分比		私人资本流量占 GDP 百分比		负债等级*	
	1990 年	2004 年	1990 年	2004 年	1990 年	2004 年	2002 年	2010 年
贝宁	30.0	37.7	3.4	1.5	10.7	5.7	中度	重度
布基纳法索	22.0	33.2	0.0	0.7	1.0	—	中度	重度
科特迪瓦	47.9	66.3	0.4	1.1	3.5	5.2	重度	重度
冈比亚	69.1	53.5	4.5	14.5	0.9	—	中度	重度
加纳	35.7	77.8	0.3	1.6	2.9	6.8	中度	重度
几内亚	49.5	35.9	0.6	2.6	3.9	1.6	中度	重度
几内亚比绍	43.0	59.6	0.8	1.8	23.0	14.4	重度	重度
利比里亚	374.1	230.6	58.6	4.1	—	—	重度	重度
马里	39.7	50.2	0.2	3.7	2.0	8.4	中度	重度
尼日尔	27.0	30.2	1.7	0.0	2.8	2.3	中度	重度
尼日利亚	67.5	48.2	2.1	2.6	5.9	11.0	重度	

---

① Joseph E. Stiglitz and Hamid Rashid, "America's New Trade Hypocrisy", http://www. project_ syndicate. org/commentary/america-s-new-trade-hypocrisy, Jul. 6, 2006.

续表

	商品贸易 占 GDP 的百分比		外商直接投资 占 GDP 百分比		私人资本流量 占 GDP 的百分比		负债等级 *	
	1990 年	2004 年	1990 年	2004 年	1990 年	2004 年	2002 年	2010 年
塞内加尔	34.7	54.5	1.0	0.9	4.8	4.9	中度	重度
塞拉利昂	44.2	39.5	4.9	2.4	11.0	6.8	重度	重度
多哥	52.1	88.4	1.1	2.9	9.6	14.8	重度	重度
撒哈拉以南非洲	42.4	54.7	0.4	2.2	5.1	9.5	—	—
世界	32.4	44.9	1.0	1.6	10.3	28.4	—	—

注：依据世界银行的指标，债务还本付息的价值超过了该国出口收入的 220% 或者超过了国民收入的 80% 的国家，被视为重债国（severely indebted）；还本付息的价值超过了出口收入的 132% 或者是超过了国民收入的 48% 的国家被视为中等程度负债国（moderately indebted）。参见 *2004 World Development Indicators*。

资料来源：African Development Indicators 1997，The World Bank，1997；World Development Indicators 2004，The World Bank，2004；World Development Indicators Database，April 2006，http://devdata. worldbank. org/wdi2006/contents/Section6. htm；*World Development Indicators 2013*，http：//data. worldbank. org/income - level/HPC.

贸易体系中的边缘地位和出口产品的单一性是西非国家易受外部经济动荡影响的根本原因，但西非国家无力影响世界经济。要改变这种边缘化局势，必须彻底改变这种单一性，促进生产多样性，尤其是非初级产品的生产与出口。单个国家的力量是有限的，唯有靠西非国家之间合作和一体化的深入，西非的这种边缘性地位和生产的单一性才会改变。这种扭曲畸形的贸易结构，阻碍着西非分享经济全球化所带来的利益。

2. 外债与外援

西非不仅在世界贸易体系中处于最低端、最边缘的地位，而且是世界金融体系中最脆弱的部分。这种状况阻碍着西非国家获得稳定的积累资本。获取外部援助和向国际金融机构借贷成为非洲国家保持发展的一种常态。西非多数国家吸引的私人资本量非常低，甚至低于撒哈拉以南非洲的平均水平，更远低于世界平均水平。1990 年还有 3 个国家吸引的私人资本量超过了世界平均水平，但 2004 年一个也没有。西共体成员国欠下了大量债务，2002年 6 个国家属于世界重债国，而其余成员国的债务程度也达到了中等水平。①

20 世纪 80 年代初，发达国家为摆脱经济危机，压低农矿初级产品价格，提高工业制成品价格，实行贸易保护主义和高利率政策，使得发展中国家的债务负担日益加重，债务危机在 1982 年爆发。亚洲国家很快解决了债务问题，到 90 年代初，拉丁美洲的债务问题也开始好转。非洲则深陷其中。西非国家此时还接连遭受两次干旱的袭击，对资金的需求非常迫切，但是西方商业银行、国际货币基金组织和世界银行此时运用连带违约条款（cross-default clause），拒绝再贷款给西非国家，如果非洲国家要继续贷款的话，就必须满足一定的条件。用奥萨库克拉的话说，西方发达国家政府，用布雷顿森林金融机构和商业银行作刀子，对非洲国家使用了金融私刑。② 借助这些条件，债权国既可以阻止债务国追求自给自足、独立自主的发展政策，又可以把债务国捆绑在世界经济的联系之中。

直到 2002 年，科特迪瓦、几内亚比绍、利比里亚、尼日利亚、塞拉利昂、多哥 6 国仍然是负债严重的国家。而其余 9 个国家的负债也达到了中等程度。除了欠银行的商业债务和欠国际金融机构（IFIs）的多边债务，还有官方的双边债务（一国政府欠另一国政府的债务）。

债务危机是指在国际借贷领域中大量负债，超过了借款者的清偿能力，造成无力还债或必须延期还债的现象。20 世纪 80 年代发展中国家遭受了严重的债务困扰。债务危机的根源有内外两个方面。一方面，独立以来，非洲国家为了大力发展民族经济，加快增长速度，举借了大量外债；另一方面，债务危机也是 20 世纪 70 年代以来石油危机引发的世界经济萧条、国际信贷紧缩、西方

---

① 债务与出口比净现值为 150% 或者债务与收入比净现值为 250%，这是 1996 年世界银行和国际货币基金组织在成立重债穷国计划（the Heavily Indebted Poor Countries，HIPC）时确定的标准，该计划是希望协助世界最穷的国家将外债降低至能够承担的水准，以使这些国家的政府能够正常施政。

② Daniel Tetteh Osaku-kle，"The Politics of One-sided Adjustment in Africa"，*Journal of Black Studies*，Vol. 30，No. 4，2000，pp. 515 – 533.

发达国家转嫁危机造成的。

沉重的债务使得西非国家的发展受到严重制约，为了减轻债务、获得援助资金，弥补私人投资不足、本国储蓄有限带来的发展资金短缺问题，开发和建设国家的重点基础项目，西非多数国家无法拒绝这种伴随干预的外援，但尽力利用外援作为发展资金的积极作用，减少外援对本国主权的侵蚀是可能的。加纳就是一个成功的例子。加纳在接受结构调整贷款及各种外援的同时，抵住了西方对其国内政治的干预，使国内政治的改革按照本国的需要进行，而不是盲目的民主化。在进行经济自由化的调整过程中，加纳国内政治保持了平稳，同时在与国际货币基金组织和世界银行的谈判中也显示了自主能力，加纳领导人在这一过程中显示出了领导智慧与能力，将国内的大众主义冲动与经济自由主义的追求进行了协调。①从20世纪90年代开始加纳的经济政治都进入了平稳发展时期。借贷和外援作用的发挥，同样取决于发展中国家政府的管理。真正降低外援的消极作用，促进外援质量和数量的提高，不仅需要西非国家政治团结、社会稳定和政府执政能力的提高，而且需要西非国家团结并联合起来。麦特卡和考克斯（Mytelka and Cox）的研究表明，如果外援提供方能够使外援的提供与区域一体化相联系，外援在促进一体化方面就会有积极作用，② 进而真正促进西非国家的现代化进程。

表5-4的数据显示，1997年除了尼日利亚外，2004年除了尼

---

① 参见 Naomi Chazan，"The Political Transformation of Ghana under the PNDC"，pp. 21 - 48；Jon Kraus，"The Political Economy of Stabilization and Structural Adjustment in Ghana"，pp. 119 - 156；Richard Jeffries，"Leadership Commitment and Political Opposition to Structural Adjustment in Ghana"，pp. 157 - 172；Matthew Martin，"Negotiating Adjustment and External Finance：Ghana and the International Community，1982 - 1989"，pp. 235 - 264，in Donald Rothchild，ed.，*Ghana - The Political Economy of Recovery*，Lynne Rienner Publishers，1991。

② Lynn Mytelka，"Foreign Aid and Regional Integration：The UDEAC Case"，*Journal of Common Market Studies*，Dec. 1973，pp. 138 - 158；Thomas Cox，"Northern Actors in a South-South Setting：External Aid and East African Integration"，*Journal of Common Market Studies*，No. 3，Mar. 1983，pp. 284 - 312.

日利亚、科特迪瓦和多哥外，西共体其余成员国的人均受援款远远高于世界平均水平（不包括北美地区），外援占总资本的百分比、占进口商品和服务的百分比、占国民收入（GNI）的百分比都非常高，都大大超过了世界平均水平，是世界上依赖外援最严重的地区。

表5-4 西非各国外援依赖性

	人均受援款（美元）		外援依赖率					
			占总资本的百分比		占进口商品和服务的百分比		占国民收入（GNI）的百分比	
	1997年	2004年	1997年	2004年	1997年	2004年	1997年	2004年
贝宁	38	46	55.7	45.6	27.8	—	10.4	9.3
布基纳法索	35	48	56.5	66.2	—	—	14.2	12.7
科特迪瓦	30	9	26.4	9.2	9.0	2.2	4.1	1.0
冈比亚	33	43	55.1	63.3	—	—	9.7	16.0
加纳	27	63	28.9	54.9	17.7	24.3	7.3	15.4
几内亚	55	30	42.7	68.6	39.9	27.9	—	7.3
几内亚比绍	99	50	212.4	19.4	120.8	—	48.9	28.3
利比里亚	26	65	—	346.8	—	—	28.8	53.4
马里	43	43	84.1	59.2	44.4	—	17.7	12.2
尼日尔	34	40	166.1	109.3	—	—	18.3	17.5
尼日利亚	2	4	3.2	3.6	1.1	3.3	0.6	1.0
塞内加尔	48	92	54.2	57.9	24.8	—	9.8	13.9
塞拉利昂	25	67	278.9	211.3	—	87.1	14.3	34.3
多哥	31	10	51.3	16.5	16.4	—	8.5	3.0
西非	37.4	43.6	80.3	80.8	—	—	14.8	8.2
撒哈拉以南非洲	24	36	24.5	36.1	12.4	13.9	4.5	5.3
中东和北非	20	35	4.5	6.4	3.2	—	0.9	1.7
南亚	3	5	3.3	3.3	4.5	—	0.8	0.8
拉美和加勒比	11	13	1.2	1.6	1.2	1.2	0.3	0.4
东亚和太平洋	4	4	1.3	0.7	1.4	0.6	0.5	0.3
欧洲与中亚	15	25	2.7	2.9	1.8	1.5	0.7	0.7
世界	12.8	19.7	6.3	8.7	—	—	1.1	1.5

资料来源：*African Development Indicators 1997*, The World Bank, 1997；*World Development Indicators*, The World Bank, 2004；*World Development Indicators database*, April 2006, http://devdata.worldbank.org/wdi2006/contents/Section6.htm。西非及世界平均水平为笔者依据相关数据计算得出。

这些数据一方面说明西非严重依赖并受制于国际资本，卷入全球一体化的程度很深；另一方面也揭示了西非经济结构上的严重缺陷——对外依附性高，资金严重缺乏，吸引的外商直接投资有限。外债与外援的偏高与私人资本流量的偏低是互相促进的，加剧了西非经济的依附性。

债务负担加大了西非国家实施经济发展计划的难度，吓跑了投资者，影响了国家对基础设施和人力资源开发的投入。用阿德德吉的话说，债务"像战争一样摧毁学校、医院，将社会撕得粉碎"①。债务使西非国家丧失了其主权，赋予了债权人干涉西非国家的政治权力。沉重的债务构成西非区域合作和一体化的阻碍因素。西非国家应迫使西方债权人让步，制定出一揽子债务解决方案，而不是一再修订债务偿还计划；必须联合起来，以区域组织的角色与债权人谈判，否则就要受西方债权人在金融上的"分而治之"的主宰。

资本是现代生产要素，是现代化发展的必需，第二次世界大战结束以后独立的亚非拉国家在进行现代化生产时，私营经济不成熟，因而采取国家资本主义的模式，普遍面临本国生产积累不足，资本金短缺的问题，争取外援与向外国借贷成为弥补投资资金不足的选择。这也是非洲债务危机中官方债务占比高的原因。在资本主义发展的初期，利用外部资金是一条历史的经验，发展经济学大师刘易斯指出，"几乎每一个发达国家在其发展的各初期阶段，都有外国资金的援助来补充自己数量有限的储蓄金"②。外援本质上是国际资本主义生产剩余价值的一部分，是一种资本金，但来自外国。故有人说"外援资金虽然不属于国际金融市场的活动领域，但它是一种特殊的国际资金流动"③。然而，外援也是国际社会试图纠正资本主义发展所带来的弊病的一种尝试，是世界进步的一个表现，

---

① 〔尼日利亚〕阿德巴约·阿德德吉：《非洲的结构调整政策》，黄觉译，《国际社会科学杂志》（中文版）2000 年第 4 期，第 105～112 页。

② 〔英〕阿瑟·刘易斯：《经济增长理论》，商务印书馆，2002，第 299 页。

③ 谈世中主编《发展中国家经济发展的理论和实践》，中国金融出版社，1992，第 337 页。

是凯恩斯主义在全球层面的一种尝试。[①] 虽然它有"增进公平"和"确保可持续发展"的意愿在内，[②] 但外援并没有摆脱资本的逐利性，只是更为隐晦，目标更具有长远性和战略性。

如何分配这部分剩余价值取决于国际政治经济竞争中的强者，即援助国的需要。援助机构的增多，并不意味着非洲获得外援资金的状况改善了，相反，西方主导的国际组织相互配合，多边和双边援助机构开始为外援规定附加条件，先是体现为要求受援国进行经济自由化的改革，在冷战后，扩及民主、人权、法治和良政等在内的政治民主化要求。借助这些条件，西方发达国家的政府和国际金融机构获得了塑造非洲国家政治和经济的便利工具。这些条件使得西方援助者同时担当了三种角色：非洲国家政府政策的改革者；进行人道主义救助的慈善者；提供信贷的债权人。这三种角色对非洲人民和社会的欺骗性非常大，是旧的殖民主义侵略非洲的3C（商业、基督教、文明的英文词都是 C 开头）政策的翻版。[③]

然而，作为促进现代化发展的资金之一，外援的比重不能过大，只能是辅助部分，否则，接受外援的国家在自身发展过程中不同阶段的自主选择性就将受到影响，不利于现代化的发展。非洲许多国家对外援的过度依赖造成了外援依附型经济甚至外援驱动型经济。[④]

---

① Thomas D. Lairson and David Skidmore, *International Political Economy – The Struggle for Power and Wealth*, 世界政治与国际关系原版影印丛书, 北京大学出版社, 2004, 第313页。

② 〔美〕黛博拉·布罗蒂加姆:《龙的礼物》, 沈晓雷、高明秀译, 社会科学文献出版社, 2012, 第14~16页。

③ 参见杨宝荣《西方减贫战略对非洲国家的政治影响》,《西亚非洲》2003年第5期, 第32~35页。他指出, 以减贫战略为主的新型援助方式, 带有传统的南北关系烙印, 反映了新的历史时期南北关系的新动向, 国际金融多边机构实际是西方国家在非洲的政治代理服务器, 借助公司式的管理对非洲进行主权渗透, 非洲国家实际受到了西方的多边监管。

④ 〔美〕威廉·伊斯特利:《白人的负担:为什么西方的援助收效甚微》, 崔新钰译, 中信出版社, 2008。Assand'e D'esir'e Adom, "Investigating the Impacts of Intraregional Trade and Aid on Per Capita Income in Africa: Case Study of the ECOWAS", *Economics Research International*, Vol. 2012, Article ID 297658, pp. 1 – 15. doi: 10. 1155/2012/297658, *The European Journal of Developmental Research*, Vol. 4, No. 1, Jun. 1992, pp. 59 – 80。

一方面，结构调整缩减了国家职能范围，使得国家在道路、公共卫生等基础设施方面的投资大大缩减；另一方面，发展中国家普遍存在国家能力不足的问题。

"通过国家干预实现的资金转移在一国之内可以是弥补市场缺陷、提供公共服务的手段，但是如果跨越了国境，特别是作用于不发达的受援国，就可能成为一国干预他国的工具。这种工具所实现的政策目标不仅仅限于弥补市场的缺陷和提供公共服务，而是可能夹带着其他许多非经济目的。"①冷战中，美国出于反共目的对社会主义国家周围的国家和地区的经济援助，以及美苏对于非洲的援助就是如此。

国际关系研究者，或者从现实主义的工具论或依附论出发，或者从理想主义的相互依存论出发，解释外援存在的合理性。工具论主要为外援提供方辩护，从积极的层面肯定外援存在的合理性；依附论则站在受援方的立场上，批评外援提供方。相互依存论强调了外援供给方与接受方的互利性，强调彼此相互依存的关系，弱化了双方不平等的等级关系，强调外援是双方合作维持基本国际秩序的一个体现。工具论或依附论理论在全球化刚刚席卷各国时颇受推崇，相互依存论则在全球化深化时更有说服力，且为联合国所认同。

3. 外援的必要性

（1）维持现存国际政治经济秩序的需要。

在现代国际体系下，外援构成现代国际关系的一个重要层面，反映了国际政治、经济发展的不平衡，是理解南北关系、发达国家与发展中国家关系的一个切入点。外援与世界银行、国际货币基金组织的相似之处是保证现存国际经济秩序的正常运转。② 外援

---

① 周弘、张浚、张敏：《外援与发展：以中国的受援经验为例》，《欧洲研究》2007 年第 2 期，第 1~21 页。

② 张顺洪、孟庆龙、毕健康：《英美新殖民主义》，社会科学文献出版社，1999，第 213~258 页。作者考察了世行产生的历史背景、组织机构、活动方式、英美对世行的影响及世行对发展中国家的干预和影响，指出"实际上世行是以美国为首的西方大国主导的国际经济组织，其根本使命是维护、延续、扩展现存的资本主义经济秩序"。

是保证全球化持续与深化的一个有效工具。美国学者为援助非洲的千年发展目标辩护就是基于这点，"非洲国内储蓄低，市场外资流入低，非洲几乎没有摆脱贫困的资源。故需要加大公共投资，激发非洲农村与城市的生产力。非洲公共投资的来源就是外援"①。

虽然发展中国家间的相互援助也在增加，或者说南南合作趋势在增强，但在世界总援助中的占比依然不高，且这与 20 世纪 80 年代以来，发达国家之间相互投资趋势加强是相适应的，只是滞后了 10 年。美国学者指出无论外援的经济效益如何，外援是维持国际等级社会不可或缺的部分。② 正是意识到援助有助于培养并加深受援方对援助方的依附，西方发达国家始终不愿终止援助。非洲国家早在独立之初，对此就有深刻的认识，加纳总统恩克鲁玛就把发达国家的援助斥责为新殖民主义；尼日利亚众议院也在辩论中形成了这样一种观点，"经济援助，无论是重大的、善意的或者有附加条件的，在心理上都代表着对独立的一定程度的侵害"③。

二战结束后，东西方阵营都对各自阵营内的国家进行了大规模的援助。就受援方的发展而言，无论是西方的马歇尔计划，还是东方阵营内苏联对中国的援助，都是成功的。这两项援助的成功有一个共同的条件，就是要抗衡一个援助方与受援助方的共同"敌人"，这是双方共同的利益。共同敌人的存在促进了援助方与受援方的通力合作与协调，各自私利的考虑，尤其是援助方私利的考虑受到了遏制。这是随后的外援无法比的。

美国在冷战中仅对非洲大陆的那些代理国家进行援助，冷战结束后对非援助显著减少，到 9·11 事件后增加了对非双边援助，但重点是为全球反恐战争的需要。但从美国全球战略及美国外交政策的重点看，非洲始终处于边缘，故美国对非外援相比那些战

---

① Jeffrey D. Sachs et al. , "UN Millennium Project Ending Africa's Poverty Trap", *Brookings Papers on Economic Activity*, No. 1, 2004, pp. 117 - 240.

② Tomohisa Hattori, "Reconceptualizing Foreign Aid", *Review of International Economy*, Vol. 8, No. 4, Winter 2001, pp. 633 - 660.

③ 〔尼日利亚〕维克托·恩瓦奥齐奇·戚本杜：《尼日利亚外交政策（1961 ~ 2002）》，周平等译，世界知识出版社，2005，第 37 页。

略重点地区要少得多。①

对外援助并非起源于马歇尔计划，但是马歇尔计划的成功促进了实力大国对外援的重视。非洲各国接受外援的方式及路径选择上很大程度上受国际政治经济环境的制约，被动性因素大于主动性因素，依附性因素大于自主性因素。

外援这一国际行为更多的是反映国际政治斗争的强者对弱者的一种怀柔策略，是强者运用的一种"软力量"，②是强者的一种赎买策略，是"国家利益与理想主义缔结姻缘"的产物。借用中国古人的话，就是试图在霸道之中结合进王道，目的仍是保持强者的优势。故强者的思维、强者的逻辑主导着外援行为，是强者以王道之名行霸道之实。外援在一定程度上对受援方"发展道路的选择、价值和意识形态的转变与取舍，乃至对于整个世界发展的走向，都具有十分重要的意义"③。

英、法等前殖民帝国对独立后的非洲的援助轨迹有力地说明了这一点。对非外援从由国际地缘政治主导、市场经济主导到社会治理主导的模式变化，体现为以外援影响非洲国家的国际政治外交行为，到以外援影响非洲国家的经济政治发展模式，再发展到以外援重塑非洲国家政府与社会的关系的西方施援方的战略重心的转移。外援重心的转移不是以受援方的意志为转移的，附加条件的援助更是完全暴露了这一点，用20世纪80年代时任非统组织主席斯特文斯（Stevens）博士的话说，"发达国家的援助不是促进经济发展的催化剂，而是脱水剂，附加条件和帝国主义利益是套在非洲国家脖子上的绞索"④。

即使中国这样的大国也难以幸免。"经过外援渠道流入中国的

---

① Brennan M. Kraxberger, "The United States and Africa: Shifting Geopolitics in an 'Age of Terror'", *Africa Today*, Vol. 52, Issue 1, Fall 2005, pp. 47 – 68.
② 参见 David D. Newsom, "Aid to Africa: A Moral and Economic Necessity", Assistant Secretary of State for African Affairs, delivered before the Santa Clara County Council of Social Studies, Palo Alto, California, Jan. 22, 1972。
③ 周弘主编《对外援助与国际关系》，中国社会科学出版社，2002，第8、9页。
④ O. E. Udofia, "Imperialism in Africa: A Case of Multinational Corporations", *Journal of Black Studies*, Vol. 14, No. 3, 1984, pp. 353 – 368.

资金数量虽然远不能与外资相比，但是其影响力却超越了经济领域，涉及经济以外的社会和政策领域，甚至影响了中国人的思维方式、政策取向和制度建设。"[①]

一国的援助政策及行为反映了该国的外交政策，是该国外交政策的组成部分，最终是为实现该国的国家利益服务的，故有学者指出外援"是国内政治的拓展，是国家推行其外交政策的工具"[②]。援助国家总是从维护自身利益出发，或者出于促进本国经济发展的需要，或者出于战略目的、政治影响的需要而援助某个国家，很少从受援国的需要出发来援助该国。[③] 哈佛大学经济学家阿尔韦托·阿莱西纳和世界银行经济学家戴维·多拉尔的一份研究报告指出："对外援助的方向不仅取决于受援国的经济需要和政策执行情况，还取决于政治和战略考虑。"一个重要例子是美国对以色列和埃及的援助，援助埃及是对它在 1979 年与以色列达成和平协议的奖赏，对这两个国家的多年援助相当于美国外援总额的 1/3。政治因素影响援助水平。阿莱西纳和多拉尔的研究发现，在联合国的表决中投票"正确"的国家能得到额外的大量援助。他们指出，另外一种解释是，援助国在联合国从发展中国家"收买"政

---

① 周弘、张浚、张敏：《外援与发展：以中国的受援经验为例》，《欧洲研究》2007 年第 2 期，第 1～21 页。

② 李慎明：《对外援助：中国学者的视角》，周弘主编《对外援助与国际关系》中的序言第一部分，中国社会科学出版社，2002，第 1 页。Lancaster 指出，隐藏在发展援助的说辞之后的往往是援助国的政治利益、经济利益、战略利益，甚至文化利益。参见 Carol Lancaster, *Aid to Africa: So Much to Do, So Little Done*, University of Chicago Press, 1999, 第 75 页。

③ Gordon D. Cumming, "British Aid to Africa: A Changing Agenda?", *Third World Quarterly*, Vol. 17, No. 3, 1996, pp. 487 – 501. Cumming 在文中分析了英国在非洲援助上政策的历史延续性，他认为英国对非援助无论是冷战时期还是冷战结束以后，基本是以双边援助为主，集中于英语非洲国家，多以优惠贷款形式出现，伴随着技术合作及军事合作，这种援非模式多年一以贯之的原因在于英国的援助政策主要取决于英国的政治及战略考虑：首先是加强英国在非洲的影响力，增强英国在国际组织及区域组织中的地位，包括拥有联合国常任理事国席位的正当性，在世行及国际货币基金组织中的发言权，在英联邦、欧盟、北约中的影响力等；其次是塑造良好的国际形象，传播英国文化，促进英国经济商业利益等。

治支持。研究报告说，从对发展中国家提供援助的情况"可以看出为什么援助在促进经济增长和减轻贫困方面作用不大"①。

巴希尔——一名为国际援助机构工作的阿富汗人——说，那些流向阿富汗的援助没有用于阿富汗人民急需恢复的农业生产方面，没有用于改善阿富汗人民的生活，即使用于多国部队驻阿需要的修路的钱也是大部分被援助国自己的公司赚取，美国五家公司就拿到了美国国际开发总署（USAID）的50%的援助基金份额。②

(2) 西方大国的道德救赎？

对外援助从一定意义上说是殖民大国在亚非拉反帝反殖运动高涨，自身经济发展到一定程度后对曾经的带血的资本扩张与掠夺的反思，外援是其占领道德至高点的一种手段。然而，高尚的口号与动人的说辞背后是援助国自身的需求与优先目标。如果真的如这些西方学者所言，是一种道德的救赎，那么外援就是西方试图占据道德至高点的买路钱，而不应该是附加了条件的恩赐。

西方发达国家对非洲的援助更多地源于西方国家对自身财富来源的思考后所产生的淡淡的羞耻与忏悔。③ 这种羞耻与忏悔早就透过英国驻阿散蒂总督的话而暴露无遗："我们在贩卖奴律的黑暗时期的行为，有许多是今天英国人提出来感到羞耻和可怕的。读者会认为，当时在非洲沿岸创造历史的白人以国家或个人名义所做的许多事情，都是不道德的；其中有一些事实，是每一个热爱

---

① 《对外援助仍是富国的政治工具》，美国《基督教科学箴言报》，2003年8月。

② Abdul Basir, "Where Has the Money Gone?", *New Internationalist*, Nov. 2008, p. 20.

③ 用 Michael Crowder 的话，"法国和英国采取了这样一种哲学，尽管有些犹犹豫豫，宗主国对殖民地的经济和社会援助不仅同时有利于受援国和资助国，而且就殖民大国而言是道德上的义务"。Michael Crowder, "The 1939 – 1945 War and West Africa", in J. F. Ade Ajayi & Michael Crowder, eds., *History of West Africa*, Longman Group UK Ltd., 1987, p. 665。但是 Van de Walle 指出，发达国家拒绝从法律和道德上承认欠发达国家有获得援助的权利。Nicolas van de Walle, *African Economies and the Politics of Permanent Crisis, 1979 – 1999*, Cambridge University Press, 2001, p. 196。

自己国家和坚决保护它的美名的英国人永远感到非常痛苦和有失体面的。"①

科里克（Tony Killick）曾指出，后殖民的有罪感是英国对外援助的出发点。② 英国首相在非洲委员会所做的报告《我们共同的利益》把非洲的困境形容为"全世界良知的伤疤"，这既是向国际社会表明英国在援非上的道义至高点，也是想向英国国民表明援非的正义性与合理性，以求得英国国民的支持。欧盟委员会发展专员皮保格斯（Piebalgs）说，对非洲的援助"不仅是欧盟的道德责任，而且是政治义务"③。这种所谓的赎罪观点是西方富有远见的政治精英与知识精英说服民众的一种说辞。

发达国家在对非援助方面三心二意，口惠而实不至。直至2010 年 6 月八国集团在加拿大多伦多开会之时，八国提供的实际援助比其在 2005 年苏格兰鹰谷（Gleneagles）峰会上承诺的要少180 亿美元。④ G8 始终没有明确承诺取消糖或牛肉的补贴。附加条件的援助不仅迫使受援国购买其产品和服务，而且"给予非洲的 2/3 援助通过定价过高的技术援助、协调低劣的烦冗计划、监控和评估以及过分的回报要求和牵涉其中的行政开销而回流到富裕的北方国家"⑤。

但近年来，附加条件的外援与外援的减少意味着西方国家的这种道德意识在减弱，而基于自身利益的社会达尔文主义意识在增强。一方面，外援缓解了西方国家的良心不安，使得它们更能心安理得地享受它们已经享有的财富与经济统治地位，而不从实质上去帮助非洲国家发展起来；另一方面，接受外援的非洲国家

① 转引自〔加纳〕威·爱·伯·杜波伊斯《非洲——非洲大陆及其居民的历史概述》（内部读物），秦文允译，世界知识出版社，1964，第 185 页。

② Tony Killick，"Policy Autonomy and the History of British Aid to Africa"，*Development Policy Review*，23（6），2005，pp. 665 – 681.

③ Catherine Ray，"Aid Must Aid Africa"，June 11，2010，http：//allafrica. com/stories/201006110910. html.

④ http：//www. busrep. co. za/index. php？ fSectionId = 552&fArticleId = 5528957.

⑤ "Nigeria：Repudiate Foreign Debt，CSOs Urge AU"，*This Day*，June 14，2005，http：//www. allafrica. com/stories/200506150258. html.

作为受害者也将心安理得地使用外援，忘记认真检讨自身不发达的内在原因。相反，在发达国家看来，尼雷尔（Nherere）的观点或许是对的，他认为以侵犯主权为由反对附加条件的援助"不仅是不当的，而且是误入歧途的"，因为"就捐助国而言，没有给予援助的法律责任，也不涉及任何非法的因素"。① 尼雷尔不仅肯定外援附加条件的正当性，而且回避了所有捐助国对外援助行为的自我利益因素。② 任何出于良心以及利他因素所给予的对外援助，如果没有与援助国的政治、军事、战略、经济等的国家自我利益相结合，是难以为继的。对外援助实际是通过帮助他国来帮助自己。二战后美国对欧援助、苏联对社会主义阵营中的国家的援助；冷战结束后，欧洲援助资金向东欧的倾斜；9·11前后美国对非洲援助的不同态度，莫不如此。表5-5的数据显示了美国、英国和法国在援助上对不同国家的厚此薄彼。

表 5-5　　2002 年西非各国接受援助情况统计

单位：百万美元

	合计	美国	日本	法国	德国	英国	荷兰	加拿大	瑞典	挪威	丹麦	其他国家
贝宁	140.1	23.4	4.5	40.5	24.0	0.1	2.4	2.4	0.1	0.1	23.6	19.0
布基纳法索	229.9	16.2	10.0	53.9	19.4	0.3	37.3	8.6	7.5	0.4	23.0	53.3
科特迪瓦	831.1	53.1	5.2	531.3	31.1	11.7	24.3	78.7	0.2	0.5	0.7	94.2
冈比亚	17.5	2.8	8.2	0.4	1.8	1.7	0.3	0.6	0.5	0.7	0.2	0.4
加纳	406.2	68.9	23.6	10.2	34.0	123.7	59.6	12.4	1.4	0.7	51.5	20.4
几内亚	125.6	47.7	18.6	22.6	15.4	2.7	4.0	4.3	0.5	0.6	—	9.4
几内亚比绍	25.8	3.8	0.1	4.0	1.4	—	3.6	0.3	1.8	0.0	0.3	10.5
利比里亚	27.0	15.1	0.0	1.7	-2.1	2.9	2.9	0.3	1.1	1.9	0.1	3.1
马里	256.8	49.2	17.0	63.6	28.0	6.8	38.2	13.6	9.1	7.1	0.1	24.1

① P. Nherere, "Conditionality, Human Rights and Good Governance: A Dialogue of Unequal Partners", in K. Ginter et al., eds., *Sustainable Development and Good Governance*, Martinus Nijhoff, Dordrecht, 1995, pp. 289-307.

② Clapp 论述了捐助国对几内亚的援助政策彼此冲突矛盾，妨害了几内亚政府实施政策改革的能力。Clapp, Jennifer Ann, "Guinea", in Timothy M. Shaw and Julius Emeka Okolo, eds., *The Political Economy of Foreign Policy in ECOWAS*, The Macmillan Press Ltd., 1994, pp. 47-65。

续表

2002	美国	日本	法国	德国	英国	荷兰	加拿大	瑞典	挪威	丹麦	其他国家
尼日尔	114.5	16.3	13.3	34.4	14.9	0.6	1.8	5.3	0.1	2.4	6.8	18.7
尼日利亚	215.0	76.1	19.1	8.8	37.7	41.7	2.8	18.1	1.5	3.1	0.0	6.2
塞内加尔	242.8	37.1	37.8	104.5	13.2	0.6	10.4	9.8	0.3	1.4	0.9	26.9
塞拉利昂	225.3	70.1	0.1	3.6	15.9	54.3	20.6	3.3	1.7	10.6	0.4	44.6
多哥	39.2	6.7	0.3	18.7	8.1	0.5	0.5	1.0	0.1	0.2	0.1	3.1

资料来源：The World Bank，*2004 World Development Indicators*，Washington，D. C.，2004。

英国思想库最新的研究报告指出，西方富裕国家一直以非洲大陆保护者的姿态，对非洲施以恩惠，用援助来加强这种优越的地位，但是，随着非洲的发展，国际经济形势的变化，这种不平等的关系不仅不利于非洲的发展，而且开始危及西方国家自身。该报告警告说，如果西方国家不改变这种施舍者的态度的话，西方国家将失去其在非洲的优势地位。[①]

（3）全球经济一体化与国际相互依存加深，同为地球村人的命运共同体意识增强。

一个发展极度不平衡的社会没有安全可言。在一个全球化的世界里更是如此。人类社会的可持续发展是外援存在的正当性基础。"在经济全球化不断发展的今天，发达国家同发展中国家互相依存的关系日益密切。非洲长期陷于贫困，不但使发达国家的市场潜力难以发挥，而且还可能影响整个世界的和平与稳定"[②]。

随着发展中国家力量的壮大，全球化的深入，国际相互依存度在提高，迫使发达国家改变其在发展对外援助中凭借实力所持的居高临下的姿态，更多地关注在对外援助中的正义性，即受援国在外援实施过程中的参与权、发言权；确认外援是一种互利的国际行为，而不是单方面的施舍行为。在承认互利的前提下，才

[①] "Africa：'Patronizing'West Risks Losing Trade，Influence to Emerging Powers"，http：//allafrica. com/stories/201006021222. html。

[②] 夏吉生：《八国峰会过后谈非洲脱贫》，《国际政治研究》2005 年第 4 期，第 137～144 页。

有平等互信。外援成为全球治理中一个不可缺少的手段，国际多边组织如联合国、世界银行、国际货币基金组织、发达国家俱乐部八国峰会重点关注的一个全球议程。为帮助发展中国家筹集发展资金，1992 年的联合国环境和发展大会重申了向发展中国家提供相当于发达国家国民生产总值 0.7% 的外援比例，2000 年联合国大会千年宣言、《蒙特雷共识》和《发展筹资多哈宣言》，直到 2012 年联合国可持续发展大会的成果文件都重申发达国家要履行承诺向发展中国家提供占其国民生产总值 0.7% 的官方发展援助，因为在 2010 年发达国家官方发展援助仅达到其国民生产总值的 0.32%，远低于当初设定的 0.7% 的标准。① 继 2010 年达到顶峰之后，2011 年的官方发展援助总量下降了将近 3%，这主要与捐助国的财政紧缩措施有关。

4. 外援有效性的影响因素

（1）对外援有效性的质疑。

2005 年西方援助国针对援助有效性的巴黎宣言，是在非洲国家有了更多的援助渠道及选择之后，试图对旧的援助方式加以改变的努力的体现。主要是通过国内预算的方式划拨援助款项，直接对非洲受援国的政府预算进行援助，即增加受援国在援助方面的发言权，提倡共同所有权、伙伴关系及协调（ownership, alignment and harmonization）三原则。

进入 21 世纪以来，外援的有效性成为西方学界讨论的一个重点，肯定与否定的意见都有，② 西方援助国和撒哈拉以南非洲对援

---

① 丁开艳：《联合国里约峰会重申 0.7% 承诺》，《北京商报》2012 年 6 月 21 日。

② 其中肯定观点的代表为 Craig Burnside and David Dollar, "Aid, Policies, and Growth", *American Economic Review*, Vol. 90, No. 4, 2000, pp. 847 – 68。持否定观点的人更多：Harold J. Brumm, "Aid, Policies and Growth: Bauer Was Right", *Cato Journal*, Vol. 23, No. 2, Fall 2003, pp. 167 – 174; William Easterly, "Can Foreign Aid Buy Growth?", *Journal of Economic Perspectives*, Vol. 17. No. 3, 2003, pp. 23 – 48; William Easterly, Ross Levine & David Roodman, "Aid, Policies, and Growth", *American Economic Review*, Vol. 94, No. 3, 2004, pp. 774 – 780; Deborah A. Briutigam and Stephen Knack, "Foreign Aid, and Governance in Institutions, Sub-Saharan Africa", *Economic Development and Cultural Change*, Vol. 52, No. 2, Jan. 2004, pp. 255 – 285, 该文论证大量的外援削弱了非洲受援国构建良治的努力。

助的评价截然相反。积极的看法是，援助促进了非洲的减贫，有助于非洲的发展；消极的看法是援助没有取得应有的效果，无助于非洲的发展，甚至起了阻碍非洲发展的作用。两种看法产生分歧的原因是采用的评价标准不一样。对非洲的外援持消极看法的学者们，更多地从宏观角度来评价外援的效果，因为长期以来，非洲多数国家的现代化生产体系都没有建立起来，独立时继承的畸形生产结构没有根本改变，自然得出了外援无用的结论。对外援持积极看法的学者，更多的是从微观角度看外援的效果，认为外援促进了非洲大陆许多领域的改善，尤其是教育与卫生等领域，如传染性疾病的防治、婴儿死亡率的降低等。如联合国对于千年目标计划的实施的评估："参加重债穷国动议的国家已经证明通过减债而腾出的资金可以转入减贫计划：加纳在所有城区修建了 509 所新校舍用于基础教育。重债穷国动议节省出的资金还帮助向 43000 个农户提供了小额信贷，并用于 563 个环境卫生项目和 141 个供水项目。塞内加尔发展了以社区为基础的医疗服务，从而建立和加强了农村地区的基本社区医疗服务。"[①] 2012 年 9 月 20 日，潘基文在联合国《全球发展伙伴关系：让言语成为现实》报告发布记者会上说，千年发展目标中有关贫困人口、贫民窟、饮用水及小学教育中男女生平等的重要具体目标已经实现。[②] 2011 年 11 月 29 日到 12 月 1 日，第四次援助实效问题高层论坛在韩国釜山举行，论坛将关注焦点从纯粹的援助实效性转向了更注重全局的做法，考察了有效发展合作对总体发展实效的贡献情况。

但非洲社会在某一具体方面的进展是否能够自我保持下去，是否直接或间接有利于非洲现代生产结构的建立和现代生产关系的形成，是否有利于非洲国家自身利润的创造和资本的产生，是否能增强非洲的自我发展能力，进而逐渐减少外援需求，还是未知的。

---

① 《联合国千年目标全球行动》，http://www.un.org/chinese/millenniumgoals/unsystem。

② http://www.un.org/en/development/desa/publications/mdggap2012.html。

不论是消极的还是积极的评价，都有夸大外援作用的成分，外援作为一种辅助的国际资本金，只能是一种补充作用，并不能取代受援国自身的资金积累与运用。

只要是资本投资，就不能保证每一次都成功，存在风险与试错。古德斯密斯（Goldsmith）论证说，外援对非洲国家的政治经济选择的影响很小，并不能左右非洲受援国的政治经济发展方向。[①]

外援的有效性受到了来自西方发达国家内部左、右两个方面的质疑，左的观点认为发达国家提供的外援数量远远不够；右的观点认为外援资金没有得到有效使用。21 世纪初，西方学者发表研究文章，质疑外援对于受援国的积极作用微乎其微，这些文章论证了外援在受援国的经济增长、政治民主化、减少贫困方面所起的作用有限。[②] 即使为美国外援政策进行辩护的美国学者萨斯（Jeffrey Sachs）也指出，撒哈拉以南非洲所得到的每一美元外援中，仅有 44 美分真正用于经济发展，而 56 美分用在偿债、顾问费用、人道主义救助上。[③] 甚至 44 美分也不能保证，因为管理不善和腐败又损耗了一部分。尼日利亚总统奥巴桑乔曾说过，自非洲独立以来，腐败的非洲领导者们从非洲人民手中偷窃了 1400 亿美元。2004 年 8 月，非盟的一份报告声称，非洲每年因腐败导致的损失达 1480 亿美元，占非洲大陆国内生产总值的 25%。

里德尔（Riddell）指出了国际援助存在的问题及其影响因素：外援数量相比非洲巨大的需求大大不足；援助国各行其是；人们开始质疑外援有助于发展的说法，也开始怀疑外援是否能有效减贫；对减贫直接进行援助的数量与效果被怀疑；对外援效益的关

---

① Arthur A. Goldsmith, "Foreign Aid and Statehood in Africa", *International Organization*, Vol. 55, No. 1, Winter, 2001, pp. 123 – 148. 但他同时指出，尽管短期来看，外援对受援国的政治经济影响成效不大，但长远来说，外援输出的思想与理念潜移默化地影响了受援国。

② William Easterly, Ross Levine & David Roodman, "Aid, Policies, and Growth", *American Economic Review*, Vol. 94, No. 3, 2004, pp. 774 – 780.

③ "The Horn of Africa Crisis Is a Warning to the World", www. theguardian. com/global – development/poverty – matter&ei = fgnnUoblM8mFiQfH – IGQDQ&usg = AFQjCNH8GZDSxOpw9eBy53HvR2DJ7GRCKQ&bvm = bv60799247, 2014 年 2 月 5 日。

注将使援助资金转移到那些不是急需援助的国家与地方；外援过程中既得利益集团的影响。[①]

有些学者则更多地从现代化动力的角度来分析援助对于受援方的影响，主要是外援可能影响受援方的自主能力，可能会造成受援方的惰性与依附，影响其主动性的发挥。"援助极少有助于非洲人自我治理的能力，有时甚至损耗了非洲人治理自身事务的能力。"[②]同时来自外部的资本金，不利于受援方的自主资本金的积累，不利于受援方现代生产体系的形成，如什克瓦提（Shikwati）所指出的，外援产业所包含的"恶意软件"对非洲经济有消极影响。[③]阿莫罗（Benson Amolo）更激进，他认为没有外援非洲的可持续发展才是可行的，在他看来，外援使非洲人丧失了对自身民主的自治权。[④]

基索（Kisau M.）认为，从长远来看，援助将使非洲更穷，西方更富。西方热衷援助，就像殡仪馆热衷丧事一样，对非洲来说绝非有益。非洲现在开始必须对援助说"不"，把世界其他国家与地方视作合作伙伴，而非援助国。[⑤]

（2）不合理的国际政治经济秩序制约了外援作用的发挥。

1960～1997 年，西方向非洲提供了 4500 亿美元的援助，相当于 4 个马歇尔援助计划。外援并非无偿提供，事实上都是低利率贷款。重债穷国（HIPC）倡议是 1996 年由世界银行与国际货币基

---

① Roger C. Riddell, "The End of Foreign Aid to Africa? Concerns about Donor Policies", *African Affairs*, Vol. 98, No. 392, Jul. 1999, pp. 309 – 335.

② David Sogge, "Foreign Aid: Does It Harm or Help?", *The Christian Century*, Feb. 23, 2000, pp. 206 – 209; Ashraf Ghani and Clare Lockhart, *Fixing Failed States – A Framework for Rebuilding a Fractured World*, Oxford University Press, 2008. 他们论证说，外援往往破坏受援国国家体制建设的努力，因为外援项目仅考虑微观层面，不顾及国家发展的宏观建设。

③ James Shikwati, "Africa Must Reject the Scavenger Economic System", *The African Executive*, 05 – 12 May, 2010, http://www.africanexecutive.com/modules/magazine/articles.php?article = 5187.

④ Benson Amolo, "Leave No Debt Unpaid", *The African Executive*, 04 – 11 May, 2005, http://www.africanexecutive.com/modules/magazine/articles.php?article = 45.

⑤ Paul Kisau M., "Life after Aid", *The African Executive*, 27 – 04 May, 2005, http://www.africanexecutive.com/modules/magazine/articles.php?article = 30.

金组织联合启动的，代表了为帮助世界最贫困的重债穷国所做出的努力，1999 年秋得到进一步加强，以求提供更快、更深入和更广泛的减债。2005 年，苏格兰 G8 峰会提出多边债务减免计划（MDRI），以进一步减少符合条件的低收入国家的债务负担，由世界银行和国际货币基金组织等四个多边机构为符合条件的国家提供 100% 的债务减免，并提供更多资源帮助其达到千年发展目标。

解决外债危机与增加官方援助应该基于公平原则。"减轻债务的真正意图是援救处于合法性危机之中的国际货币基金组织和世界银行，加强这两个组织对南方国家经济政策的持续控制。"[1] 如蒙比奥谈及的国际货币基金组织的大量基金来自"附庸国家"的偿还贷款，其配额不再反映"各国在金融方面对经营国际货币基金组织所做的实际贡献"。[2] 非洲每年要向它的债权国及世界银行和国际货币基金组织交付大约 100 亿美元，多于该地区花在卫生和教育上的费用之和。[3] 2003 年，低收入国家还本付息达 390 亿美元，而同期得到的援助只有 270 亿美元。[4] 2006 年以债务利息、利润汇出及投资方式从南方国家流向北方国家的资金达 5240 亿英镑，而同期，经济委员会成员国的官方发展援助资金仅有 830 亿英镑。[5]

为解决来自非洲的非法移民越来越多的问题，2006 年 7 月，摩洛哥拉巴特欧非部长级会议宣布，欧盟计划在未来 7 年给予非洲国家 180 亿欧元（230 亿美元）的发展援助，这种援助相比非洲国

---

① 钟忆成编写《八国集团、非洲委员会与非洲债务问题》,《国外理论动态》2005 年第 9 期, 第 1~3 页。

② 乔治·蒙比奥:《别被这场改革蒙骗了: 国际货币基金组织仍然是富国的代言人》,《参考消息》2006 年 9 月 6 日, 译自英国《卫报》2006 年 9 月 5 日文章。

③ 转引自 William Tordoff, *Government and Politics in Africa*, Palgrave Macmillan, 2002, p. 232。

④ Arabella Fraser, "*Paying the Price – Why Rich Countries Must Invest now in a War on Poverty*", Oxfam International, 2005. 也参见 John S. Saul and Colin Leys, "Sub-Sarahan Africa in Global Capitalism", *Monthly Review*, Vol. 51, No. 3, Jul. /Aug. 1999, pp. 13 – 30。

⑤ UNDESA, *World Economic Situation and Prospects*, 2007.

家的移民汇款收入是杯水车薪，如 2000～2003 年间非洲国家每年的海外汇款收入就达 170 亿美元。[1]英国 BBC 新闻报道，海外非洲移民 2010 年汇回非洲大陆的款项达 518 亿美元，而该年非洲得到的官方援助为 340 亿美元。[2] 故非洲学者指出，海外非洲人是非洲可持续发展的关键。[3]

2007 年在坎帕拉召开的一次印非贸易会议上，乌干达总统穆萨维尼直白地道出了富裕国家对非援助的虚伪性及妨碍非洲发展的外部因素，他说"欧洲人浪费了我们太多时间，对我们谈援助。……我们非洲人正告他们，如果你还谈援助，我们就去睡觉了。我们需要的是市场准入——对我们的产品开放你们的市场。"[4]在西非发展与减贫中有着重要作用的棉花生产及贸易就因美国和欧盟实施高补贴政策而处境艰难。[5]

2008 年危机后的经济形势使各国政府重回贸易保护主义。20国集团国家对新贸易限制措施的实施步伐并没有放慢。有美国学者认为，非洲的可持续发展有赖全球贸易环境的改变，仅仅是全球贸易向着有利于非洲的微小改变，所带来的巨大收益就是杯水车薪的外援无法比的，如在 2007 年全球贸易的 1% 就达 1190 亿美元，是同期撒哈拉以南非洲得到的 G8 援助总额的 4 倍。故非洲真正需要的是西方国家降低市场准入门槛，是促进非洲贸易和促进非洲大陆内部贸易的援助。[6]

---

① Atta Addo, "Europe Porous Policies: Illegal Immigration in Europe", *Harvard International Review*, Fall 2006, pp. 10 – 11.

② Mark Doyle, "Africans' Remittances Outweigh Western Aid", http://www.bbc.com/news/world-africa-22169474.

③ F. W. Kwoba, "African Diaspora: Key to Africa's Sustainable Development", *The African Executive*, Sep. 17 – 24, 2008, http://www.africanexecutive.com/modules/magazine/articles.php? article = 3552.

④ Anne Mugoya, "Aid: A Waste of Africa's Time, Says Museveni", *The African Executive*, July 04 – 11, 2007, http://www.africanexecutive.com/modules/magazine/articles.php? article = 2386.

⑤ 刘津:《西非向美国棉花补贴发难》,《农民日报》2003 年 7 月 1 日, 第 7 版。

⑥ "Is Foreign Aid Still Worth It?", http://allafrica.com/stories/200909240890.html, 24 September, 2009.

但在非洲国家所关心的市场准入、农业补贴及与贸易相关的知识产权和公共卫生等方面，大部分西方援助国迟迟不愿做出让步。对非洲国家的特殊优惠政策也没有得到真正落实，发达国家在世贸组织关于农产品补助的谈判中搭免费车。无论是欧盟的共同农业政策还是美国的农业政策都造成了发达国家农产品在世界市场的倾销，严重影响了以农产品创汇的发展中国家的经济。[①]致力于通过更公平的贸易环境来促进全球，特别是较贫穷国家的经济发展的全球贸易谈判多哈回合历经 12 年才于 2013 年 12 月 7 日达成"巴厘一揽子协定"，允许发展中国家在粮食安全问题上有更多选择权，并协助最不发达国家发展贸易。

（3）不平等的"施"与"受"的关系。

提供给非洲的官方净援助从 20 世纪 90 年代开始猛增，所占政府支出和 GDP 比例也水涨船高。2008 年，外国援助超过政府支出的 30%，占整个非洲 GDP 的 4%。但非洲大陆依然是全球最贫困的大陆，非洲多数国家的发展资金依然严重依赖外援。

西方国家的媒体已经塑造了一个内在贫穷的非洲大陆形象、一个需要世界怜悯的对象，并逐渐剥夺了非洲人民对于自身发展的创新权与自主权。不管对外援效果的评价如何，21 世纪头 10 年见证了外援的逐步增加，施雷弗（Shleifer）指出，这种现象并非是国际社会对外援有了更加积极的认识，而是 21 世纪以减贫为目标的外援已经不是原来意义上的外援，而成了一种国际福利。[②] 既然是福利，当然可以随着国际经济形势的变化而变化，也可以随时被取消。2007 年在 6 月 6～8 日于德国海利根达姆召开的八国集团会议召开之前，世界银行方面做出的一项评估认为，八国集团在做出了使流入非洲的援助翻一番和为非洲的出口提供新机遇的

---

① 毛小菁：《国际社会对非援助与非洲贫困问题》，《国际经济合作》2004 年第 5 期，第 4～7 页；也参见夏吉生《八国峰会过后谈非洲脱贫》，《国际政治研究》2005 年第 4 期，第 137～144 页。

② Andrei Shleifer, "Peter Bauer and the Failure of Foreign Aid", *Cato Journal*, Vol. 29, No. 3, Fall 2009, pp. 379–390.

承诺两年之后，没有按时实现它们的承诺。直到 2009 年，八国集团仅实现了其 2005 年在英国苏格兰鹰谷峰会上的承诺的 1/3。芬兰在 20 世纪 90 年代初的援助减少了 62%，芬兰人到现在仍称此时期为"经济萧条期"。日本在进入经济困难时期后，其海外援助下降了 44%。目前这场全球经济衰退将使官方发展援助降低 30%。①

而且，福利可能诱发人的惰性，抑制人积极追求的动力。更糟的情形是，外援变成了以发放物品与提供服务为主的短期慈善行为，这种注重寻求短期见成效的援助无助于受援国的可持续发展机制的建立。② 这种短期行为被赋予了高尚的说辞——"人道主义救助"，这种词语的转换事实上改变了外援的性质。人道主义救助不应被视作外援的一个部分，更不能取代外援。人道主义救助也要控制在合理的程度上，因为学习应对自然灾害的过程构成了一个社会成长的重要方面。奥克芝（Oketch）指出，对于援助者的惧怕心理已经植入了肯尼亚的市民组织中，这些市民组织为获得外援资金而依着援助者的喜好翩翩起舞。③ 阿比德（Abidde O.）指出了外援对于受援国心理的有害影响：鼓励懒惰，加深依附性，使非洲成为西方的附属。④

印度曾是世界上最大的外援受赠国。在印度独立后的 40 年内，外援不利于政府缩减规模，限制了有竞争力的私有经济发挥更大作用，印度的教训值得非洲吸取。

5. 外援有效性需基于国际正义原则

全球化的发展在加强守护地球村的责任意识，非洲的发展问题就是世界发展的可持续问题。外援只有从这点出发，才会被

---

①　施坦贝克：《助穷人自救》，《联合早报》2009 年 6 月 3 日。

②　J. Brian Atwood, M. Peter McPherson & Andrew Natsios, "Arrested Development", *Foreign Affairs*, Vol. 87, Iss. 6, Nov./Dev. 2008, pp. 123 – 132.

③　Odhiambo T. Oketch, "Donor Dependence: Suicidal", *The African Executive*, 26 – 02 June, 2010, http://www. africanexecutive. com/modules/magazine/articles. php? article = 5229.

④　Sabella Abidde O., "Absolutely, Donor Money Corrupts", *The African Executive*, 27 – 04 May, 2005.

赋予正义性，援助方才会改变作为"施舍者"的傲慢与霸道的态度，才会承认私利的存在且合理控制自己的私利，承认自身私利的获得需要受援方的合作与理解，才会尊重受援方的主权与发展的需求，从而使外援真正成为促使受援方国家现代化的积极因素。

（1）援助方要抑制私利，受援方要争取自我发展的主动性。

国际外援是否有效，取决于谁是评估者，依据何种标准进行评估。如果是外援出资方，其评估标准当然是看其外援是否有利于其政治、经济、文化乃至军事战略利益；如果是外援接受方，尤其是对于正在追求现代化的非洲国家而言，其评估标准主要看援助是否有助于受援方的现代生产结构的建立、促进现代化的发展。只单纯满足了一方需要的外援不能被看作是有效的，因为基于片面追求的外援是不可持续的。同时，不能用评估具体外援项目的标准来评价外援的效果，因为具体的外援项目常常是短期的、孤立的、不可持续的。

西方学者对国际援助的成效性的研究表明，埃及和以色列虽然没有出现严重的环境危机，也不具有生物多样性资源，却是国际援助的主要受益者，这就表明发达国家的官方援助，始终由传统的援助方式主导，国际援助资金的流向依然是由国家的地缘政治利益及经济利益决定的，尽管这种援助的有效性明显不及依据受援国的需求及得到受援国承诺的援助。[①] 依据援助方特定时期的利益而提供的援助，实质上就是用钱买盟友，只要盟友按照出钱方的意图作为，援助就达到了目的。这种外援的有效性很难加以评估，因为可能短期是有效的，但长期未必有助于援助方。从受援方而言，这种援助对国家主权、社会的自我改造与发展的损害也是最大的。

只有满足了外援供需双方的需求，外援才是可持续的，外援

---

① J. Timmons Roberts, Bradley C. Parks, Michael J. Tierney, and Robert L. Hicks, "Has Foreign Aid Been Greened?", *Environment*, Vol. 51, No. 1, Jan. 2009, pp. 8 – 21.

才能真正发挥资本的效用。将两种需求融合起来，必须靠基于平等互利的正义原则，基于合理分配全球可持续发展的责任原则。援助方不必声称自己的高尚与无私，因为外援本是一种隐蔽的资本，是国家借以实现长远的潜在的战略利益的工具；受援方也无须指责外援的虚伪性，因为外援是本国发展的需要，关键要利用好外援服务于本国的现代化发展的总体规划。

后发展国家政府面临的难题是要保持与世界经济的联系，同时建立起一体化的国内经济，使国家的发展建立在本国经济发展的积累之上。"外部援助增进了非洲国家与外部世界的联系，使非洲国家从中获得帮助，从而程度不同地促进了经济的发展。然而，也必须指出，由于非洲国家缺乏规划和协调，缺乏相应的配套经费，加之政府、当地居民与援助方之间的沟通渠道不畅，外部援助的总体效果尚存在不尽如人意之处。"[①]

非洲国家面临的挑战就是国家治理能力的不足，无论是对内还是对外。非洲国家独立后获得的仅仅是名义上的国家立法订约权力，并没有控制主权国家赖以生存的经济活动。国家的经济活动游离于国家权力之外，一部分受制于国际经济结构，服务于外部世界，尤其是前殖民宗主国的经济，一部分是传统的经济，受制于非洲传统权力。这需要有效能的政府，运用独立的政治主权发展国内的一体化经济，培养国内经济的自我发展能力。"非洲脱贫的症结……只有非洲各国的经济充满活力，不断增长，不断提升国力，才能发挥'造血'的功能，成为脱贫最可靠、最有效而持久的基础和手段。"[②]

有效能的政府是后发展国家实现发展的一个必要条件。效能体现在政府的运作确保了国家自我创造扩大再生产的资本。现代国家在不同地域的崛起与发展首先需要的是一个强有力的政府，能够对本国的重大事务尤其是对国家长远的发展负起责任的政府，

---

① 舒运国：《外援在非洲经济发展中的作用》，《西亚非洲》2001 年第 2 期，第 35～40 页。

② 夏吉生：《八国峰会过后谈非洲脱贫》，《国际政治研究》2005 年第 4 期，第 137～144 页。

但接受大量外援的政府必将在这方面受到限制。即使是基于人道主义的救急援助，也将削弱发展中国家政府的能力建设，因为援助的涌入将使政府失去学习应对灾难的机会。"国家体制的薄弱很可能引发国家资本的出逃，导致国家的借债"①。在几内亚比绍，履行创办一个企业的手续要花费 218 天的时间，② 这样的效能是很难吸引资本的。

发展必须是来自非洲国家内部的驱动，外部主导的发展是难以取得成效的。这一点已是国际社会的共识。西方大国对非洲的援助方式及路径选择取决于其各自在国际政治经济大格局中的地位，受到本国政治经济形势的发展及主流经济学理论发展的影响。即使主观愿望是好的，但对非洲发展的需要的忽视，很难令外援资金发挥作用。

欧盟发展署署长的认识很能说明问题，"援助仅仅是促进发展的催化剂，而不是万灵药"③。从来没有免费的外援，世界上没有任何国家是靠外援发展起来的。外援只能作为一种应急的手段，而不是长期的有助于发展的资源。张永蓬通过对欧盟对非洲援助的评析，指出"非洲的落后并非仅仅靠援助能够解决问题，非洲的发展需要多方面的共同努力，根本上要靠非洲国家自身的努力"④。

外援附加条件的设定暴露了西方国家想长期保持其世界政治经济的主导性，使非洲依附性长期化的目的。发达国家试图借助很少的援助达到控制受援国政治经济主导权的目的，削弱非洲国家政府对本国经济政策的主导权、离间非洲政府与人民的关系，使受援国的主权受到来自内外两个层面的侵蚀，即"通过援助的政治条件来规范受援国的行为，实际上已经成为西方国家维护现

① Cerra, Valerie et al, "Robbing the Riches: Capital Flight, Institutions and Debt", *Journal of Development Studies*, Vol. 44, No. 8, pp. 1190 – 1213, Sept. 2008.

② http://data. worldbank. org/data – catalog/africa – development – indicators, 2014 年 2 月 7 日。

③ "My Vision for Development Policy – Letter to Member States and the European Parliament", http://blogs. ec. europa. eu/piebalgs/letter_ to_ ministers/.

④ 张永蓬：《欧盟对非洲援助评析》，《西亚非洲》2003 年第 6 期，第 32 ~ 37 页。

存世界政治经济秩序的一种重要手段"①。这种附加条件的设置，"最突出地表现了北强南弱的国际现实"②。西非国家接受了这些条件，各国经济困难暂时有所缓解，但是这样做的长期政治后果是有害的，因为接受附加条件的外援意味着非洲国家政府实际是对西方债权人负责，而不是对本国人民负责，有损非洲国家政府的合法性基础，加大了非洲国家政府治理国家的难度，限制了非洲国家在经济和外交上的行动自由，弱化了非洲国家对自身发展事务的主导权，使得其自主制定的发展无法实现，用科利尔（Collier）的话说，就是侵蚀了非洲国家政府建立内在机制的能力。③ 尤其是附加条件的外援资源"削弱了非洲政府必须进行政策改革的动力。……使得改革可能性减小，而不是增大。……外援对非洲的国家体制有着强大的影响……通过决策外部化和抑制非洲政策精英们的政策学习过程而削弱了国家体制能力的发展。通过把决策过程变成一系列基本缺乏协调的项目而加剧了国家的新父权倾向，国家代理人却控制着实实在在的排他性的权力"④。这对西非一体化目标的追求是一个打击，因为西非一体化的成功要靠西非人的自主能力，尤其是西非各国政府的政治承诺与政策协调。

　　20 世纪的援助没有取得令人满意的成效的最大原因在于"付

---

① 田德文：《对外援助与国家利益：英国个案分析》，载周弘主编《对外援助与国际关系》，中国社会科学出版社，2002，第 114 页。同时参见张永蓬《欧盟对非洲的援助评析》，《西亚非洲》2003 年第 6 期，第 32 ~ 37 页；蒋京峰、洪明：《欧盟对非洲的援助简述》，《华中科技大学学报》（社会科学版）2004 年第 4 期，第 37 ~ 40 页；王孔祥：《西方国家的对外援助：理论与实践的分析》，《教学与研究》2004 年第 11 期，第 45 ~ 51 页；刘新华、秦仪：《浅析近年来美国在非洲的石油外交》，《国际论坛》2003 年第 5 卷第 5 期，第 36 ~ 41 页。

② 周弘：《对外援助与国际关系》，见周弘主编《对外援助与国际关系》的前言部分，中国社会科学出版社，2002，第 25 页。

③ Paul Collier, "Africa's External Economic Relations: 1960 – 1990", *African Affairs*, Vol. 90, No. 360. Jul. 1991, pp. 339 – 356. 也参见 Carol Lancaster, *Aid to Africa: So Much to Do, So Little Done*, University of Chicago Press, 1999。

④ Nicolas van de Walle, *African Economies and the Politics of Permanent Crisis, 1979 – 1999*, Cambridge University Press, 2001, pp. 59 – 60.

费的富人的目标与他们试图帮助的穷人的目标是不同的"①。还有富国所提供的援助数量与非洲所需相差甚远。② 富裕发达国家在给予援助时,对受援国渴望通过外部援助资金来启动国家内部的发展的愿望及其可能途径的主张充耳不闻,从 20 世纪 80 年代致力于结构调整的援助,到 90 年代的减贫规划,到 21 世纪突出对卫生、健康、教育等社会领域的援助,都是援助国在为非洲开药方,对待非洲国家就像一个自己不知道身体哪个部位疼痛的婴儿病人一样。面对专业的医生,病人对自身的病情及疗程都无发言权,病人需要配合医生的治疗。不配合? 对不起,不是医生与治疗方案的问题,而是病人本身的问题。西方附加条件的援助,不论是结构调整的市场经济条件,还是良治与民主的政治条件,实际上都是要非洲国家政府对援助方制定的政策负责,而不是对自主制定的政策负责。非洲病的症候就是制度建设不足、法治基础弱、政府机构责任心缺乏、腐败猖獗,其治疗要靠非洲的自信与团结。

(2)发达国家应更多地承担可持续发展的全球责任。

发达国家是今日世界政治经济秩序的塑造者,也是当今世界安全问题、发展问题和环境问题的最大制造者,故对现存秩序的改造应承担更大的责任,不应将这种责任转嫁到发展中国家身上。

全球经济实力的转移与分散,虽然还未从根本上动摇旧的国际政治经济秩序,但对发展援助秩序与机制构成了挑战:来自亚洲、拉丁美洲的新兴国家,如金砖五国以及富裕的海湾国家对发展中穷国的援助正"静悄悄地改变着国际援助的规则"。这些新援助国不是经合组织中老牌援助国俱乐部的成员,各自按照自身的原则提供援助。它们对现存的老牌富国多边发展援助体制构成了挑战,"削弱了老牌援助国的谈判地位,也反衬出旧的援助规则中

① William Easterly, "The Utopian Nightmare", *Foreign Affairs*, Sept. – Oct. 2005, pp. 58 – 64.

② Roger C. Riddell, "The End of Foreign Aid to Africa? Concerns about Donor Policies", *African Affairs*, Vol. 98, No. 392, Jul. 1999, pp. 309 – 335.

存在的过时及低效方面”①。

欧洲非政府组织联合会（European NGO Confederation for Relief and Development，CONCORD）看到了对非援助中的道义至高点，指出只有把援助措施与债务、贸易、安全、移民、能源、农业、金融上的一系列措施结合起来，才能真正有效治理非洲的贫困，实现非洲可持续发展，乃至全球的可持续发展。② 欧洲应该充当全球反贫斗争的领袖，使援助真正有利于促进非洲的发展。英国乐施会（Oxfam）强调了国际援助的正义基础所在，即保证所有公民权利的集体责任，发达国家必须承认对发展中国家背负沉重债务有着不可推卸的责任。③

乐施会指出，如果富裕国家摒弃旧的自私援助方式，外援对非洲国家的发展能够起到更好的作用；如果援助国能够完全从全球的利益出发，把援助发展中国家看作增进全球平等稳定的一种资源转移，这种资源转移就有助于减少发展中国家的贫困及不平等现象，改善发展中国家的人权状况。④

中国对非援助基于中国自己作为受援国的经验，把正义原则放在了首位，而不仅仅是从本国私利出发。中国政府在对外提供援助的时候，严格尊重受援国的主权，绝不附带任何条件，绝不要求任何特权；中国政府以无息或低息贷款的方式提供经济援助，在需要的时候延长还款期限，以尽量减少受援国的负担；中国政府对外提供援助的目的，不是造成受援国对中国的依赖，而是帮助受援国逐步走上自力更生、经济独立发展的道

---

① Ngaire Woods，“Whose Aid? Whose Influence? China，the Emerging Donors and the Silent Revolution in Development Assistance”，*International Affairs*，84：6，2008，pp. 1205 – 1221.

② “No Time to Waste：European Governments Behind Schedule on Aid Quantity and Quality”，http://www. concordeurope. org.

③ Bethan Emmett，“Paying the Price：Why Rich Countries Must Invest Now in a War on Poverty”，27 Jan.，2005，http://policy-practice. oxfam. org. nk/publications/paying-the-the-price-why-tich-countries-must-invest-new-in-a-war-on-poverty-112402.

④ Jasmine Burnley，“21st Century Aid：Recognizing Success and Tackling Failure”，May 20，2010，http://www. oxfam. org/sites/www. oxfam. org/files/bp – 137 – 21st – century – aid. pdf.

路；中国政府对外提供任何一种技术援助的时候，保证做到使受援国的人员充分掌握这种技术；中国政府提供自己所能生产的、质量最好的设备和物资；中国援助专家同受援国自己的专家享受同样的物质待遇，不容许有任何特殊要求和享受。中国视非洲为处于困难时期的朋友，助急需资金的朋友一把，责无旁贷。

20世纪向非洲提供援助的主要是富裕的发达国家，进入21世纪以来，随着中国、印度等发展中国家的快速发展，非洲寻求援助的选择多了起来，非洲开始反思西方富裕发达国家的援助为什么有效性不强，西方国家尤其是欧盟国家同样开始反思，开始把提高援助的效用作为援助的重点，从而有了2005年的巴黎宣言。

（3）构建援助双方的相互尊重和平等互利关系。

发展援助涉及的不仅是实体资源的转移，还附带着许多无形资源，是多重价值的转移。无论单边的赠予还是基于市场原则的双边交换，都有可能使接受方受到羞辱。[①] 要避免羞辱情形出现就需要坚持互相尊重与信任、平等互利、共同参与的原则。只有建立起援助方与受援方的平等互动，外援资金才能对受援方的现代化发展有利。"因此，外援不仅是援助国向受援国施加影响的一种'温和的'方式，同时也是受援国利用援助国资源的一种'沉默的'方式。从中国的经验来看，它还是受援国以自己的发展模式和发展经验影响世界的一种'主动的'方式"[②]。

援助国主要是世界上的强国、大国、富国，而受援对象多是弱国、小国、穷国。"由于力量对比的失衡，掌握了资源的援助国就获得了一种超越传统主权国家的政治力量或筹码，用以实现对于弱国的政策干预，甚至政治干预和渗透。而且，这些干预或渗透往往是在受援国自愿的基础上发生的，因为它们急需资金、技

---

① "Is Foreign Aid Still Worth It?", http://allafrica.com/stories/200909240890.html, September 24, 2009.

② 周弘、张浚、张敏：《外援与发展：以中国的受援经验为例》，《欧洲研究》2007年第2期，第1~21页。

术和设备等'硬件'，而同时缺乏抵制不良影响的'软件'"①。

唯有双方的目标是一致的，国际援助才是可持续的。国际援助无论形式怎样，援助资金都是来自各个主权国家。国际援助唯有在对援助双方都有利的基础上才是可持续的。马歇尔计划的成功，除了要归功于冷战的国际形势外，更主要的是援助的提供者与受益者都从中受益，其战略目标的一致性，减少了援助过程中的摩擦与戒心，且西欧国家现代生产结构完整、社会自主性强，能够有效利用美国的外援。马歇尔计划帮助西欧走出了二战后的危机。从马歇尔计划实施开始，西方世界总体上经历了长达 1/4 世纪的繁荣，尽管这一时期的繁荣与第三次技术革命有关，但没有马歇尔计划奠定的物质基础，第三次技术革命可能被大大推迟。

因此，穆兹尼池（Muzinich）和沃克（Werker）②提出，可以将一部分援款用于课税抵免和减免，以激励美国公司与个人，从而促进并引导美国公司在援助国的投资行为与援助国移民的汇款行为。但是海登（Hyden）指出，这种改变面临来自捐助国及受援国的双重挑战：一是捐助国纳税人的质疑，二是非洲社会内部的质疑。③ 2010 年，欧盟发展署署长皮保尔格斯（Piebalgs）明确提出，欧盟发展援助模式的优先目标是使出资"钱有所值"，即能为欧洲商业发展增值。④

冷战中，各援助国都更倾向于双边援助，双边援助标准都取决于本国标准，不受制于多边国际标准。⑤

---

① 周弘、张浚、张敏：《外援与发展：以中国的受援经验为例》，《欧洲研究》2007 年第 2 期，第 1～21 页。

② Justin Muzinich and Eric Werker, "A Better Approach to Foreign Aid", *Policy Review*, June/July, 2008, pp. 19 – 28.

③ Goran Hyden, "After the Paris Declaration: Taking on the Issue of Power", *Development Policy Review*, 26 (3), 2008, pp. 259 – 274.

④ David Cronin, "Aid Must Also Aid the Giver", http://allafrica.com/stories/201006101064.html.

⑤ Ngaire Woods, "Whose Aid? Whose Influence? China, the Emerging Donors and the Silent Revolution in Development Assistance", *International Affairs*, 84: 6, 2008, pp. 1205 – 1221.

冷战结束以后，经合组织主导的官方发展援助，指导思想由提倡政府推动增长的发展经济学向注重人的综合素质的提高转化，从而从援助经济生产领域的投资向援助社会公共领域倾斜。全球在援助行动上寻求一致，是全球化深化的一个表现。无论是援助者还是受援者都意识到，贫穷不是单纯的经济不发展的结果，而是社会、文化、政治等因素综合作用的结果。美国在9·11以后加大了对外援助力度，将发展与国防和外交并列（3Ds）。

"减贫战略在非洲的实施，多边的参与和监管，使非洲国家的政治发展成为西方国家多边协调下的产物。减贫战略的实施就是使非洲国家接受西方利益集团的多边监管，在多边监管中实现各方利益的协调。"[1] 2003年，发达国家发表了关于加强多边援助协调的罗马宣言。

2005年的《关于援助效果的巴黎宣言》（Paris Declaration on Aid Effectiveness）是在国际环境发生了变化，尤其是中国等新兴国家开始关注非洲并同非洲的经贸合作开始增长时召开的，是经合组织国家应对非洲新来者的一种反应。经合组织国家意识到了新来者的挑战，以及国际形势变化为非洲所提供的更大的自主选择权，故开始对以往的援助进行反思，试图在援助方面更多地强调基于平等的伙伴关系，弱化以往的援助方–受援方的不平等关系，给予非洲更大的自主权，故提倡责任共担和互信原则；效用原则的强调也是对有条件援助的一种纠偏。

当然，西非更需要国际经济旧秩序的改革，公平的世界贸易秩序将增强西非自我发展的能力，公平贸易是使数十亿发展中国家人民摆脱贫困的"绝对基础"。[2] 它将使得外援不再必要。多边贸易自由化是促进发展不可或缺的组成部分。其实质是增加贸

---

① 杨宝荣：《西方减贫战略对非洲国家的政治影响》，《西亚非洲》2003年第5期，第32～35页。

② 这是2005年时任英国国际发展大臣希拉里·本在伦教查塔姆大厦召开的一次皇家国际事务协会会议上的演讲的基调，http://www.uk.cn/bj/aboutnew_index.asp? lang = c&menu. id = 348&artid = 751。

易机会，从而提供就业和其他机会，使人民得以改善生活。贸易是经济发展的动力之一。2001 年 11 月在多哈召开的世贸组织第 24 届部长会议通过的计划目标远大，它使发展问题成了旨在使贸易更好地造福所有国家——特别是最穷国家——的谈判的中心。

英国非洲委员会报告指出，非洲国家在全球贸易中的份额每增加 1%，所获得的利益相当于该地区所获外界援助的 5 倍。① 国际经济旧秩序的改变和公平贸易的获得，不能指望发达国家的慈悲，只能靠西非人自己的力量，靠西非人联合起来抗争，以增强在国际谈判中的讨价还价和参与制订贸易规则的能力。

自 2008 年世界经济危机以来，撒哈拉以南非洲成为外资增长最快的地方，虽然 51% 外资的目的地是资源丰富、人口较多的国家，如尼日利亚、南非及刚果（金）等。2011 年，非洲人均税收是外援的 10 倍，且 2012 年流入非洲的外资创历史新高，达 1863亿美元，并且移民汇款数额首次超过直接引入的外资与官方援助。这开始奠定非洲自主现代化道路的物质基础。这些国家逐渐摆脱了对外援的依赖，只有刚刚结束战乱，或者资源贫乏，或者没有出海口的小国仍然依赖外援。但外资流入并不平均，西非地区严重依赖外援的国家有属于低收入国的佛得角、科特迪瓦，官方援助占总外资的 64%；属于中低收入国家的有尼日利亚，外资占GDP 的 11%。然而，布基纳法索、冈比亚、几内亚、尼日尔、多哥因多种因素，多年得到的援助严重不足。②

国际政治力量和经济力量都在塑造着西非区域一体化的进程。西非区域一体化的外部政治因素主要来自原欧洲殖民宗主国法国、英国，以及美国的影响。在双边关系中，法国的积极作用大于美国、英国，但是这种积极作用更多地局限于法语西非国家的

① http://www.commissionforafrica.org/french/about/pressroom/leaflets/reportintrochinese. pdf.

② "Chapter 2 Foreign investment, aid, remittances and tax revenue in Africa", AFDB, OECD, UNDP, ECA, 2013, http://www.africaneconomicoutlook.org/ en/outlook/financial_ flows.

合作和一体化目标上。其次是来自各种多边国际组织尤其是联合国、欧共体/欧盟、国际金融机构的影响，以及非洲统一组织/非盟的影响。在国际政治力量中，联合国、非盟和欧盟等多边国际组织机构对西非一体化的积极作用大于法国、美国和英国的作用。在西非区域安全问题上，联合国和非盟一起发挥了很重要的作用，促进了利比里亚、塞拉利昂和几内亚比绍三国局势的稳定及地区和平的维护，尤其对科特迪瓦的局势稳定有着不可替代的作用。

西非国家发展所需的很大一部分资金来源于世界银行和国际货币基金组织等国际金融组织。这些国际金融机构在两个方面对西非一体化产生不利影响。第一，来自这些机构的资金的使用受到这些国际经济组织的控制，它们只注重推动市场化，不顾及国家在市场中的调节作用，削弱了国家的权威，不利于西非区域一体化。尤其是自西非遭遇债务偿还危机以来，这些国际金融机构借助结构调整方案、债权人的身份及多边援助者身份，对西非国家的经济政策的选择施加影响，削弱了国家对自身发展道路的选择权，进而影响了国家对西非一体化的承诺。这对由政府主导的西非一体化是一个打击。第二，国际金融机构的贷款、援款并不着重于区域层面，而是以单个国家为对象，在国家层面上进行，缺乏区域范围的协调。这从客观上不利于西非国家的合作，甚至还会加剧各国之间的竞争。

西非在世界贸易体系中的边缘性地位、对外援的依赖和沉重的债务使得西非国家的经济自主权受到很大限制，国家的政策和规则往往不得不在外部压力之下做出调整，缩小了西非国家之间政策协调和合作的空间，加大了西非区域一体化进程的难度。成员国相互间经济竞争性大于经济互补性，客观上需要区域外经济体的介入和合作。

依附性的经济地位既是促使西非国家加强区域合作推动区域一体化深入的原因，又是阻碍西非区域一体化目标实现的客观障碍。区域一体化是一种选择，一种自力更生的途径，一道避免被过度剥削的屏障，这种选择使西非国家能够更好地把握全球化所提供的机会。经济上客观的依附地位、边缘状态不是非洲人放弃努力、放弃改变的借口。

外部的援助、外部的承诺从来就不是可靠的，正如莫桑比克前总统希萨诺所说，"解决南方普遍存在的尤其是非洲国家的贫困问题，不可能也不应该仅仅依赖于北方国家的仁爱之心。它首先依赖于我们的决心，我们是自己的发展进程的主人"①。2007 年，马里负责非洲债务和发展的联盟主席巴里阿米纳塔杜尔在西非六国和欧洲一些国家举办的最贫困国家论坛上指出，"由资本家控制的'光做样子'的世界银行和国际货币基金组织不再起作用"。八国集团未能兑现 2005 年在英国格伦伊格尔斯首脑会议上做出的援助承诺，她说，"这些富国说话不算数，这就是为什么非洲国家、南半球国家要想掌握命运，必须靠自己"②。

20 世纪 90 年代以来，国际政治经济形势的发展呈现了有利于西非区域合作和区域一体化的因素。首先，在经济全球化日益加深的形势下，国际社会逐渐意识到世界经济的可持续发展有待包括西非在内的非洲的发展，非洲的边缘化和贫困将不利于世界经济的发展。联合国、欧盟和世界银行等国际组织都在积极探索有效促进西非区域一体化的方式，在技术、知识方面对西非区域一体化给予支持，并逐渐把援助资金用于促进西非国家可持续发展的方面，尤其是注重从区域的角度来考虑对西非的援助。其次，9·11 事件后政治上的反恐需要和西非区域内大范围石油资源的发现，使西方大国重新重视西非，从而加大了对西非的投入。最后，以金砖五国为代表的新兴国家为非洲现代化发展提供了难得机遇。2000～2011 年，非洲石油出口到欧盟的占比由 44% 下降到 31%，到美国的占比由 25% 下降到 22%，到中国的占比由 4.4% 上升到 13.6%，到印度的占比由 2.9% 上升到 7.5%；制成品出口到欧盟

---

① 〔莫桑比克〕希萨诺：《非洲面临的挑战需要全球应对》，《人民日报》2005 年 9 月 16 日，第 13 版。

② 《参考消息》2007 年 6 月 5 日，译自法新社巴马科 6 月 3 日电。

的占比由 44% 下降到 29%，到美国的占比由 25% 下降为 9%，到整个金砖五国的占比由 4.3% 上升到 7.7%。[1] 这种发展趋势有利于非洲改变单一的畸形生产部门，促进贸易多元化。2003～2012年，阿联酋对非投资 1330 亿美元，印度 520 亿美元，中国 450 亿美元，而 2005～2011 年，美国 370 亿美元，法、英投资分别为 310 亿美元。[2]

① "Trade policies and regional integration in Africa", AFDB, OECD, UNDP, ECA, 2013, http：//www. africaneconomicoutlook. org/en/outlook/trade _ policies, pp. 65 - 71.

② "Chapter 2 Foreign investment, aid, remittances and tax revenue in Africa", AFDB, OECD, UNDP, ECA 2013, http：//www. africaneconomicoutlook. org/en/outlook/ financial_ flows, pp. 43 - 63.

第六章
促进西非一体化和西非国家
现代化的良性互动

研究西非一体化有两种视角：一种是内部视角，即西非国家的发展及彼此之间的互动；另一种是外部视角，即西非与外部世界的互动。从内部视角来看，西非区域一体化经历了强调团结合作的反帝反殖区域民族主义阶段，注重国内建设、维护国家利益的民族主义阶段，到彼此合作、追求区域一体化的区域主义阶段。从外部视角来看，西非区域经历了从对西方世界的全方位依附到政治自主与经济依附并存的阶段。在这个变化过程中，国际政治经济变化的趋势在西非区域充分反映出来，西非区域从由英法两大势力控制的局面，转向了被法、美、英、联合国、非盟、世界银行和国际货币基金组织等多极势力控制的局面，在这一转变过程中，西非区域的自主性在增强，西非国家联合的趋势也在增强。

看待西非区域一体化的内部视角，实际是一种非洲视角，是一种历史对比的纵向视角。从这种纵向的视角看，西非区域由西方大国的殖民地变成享有主权的国家实体是历史的进步。在捍卫国家主权、运用国家主权的过程中西非国家所走过的弯路，是西非国家在试图寻找自己发展道路上所进行的尝试。这种尝试是由模仿、纠错到自我创新的过程。西非区域一体化的发展过程就是这种试错尝试的反映。

看待西非区域一体化的外部视角，实际上是国际政治经济学的视角，是世界不同区域横向对比的视角。从这个视角看，西非区域的发展始终受到外部势力的干涉，西非仍是全球发展最为落后的地区之一，其区域一体化进程在速度上有待提高，深度上有待深化。

西非区域一体化的发展受内外部因素的制约面临诸多问题，其发展前景取决于以下几方面的因素。

一 主权巩固与灵活运用主权

独立后的国家民族主义所依赖的思想理论基础源于西方的主权原则，这种非原生型的主权原则既是西非国家摆脱西方统治霸权的依据，也是西非国家对内树立权威的依据，主权的巩固与灵活运用将加强西非国家治理的合法性基础，也将影响西非区域合作和区域一体化的发展。西非各国都已认识到国家统治合法性危机对国家政治所造成的影响，认识到区域内相邻国家的危机对整个区域政治的影响，正如贝宁前总统索格洛所说，"在此区域内的每个国家都是一条稳定链条中的一环，只要任何一环的稳定出现问题，立刻就会波及其余。我们任何国家的和平与稳定问题都不能仅仅被当作一国内部的主权问题"[1]。如果西非区域一体化是西非各国实现发展的路径，那么这种路径所需要的前提条件首先就是良好的区域政治环境，这种良好的区域政治环境又取决于西非各国政治和社会的稳定。任何一个被政变、政权更迭所困扰的国家都无暇顾及内政以外的事务。在政治动荡的情势下，非洲各国领导人根本不可能用未来的长远利益来说服自身放弃短期的眼前目标。动荡中的国家通常无法协调好国家长远利益与眼前利益，尤其在二者发生冲突时，往往长远利益被搁置一旁。

所有非洲国家都受制于全球经济和非洲大陆政治两种结构。前者体现为非洲经济的依附性，后者则体现为非洲大陆政治的自主性。非洲国家因此置身于两大竞争之中：一是世界大国为资源

---

[1] *African Research Bulletin* (Economic, Financial, and Technical Series), Vol. 30, July 16 - August 15, 1993, p. 1339.

与市场而在非洲大陆的竞争，二是非洲大陆层次上新兴工业国与欠发达国家之间的竞争。[①] 当然，两大竞争之外还有非洲新兴工业国同世界大国的竞争，非洲国家之间的竞争。要掌控这些竞争，构筑彼此合作关系及西非国家与各种国际政治经济力量的平等互利关系，区域一体化是一种有效的途径。从人类社会发展的历史角度看，国家、区域一体化都是推动人类社会向前发展的工具。现代民族国家是伴随资本主义产生、发展的一种历史现象，在当今资本主义发展的新趋势下，国家的局限性已经显现，区域一体化成为一种趋势就说明了这一点，但区域一体化不仅是目的，也是一种工具。从宏观意义上看，是人类社会发展要借助的工具，从微观意义上看，也是国家要借助的工具。区域一体化成为现代世界政治经济发展的一个显著趋势后，区域集团就成为处于相对衰落地位的国家的防御工具。欧盟就是这样一种政治经济防御工具。即使比较发达的欧洲国家在驾驭这种防御工具时也经历了种种曲折与考验，欧洲一体化的经验表明，真正的经济与政治一体化是费时费力、旷日持久的。战后欧洲一体化进程是欧洲社会经济和政治文化等多种因素综合作用的结果，其中也包含了几代欧洲政治家的意志、智慧和努力。

　　西非国家克服经济依附性的关键在于政治的主动性，政治的主动性体现在国家对主权的灵活运用，以实现对内主权的巩固、对外的团结一致。国家内部的主权巩固与西非各国间的相互支持与合作密不可分，与区域内邻国共享主权，让渡一部分主权以构建西非区域主权，才能保持西非的长久稳定，御敌于外。西非人靠泛非主义理想激发出自豪感，及时把握住了世界趋势及国际形势的变化，取得了独立。西非的未来依然掌握在西非人自己手中，西非国家的未来仍然取决于西非人为未来机遇所做的准备，这种准备既需要国家合法性基础的加强，更需要各国领导人的高瞻远

---

① Timothy M. Shaw, "The Future of the Great Powers in Africa: Towards a Political Economy of Intervention", *Journal of Modern African Studies*, Vol. 21, No. 4, Dec. 1983, pp. 555 – 586.

瞩和政府决策能力的提高，以及本国本地区发展中面临的问题的解决。借助区域一体化，西非国家有可能在国际政治经济竞争中争取主动，减少在重要经济决策和实施过程中外国资助人和各种国际金融组织的作用，使经济决策与实施适应本国及西非区域发展的需要。

当今世界，国家对待主权原则的观念开始变化，主权不仅是目的而且是手段，是获取权威性分配的一种工具，正如基欧汉所观察到的，"主权与其说是一个规范领土的屏障，不如说是在复杂的跨国网络政治中的一种讨价还价的资源"①。世界变化所提供给非洲的机会也从来没有消失过。经济上客观的依附地位、边缘状态不是非洲人放弃努力和改变的借口。他们已经意识到了这样一个事实，即未来发展与他们本国人民的福祉不仅依赖目前正在指导他们行动的竞争能力原则，而且依赖与本地区其他国家进行大规模协调与合作，而这种合作的成功有赖国家主权原则的灵活运用。

二　增强各国政策的协调与一体化导向

西非各国经济独立性差、对外依赖严重，尤其受原宗主国的影响很深，如何减少单向的依赖与减弱原宗主国的影响，培养区域内的横向经济联系，是西非各国面临的难题。对外依赖严重使得基于集体自力更生的努力、地区合作偏离了服务非洲利益的目标，而"服务于各国援助机构、顾问和跨国公司的利益"②。这是小国、弱国在主权方面共有的困惑，摆脱这种困惑的欲望构成了一体化的动力之一，但是在把这种动力转化为实际的政策方面，

---

① R. O. Keohane, "Hobbes' Dilemma and Institutional Change in World Politics: Sovereignty in International Society", in H – H. Holm and G. Sorensen, eds., *Whose World Order? Uneven Globalisation and the End of the Cold War*, Westview Press, 1995, pp. 165 – 86.

② 约瑟夫·E. 哈里斯：《1935 年以来的非洲与散居世界各地的非洲人》，载〔肯〕A. A. 马兹鲁伊主编《非洲通史：(1935 年以后的非洲)》(第八卷)，中国对外翻译出版公司，第 538 页。

西非各国的作为还差得远。一方面，西非各国不愿与其他西非国家分享主权；另一方面，其主权却一再受到外国投资者、援助和技术的侵蚀，使得地区主义的进程步履缓慢。

经济的依附性使得西非国家经济发展政策的选择余地有限。经济的单一性特征使得西非国家很容易受制于外部世界政治经济形势的变化，从而使国家追求发展的努力受到限制，非洲 30 年来的去殖民化并没有在外交政策上产生实质的变化，其决策环境本质上也未发生改变。非洲国家无论是从个体意义上还是整体意义上讲仍然受制于外部结构。这是包括西非国家在内的非洲国家所承认的现实。

近代以来，非洲在世界中的地位始终是边缘的。在这个意义上，依附理论的解释力是相当强的。无论是向美洲提供劳动力的非洲还是被瓜分为欧洲大国殖民地的非洲，或者非殖民化和独立运动时的非洲，这种被动依附的地位一直没有改变。

独立后，虽然西非多数国家政治动荡、经济发展水平低、民众期望值不断上涨、政权更迭频繁，但国家民族主义意识逐渐被培养起来。这种国家民族主义维护各自的国家利益，影响着西非各国的政策选择和外交行动。无论是有着 1.3 亿人口的西非大国尼日利亚的政策选择，还是只有 500 万人口的西非小国多哥的政策选择，都是基于国家利益的民族主义。非洲统一组织的成立正是国家民族主义意识与泛非主义意识的产物。独立的西非各国纷纷加入非统组织，并确认了非统宪章中的边界不可改变原则。这使国家民族主义与区域主义得以协调，抑制了西非国家之间的冲突，也避免了欧洲历史上现代民族国家崛起过程中的相互侵略。事实上，非统宪章赋予了非洲国家民族主义以合法性。这是西非各国自独立以来彼此能够保持一种和平状态的保证，这也使得社会根基薄弱的西非国家能够专注于各自的国家建设。

独立后的非洲国家虽然在法理意义上拥有了主权，但是事实上，政治倾向、经济外交政策始终难以真正自主。西非人唯有联合起来，才能改变自己在世界秩序中的依附地位。区域一体化是致力于集体自力更生的一种途径，一种借助集体的力量寻求自主发展道路的尝试，一道避免被过度剥削的屏障。西非国家已经把区域合作当作小国与外界打交道需借助的一种媒介，一种能够放大本国声音的媒介。

西非区域一体化正是在这样的历史背景下展开的，这种历史背景决定了国家主导的区域一体化过程。区域一体化已经在西非各国形成共识，西非已经认识到只有增强联合，才能增强政治经济发展的自主性，西非国家的发展才有希望。但是如何把这种共识落实到国家的具体行动上，协调彼此的经济政策、外交政策，西非国家面临的问题还很多。这主要是因为西非各国对于国家利益与区域利益的关联性认识不足，基于捍卫国家主权、维护国家利益的认识，常常把国家利益与区域利益对立起来。阿德德吉曾对此发出警告，"要防止因独立而出现的去一体化趋势"[1]。西非国家没有把追求区域一体化的政策选择当作国家发展战略的一个内在组成部分，没有能够灵活运用主权、实现主权的部分让渡与共享，使得区域一体化设计流于形式，区域组织的作用难以充分发挥出来。

西非区域内的政治状况对西非区域一体化来说既有消极的一面，也有积极的一面。虽然消极的因素不少，但是历史地看，积极因素一直在增长，各国在建设国家方面都积累了一定经验，尤其是尼日利亚、塞内加尔、加纳等西非主要国家的政治趋向稳定——随着政治状况的好转，各国政府有精力思考理性思考本国政策与区域合作的衔接问题，有精力思考在应对国际环境的挑战中相互支持的问题。

经过了20世纪90年代的政治动荡之后，到2013年时，非洲大陆政治趋于稳定，选举政治基本巩固，尤其是撒哈拉以南非洲，甚至没有受到2010年以来北非局势动荡的影响。非洲人民思稳定、盼发展、改善生活的愿望强于政治权利诉求，[2] 民众抗

---

① Adebaya Adedeji, "Prospects of Regional Economic Co-operation in the West Africa", *Journal of Modern African Studies*, Vol. 8, No. 2, Jul. 1970, p. 224.

② "Political and Economic Governance in Africa", AFDB, OECD, UNDP, ECA, 2013, www. africaneconomicoutlook. org/en/outlook/governance, pp. 89 - 107.

议活动减少，这为非洲国家政府集中精力进行经济建设提供了良好的环境。

三　抓住国际政治经济形势发展变化
所提供的机遇

直到 20 世纪末，西非的外部干涉力量和支持资源主要还是西方发达国家。二战结束以来，西方发达国家为了维护有利于自身的国际政治经济秩序，逐渐联合起来，其合作逐渐制度化，如欧共体到欧盟、罗马俱乐部到七国集团。发达国家的强强联合既是为了应对社会主义力量的挑战，也是为了应对广大发展中国家的挑战。然而，社会主义力量在冷战结束之后被削弱了，发展中国家的合作自 20 世纪 80 年代以来没有重现 50~70 年代所呈现的高潮。这样强强的团结对弱弱的分裂便是国际政治经济力量对比的现状。制度化的强强联合在适应国际政治经济新变化的过程中显示了很强的灵活性。

全球化趋势的加深，使世界上所有国家的主权都面临挑战，合法性基础被削弱，西非国家受到的挑战更大。诉诸区域主义，把本国的发展与本区域其他国家的发展结合起来，形成区域一体化，是西非国家应对这种挑战的一种合理选择。

由于无法影响全球经济或政治环境，大多数非洲国家作为大国全球战略中的棋子，极易受到外来势力的干涉。与此同时，西方大国也从来没有真正放弃它们对非洲所拥有的这种主导地位，没有改变对非洲指手画脚的态度。

虽然外部的援助、外部的承诺从来就不是可靠的，但国家发展资金的缺乏、债务的加重，使得西非国家必须学会充分利用国际金融机构，尤其是世界银行和国际货币基金组织。世界银行是世界上注重发展问题的国际经济机构，是西非国家进行区域一体化不得不借助的重要金融机构。西非区域合作在技术、知识上需要世界银行的支持。世界银行开始把援助资金用在促进西非国家可持续发展的方面，尤其是注重从区域的角度来考虑对西非的援助上，这促进了西非一体化的发展。因此，这种区域一体化的选择使西非国家能够更好地把握国际政治经济变化和全球化所提供的机遇。2010 年 3 月，国际货币基金组织总裁斯特罗斯－卡恩（Dominique Strauss-Kahn）在出访非洲时，这样评论非洲的成功："过去 10 年里，非洲国家年增长率达 6% ~7%，这是过去几十年里从未有过的。为什么如此？因为最后非洲国家不得不实施了好的政策，正是国际货币基金组织取消了这些非洲国家的债务，为实施好政策创造了条件。"①

国际政治和经济力量对西非区域一体化进程有着重要的影响。国际政治力量中，多边机构的积极作用大于双边关系，如欧盟、联合国、非盟的作用。西非的多数区域与次区域组织需要外部力量的支持。但是，"发展中国家的国际组织与集团，在政治上要求独立自主，在经济上又依赖西方集团，在国际政治关系中既要保持中立，又要外来力量的支持。它们在与发达国家的关系中，要求改变不合理的贸易关系，加强合作。这是发展中国家国际组织的特性"②。

应该说，21 世纪初提供了这样的机会。西非沿岸大量石油储备的发现，西方大国反恐的战略需要，新兴国家尤其是金砖国家的崛起，世界其他发展中地区的区域一体化发展，为西非提供了有利的国际政治经济环境。这个机会利用得好，西非的区域合作和一体化就会有所突破。在新形势下，西非区域一体化的深入将有助于其改变整个区域在国际政治经济中的被动地位，增强其在非洲大陆乃至世界的作用。

2012 年 5 月，在埃塞俄比亚闭幕的 2012 年度世界经济论坛（WEF）非洲会议上，非洲发展前景被一致看好。21 世纪的头 10 年，非洲 GDP 年增速达 5% ~6%，在世界其他地方因 2008 年金融危机拖累经济增速普遍放缓的情况下，看好非洲经济前景的人越

---

① "All Africa: Civil Society Must Hold Govt Accountable, Says IMF Chief", Mar. 12, 2010, http://allafrica.com/view/group/main/main/id/00011213.html.

② 张明谦：《国际组织与集团的综合研究》，载渠梁、韩德主编《国际组织与集团研究》，中国社会科学出版社，1989，第 3 ~19 页。

来越多。世界银行与麦肯锡、标普等国际公司都预测撒哈拉以南非洲的经济增速可达 5%。相比"阿拉伯之春"后北非的动荡，撒哈拉以南非洲政局总体稳定，[①] 而西非地区主要国家如尼日利亚、加纳、塞内加尔的民主选举、政党轮流执政、以非洲互查机制规范国家治理的现代政治框架基本成形，保持了大体的稳定。这为吸引国际投资创造了良好的宏观环境。这些国家也开始充分利用非洲发展的比较优势，加深和改善与英、法的经济联系，扩大同印度、中国、巴西、韩国等经济互补性强的国家的经济关系，逐渐使西非同世界的关系平等化了、实现了共赢。

四　区域内主要国家的引导作用

西非一体化的成功与否取决于核心国家尼日利亚。相比东非与中非地区，西非区域一体化在区域安全领域的相对成功可以归功于地区大国力量的存在、集体政治意愿的加强、尼日利亚充当领导者的意愿、法国影响力的相对减弱。利比里亚和塞拉利昂的维和经验正好体现了上述非洲本土领导力量崛起，进而弱化西非区域外的国际政治力量的趋势。

作为西非区域一体化的推动者与主导者，尼日利亚对自身缺陷的认识与改进将决定西非区域一体化的未来。任何小国都难以保持完全的自主和拥有绝对的主权，依附某一大国常常是小国的政策选择，但小国接受大国领导的前提是大国有能力并有意愿提供保护。在西非，尼日利亚的大国地位还不稳固，如曾积极与尼日利亚合作推动西共体成立的多哥在 1986 年面临政变威胁时，求助的仍是前宗主国法国。尼日利亚的另一邻国尼日尔则更注重发展与原宗主国法国以及美国、北非阿拉伯国家的联系。[②] 这些小国

---

① 参见张宏明《关于撒哈拉以南非洲政局走势的研判》，《西亚非洲》2011 年第6 期，第 33~41 页。

② Robert B. Charlick, "Niger", in Timothy M. Shaw and Julius Emeka Okolo, eds., *The Political Economy of Foreign Policy in ECOWAS*, The Macmillan Pree Ltd., 1994, pp. 103 – 124.

在西非区域一体化方面的患得患失，既出于各自不同的利益考虑，也与对尼日利亚的不够信任有关。科特迪瓦出现一国二主危机时，尼日利亚还不能主导危机的解决。面对马里北部的局势，尼日利亚的作为也有限，这为老牌宗主国法国继续干预西非事务敞开了大门。尼日利亚分裂的可能性不大，但国内冲突的危险依然高，因为近15～20年是撒哈拉以南非洲的青年人口比例大的年份。①

因此，尼日利亚能否真正担当起区域大国并且是负责任的区域大国的角色，直接关系到西非一体化的成功与否。正所谓"一头狮子带领的一群羊，可以打败一头羊带领的一群狮子"，尼日利亚拥有成为领头狮子的潜能，但把潜能变为现实，首先，要求尼日利亚政治不再出现大的动荡与社会冲突。其次，尼日利亚需要在其他西非国家面前克制住强烈的民族主义情绪，能将尼日利亚的发展与整个西非区域的发展相协调。最后，尼日利亚政府的治理能力需要提高并减少腐败的发生。这三方面是基本的，做到了这三方面，尼日利亚在西非的信誉就会大大提升，其履行区域领导者职责的能力也将加强。

虽然独立后的40年中，西非多数国家政局持续动荡、政权更迭频繁，西非国家经济共同体却顽强地生存了下来，即使是在共同体发生严重政治危机的时刻，多数成员国也不愿脱离出去。西共体通过在塞拉利昂的维和实践，向世界展示了自己的"区域性"，尤其是在"从国际政治的客体转变为能够表达非洲利益的国际政治的主体"②方面。这是西非国家在区域一体化实践中积累经验、摆脱盲目模仿、积极创新的过程。西共体在成员国的政治意愿、一体化机制的构建和共同体条约对成员国的约束力方面都走在了安第斯共同市场（Andean Common Market，ACM）、拉美自由贸易组织（Latin American Free Trade Association，IAFTA）和中美洲共同市场（Central American Common Market，CACM）等拉美区

---

① *Global Trends 2030*: *Alternative Worlds*, a publication of the National Intelligence Council, Dec. 2012, www. dni. gov/nic/globaltrends.

② David J. Francis, *The Politics of Economic Regionalism – Sierra Leone in ECOWAS*, Ashgate Publishing Ltd. , 2001, p. 234.

域组织的前面。①

　　为了经济目的而创立的西共体，也在政治安全合作领域的一体化发展上取得了令人瞩目的成就。这种发展是西非国家在利用自然资源和人力资源上自主发展能力的增长，体现了西非人掌控自己命运的一种新精神。如果说发展区域主义是对全球化的一种政治反应，那么西共体在区域安全上获得突破，是消除全球化环境下国际政治经济新格局形成过程中出现的不稳定的区域政治状况的需要。西非集体安全机制不同于传统的针对某个假想敌的集体安全机制，因为它针对的是区域内国家间的争议与冲突，以及区域内的成员国的内战及其在区域内的影响，是一种积极的区域安全主义。西共体停火监督组织的出现正是西非各国领导人在发展问题上认识提高的表现，是从实践方面梳理经济发展、政治稳定、区域合作三者之间的关系，也反映了驱动西非区域一体化的"政治和经济动机二者的会合、精英价值观与高水平政治支持的互补"②。

　　如何避免西方大国尤其是石油投资国对西非区域一体化的影响，避免西非国家重蹈阿拉伯石油国家命运的覆辙，是西非国家应该认真对待的问题。欧盟的团结与中东阿拉伯石油国家的不团结所导致的两种不同命运，强有力地证明了小国的国家利益依赖区域利益的实现。弗朗西斯通过对西非区域一体化过程中塞拉利昂的政治和经济利弊得失的透彻分析，得出这样的结论：对于塞拉利昂这样一个不发达的小国来说，加入西共体，参与西非区域一体化的过程，无论是从政治的角度还是经济的角度而言，都是利大于弊。用弗朗西斯的话说，"尽管在西共体的经济和安全区域主义的背景下，国家主权被侵蚀，但是总体而言，塞拉利昂是经济区域主义政治的净受益者"③。

---

① Julius Emeka Okolo, "Integrative and Cooperative Regionalism: The Economic Community of West African States", *International Organization*, Vol. 39, No. 1, Winter 1985, pp. 121 – 153.

② David J. Francis, *The Politics of Economic Regionalism – Sierra Leone in ECOWAS*, Ashgate Publishing Ltd., 2001, p. 54.

③ David J. Francis, *The Politics of Economic Regionalism – Sierra Leone in ECOWAS*, Ashgate Publishing Ltd., 2001, p. 236.

西非区域一体化研究需要对国家在区域合作中的得与失进行详细研究，尤其是国家互惠问题研究，还需要就部分主权让渡代价与政治、外交、经济上的获益对国家行为的影响做进一步探讨，因为"非洲区域经济一体化组织的基本问题向来就是，而且将来依旧是参与一体化组织的经济成本问题。通常经济成本问题会立刻显现出来，经济获益却是长期而不确定的。同世界其他地方的政治领导人一样，非洲的政治领导人不愿意为了长远的不确定的可能获益而承担一体化所带来的眼前的损失"[1]。这个问题的解决有赖致力于经济发展和一体化的文化在西非生根繁荣，这种文化的培育有助于西非人民和政府统筹眼前与未来，协调彼此的行动，最终实现共赢。虽然认识到区域内贸易量增大的重要性并签署了许多协议，但是缺乏行动。尽管要求单一货币的呼声会误导人们，但货币的不统一不是区域内贸易量少的主要原因，主要原因是各成员国对协议的实施和政策协调。[2]

① Carol Lancaster, "The Lagos Three: Economic Regionalism in Sub-Saharan Africa", in John W. Harbeson & Donald Rothchild, eds., *Africa in World Politics*, West view Press, 1995, pp. 249 – 267.

② Aleksandr Shkolnikov, "Beyond the Financial Crisis: What Will Save West Africa?", 21 – 28 Apr., 2010, http://www.africanexecutive.com/modules/magazine/articles.php? article = 5163&magazine = 279.

第七章
对非洲一体化与现代化
互动发展的评析

　　非洲一体化的发展由泛非主义兴起、非统成立到非盟取代非统，经历了思想准备、政治共识建立与制度建设探索、一体化深化三个阶段。对应这种一体化发展过程的是非洲现代化主体意识的确立、巩固政权和发展经济加强国内一体化的探索阶段、一体化和现代化探索共同突破阶段。一体化成为非洲现代化过程中应对危机、克服现代化障碍的选择，为非洲现代化起飞做了准备。

　　20世纪90年代以来，世界政治经济区域一体化的发展伴随着全球化的日益加深。这种新的发展趋势已经并必将进一步迫使每一个国家自觉或不自觉地同时参与到国际政治经济的全球化与区域一体化这两种趋势之中。非洲人同样意识到了非洲大陆一体化的迫切性。非盟取代非统就是这种意识的体现。20世纪90年代初，非洲人认为，区域一体化将决定非洲的生存，"区域一体化不是备选之一，而是攸关生存的必须"①。这在某种程度上是泛非思想的一种理性回归，就如当初以泛非思想引领非洲走向独立。近一个世纪后，非洲人认识到非洲的发展同样需要泛非思想的引领，

---

① African Development Bank, *Economic Integration in Southern Africa*, Biddles, 1993, p. 1.

泛非主义的机制成为"记忆、资源和半永久居住之地"①，仍然是
"今天非洲一体化的基石"②。

一 互动中的非洲一体化与
非洲现代化进程

非洲大陆一体化与大陆内的各区域一体化的目标是要促进现
代化在非洲大陆的实现，是赶超发达国家的一种现代化战略选择，
或者说是非洲国家寻求发展的一种战略选择。③ 非洲人要用非洲方
法解决非洲的现代化发展问题。非洲首先通过政治的解放、主权
的获得为现代化发展道路的探索提供了政治前提。非洲发展道路
的探索问题就是非洲现代化的实现方式问题，就是非洲如何实现
工业化、政治民主化、社会治理法治化和文化包容开放的问题。
就此而言，人们对何为现代化，或者说发展的目标，是有愿景的，
这种愿景来自现代化理论研究者对先期现代化国家和地区经验的
概括与总结。

如果说，先期进行现代化的国家还是摸着石头过河，目标还
不明确的话，那么后发型的现代化国家的目标则是确定的，主要
是如何实施、采取何种措施、走何种道路的问题，因而是一种追
赶型的现代化。既要追赶发达国家，又要同其他后发型国家进行
竞争，从而赶超成了"第三世界的经济发展轨迹"④。

追赶远非易事，更不用说超过先期出发的那些领先者了。自
非洲大陆摆脱殖民统治获得政治独立以来，非洲在各个方面都获

---

① William Ackah, "Back to Black or Diversity in the Diaspora? Re-imagining Pan-African Christian Identity in the Twenty-first Century", *Black Theology：An International Journal*, 8（3）, 2010, pp. 341 - 356.

② 李安山：《理想与现实的互动：从泛非主义到非洲一体化》，见罗建波《非洲一体化与中非关系》序一，社会科学文献出版社，2006，第3页。

③ 罗建波：《通向复兴之路：非盟与非洲一体化研究》，中国社会科学出版社，2010。

④ 侯若石：《第二章 赶超：第三世界的经济发展轨迹》，载谈世中主编《历史拐点：21世纪第三世界的地位和作用》，中国经济出版社，2004，第63～87页。

得了进展，然而问题是发展的速度赶不上世界其他大陆与地区。自 20 世纪 60 年代以来，工业化竞赛越来越激烈，以至于被联合国称为"发展的 10 年"。有非洲学者认为，非洲要获得发展，需要"优秀的领导，好的经济计划和稳定的政治环境"①，这种观点有些强人所难，如果三个条件同时具备的话，更可能是现代化实现的结果，而非原因。在亨廷顿看来，现代化的过程本身就是一个去稳定化的过程，只有在现代化基本完成、现代性成为社会的主导之后，稳定的状态才能保持。②

然而，非洲大陆独立前后，各国在寻求发展道路的问题上，受制于国际政治经济的冷战背景和各国经济发展有限和优先目标的不同，以及意识形态分歧，尤其是各国领导者的价值导向上的个体差异，最终在如何实现非洲团结及团结的形式上产生了分歧，这种分歧源于非洲大陆自 19 世纪开始设计非洲未来的发展愿景时就存在的"'文化西化'、'文化非洲化'和'文化融合'等几种不同的理论或倾向"③。且非洲国家现代化经济极其薄弱，社会阶层分化不明显，没有形成稳定的代表现代化发展需要的精英集团，换句话说，非洲国家"缺乏既了解本国国情、有丰富治国经验，又能为国家而努力奋斗的领导核心"④。基于部族、种族或地方的传统关系更有号召力，故大多数国家的政党均以部族为基础，加上外部势力的插手，国家政权反复更迭，政局动荡。也可以说，这是非洲现代化道路上必然经历的一个摸索的过程。

在非洲大多数国家独立后，泛非主义作为反帝反殖的非洲大陆民族主义对于非洲各国现代化发展道路的选择的指导意义明显降低，独立后的非洲国家试图创造一种指导本国民族一体化、经

---

① George Akeya Agbango, ed., p. 1.
② 〔美〕塞缪尔·P. 亨廷顿：《变化社会中的政治秩序》，王冠华、刘为译，上海人民出版社，2008。
③ 张宏明：《近代非洲思想经纬》，社会科学文献出版社，1999，第 162、163 页。也参见张宏明《非洲发展问题的文化反思——兼论文化与发展的关系》，《西亚非洲》2001 年第 5 期，第 38~43 页。
④ 陆庭恩、彭坤元主编《非洲通史》（现代卷），华东师范大学出版社，1995，第 4 页。

济工业化发展的主流意识形态，但是各种思想意识形态仍然交互存在，在非洲，社会主义、资本主义、民族主义、部族主义、封建主义和地方主义似乎都在发挥作用，似乎又都没有发挥作用，"在这个过程中，充满着激烈的冲突、暴力，甚至内战"①。

泛非主义的内涵有待完善，它还不是一种有着良好体系的理论，或者对行动有指导作用的意识形态。它与非洲民族主义是既联系又对立的关系，它与独立后的非洲各国民族主义的冲突决定了泛非主义运动在非洲大陆起伏不定的命运。② 当初泛非主义高举反对殖民主义、种族主义的旗帜，致力于使非洲摆脱殖民统治，争取整个大陆独立，这是泛非主义受到整个非洲大陆拥抱的原因。但在争取摆脱殖民主义、实现非洲独立的过程中，这种以大陆性特征为根基，被当作政治和社会动员的口号式的非洲民族主义，显示了其缺陷，逐渐被以殖民时期确立的行政区划为基础建国的非洲国家弱化。泛非主义在非洲独立后不再受欢迎，根本原因就在于它的大陆性特征对独立国家的主权是一种威胁，而主权对西非国家而言是独立之后获得的一种自主权。为了泛非主义的最高目标——非洲统一——而就这种权力进行谈判，让渡一部分这种权力的激进主张是多数西非国家无法接受的。多数西非国家还不具备这样的政治心理条件，对于运用这种政治主权的方式与途径，各国都处于实践摸索阶段。

另一个原因是泛非主义的理论根基不够坚实，其理论出发点是反对殖民主义、种族主义，当这两种主义在世界政治中逐渐淡化或者改变了形式时，泛非主义的号召力也就减弱了。泛非主义未能成为非洲各国的核心信仰，而仅仅是一种备选政策考量，尤其是在面对系统而强大的以权力为基础的国家主义理论时，泛非主义的作用就越发没有市场了。作为备选政策，其地位往往不

---

① 陆庭恩、彭坤元主编《非洲通史》（现代卷），华东师范大学出版社，1995，总论，第15页。
② 有关泛非主义的论述参见张宏明《泛非主义思潮和运动兴起的历史背景》和《泛非运动的理论脉络和发展轨迹》，引自杨光、温伯友主编《中东非洲发展报告No.5（2001~2002）》，社会科学文献出版社，2002，第7~60页。

稳固，这是非洲各国独立后只吸收了泛非主义中的反殖民、反种族成分，抛弃了其中的大陆性成分的主要原因。成立近 40 年的非洲统一组织在非洲大陆外国际政治上的团结与在非洲事务上的无能为力反映了这种状况。独立后的非洲国家缺乏统一人民思想、凝聚人心的精神武器。非洲独立国家对抗泛非主义原则凭借的武器是主权原则。尽管不受干涉的主权原则减小了非洲国家的外部压力与挑战，协调了彼此的关系，却埋下了国家统治合法性危机的种子。非洲国家只有权力的象征而没有权威与物质的依托。

21 世纪初取代非统的非洲联盟，既反映了非洲复兴思想的吸引力，也反映了作为一种政治和社会动员口号的泛非主义思想所具有的生命力。恩克鲁玛有关非洲统一是非洲崛起的前提条件的思想在非洲仍然被拥抱，但是非洲复兴的思想无法成为泛非主义的理论动力。虽然阿拉伯复兴主义、欧洲复兴的思想因历史的因素而使这些复兴思想有了某种号召力，但任何基于复兴的主义、理论都有待实践的检验，因为过去的辉煌并不能成为未来辉煌的理由，同样，过去、现在的衰败也并不意味着前途注定衰败。在把泛非主义理想付诸实践的过程中，长中期战略规划与短期应对举措如何协调，这些一体化规划如何促进非洲现代化进程不同时期的优先事务，并在所取得的现代化成就的基础上深化一体化，这些问题的不同解决方式将决定泛非主义的未来。

二　非洲国家现代化的探索与非洲一体化的建构

虽然非洲人意识到经济一体化及非洲各国的密切合作与协调是应对非洲本地市场狭小、改变不发达状况、革新不合理经济结构的出路，但将这种意识落实到行动上，则面临各种有形与无形的障碍，并且克服起来有相当的难度。独立建国后的 10 多年里，非洲各国都致力于改变不发达的状况，但主要侧重的是自身国家的发展，在彼此合作促进一体化方面比较消极，且刚赢得主权，各国领导人各自都有一番雄心与计划，想不受约束地自己做主实现发展国家的计划。20 世纪 60 年代初期，冷战双方相持不下的国际形势也有利于非洲国家获取大国相争的好处。

但是很快 20 世纪 70 年代石油危机引发了世界经济危机，经济基础薄弱、依赖初级产品出口收入的非洲各国经济受到了沉重打击，非洲各国切身感受到了自身经济结构上的弱点，在同其他发展中国家一同呼吁改革国际政治经济旧秩序的同时，非洲国家开始反思本国发展与邻国发展的关系，开始把本国的发展与区域合作及区域一体化联系起来，非洲各种区域组织开始活跃发展起来。直到冷战结束前，非洲国家不仅调整了各自的国家发展战略，而且构建起了非洲一体化的体制框架和愿景。冷战结束后，世界政治经济形势的发展以及非洲大陆自身的变化，尤其是非洲人逐渐在西非稳定方面积累的经验，以及新南非的诞生，为非洲现代化和一体化实践展现出美好的前景，这是非盟取代非统的背景。总体来说，非洲国家探索合作与推动一体化的进程与其探索非洲国家现代化道路与模式的过程是相辅相成的，可从三个阶段上看待这种探索过程。

1. 现代化的探索时期与一体化合作的酝酿阶段

这个阶段是非洲政局相对稳定，经济发展呈现生机的阶段。这一时期正是经济上推崇赶超工业化战略，大国冷战处于相持阶段，亚非拉不结盟运动蓬勃兴起之时，国际政治经济环境相对有利于非洲独立国家的发展。非洲国家的民族经济在这一时期基本形成，工业化得到迅速发展，构建了大陆一体化的组织框架和合作原则，开始了区域与次区域一体化的初步探索。

世界各国在凯恩斯主义经济理论、发展经济学、苏联社会主义理论和实践的影响下都加大了政府对经济的干预作用，而多数发展中国家无论是选择资本主义道路还是非资本主义道路，都推崇经济计划。非洲国家也不例外，获取经济独立成为非洲国家获得政治独立之后的首要任务。1961 年 3 月在开罗举行的第三届全非人民大会通过决议，强调"享有完全政治独立的国家，必须以获得经济独立来保卫和巩固它"。对于现代化的后起追赶者即发展中国家而言，其国家工业化的国内外历史条件和环境已经不同于资本主义早期的自由竞争环境，资本主义已经发展到垄断资本主义阶段，无论是国内的垄断还是国际垄断都在加强，因此"发展中国家的工业化不再单纯地取决于市场力量的自然进化，而越来越借助于政府的发展意识和外部的推动力"①。

独立初期国家和社会都处于期盼与希望之中，各国立足于自主选择的发展道路，政权基本保持了稳定。非洲独立各国在巩固政权、加强国家认同感和构建社会共识上进行了初步探索，但新的秩序、体制的建立绝非一朝一夕的事。探索自己发展模式是一个渐进的过程，无论是确定发展目标，还是制订切实可行的实施计划和战略步骤，非洲国家的能力都尚待发展。

非洲多数国家都制订了国家发展计划，将原本由外国资本控制的金融、贸易、工矿业、交通运输、种植园国有化，进行土地改革等成为非洲国家发展民族经济的共同选择。"历史的遭遇、现实的基础和未来的任务，使大多数非洲国家的发展战略，都集中在实现工业化上，形成以赶超为特征，以进口替代为中心的工业化发展战略。"② 因为工业化对现代化进程起着关键作用，"影响着城市化、社会变化和大众文化的发展方向"③。

然而，发展中国家政府在致力于赶超过程中忽视本国的经济及历史现实，不是从本国发展的需要出发制订发展计划，且仓促拥抱并试错当时流行的经济理论和意识形态。"在制订具体的现代化步骤时，他们往往过于强调精神的力量，过多地采取了理想主义的做法，从而出现了较大的偏差。"④ 城市是社会和文化价值产生及传播的中心，国家偏重城市的政策，使得非洲城市化过度发展，城市的过度文明与乡村的落后形成了鲜明对比。"非洲农村家

---

① 谈世中主编《发展中国家经济发展的理论和实践》，中国金融出版社，1992，第 383 页。
② 陈宗德：《非洲工业化发展战略的再认识》，引自谈世中主编《反思与发展：非洲经济调整与可持续性》，社会科学文献出版社，1998，第 82 页。
③ Mehran Kamrava, *Politics and Society in the Third World*, Routledge, 1993, p. 65.
④ 李保平：《非洲传统文化与现代化》，北京大学出版社，1997，第 192 页。

庭移居城市主要是由于干旱、饥馑、内战，及初级农产品出口条件恶化所致"①。这种不平衡的发展使非洲国家没有应对世界经济危机的能力与经济基础。

现代民族国家赖以生存的基础是同为一体的民族情感和政府权威。非洲多数国家建立在族体界限与政治疆界不相吻合的领土范围内。在这个阶段，非洲国家更多关注的是国内政权的巩固和社会凝聚力的培养，无暇也无心顾及彼此之间的合作。在这一阶段，泛非主义强调彼此团结的立场弱化了，正如伊赞维对西非一体化在独立初期阶段的遭遇所评述的，"独立不是西非解体的结果，而是其原因所在"②。独立后的非洲各国都有了自己的国家利益，内政成为优先事务，而区域合作和非洲大陆的团结成为次要事务。成立于1967年的东非经济共同体在成立10年后的解体，反映了非洲一体化的艰难曲折进程。曾愿意为非洲大陆的统一解放而表示可以延迟坦桑尼亚独立的尼雷尔，在评述东非共同体的解体时说，"我们每一个政府都要对自己国家的人民负责……区域忠诚有时不得不让位于我们的国家责任"③。尼雷尔的话反映了国家利益高于区域利益的现实。因而非统的成立是从超国家的层面来维护独立的非洲国家的稳定，故非统组织是一个把领土完整作为基本原则的国家卡特尔组织，不是要超越而是要巩固国家制度。④这是因为非洲国家社会基础脆弱，面临巨大的挑战，用阿克（Ake）的话说就是，非洲国家要在没有企业家阶层的情况下发展经济，同时还要进行国家和民族的双重建设、推动政治一体化。⑤

---

① Mehran Kamrava, *Politics and Society in the Third World*, Routledge, 1993, p. 80. 同时参见李肇忠《当代西非国家城市化的社会经济影响》，《广西社会科学学报》（哲学社会科学版）1995年第3期，第111~115页。

② Uka Ezenwe, *ECOWAS and the Economic Integration of West Africa*, St. Martin's Press, 1983, p. 7.

③ Julius Nyerere, "Problems of East African Co-operation", in *Freedom and Socialism*, Oxford University Press, 1974, p. 3.

④ Crawford Young, "The Heritage of Colonialism", in John W. Halbesn & Donald Rothchild, eds., *Africa in World Politics*, Westview Press, 1995, p. 26.

⑤ Claude Ake, "Why Humanitarian Emergencies Occur: Insights from the Interface of State, Democracy and Civil Society", UNU - WIDER, 1997.

从一个角度看，一体化进展受制于国内政治的现实，受制于各国政治的动荡，各国在自身政治问题重重的情况下，致力于一体化的政治意愿、政治行动能力都是有限的。然而，从另一个角度看，政治动荡基本没有造成非洲国家的解体，甚至内战也没有导致西非大国尼日利亚的分裂，这本身就是非洲国家建构的一个成就。

虽然在这个阶段非洲国家更多关注的是国家自身的发展，但对于自身经济上的弱点和联合自强的意识有着清醒的认识，没有忘记泛非主义的理想，且开始尝试各个层面的合作。非洲统一组织的成立是这个阶段一体化最大的成就。此外，北非、西非、东非和中部非洲相继出现了形式多样的区域合作组织，从功能性合作组织、经济合作组织、政治外交合作组织到致力于建立邦联的合作组织，涉及政治、经济、外交、环境、卫生和教育等各个领域，如 1960 年成立的非洲国家咖啡组织，1962 年建立的西非货币联盟，1964 年成立的中非关税和经济联盟，1964 年 9 月成立的非洲开发银行，1967 年成立的东非经济共同体，1973 年建立的撒哈拉地区国际抗旱委员会，从而进入非洲一体化的初始阶段。这些合作尝试既有对过去殖民统治时期旧有组织的改造与继承，也有克服殖民统治影响、跨英法不同语言的国家之间的尝试，如加纳－几内亚－马里三国联盟等。虽然有些组织最终解体，多数实践效果有限，但这些尝试为非洲一体化积累了实践经验，且展现了非洲一体化思想的基础与活力。

在这一阶段，恩克鲁玛的影响至关重要。在他的影响下，西非国家的区域合作探索与实践成为非洲一体化实践的先驱。西非国家在努力进行各自民族国家建构的过程中，也在努力进行着区域合作的实践与探索，西非各种性质的区域组织的成立，尤其是 1975 年西非国家经济共同体 （Economic Community of West African States，简称 "西共体"） 的成立，就是这种区域合作的尝试。西非国家领导人克服了诸多障碍与困难，显示了联合起来的勇气与决心，在区域合作上达成了共识，加纳领导人罗林斯的看法就是代表，"我们能够取得某种程度的独立的唯一道路是某种形式的一体化，我们需要在西共体的框架下实现这样的一体化"①。

非统的成立是泛非主义思想影响下的非洲一体化的重大成就，也是非洲现代化的政治进步。在非洲国家边界问题上，非统为避免非洲大陆的战争，维护大陆的和平，承认了19世纪末西方列强对非洲边界的划分，接受了这一殖民遗产，并在1964年非统第一届首脑会议上通过了《关于非洲国家之间边界争端的决议》，该决议提出了解决非洲边界争端的一个基本原则是在非洲范围内解决边界冲突，反对外来干涉。非统为解决非洲边界问题做出了重大贡献。1977年和1978年，非统组织首脑会议通过了关于《反对外部势力干涉非洲国家内部事务》的决议和《反对一切外来干涉》的决议，显示了非洲国家坚决抵制西方影响的决心。

非洲国家为发展民族经济而建立了一种新型的合作关系。1973年非统组织首脑会议通过了《关于合作、发展和经济独立的非洲宣言》，首次明确提出非洲国家实行"集体自力更生"的方针。1979年初，非洲国家参加七十七国集团的部长会议，通过了《阿鲁沙自力更生纲领和谈判纲领》，强调实现发展中国家集体自力更生的关键是要发展它们之间的经济合作。1979年，第十六届非统首脑会议通过了著名的《蒙罗维亚宣言》，提出了非洲国家加强经济合作的具体目标和措施。泛非主义促使非洲国家和非洲国家联盟成为非殖民化的主体，以集体的力量推进非洲现代化的政治目标与经济目标。

2. 非洲一体化框架形成与非洲国家经济结构调整时期

这个时期先是各种区域与次区域组织相继成立，且对一体化目标进行宏观设计的欣欣向荣阶段，接着是一体化努力遭遇挫折的阶段，但两个阶段实质上构成了非洲一体化组织框架的形成阶段。

20世纪70年代是非洲区域与次区域经济一体化蓬勃发展的时期，主要是因为非洲各国经济受到了1974～1975年世界经济危机

---

① Barbara Cullahorn Holecek, "Paying the Piper", *Transition*, No. 62, 1993, pp. 158 – 174.

的重创。在外部条件日益不利的情况下，非洲各种区域组织活跃发展起来。非洲国家开始反思本国经济发展同邻国发展的密切关系，反思 20 世纪 60 年代早期孤立地进行工业化的努力。这种反思体现在 1973 年非洲统一组织第十届首脑会议讨论通过的《关于合作、发展和经济独立的非洲宣言》上，这是非洲第一次明确提出集体自力更生的方针，并开始把各国的发展与非洲各个区域合作及大陆一体化相结合。非洲国家开始加强彼此之间的经济合作，成立了各类合作组织，这些组织在打破独立前的殖民地结构方面迈出了一大步，如西共体打破了英语国家和法语国家的界限，成为一个真正意义上的覆盖整个西非区域的区域组织，收获了西非区域一体化的最大成果，为西非区域一体化提供了区域合作的体制性基础。

不只政府层面加强了区域合作和一体化建设，社会层面的一体化也在加深。20 世纪 70 年代中期，工人阶级的文化技术素质有了明显提高。1973 年，全非工会联合会、非洲工会联合会和泛非工人大会三大工会组织联合成立了非洲工会统一组织，成为唯一的全非性工会组织，几乎所有非洲国家的工会组织都成为其分支机构。"非工统成为唯一的全非性工会组织。这在全世界各大洲也是绝无仅有的。"[1]

"非洲地区经济合作的兴起与发展，有主客观双重因素，既有人民的主观愿望，也有在国际经济旧秩序中，迫于形势，不得不实行穷国互助的客观因素。"[2] 主观因素来自泛非主义思想的影响，各国寻求摆脱经济依附，加强在南北对话中的地位。泛非主义不仅推动了非洲的民族解放与政治独立，同时也是非洲经济一体化的指导思想，促成了拉各斯计划的出台，而拉各斯计划拉开了非洲经济改革的序幕。[3]

---

①　陆庭恩、彭坤元主编《非洲通史》（现代卷），华东师范大学出版社，1995，第 301 页。

②　张同铸主编《非洲经济社会发展战略问题研究》，人民出版社，1992，第 430 ~ 431 页。

③　舒运国：《非洲经济改革的走向》，《西亚非洲》2005 年第 4 期，第 52 ~ 58 页。

非洲一体化理想一直是非洲国家加强合作的潜在思想源泉，《拉各斯行动计划》就是非洲一体化思想的成果之一。非洲国家相继召开一系列会议，讨论一体化合作的启动与实施，1976 年的会议发表了建立非洲经济共同体的金沙萨宣言，1979 年的会议发表了关于集体自力更生的《蒙罗维亚宣言》。1980 年特别首脑会议通过的《拉各斯行动计划》就是为了具体贯彻和落实《蒙罗维亚宣言》所制定的战略，是非洲国家诉诸区域主义的宏伟计划。1985 年第 21 届首脑会议，通过了《亚的斯亚贝巴经济宣言》《1986～1990 年非洲经济复苏优先方案》。1987 年 7 月的第 23 届首脑会议着重讨论非洲经济和债务问题；同年 11 月举行的特别首脑会议专门讨论非洲外债问题及其对经济发展的不利影响。1990 年的第 26 届首脑会议通过了关于非洲政治与社会经济形势以及世界形势变化的宣言；还通过了关于建立非洲经济共同体的决议。1991 年 6 月，在尼日利亚首都阿布贾举行第 27 届首脑会议，签署了《建立非洲经济共同体条约》（也称"阿布贾条约"）。条约在非统组织 2/3 的成员国批准 30 天后即生效。从条约生效之日起，非洲经济共同体将在 34 年中分六个阶段逐步建立。阿布贾条约的重要性堪比非统宪章。如果说非统宪章是非洲一体化的政治宪章的话，阿布贾条约就构成了非洲一体化的经济宪章，此条约强调通过社会、文化、经济一体化促进非洲经济发展，缺陷是忽视了政治一体化的不可或缺的作用。[①] 自此非洲一体化的组织框架与合作原则基本形成。

非洲国家在经济发展上开始形成共识，且逐步将共识付诸行动。然而，共识本身不能保证有利于区域一体化的国家政策的制定与实施。

第一，发展中国家改善南北关系的努力遭到挫折，世界经济危机的影响在非洲持续发酵，加上连年自然灾害，非洲经济

---

① Richard S. Mukisa and Bankole Thompson, "Prerequisites for Economic Integration in Africa: An Analysis of the Abuja Treaty", *Africa Today*, Vol. 42, Issue 4, 1995, pp. 56 – 80.

在 20 世纪 70 年代陷入空前危机。大多数非洲国家在实现工业化的过程中，靠举借外债弥补本国资金的不足，使非洲国家的债务逐年递增。在债务危机之下，许多非洲国家放弃了联合发展经济的思路，陆续开始接受来自世界银行和国际货币基金组织等国际金融机构的外部援助，并被迫实施国有企业市场化改革。

第二，非洲国家被迫放弃自主制订的一体化发展计划。国际经济形势的恶化和国际金融机构的压力，使得非洲国家放弃了《拉各斯行动计划》。而代表世界银行、国际货币基金组织和主要西方国家利益的伯格报告（《撒哈拉以南非洲加速发展的行动纲领》）所确立的经济结构调整成为 20 世纪 80 年代国家经济政策的指导纲领并被付诸实施。在结构调整计划中，各国的经济发展政策更多的是为了促进出口贸易，换取外汇以抵付国家的外债，而不是促进国家的经济结构的转变，减少经济的依附性。这种自由主义原则主导的结构调整方案最终是使西方金融垄断资本获利，非洲的经济依附性和在全球经济中的边缘化趋势却在加深。非洲国家没有因为自由化而实现经济增长，许多国家独立以来的工业化成果遭到破坏，出口的增长并非是生产能力提高，而是获得资助的结果。[①] 伯格计划实际上挫伤了非洲国家一体化的努力。该计划不仅削弱了非洲国家对资源的控制，限制了政府权力，使非洲国家的权威性受到质疑，而且使得非洲各国经济对外部的依附性加深，以及非洲在国际劳动分工中被进一步边缘化。[②]

任何有意义的经济合作都要求成员国对其经济政策加以调整，无法想象经济政策不做任何有助于区域内经济合作和一体化的改

---

① Nsonguruaj Udombana, "Back to Basics: The ACP – EU Cotonou Trade Agreement and Challenges for the African Union", *Texas International Law Journal*, Vol. 40, pp. 59 – 111.

② Julius O. Ihonvbere, "Democratization in Africa: Challenges and Prospects", in George Akeya Agbango, ed., *Issues and Trends in Contemporary African Politics*, Peter Lang Publishing, Inc., 1997, pp. 287 – 320.

革，一体化会自我实现。20 世纪 80 年代非洲国家的发展战略和政策自主性受制于国际金融机构，各国政府未能也无力制定出与区域一体化经济目标相适应的政策，故非洲一体化的计划与目标止于言词与文件。同时，非洲各国进行合作，推动一体化的政治决心不足。如从西非区域一体化实践来看，西共体成员国没有把加深彼此合作、推动一体化进程当作国家发展不可分割的一部分，也没有从国家政策层面向区域合作倾斜。①

非洲国家宏观政策的制定需要领导者理性把握国家的长远利益与短期利益的平衡，需要相对稳定的政治环境。但年轻的非洲独立国家还处在一个构建政治稳定的过程中，国家处在政治制度化和合法化的艰难探索过程中，政变频繁发生，"第三世界的政治发展过程很大程度上是寻求制度化和合法性的努力。……只有社会上出现了一个权力中心，能够发挥权威作用，制度化才能出现"②。故独立后的二三十年中，非洲一体化进程的受挫源于"独立后建立的有缺陷的经济及政治制度"③。

冷战的国际政治格局，使得非洲一体化组织非统的实际作用有限。冷战时期，非洲的和平与安全环境受着两级政治格局的控制，无论是和平还是动乱，背后都有两个超级大国的影子。

3. 一体化实践与非洲现代化道路探索的双重突破时期

20 世纪最后 10 年，经济结构调整的消极影响开始发酵，破坏了非洲社会的稳定。接受调整方案的非洲国家实质上是把经济决策权交给了世界银行、国际货币基金组织这两个国际金融机构。结构调整方案是处理发展中国家经济危机的一种应急措施，而并非致力于调整接受方案的国家的经济结构，尤其没有触动非洲经济的单一性特征。

---

① 肖宏宇：《影响西部非洲区域一体化的内外因素分析》，北京大学国际关系学院国际政治博士学位论文，2007。

② Mehran Kamrava, *Politics and Society in the Third World*, Routledge, 1993, p. 1, p. 3.

③ George Ayittey, "Obstacles to African Development" in George Akeya Agbango, ed., *Issues and Trends in Contemporary African Politics*, Peter Lang Publishing, Inc., 1997, p. 322.

让市场自行解决生产和分配问题，可能会使国家内部和国家之间产生巨大的不平衡，并且产生迅速破坏国家经济的全球性资金流。实际上，用缩小国家的管辖范围、削弱其管制能力的方法，来增加市场在社会中的作用，结构调整的严苛条件，使得国家减少了对弱势群体的保护，进而引起了社会动荡，加大了非洲国家的合法性危机。从这方面看，结构调整方案对非洲国家来说是负面的。①

国际政治格局的变化，使非洲失去了在美苏之间左右逢源的机会，苏联的解体、东欧国家的转型，增强了资本主义模式的吸引力，政治自由化、多党民主制成为 20 世纪 90 年代非洲大陆政治发展的方向。这个方向的选择不是出于非洲各国统治者出于"善意的给予，也不是出于民主的治理考虑"②，而是在面临内外压力下为寻求执政合法性而不得已而为之的结果。发端于南欧的世界第三次民主化浪潮席卷非洲，多数非洲国家卷入了这种民主化变革之中。虽然这种政治多元化和民主化浪潮带有西方意图对非洲再次殖民化的阴谋，这种图谋借助的是西方主导的国际金融机构对非洲国家实施附加条件的贷款政策，逐渐蚕食接受结构调整计划的国家制定政策的自主性，但是非洲政治民主化趋势更多的还是反映了非洲人民的觉醒且顺应了非洲人民强烈要求改变现状的愿望，其中城市贫民的参政意识③和"工会和宗教势力这两支比较独立而有组织的力量在民主化浪潮中起着举足轻重的作用"④。"民主化在客观上形成社会内部的一种民主气氛，猛烈地冲击着那些

---

① 舒运国：《失败的改革——20 世纪末撒哈拉以南非洲国家结构调整评述》，吉林人民出版社，2004，第 217～222 页。

② Baffour Agyeman-Duah, "Global Transformation and Political Reforms in Africa: The Case of Africa", in George Akeya Agbango, ed., *Issues and Trends in Contemporary African Politics*, Peter Lang Publishing, Inc., 1997, p. 138.

③ 参见 John Wiseman, "Urban Riots in West Africa, 1977–1985", *The Journal of Modern African Studies*, Vol. 20, No. 3, Sept. 1986, pp. 509–518。20 世纪 90 年代前，城市暴乱除少数情况外，几乎对非洲政治没有影响，非洲国家政府多采取镇压手段应对。

④ 陆庭恩、彭坤元主编《非洲通史》（现代卷），华东师范大学出版社，1995，第 281 页。

专制腐朽的统治,对新老当权派都起着某种监督和遏制的作用"①。甚至有学者认为,这股民主化浪潮是非洲大陆独立以来的"最大规模的政治变革运动",其在"促进非洲国家的法治化建设、提高公民的参政议政意识"以及"加强反对党、舆论对执政党的监督等方面均有力地推动了非洲国家的政治发展进程"。②

非洲国家的政治转型可分为三种类型:一是以利比里亚为代表的拒绝型,最终统治者下台,国家几近毁灭,这类国家还有马里、索马里、卢旺达;二是以贝宁为代表的顺应型,统治者与国家都收获了良好的结局,这类国家还有赞比亚、中非共和国、佛得角和南非;③ 第三种类型介于前两种类型之间,掌权者设法使政治的变化有利于其继续控制政权的同时,实行了一些民主化措施,如加纳、科特迪瓦、肯尼亚、尼日利亚、塞拉利昂、坦桑尼亚、刚果(金)和津巴布韦等国。除了主动顺应型的国家外,整个20世纪90年代政治动荡乃至战乱成为非洲多数国家的经历,西非利比里亚的内战引发的区域动荡、中非的卢旺达种族大屠杀、东非的索马里内战成为非洲呈现给世界的典型画面,这是因为"当社会大众仍处于前资本主义生产关系,却已经受到发展中的经济和社会的压迫的时候,他们怎么才能采取集体行动呢?以种族或宗教动员民众比起以社会和经济计划动员民众要容易得多"④。民主化不仅激发了人们参政的热情,也激活了这些基于前资本主义生产关系上的宗教与部族因素,导致了卢旺达、布隆迪等地发生的惨绝人寰的族群仇杀。

民主化造成许多非洲国家政治的持续动荡,甚至西方媒体都

---

① 陆庭恩、彭坤元主编《非洲通史》(现代卷),华东师范大学出版社,1995,第495页。

② 贺文萍:《全球化与非洲政治发展》,《中国农业大学社会科学学报》(社会科学版)2009年第4期,第59页。

③ George Ayittey, "Obstacles to African Development" in George Akeya Agbango, ed., *Issues and Trends in Contemporary African Politics*, Peter Lang Publishing, Inc., 1997, p. 329.

④ 〔加拿大〕约翰·索尔、科林·利斯:《全球资本主义中的下撒哈拉非洲》,刘文旋编写,《国外理论动态》2000年第3期,第10~12页。

这样评价非洲民主化的后果："伴随民主化到来的，是人民生活水平的下降。很多非洲人是比以前更自由，但同时也比以前更贫困了。"[1] 民主不能靠外部压力强加，也不能靠武力强加，更不是外科手术式的做法能够实现的。经济制裁效果有限，对下层人民的生活影响最大。科特迪瓦在过去的 8 年里国家实际上处于分离状态，承受制裁的能力很强。西共体军事干预面临的挑战很多，其行动能力有限，如获取法、美的大量帮助，则西共体的独立地位就会受到质疑。

与此同时，世界经济全球化和区域一体化趋势都在加快，欧洲、北美、亚太区域一体化继续深化。世界范围的区域一体化同现代化一样构成了一幅你追我赶的场景。快速变化的科技，全球自由市场体系的确立，政治民主化浪潮的冲击，使非洲的边缘化趋势愈发突出。冷战结束虽然使非洲获得了独立发展的机会，但非洲面临的挑战也是严峻的。在人口增长率成为世界最高的同时，人均粮食产量却在下降，工业化水平降至世界最低，外债负担日益加重。

从一个方面看，相比独立初期，非洲国家选择的余地、与外部力量博弈的空间都大大缩小。冷战的结束，东欧剧变和第一次海湾战争的爆发，超级大国对非洲的关注减弱，非洲大陆的地缘战略地位下降。最突出的事例就是，国际社会对发生于卢旺达的种族屠杀事件、索马里内战无动于衷。而在非洲，由于各个成员国缺乏集体安全共识，非统组织对发生于乌干达、安哥拉、乍得的内部冲突无所作为。由于缺乏集体共识与政治整合，也没有致力于长期合作的基础，非洲区域合作的成效有限，"没有集体安全、民主、和平、发展、稳定"，非洲对全球政治的作用，仅是"一种抱负而非事实"。[2]

---

[1] Swarns Rachel L. and Onishi Norimitsu, "Africa Creeps Along Path to Democracy", http://www.nytimes.com/2002/06/02/international/africa/02DEMO.htm, Jun. 22, 2002.

[2] 舒艾布·艾哈迈德丹·富拉尼：《非洲的信任减少与区域安全外交》，《国际社会科学杂志》（中文版）1994 年第 1 期，第 94 页。

从另一个方面看，外部势力对非洲的影响减少了。正是这个时期，非统及非洲大陆的区域组织如西共体和南部非洲发展共同体（the Southern African Development Community，简称"南共体"）的作用才日益重要起来。非洲获得了自己解决非洲问题的难得机遇，一体化进程在维护非洲大陆和平和政治稳定上取得突破，表现在西共体维护西非和平的成功（参见第四章）；非洲现代化道路的探索也取得了突破，这就是新南非的诞生。

1994年，南非结束300多年种族主义制度造成的社会分裂和对抗，开始了真正意义上的国家统一进程，经过10年的建设，多元一体民主制度和健全的法律体系与监督机制基本建成，这为南非的"依法有序发展提供了制度保障"①。新南非诞生为泛非主义和非洲团结清除了种族隔离的障碍。南非通过对旧体制的改造与继承、新原则的确立等很好地解决了国家统一与权力分享，多数统治与少数人利益保障的问题得到了解决，使新南非成为"彩虹国"。新南非的诞生结束了南部非洲的两极安全结构，其和平政治过渡向世界展示了南非人民的智慧，也是南非政治现代化的重大进展，向世人展示了南非宽容、合作与和解的多元文化魅力，不仅为非洲而且为世界树立了良好的榜样。

新南非的政治影响力和文化吸引力，加上其本身的军事和经济实力，把其推上了引导非洲一体化的领导地位。1994年刚刚就任新南非总统的纳尔逊·曼德拉开始倡导复兴非洲的思想，为非洲一体化思想注入了新的元素与活力，② 这种新元素与活力减少了非洲一体化思想的空想性，赋予了非洲一体化思想坚实的实践基础，这种实践基础就是新南非在政治社会过渡上的成功经验。

新南非对非洲一体化的促进首先体现在南部非洲区域。冷战

---

① 杨立华：《新南非十年：多元一体国家的建设》，《西亚非洲》2004年第4期，第41~48页。

② 参见杨立华《以发展为导向的地区一体化：南部非洲在全球化进程中的希望》，《西亚非洲》1999年第1期，第19~24页。Richard A. Griggs，"Geopolitical Discourse, Global Actors and the Spatial Construction of African Union"，*Geopolitics*，Vol. 8，No. 2，Summer 2003，pp. 69–98。

的结束，种族隔离制度的废除，使南部非洲国家摆脱了外部军事威胁与内战的威胁，地区安全与稳定有了保障，有助于推动成立30年的南共体成为非洲最成功的区域组织。① 该区域组织在政治问题上致力于用一个声音说话，不论是对布隆迪和民主刚果的维和、津巴布韦的政治改革，还是对破坏宪法法治、通过政变上台的马达加斯加政权，都是如此。

根据联合国贸发会议2005年工作报告，新南非诞生后，南非对南共体的投资在1994~2003年占该区域接受的直接投资的1/4。② 米勒（Miller）指出，"南非多国公司成为新型区域主义的代理者……这些有着区域主张的南非公司正在非南非国籍的工人头脑中构筑着区域愿景"③。世界杯在南非的成功举办激发了南非以及全体非洲人民的自豪感，增强了非洲的团结和凝聚力。

新南非在现代化上的成就不是非洲大陆唯一的实例。在西非，21世纪的加纳政治民主制度基本巩固、经济保持了良好增长，④ 利比里亚2005年11月的选举赢得了非洲国家以及国际社会的一致好评，"瑟里夫的胜出不仅标志着饱经内战的利比里亚民主进程的前进，而且在某种意义上也是非洲妇女在冲破传统习俗、追求自身解放历程上的又一座里程碑，开创了非洲民主政治的又一先河"⑤。

2005年，多哥总统埃亚德马去世后，其子福雷接管权力，遭到国际社会强烈反对，西非国家经济共同体和非盟先后宣布对多进行制裁，欧盟、美国、法国对多予以谴责。福雷被迫辞去总统

---

① "SADC Africa's most Successful Regional Community", SADC Special Report, *New African*, Nov. 2010, pp. 51 – 54.

② *UNCTAD World Report*, 2005.

③ Darlene Miller, "Regional Solidarity and a New Regional Moment in Post-apartheid Southern Africa: Retail Workers in Mozambique and Zambia", *Labour*, *Capital and Society*, 38, 1&2, 2005, p. 96.

④ 世界银行行长佐利克2009年初访问加纳时说，近10年来加纳经济运行势头良好，经济增长强劲，属于非洲地区特别是西非地区经济发展较好的国家之一。参见肖宏宇《加纳政治民主化实践及其启示》，《西亚非洲》2007年第11期，第37~41页。

⑤ 贺文萍：《近年来非洲政治发展的成就与问题》，《亚非纵横》2006年第5期，第59页。

职务，后在选举中获胜，当选总统。2010 年 3 月，多哥再次举行总统大选，福雷获连任，保持了政局稳定。

三　非洲一体化与现代化的融合发展

非洲国家独立后 30 多年的一体化努力，在外交上的主要成就是非统和多个区域组织的成立。除非统在反帝反殖和结束非洲大陆的种族隔离制度上的贡献外，多数区域组织未能有效发挥作用，有的组织甚至解散了，如成立 10 年后的东非共同体。西非国家经济共同体成立的时间在非洲也不算早，但组织的作用与影响力在稳步提升。西方学者或出于偏见，或忽视了西非一体化进程中的众多挑战，对西共体在促进西非一体化和现代化中的积极作用视而不见，并指责西共体是西非国家领导人的一个清谈俱乐部，但西共体秘书长钱伯斯在西共体成立 30 周年时说，西共体成为非洲区域合作许多领域的开拓者，如区域维和、推进各国民主建设、建立区域维和常备军等。

非洲独立以来的发展形势在 20 世纪末越发严峻。独立后的前 15 年，横向比较来看，非洲的发展是世界最差的，但纵向比较而言，这 15 年竟然成了非洲发展的黄金期。因为后 25 年里，整个大陆的经济增长基本是负数，发展状况比前 15 年更糟。用非洲人自己的话说，就是非洲在 21 世纪面临生态、人口、经济、社会政治、数字化技术五大挑战。① 非统变身为非盟，颇有置之死地而后生的意味。

1997 年，非统通过了关于非洲外债危机的共同立场，1999 年 9 月，非统特别首脑会议通过《苏尔特宣言》，决定于 2001 年正式成立非洲联盟。2002 年非统组织第 38 届首脑会议宣布成立非盟，非统组织完成了反帝反殖、争取非洲政治独立的历史任务后退出了历史舞台。经济全球化的加深和世界政治经济社会的深刻变化

---

① 〔塞内加尔〕阿卜杜拉耶·瓦德：《非洲之命运》，丁喜刚译，新华出版社，2008，第 4~23 页。

对非洲国家的发展、非洲现代化进程构成了多重挑战，非洲大陆被边缘化的危险加大了。非盟正是为了因应这些挑战而诞生的，其与非统是一脉相承的，是泛非运动的第三次高潮。① 泛非主义思想在新形势下复兴，非洲复兴思想就是其体现，是要通过经济一体化壮大非洲的力量，寻求非洲在全球化世界中应有的位置。塞内加尔企业家马哈塔·巴（Amadou Mahtar Ba）在 2000 年与他人合作创立了全非网（AllAfrica），利用新技术和新媒体反映、传播、践行非洲一体化思想。②

20 世纪末，非洲重新审视自身现代化发展道路上的障碍，认真对待巴尔干化事实对非洲发展的制约，"非洲和世界发生的变化重新激发了非洲人民之间大团结的感情，特别在青年人身上激发了支持恩克鲁玛提出的泛非主义的态度"③。

世纪之交的非洲确信只有区域主义才能使非洲大陆为 21 世纪做好准备。非洲各国政府为维护大陆和区域的和平与安全从各个层面进行了合作，如就小型和轻武器的控制进行了成功协商，并建立了政府间执行机构，一些国家率先进行了双边武器收缴与销毁，一些国家进行了相关立法及改革，这些措施与行动"构建起非洲国家之间的信任，促进了一体化和非洲大陆的安全"④。

---

① 张宏明从思想史的角度看，认为这是泛非主义思想的复兴，陆庭恩从泛非主义的实践发展过程看，指出这是泛非运动的第三次高潮。参见张宏明《泛非运动的理论脉络和发展轨迹》，载杨光主编《2002 年中东非发展报告》，北京社科文献出版社，2002，第 34~60 页；张宏明：《政治民主化后的非洲内政外交的变化》，《国际政治研究》2006 年第 4 期，第 103、104 页；陆庭恩：《经济全球化与非洲联盟》，《国际政治研究》2003 年第 2 期，第 21 页。

② 参见 "Africa: Amadou Mahtar Ba Named to 'Most Influential' List", June 13, 2011, http://allafrica.com/stories/201106131014.html; "Africa: Amadou Mahtar Ba Features on 'Most Influential Africans' List for Second Time", November 29, 2012, http://allafrica.com/stories/201211291095.html。

③ 〔塞内加尔〕阿卜杜拉耶·瓦德：《非洲之命运》，丁喜刚译，新华出版社，2008，第 58 页。

④ Guy Lamb and Dominique Dye, "African Solutions to an International Problem: Arms Control and Disarmament in Africa", *Journal of International Affairs*, Vol. 62, No. 2, Spring/Summer 2009, pp. 69–83.

非统的诞生促进了非洲国家摆脱殖民压迫的解放斗争，捍卫了非洲国家的主权，但仅解决了政治承认与生存权问题。[①] 非统在成员国国内出现冲突、成员国之间爆发冲突时无所作为，如索马里、苏丹、安哥拉、民主刚果及利比里亚等国内的冲突，埃塞俄比亚与厄立特里亚之间的冲突；在经济上通过的各项计划与声明对成员国缺乏约束力，从而无法落实；[②] 组织上对成员国拖欠会费行为缺乏制裁措施，没有权威性。非统本质上是一个政府间组织，缺乏执行力，而非盟，相比较而言，有超国家机构的性质，力图纠正非统组织的缺陷，如非漠视原则的启用及互查机制的运行等。

非盟取代非统也是因为非统的原则与运作不再适应形势的要求，用布隆迪前总统布约亚的话说，[③] 在全球化日益发展的世界确立非洲的位置，解决非洲的贫困和发展的挑战是非统必须改变的原因。故非盟既是"非洲从政治团结走向政治、经济、社会一体化发展的必要性和迫切性"客观驱动的结果，也是"非洲国家和人民的普遍共识"[④]。

非盟取代非统是要促进非洲发展，解决经济主权问题，构成"非洲联合发展的新起点"[⑤]，"是非洲国家应对全球化挑战，探索新的发展道路的重大决策"[⑥]。非盟是非洲对于发展问题重新思考后的选择，联合才能自强，区域和大陆的合作是非洲 21 世纪寻

---

① 陆庭恩、彭坤元主编《非洲通史》（现代卷），华东师范大学，1995，第382～388 页；陆庭恩、艾周昌编著《非洲史教程》，华东师范大学出版社，1990，第 458～463 页。

② Richard Ilorah, "Nepad: The Need and Obstacles", *African Development Review*, Vol. 16, Issue 2, Dec. 2004, pp. 223–251.

③ Pierre Buyoya (Former President of Republic of Burundi), "Toward a Stronger African Union", *The Brown Journal of World Affairs*, Winter/Spring 2006, Vol. XII, Issue 2, pp. 165–175.

④ 杨立华：《自主发展的里程碑》，引自杨光、温伯友主编《中东非洲发展报告 No. 5（2001～2002）》，社会科学文献出版社，第 103 页。

⑤ 杨立华：《非洲联盟：理想与现实》，《西亚非洲》2001 年第 5 期，第 9～14 页。

⑥ 陆庭恩：《经济全球化与非洲联盟》，《国家政治研究》2003 年第 2 期，第 21 页。

求进一步发展的必由之路，是要在非洲大陆缔造和平、稳定、安全的发展环境，促进非洲大陆一体化。非盟是非洲国家缔造可持续的非洲大陆发展环境，实施新的现代化战略的必备工具与机制。这种新的现代化战略的目的是要增强自主性，是在探索一条既遵循客观经济规律而又能自觉地坚持自身特色的发展道路[①]。

相比非统，非盟在处理成员国的关系、政府与人民的关系和非洲大陆同外部的关系方面都更为积极与进取：第一，推动成员国的关系由注重政治外交的合作转向经济一体化，促进经济发展与合作成为其工作重心；第二，开始将一体化建设与非洲人民的需要结合在一起，为非洲社会和人民参与一体化设计与讨论提供渠道；第三，积极主动寻求与非洲外部的区域组织和国际组织的合作，以获得援助与投资；第四，改善了处理与解决冲突的方式。[②]

非洲独立后的现代化实践也为非盟取代非统奠定了客观基础，"以多党制为特征的政治民主化加速了非洲国家的经济自由化，从而消除了以往非洲各国在意识形态、政治制度、发展道路方面存在的差异和分歧"[③]，促成了"非洲发展新伙伴计划"的出台。2001 年发起的"非洲发展新伙伴计划"（the New Partnership for Africa's Development），在推动各国加强基础设施建设，吸引和争取外资及援助上发挥了重要作用，推动着非洲大陆经济一体化的向前发展。其中的一项重要内容是"非洲国家相互审查机制"（African Peer Review Mechanism，简称"互查机制"），致力于推动非洲国家采用正确的政策和标准，促进政治稳定，加快经济增长，深化地区和经济一体化。互查机制为"非洲创新国

---

① 罗荣渠：《现代化新论续篇》，北京大学出版社，1997，第 9 页。

② Pierre Buyoya（Former President of Republic of Burundi），"Toward a Stronger African Union"，*The Brown Journal of World Affairs*，Winter/Spring 2006，Vol. XII，Issue 2，pp. 165 - 175；克里斯托夫·布瓦布维耶：《非洲联盟：50 年都做了什么？》，转引自《参考消息》2013 年 5 月 29 日，第 10 版。

③ 张宏明：《政治民主化后的非洲内政外交的变化》，《国际政治研究》2006 年第 4 期，第 95 ~ 107 页。

家管理的理念、加深相互信任提供了前所未有的机会"①，互查机制的自愿性显示了非洲国家的自信与非洲国家开始勇于承担自身发展责任的勇气，近半数国家自愿加入更展示了非洲大陆未来发展的良好前景。21世纪头10年，大部分发展中国家经济强劲增长，非洲的人均收入增长率自20世纪70年代以来首次超越发达国家。

在维护地区安全、调解地区战乱冲突方面，非盟也采取了积极行动。非盟计划组建一支由1.5万人组成的非洲常备维和部队，以应对非洲大陆可能发生的冲突事件，使非洲大陆出现了"摒弃暴力，寻求和平"的良好势头。拉克索（Laakso）认为，当卷入冲突的国家为该区域的主要领导角色时，或者区域内邻国之间对抗激烈时，非盟的作用就凸显出来，而且非盟更能在全球层面代表非洲安全利益，更有能力赢得国际机制的持续支持。② 如在解决西非大国科特迪瓦的动乱问题上，西共体的作用就赶不上非盟及联合国的作用。无论是对该国2005年10月的选举结果还是对2010年12月的选举结果，联合国和非盟的表态都对局势的发展起了十分关键的作用。2009年7月，非盟第13届首脑会议决定将目前非盟常设机构"非盟委员会"提升为非盟权力机构，并赋予其更大、更广泛的权力，使其统一负责非盟的防务、外交和对外贸易谈判等重大问题，这标志着非洲在团结统一的道路上又迈出了重要一步。

在国际合作和对外交往方面，非洲国家力图用一个声音说话。非盟为非洲复兴和非洲发展新伙伴计划的实施寻求国际支持，展开全方位的自主外交活动，积极参加国际经济谈判，敢于发出与西方不同的声音。如2008年金融危机爆发后，非洲国家领导人呼

---

① 欧玲湘、梁益坚：《软压力视角下的非洲国家相互审查机制》，《西亚非洲》2009年第1期，第28~33页。

② Liisa Laakso, "Beyond the Notion of Security Community: What Role for the African Regional Organizations in Peace and Security?", *The Round Table*, Vol. 94, No. 381, Sept. 2005, pp. 489 – 502. Laakso 的多层面治理，实际上是四种层面的治理，即大陆层面的非盟、区域层面的区域组织、国家和非政府组织，在文章中他重点论述的是除国家以外的其他三个层面。

吁"构建新的国际金融体系，但这一体系不仅应包含新兴国家，而且应包括非洲"，强烈希望参与国际金融体系改革。针对国际刑事法院 2009 年对苏丹总统巴希尔的战争罪和反人类罪的各项指控及此后不久对他发出的逮捕令，非盟成员国在支持苏丹方面的立场空前一致，认为这一指控对苏丹和平进程和地区稳定不利，呼吁国际刑事法院推迟诉讼程序，并决定集体抵制执行国际刑事法院的这一决定。要用非洲方法解决非洲问题，一体化是必由之路。非洲大陆一体化与大陆内的各区域一体化的目标是要促进现代化在非洲大陆的实现，是赶超发达国家的一种现代化战略选择，或者说是非洲国家寻求发展的一种战略选择。①

　　非盟在平息战乱、阻止冲突、维和方面起了重要作用，在主导非洲内部事务的过程中，非盟与非洲大陆内的区域组织和区域大国密切合作，并协调彼此之间的关系，非盟的领导权威已得到非洲各国和国际社会的认可。这种在非盟框架内努力靠和平手段解决自身问题的积极态度，为非洲国家保持稳定、促进经济和社会发展创造了条件。大陆一体化机制的强化相应地也促进了非洲大陆各个区域的一体化的发展。2009 年 10 月，西共体快速反应部队进行了首次后勤保障军演，这意味着西共体将拥有统一的武装力量，区域集体防务已现雏形，有利于西非地区共同打击贩毒、买卖人口、海盗和其他跨国犯罪活动，保证人员和货物流动的安全与顺畅。

四　非洲现代化的制约因素与一体化面临的挑战

1. 现代化与一体化启动时的制约因素

　　非洲大陆的独立由非洲一体化思想即泛非主义的指导而获得，但收获的果实是各个国家在原殖民帝国的行政划界上的分别

---

① 罗建波：《通向复兴之路：非盟与非洲一体化研究》，中国社会科学出版社，2010。

独立。殖民者进入前，非洲大陆的族群与文化还没有开始自身的一体化进程，如科林指出的，"同世界其他大洲相比，非洲在种族、文化和语言方面更加复杂多样。因此，在非洲形成民族的过程也比世界上其他地区更加复杂和更加混乱"①。几百年奴隶贸易阻断了非洲大陆自身的一体化演进过程，且加剧了原有的族际矛盾，并制造了新的矛盾。② 殖民化摧毁了非洲自身的经济基础，重构了非洲社会，为非洲独立发展资本主义制造了巨大障碍。殖民遗产的消极影响对独立后的非洲无处不在，非洲国家在现代化进程中遭遇的重重困难都与这种消极影响密切相关。③ 殖民政权的本质是服务于殖民宗主国的需要，"至二战前夕，非洲已完成了向殖民地化的过渡，非洲经济被纳入资本主义世界体系，沦为西方经济的附庸"④。殖民宗主国从政治、经济、文化上改变了非洲各地区和人民的联系。

（1）经济依附性。

这种消极影响最突出的是导致非洲经济不是服务于非洲本地人民的经济，而是服务于宗主国的殖民地经济。殖民地经济的结构是畸形的，殖民地经济与宗主国经济的交换基础显然是不平等的。这种殖民地经济表现为：各殖民地片面发展少数几种供出口的农作物或矿产品，从而瓦解了那些地方早已存在的经济结构，改变了非洲传统社会的自给自足型经济；以商业为中心的城市经济得到了发展，而广大的农村经济出现衰退、破产的严峻局面。殖民地经济的性质是依附性的，宗主国决定着经济政策的导向；

---

① 〔英〕科林·勒古姆等：《八十年代的非洲——一个危机四伏的大陆》，吴期扬译，世界知识出版社，1982，第 22 页。

② 郑家馨：《关于非洲一些国家现代化中断问题》，《西亚非洲》1998 年第 1 期，第 42 页。

③ Crawford Young, "The Heritage of Colonialism", in John W. Harbeson and Donald Rothchild, eds., *Africa in World Politics*, Westview Press, 1995, pp. 23 – 40. 也参见陆庭恩《非洲国家的殖民主义历史遗留》，《国际政治研究》2002 年第 1 期，第 49~57 页。

④ 舒运国：《试析非洲经济的殖民地化进程》，《世界历史》1994 年第 1 期，第 52 页。

输出的是农矿原材料和初级产品，进口的是这些原料的制成品；对外贸易的主导权完全在宗主国，难以发挥贸易促进本地经济发展的作用，难以形成社会化大生产。[①] 而且各个殖民地的经济主要是与其宗主国发生联系，这种殖民地经济使得非洲地区原有的横向交流与联系减少，直至消失。殖民依附经济结构与外向联系机制的单一性成为制约非洲现代化的根本因素，也是非洲国家一体化的巨大障碍。

（2）半独立的政治和未完成的社会整合。

二战结束后获得独立的非洲国家所依赖的这样一种经济结构与机制必须加以改变，这是所有被压迫民族和国家获得独立后迫切想要完成的历史任务，但这种改变需要政治上的真正自主、国内社会的相对稳定。

然而，非洲多数国家的政治自主是有缺陷的，大多数非洲独立国家是半独立的，"继续维持同宗主国在军事和政治上的密切联系"，还有少数国家仅仅是"形式上的独立"。[②] 非洲国家的这种非完全自主的政治主权必定影响其国家发展道路和政策的选择，也使其改变经济依附性的作为受到制约。这就是说，非洲独立国家仍然带有殖民性质，这种殖民性质很难与非洲社会相协调，从而也成为独立后非洲大陆动荡不安、各种冲突不断的一个根源，[③] 同时必然影响这些国家的彼此团结合作、促进一体化的努力。非洲

① 参见 A. G. Hopkins, *An Economic History of West Africa*, Ch. 6, Longman Group LTD, 1973。陆庭恩：《非洲与帝国主义——1914～1939》，北京大学出版社，1987，第172～200页。Tordoff 指出非洲国家独立时的经济是依附性经济，欧洲投资（包括私人投资和公共贷款）主要流向了经济以采矿业为主的殖民地，其次是进行购销活动的贸易公司，对种植园农业的投资也是集中在供出口的被引进的经济作物上，而不是非洲当地人需要的粮食作物。William Tordoff, *Government and Politics in Africa*, Palgrave Macmillan, 2002, pp. 31–41。郑家馨：《关于非洲一些国家现代化中断问题》，《西亚非洲》1998年第1期，第39～45页。

② 陆庭恩、彭坤元主编《非洲通史》（现代卷），华东师范大学出版社，1995，第19页。

③ Jeremiah O. Arowosegbe, "Claude E. Ake: Political Integration and the Challenges of Nationhood in Africa", *Development and Change*, 42 (1), Jan. 2011, pp. 349–365.

民族独立运动的时间短暂，无论在民众动员还是民族独立运动的领袖和政党深入了解社会以取得社会共识方面，做得都还不充分，甚至连独立后的国家框架设想都还没有，使得非洲国家不得不在独立后进行"补课"，① 完成民族独立运动未能完成的任务。与此同时，非洲传统社会中的部族意识和酋长制度，在非洲争取大陆解放与独立过程中，发展为非洲地方民族意识，② 对国家统一与政权合法性构成威胁，"建立民族国家的主观愿望和努力与族体和文化的多元性这一社会现实，每每构成黑非洲国家政治发展的一对基本矛盾"③。

政变与政权的频繁更迭破坏了国内经济发展所需要的稳定环境，使得非洲国家无暇顾及区域合作。"国家政权对迟发展国家民族资本主义的快速形成，扭转欠发达的恶性循环，抗拒和分解国际资本压力，以及实现民族整合和政治发展有着极端重要的作用。"④ 政治的动荡必然影响各国政府推动一体化的政治决心与履行承诺的努力，使得各国领导人更多地关注国内政治，难以对国家乃至区域的长远利益进行战略谋划。

（3）殖民遗产的危害。

泛非主义从思想上武装了非洲人，使非洲人成为融入世界现代化历史的自觉者，开始了反抗殖民主义的斗争，推动了世界非殖民化的进程，但第五次泛非大会召开以后，泛非运动的特征逐

---

① 张象：《当代非洲国家发展阶段探析》，《西亚非洲》1998 年第 1 期，第 45～47 页。

② 参见陆庭恩《对非洲国家政治发展问题的一些看法》，《西亚非洲》2004 年第 3 期，第 18～23 页；李安山：《试析非洲地方民族主义的演变》，《世界经济与政治》2001 年第 5 期，第 44～49 页；李安山：《非洲国家民族建构的理论与实践研究》，《西亚非洲》2002 年第 4 期，第 7～13 页；〔英〕威廉·托多夫：《非洲政府与政治》，肖宏宇译，北京大学出版社，2007，第 90～92 页；李文刚：《尼日利亚地方民族组织的缘起与演化》，《西亚非洲》2009 年第 9 期，第 25～31 页。

③ 张宏明：《部族主义因素对黑非洲民族国家建设的影响》，《西亚非洲》1998 年第 4 期，第 48～56 页。

④ 李继东：《现代化的延误——对独立后"非洲病"的初步分析》，中国经济出版社，1997，第 297 页。

渐体现为各个殖民领地争取独立的领地性民族主义,以往的非洲大陆性民族主义色彩淡化。在获得独立后,领地性民族主义更多地具有各国民族性特征,泛非主义的影响力在独立前后显然下降了。[①]

民族独立运动思想准备、民众动员不足使非洲独立国家政治的"非殖民化"不彻底,殖民体制被"解放的"非洲继承了下来,[②] 进而影响非洲国家在经济、历史和文化心理上的非殖民化。[③] 如果认同非洲学者马兹鲁伊对"非殖民化"所下的定义"非殖民化系殖民统治终结、殖民机构解散和殖民价值观与殖民方式摒弃的过程"[④],那么可以说,殖民统治仅仅是在形式上终结了,权力的掌控者变成了非洲人,但掌控权力的非洲人依然在依靠殖民时期形成的权力运作机制控制社会。[⑤] 因此,在克服殖民统治"分而治之"对非洲社会的破坏性影响、推进非殖民化进程上步履艰难,进而影响了非洲现代化和大陆一体化发展。

经济的严重依附、政治的半独立状态、独立过程中社会动员的不充分、尚待完成的非殖民化,是非洲现代化要克服的障碍,也是非洲一体化面临的挑战。摆脱了殖民枷锁获得独立后的非洲国家面临的是本国政权巩固与建设和社会整合问题妨碍了经济一

① 肖宏宇:《西非区域主义、民族主义与独立运动》,《西亚非洲》2009 年第 1 期,第 16~21 页。该文以西非为例,论述了非洲大陆在争取独立过程中,泛非主义中的大陆性非洲民族主义趋于淡化,而领地性特征趋于加强。

② Michael Crowder, "Whose Dream Was It Anyway? Twenty-five Years of African Independence", *African Affairs*, 342, Jan. 1987, pp. 7 – 24.

③ 李安山:《论"非殖民化":一个概念的缘起与演变》,《世界历史》1998 年第 4 期,第 9、10 页。"'非殖民化'具有两层意义。从狭义上说,它指殖民统治终结、殖民机构解散这一历史过程。这是政治层面上的意义。……从广义上说,它指从各方面摆脱殖民主义的遗产。这主要是指前殖民地和半殖民地国家及其人民在取得政治独立以后必须在经济、历史和文化心理上摆脱殖民统治的影响,从而获得真正意义上的独立。"

④ Ali A. Mazrui and C. Wongi, eds., *Africa since 1935*: *Vol. Ⅷ of UNESCO General History of Africa*, University of California Press, 1993, p. 7.

⑤ 参见李安山《论民族、国家与国际政治的互动——对卢旺达大屠杀的反思》,《世界经济与政治》2005 年第 12 期,第 10 页,"新政权却继承了殖民遗产:种族主义与国家主义"。

体化的努力的局面，独立前期在泛非主义感召下的一致对外的团结合作明显减弱了。然而非洲现代化的实现与非洲一体化又是相辅相成的，二者是互动的，构成了一个硬币的两面。这是非洲大陆的共识，这是非洲统一组织能够成立的前提条件，这表明非洲人认同恩克鲁玛的观点——解决非洲问题的出路在于非洲的团结，"分裂的非洲软弱可欺；团结的非洲，就能成为世界一强"①。

2. 现代化与一体化互动深化进程中面临的挑战

如果一体化是非洲现代化的必然路径，那么这种路径所需要的前提条件首先就是良好的政治环境。历史经验表明，任何国家或地区现代化的发展都是一系列复杂因素相互作用的结果，这些因素可能包括国家的政治制度、政府政策、国家与国内社会的互动关系、国家与国际社会的互动关系，以及领导人的高瞻远瞩。在这些复杂因素的互动过程中，能够驾驭互动关系、使互动关系向着良性方面发展的国家或政府，总能创造出发展的奇迹。但驾驭这种复杂的互动关系的能力需要在反复试错的长期积累中才能逐渐获得。

非洲大陆独立之时，就有以一体化促进现代化的共识，但是在把共识落实到国家的具体行动方面，在从经济、外交政策层面向一体化倾斜方面，非洲国家做得还很不够。经济的依附性使得非洲国家经济发展政策的选择余地有限，在制定政策方面走的弯路多，缺乏自主性与自信心。自主性不强、自信心不够始终贯穿非洲国家独立后的国家建设。即使政策设计合理，但政权的频繁更迭往往又使政府施政重点转移，难以保持持久的承诺，难以将良好的计划与政策真正落实。

以泛非主义为基础的区域主义与维护非洲国家主权二者是相互依赖的。在一体化的初始阶段，主权意识与不干涉内政意识主导着非洲各国，也是非统捍卫的原则。在这个阶段，一体化进展受制于非洲各国的政治发展。各国在自身政治问题重重的情况下，其致力于一体化的政治意愿、政治行动能力都是有限的。在这个

---

① Kwame Nkrumah, *I Speak of Freedom: A Statement of African Ideology*, William Heinemann Ltd., 1961, pp. xi – xiv.

阶段，非洲国家对非洲一体化的前途信心不足，各国关注点在于自身民族国家构建与政权稳固。即使如此，非统也没有解体，更有西非国家尼日利亚克服了内战分裂的威胁，与其他西非国家一道促成了区域合作组织西共体的成立。

从国家的角度看，非洲一体化受阻的原因在于各国并没有将一体化导向政策视为维护国家主权和政权合法性机制的一个必不可少的要素，而是认为其是随时可以被抛弃的部分。如果一体化发展促进了民主的发展、主权需要分享，那么新父权的国家特性将受到威胁，① 这是国家政权掌控者不愿意看到的。摆脱殖民主义而独立的非洲国家在构建现代主权国家过程中不可避免会走许多弯路，表现出来的某些特征用西方现代的标准看是落后的，但如果把非洲与 17 世纪新建立的专制君主制的西欧国家相比，二者存在某些共性，如对绝对主权的维护。

世界各国现代化的历程表明，完成国家内部的政治一体化，现代民族国家政权基本巩固、去除暴力化的权力移转，是国家能够走上现代化道路的关键。从西非来看，西非的区域一体化与西非各国的国家构建过程是相辅相成的，西非不是在各国都完成了国家构建、变得足够强大时才成立区域组织，而是一体化与国家建构的相互促进，促成了国内政治和区域局势二者都趋向稳定。

尽管"国家民族建构是一个非常复杂、漫长，甚至痛苦的过程，但却是尼日利亚不得不努力去完成的一项艰巨任务"②。西非大国尼日利亚在独立后仅仅 10 多年的时间里就战胜了国家分裂的挑战，构建起现代尼日利亚国家的认同感和国民意识，成为非洲国家克服基于民族、地域与宗教的冲突的成功实践，也挫败了邻国趁火打劫的企图——内战中，尼日利亚的两个法语西非邻国科特迪瓦和布基纳法索公开承认了比夫拉地区主义分离政府。战胜内战威胁的

---

① Richard Gibb, "Regional Integration and Africa's Development Trajectory: Meta-theories, Expectations and Reality", *Third World Quarterly*, Vol. 30, No. 4, Jun. 2009, pp. 701 – 721.

② 李文刚:《尼日利亚地方民族组织的缘起与演化》,《西亚非洲》2009 年第 9 期, 第 25 ~ 31 页。

信心转化为尼日利亚塑造西非一体化的动力，也使尼日利亚意识到，本国政治的稳定同所在的西非区域各国有着密切关系。

西非小国塞拉利昂正是在西共体组织的帮助下结束了内战，开始致力于非洲团结和地区合作；支持西非国家经济共同体在本地区发挥作用，以巩固国内和平以及与邻国的合作关系。西非一体化的深化就是西非各国都认同了一体化的追求有利于本国的利益，并潜在地有助于本国政权的存在。①

非洲区域大国自身的现代化发展对于区域一体化乃至整个大陆一体化起着主导作用。西共体的成立是在西非大国尼日利亚战胜内战分裂的威胁之后，南共体的迅速发展是在新南非诞生之后。从权力分布与权力结构来看，西非和南部非洲这两个区域的权力更集中且有层次，促成了20世纪90年代这两个区域和平与安全问题的解决，并且这种权力架构也导致了解决这两个区域和平与安全问题的非洲化与多边主义倾向。② 正是因为西非大国尼日利亚有着强烈的对威胁地区和平与安全的冲突进行干预的意愿，以及西共体20世纪90年代的维和部队在维和中秉持公正，才促成了西非地区冲突、危机的解决。③

非洲一体化进程必须考虑各国国家利益，使其同各国人民的需求紧密联系起来，才能保持一体化进程的可持续性，"未能让加纳人民看到理想同人民现实生活需求的关联，实施的对外政策也未使其他非洲国家领导者信服非洲大陆的团结所带来的实惠要大于各国坚持自己主权所带来的实惠"④，是恩克鲁玛的泛非主义理

---

① 参见 David J. Francis, *The Politics of Economic Regionalism – Sierra Leone in ECOWAS*, Ashgate Publishing Ltd. , 2001, p. 36。

② Stephen F. Burgess, "African Security in the Twenty-first Century: The Challenges of Indigenization and Multilateralism", *African Studies Review*, Vol. 41, No. 2, Sept. 1998, pp. 37 – 61.

③ Peter Author, "ECOWAS and Regional Peacekeeping Integration in West Africa: Lessons for the Future", *Africa Today*, Vol. 57, No. 2, Winter 2010, pp. 2 – 24.

④ Evan White, "Kwame Nkrumah: Cold War Modernity, Pan-African Ideology and the Geopolitics of Development", *Geopolitics*, Vol. 8, No. 2, Summer 2003, pp. 99 – 124.

想在加纳遭遇失败的原因。

　　哈里森曾指出，发展中国家在经济发展上存在的多数问题是由政府政策的歧视所造成的，原因是在国内复制了西方殖民主义。① 正是这种内部的殖民主义阻碍着区域一体化的发展，这是西方主导的结构调整战胜拉各斯计划的原因。以新自由主义为指导的结构调整维持并深化的是非洲国家在世界经济中的边缘化地位，削弱了本身就很脆弱的国家体制，从而打击了靠国家推动的区域一体化和大陆一体化。结构调整计划使非洲国家制定本国发展政策的自主性受到了限制，强化了非洲各个国家对国际金融资本的依附。对政府主导的区域一体化是一种打击。以国际货币基金组织和世界银行为主导的结构调整计划，强调的是自由市场、私有化、限制并减少国家的作用，强调的是市场自动发挥作用。而非洲一体化的目标是要争取各个区域和大陆的共同发展，是要克服非洲经济的依附性，要改变边缘化的趋势，促进生产多样性，尤其是非初级产品的生产与出口，是想解决自由市场解决不了的非洲各国的可持续发展问题。

　　非洲大陆要避免将一体化战略作为最后的救命稻草的做法，而要将一体化战略作为各国现代化建设的一个内在组成部分。

　　非洲一体化的思想源泉泛非主义虽然促进了非洲大陆和世界各地黑人的团结，但是共同的命运感和共有家园的特性凸显了泛非主义的思想内容的贫乏。泛非主义无法构成一个完整的意识形态，没有"对现存世界给以科学的解释，也未能提供一个行动的指南，更没有对未来的世界进行必要的思想与知识准备"②。非洲国家独立后，"民族主义、独立时的妥协、新殖民主义、领导者的腐败无能、族群主义、地区主义、派系主义"③ 挫败了泛非主义，

① 〔英〕保罗·哈里森：《第三世界——苦难、曲折、希望》，新华出版社，1984，第 227 页。

② A. M. Sharakiya, "Pan-Africanism: A Critical Assessment", *TransAfrica Forum*, Vol. 8, Issue 4, Winter 1991/1992, pp. 39 – 52.

③ Tunde Adeleke, "Africa and Pan-Africanism: Betrayal of a Historical Cause", *The Western Journal of Black Studies*, Vol. 21, No. 2, Jun. 1997, pp. 106 – 116.

影响了非洲一体化。不管怎样，20 世纪 60 ~ 70 年代立足于各国的自主选择发展战略不敌世界经济危机的冲击和 80 年代由西方发达国家主导的结构调整战略未能挽救非洲边缘化的命运，迫使非洲重视联合自强的发展道路。

无论是被视为非洲经济宪章的《拉各斯行动计划》的出台，还是"非洲发展新伙伴计划"的制订，历史背景都是在世界经济形势的重大变化下，非洲经济发展遭遇了严重的危机。① 这使人们不由得想到，非洲一体化思想成了非洲应对危机的思想。但危机过后，一体化计划就被弃之一旁，或者说，非洲一体化是非洲国家的最后一根救命稻草，不到万不得已，非洲国家不会求助这个选择。

非洲现代化实践的指导思想始终跟随的是不同时代流行的世界发展理论，无论是 20 世纪 60 年代的现代化理论和 70 年代的依附论，还是 80 年代与 90 年代的市场导向的新自由主义，都未能引导非洲大陆在现代化实践上积累起飞的物质条件。同样，受制于类似发展理论的一体化成果也都极其有限。② 因为这些发展理论所针对的社会并非非洲社会，不是对于非洲现代化发展所立足的政治、社会和经济基础的分析与总结，无法解决非洲发展过程中遇到的问题，也无法令非洲政府和人民认真思考大陆一体化与非洲现代化的辩证关系，不能认识到"任何双边和多边贸易协议……本身不是目的而是发展的工具"③。

相比以往的各种一体化方案，"非洲发展新伙伴计划"更多地考虑了非洲的现实，从而被当作了 21 世纪的非洲发展战略计划。

---

① 参见舒运国《非洲经济改革的走向——〈拉各斯行动计划〉和〈非洲发展新伙伴计划〉的比较》，《西亚非洲》2005 年第 4 期，第 52 ~ 58 页；也参见贺文萍《南非学者谈非洲发展计划和非洲外交》，《中国社会科学院院报》2003 年 4 月 24 日，第 3 版。

② Richard Gibb, "Regional Integration and Africa's Development Trajectory: Metatheories, Expectations and Reality", *Third World Quarterly*, Vol. 30, No. 4, Jun. 2009, pp. 701 – 721.

③ Benjamin W. Mkapa, "Dangers of the Economic Partnership Agreements and Alternatives for African Countries", http://www.southcentre.org/index.php? option = com_ content&view = article&id = 1702% 3Asb60&catid = 144% 3Asouth - bulletin - individual - articles&Itemid = 287&lang = en.

该计划旨在通过集体行动解决非洲发展问题，是非洲"第一次面对"自身的实际情况，开始审视"自独立以来，我们做对了什么？我们在哪里出了错？我们应该如何以自己的方式来处理腐败问题、冲突问题、可持续发展问题、贫困问题、卫生问题、教育问题和农业问题"①。这个计划是非盟试图吸取非洲以往的发展教训与经验，利用好国际政治经济格局变化的新机缘，借助一体化来促进非洲大陆发展的新尝试。

非统成立之时，国际政治经济处于冷战格局中，作为整体的非统未能很好地利用冷战格局，未能将两个超级大国的影响挡在非洲大陆之外。非盟仍然存在卡萨布兰卡派和蒙罗维亚派的分歧，前者希望建立统一的非洲政府，后者提倡渐进主义的方式，从经济合作入手。②

非洲发展新伙伴计划的一个很大的缺陷是把外部援助尤其是发达国家的援助作为计划实施的一个主要前提，因为如此一来，非洲追求自力更生和可持续发展必须遵守的原则就被破坏了，在全球化的水域中，非洲这艘小船就可能被西方发达国家绑缚在其新自由主义的大船上。③ 非洲在世界贸易体系中的边缘性地位、对外援的依赖和沉重的债务使得非洲国家的经济自主权受到很大限制，国家的政策和规则往往不得不在外部压力之下做出调整，缩小了非洲国家之间政策协调和合作的空间，加大了非洲一体化的难度。

外部的援助、外部的承诺从来就不是可靠的，非盟认识到外部力量只能是非洲一体化和现代化发展的辅助力量，必须增强非

---

① 〔意〕阿尔贝托·麦克里尼：《非洲的民主与发展面临的挑战》，李福胜译，中国人民大学出版社，2007，第 9～10 页。

② Carina Ray, "Making Pan-Africanism Relevant Today", *New African*, Oct. 2009, p. 35.

③ Adebay Adedeji, "From the Lagos of Action to the New Partnership of African Development and from the Final Act of Lagos to the Constitutive Act: Wither Africa?", Keynote address prepared for presentation at the African Forum for Envisioning Africa to be held in Nairobi, Kenya, 26 - 29 Apr. 2002; CFR, FAAS, FNIM, FNES, 即非洲自身需求的增长，依赖自身投入促进经济增长，人民对发展的参与，注重发展的整体协调。

洲经济社会自主发展的能力。增强自主发展的能力，并非是拒斥全球经济体系，而是要摆脱非洲参与国际劳动分工的模式，"把建立自我中心的经济和社会与参与全球体系结合起来"①。

关键在于非洲自身是否能够承担起责任。非盟驻苏丹维和部队防止了达尔富尔局势的恶化，但在解决达尔富尔问题上作用有限。② 仅仅军事维和而不处理造成问题的政治、经济及历史根源，难以确保长久的和平。非洲国家坚持解决本国事务的主导权，出现危机也以非洲大陆的调解为主。

但非洲国家还有很长的路要走，因为在"新自由主义的全球化世界里，处于边缘资本主义的民族不可能形成现代意义上的国家，也不可能完成原始积累"③。非洲国家要想完成工业现代化的原始积累过程，就必须加强合作、深化一体化，这样才能真正克服经济的依附性。一体化的合作有助于吸引投资，改善资金短缺的状况。④ 但西非各国在深化区域一体化方面的政治决心还不够大。⑤ 非洲从不缺乏自力更生的发展蓝图，缺的是落实蓝图的实际行动。

非盟在制度构建、运作资金、泛非主义信念及其领导力方面都面临挑战。⑥ 非洲一体化无法自动实现，需要强有力的领导，

---

① 〔埃及〕萨米尔·阿明：《非洲沦为第四世界的根源》，何吉贤摘译，《国外理论动态》2003 年第 2 期，第 26～30 页。

② Paul D. Williams, "Military Responses to Mass Killing: The African Union Mission in Sudan", *International Peacekeeping*, Vol. 13, No. 2, Jun. 2006, pp. 168 – 183.

③ David Moore, "Neoliberal Globalisation and the Triple Crisis of 'Modernisation' in Africa: Zimbabwe, the Democratic Republic of the Congo and South Africa", *Third World Quarterly*, Vol. 22, No. 6, 2001, pp. 909 – 929.

④ 参见 John H. Dunning, *Multinational Enterprises and the Global Economy*, Addison-Wesley Publishing Company, 1993, p. 498。邓宁指出，西共体外商投资少的原因是"共同体未能对区域内的行政机器和组织能力进行必要的改革"。

⑤ 参见 Clement Emenike Adibe, "ECOWAS in Comparative Perspective", in Timothy M. Shaw and Julius Emeka Okolo, eds., *The Political Economy of Foreign Policy in ECOWAS*, The Macmillan Press Ltd., 1994, pp. 187 – 217。

⑥ Wafula Okumu, "The African Union: Pitfalls and Prospects for Uniting Africa", *Journal of International Affairs*, Spring/Summer 2009, Vol. 62, No. 2. pp. 93 – 111.

"领导力是非洲国家发展的真正障碍"①。无论是就国家而言，还是就领导者素质而言，非洲一体化的进展都受到质疑。布约亚指出，非盟能否在世界舞台发挥作用，取决于它是否能用一个声音说话，是否能够确保非洲大陆的和平与安全。② 非盟的五个"有功之臣"，四个都未能履行其誓言，南非姆贝基、尼日利亚奥巴桑乔都试图获得第三任期，阿尔及利亚的布特弗里卡成功修宪使自己无限期连任，埃及穆巴拉克在国内抗议与西方压力下不光彩地下台，使非盟遭受重挫。

在本质上，非洲的联合尤其是一体化的深入将削弱西方大国的影响，不利于西方控制非洲。法国支持成立的西非经济共同体（CEAO）对西共体始终就是一个掣肘；美国在西非的影响在迅速上升，美国在西非的军事存在将深刻影响西非一体化。

非盟的成立及"非洲发展新伙伴计划"的制订并不自动保证非洲能够以自己的方式解决非洲发展存在的问题。作为非洲版马歇尔计划的"非洲发展新伙伴计划"③ 的关键是资金来源的不稳定性。欧洲的马歇尔计划是在冷战背景下实施的，美国为了争霸世界，对欧洲的支持是尽力的，但如今非洲大陆缺乏资金，国际多边援助的附带条件就是例证。新自由主义构成非洲复兴思想的哲学基础，故向世界行销"非洲发展新伙伴计划"，维护与北方富裕国家的关系是计划的一个重要组成部分，给予了北方国家在非

---

① George Ayittey, "Obstacles to African Development" in George Akeya Agbango, ed. , *Issues and Trends in Contemporary African Politics*, Peter Lang Publishing, Inc. , pp. 321 – 335.

② Pierre Buyoya (Former President of Republic of Burundi), "Toward a Stronger African Union", *The Brown Journal of World Affairs*, Winter/Spring 2006, Vol. XII, Issue 2, pp. 165 – 175

③ Adebayo Adedeji, "From the Lagos Plan of Action to the New Partnership for African Development and From the Final Act of Lagos to the Constitutive Act: Wither Africa?", Keynote Address at the African Forum for Envisioning Africa held in Nairobi, Kenya (Apr. 26 – 29, 2002) (arguing that the original Marshall Plan, "unlike NEPAD……was a joint endeavor of the war-devastated European countries (the recipients) and the United States (the donor)", http: //www. worldsummit2002. org/texts/AdebayoAdedeji2. pdf.

洲复兴计划中的发言权。接受国际多边援助的附带条件,与非盟极力要放大非洲在全球政治经济事务中的声音构成了一对矛盾。[①]

非盟的非漠视原则仍然受到主权原则的挑战;非盟的权威不足以解决成员国间的政治分歧、战争,成员国自身内部的政治动荡为外部势力介入提供了机会。直至非盟成立 50 周年之际,非洲仍然无法靠自己的力量来解决非洲国家内部的冲突问题。非盟对 2010 年底由突尼斯骚乱蔓延至埃及、利比亚的北非动荡局势显得无能为力,尤其在利比亚战争中,作用没有欧盟、北约重要,2013 年的马里北部局势的恶化还需要法国出手。

外援的流入构成许多非洲国家投资的来源,进而成为经济增长的一个促进因素。以国家为重点的外援对于非洲的一体化有负面作用。无论多边国际金融机构的援助还是各个援助大国的援助,都围绕国家进行。如 1976～2000 年的 25 年中,世行针对西非区域进行的援助项目只有 13 个,仅占世行援助西非资金总额的 1%。美国对非援助的千年挑战账户,(Millennium Challenge Account,MCA)强调援助的效用而强化了受援方为国家的倾向。联合国千年发展目标同样也是以国家为中心的资助。[②] 附加条件的以国家为基础的外援加深了非洲国家的外部依附性,不利于非洲的一体化。没有任何一个国家可以靠慈善或借贷发展起来。

这些国际金融机构在两个方面对非洲一体化产生了不利影响。第一,来自这些机构的资金的使用受到这些国际经济组织的控制,它们只注重推动市场化,不顾及国家在市场中的调节作用,削弱了国家的权威,削弱了国家对自身发展道路的选择权,进而影响了国家对区域合作和一体化发展的承诺。第二,国际金融机构的贷款、援款并不着重于区域层面,而是以单个国家为对象,在国家层面上进行,缺乏区域范围内的协调,这在客观上不利于非洲国家的合作,甚至还会加剧各国之间的竞争。

---

① Richard A. Griggs, "Geopolitical Discourse, Global Actors and the Spatial Construction of African Union", *Geopolitics*, Vol. 8, No. 2, Summer 2003, pp. 69–98.

② Seth Kaplan, "West African Integration: A New Development Paradigm?", *The Washington Quarterly*, Vol. 20, Iss. 4, 2006, pp. 81–97.

参考文献

一　中文著作
（按作者姓名首字汉语拼音顺序排列）

陈晓红：《戴高乐与非洲的非殖民化研究》，中国社会科学出版社，2003。

高晋元：《英国–非洲关系史略》，中国社会科学出版社，2008。

耿协峰：《新地区主义与亚太地区结构变动》，北京大学出版社，2003。

贺照田主编《后发展国家的现代性问题》，吉林人民出版社，2002。

贺文萍：《非洲国家民主化进程研究》，时事出版社，2005。

李安山：《非洲民族主义研究》，中国国际广播出版社，2004。

李安山主编《世界现代化历程：非洲卷》，江苏人民出版社，2013。

李保平、马锐敏主编《非洲变革与发展》，世界知识出版社，2002。

李继东：《现代化的延误——对独立后"非洲病"的初步分析》，中国经济出版社，1997。

李巍、王学玉编《欧洲一体化理论与历史文献选读》，山东人民出版社，2001。

梁根成：《美国与非洲》，北京大学出版社，1991。

刘鸿武等：《从部族社会到民族国家：尼日利亚国家发展史纲》，云南大学出版社，2000。

刘力、宋少华：《发展中国家经济一体化新论》，中国财政经济出版社，2002。

陆庭恩：《非洲与帝国主义》，北京大学出版社，1987。

陆庭恩、彭坤元主编《非洲通史》，华东师范大学出版社，1990。

陆庭恩、彭坤元主编《非洲通史》（现代卷），华东师范大学出版社，1995。

陆庭恩、宁骚、赵淑慧编《非洲的过去和现在》，北京师范学院出版社，1989。

罗建国：《非洲民族资本的发展》，华东师范大学出版社，1998。

罗建波：《非洲一体化与中非关系》，社会科学文献出版社，2006。

罗建波：《通向复兴之路：非盟与非洲一体化研究》，中国社会科学出版社，2010。

罗荣渠：《现代化新论续篇》，北京大学出版社，1997。

马嬰：《区域主义与发展中国家》，中国社会科学出版社，2002。

南开大学经济研究所世界经济研究室编《跨国公司剖析》，人民出版社，1978。

宁骚：《民族与国家》，北京大学出版社，1995。

钱乘旦、杨豫、陈晓律：《世界现代化进程》，南京大学出版社，1997。

世界知识年鉴编辑部：《世界知识年鉴（2002/2003）》，世界知识出版社，2002。

舒运国：《失败的改革——20世纪末撒哈拉以南非洲国家结构调整评述》，吉林人民出版社，2004。

谈世中主编《反思与发展——非洲经济调整与可持续性》，社会科学文献出版社，1998。

谈世中主编《发展中国家经济发展的理论和实践》，中国金融出版社，1992。

唐大盾选编《泛非主义与非洲统一组织文选》，华东师范大学出版社，1995。

韦民：《民族主义与地区主义的互动——东盟研究新视角》，北京大学出版社，2005。

王建娥、陈建樾：《族际政治与现代国家》，社会科学文献出版社，2004。

王正毅、张岩贵：《国际政治经济学——理论范式与现实经验研究》，商务印书馆，2003。

伍贻康、周建平主编《区域性国际一体化的比较》，经济科学出版社，1994。

肖欢容：《地区主义：理论的历史演进》，北京广播学院出版社，2003。

徐济明、谈世中主编《当代非洲政治变革》，经济科学出版社，1998。

杨德贞、苏泽玉：《非洲市场经济体制》，兰州大学出版社，1995。

杨光、温伯友主编《中东非洲发展报告 No. 5（2001～2002）》，社会科学文献出版社，2002。

余新天：《机会与限制——发展中国家现代化的条件比较》，上海社会科学院出版社，1998。

张宏明：《多维视野中的非洲政治发展》，社会科学文献出版社，1999。

张宏明编著《贝宁》，社会科学文献出版社，2004。

张宏明：《近代非洲思想经纬》，社会科学文献出版社，2008。

张莉清：《联合国非殖民化机制与南部非洲独立研究》，武汉大学出版社，2011。

张顺洪、孟庆龙、毕健康：《英美新殖民主义》，社会科学文献出版社，1999。

张同铸主编《非洲经济社会发展战略问题研究》，人民出版社，1992。

周弘主编《对外援助与国际关系》，中国社会科学出版社，2002。

二　中文译著

（按作者姓名首字英文字母顺序排列）

〔肯〕A. A. 马兹鲁伊主编《非洲通史：1935年以后的非洲》第八卷，中国对外翻译出版公司，2003。

〔加纳〕A. 阿杜·博亨主编《非洲通史：殖民统治下的非洲1880~1935年》（第七卷），屠尔康等译，中国对外翻译出版公司，1991。

〔塞内加尔〕阿卜杜拉耶·瓦德：《非洲之命运》，丁喜刚译，新华出版社，2008。

〔意〕阿尔贝托·麦克里尼：《非洲的民主与发展面临的挑战》，李福胜译，中国人民大学出版社，2007。

〔英〕安东尼·吉登斯：《民族－国家与暴力》，胡宗泽、赵力涛译，生活·读书·新知三联书店，1998。

〔英〕阿瑟·刘易斯：《发展计划》，何宝玉译，北京经济学院出版社，1988。

〔英〕阿瑟·刘易斯：《经济增长理论》，周师铭等译，商务印书馆，2002。

〔英〕保罗·哈里森：《第三世界——苦难、曲折、希望》，钟菲译，新华出版社，1984。

〔埃及〕布特罗斯·加利：《非洲边界争端》，仓有衡译，商务印书馆，1979。

〔埃及〕布特罗斯·布特罗斯－加利：《联合国与民主化》，载刘军宁主编《民主与民主化》，商务印书馆，1999。

〔美〕C. E. 布莱克：《现代化的动力——一个比较史的研究》，

景跃进、张静译，浙江人民出版社，1989。

〔美〕查尔斯·K.威尔伯主编《发达与不发达问题的政治经济学》，高铦等译，中国社会科学出版社，1984。

〔美〕丹尼尔·贝尔：《后工业社会的来临》，高铦等译，新华出版社，1997。

〔美〕黛博拉·布罗蒂加姆：《龙的礼物》，沈晓雷、高明秀译，社会科学文献出版社，2012。

〔英〕厄内斯特·盖尔纳：《民族与民族主义》，韩红译，中央编译出版社，2002。

〔法〕法布里斯·拉哈：《欧洲一体化史》，彭姝祎、陈志瑞译，中国社会科学出版社，2005。

〔美〕菲利普·李·拉尔夫、罗伯特·E.勒纳、斯坦迪什·米查姆、爱德华·伯恩斯：《世界文明史》（下卷），赵丰等译，商务印书馆，1999。

〔美〕弗雷德里克·杰姆逊、三好将夫编《全球化的文化》，马丁译，南京大学出版社，2002。

〔英〕H.K.科尔巴奇：《政策》，吉林人民出版社，2005。

〔美〕海斯：《现代民族主义演进史》，帕米尔等译，华东师范大学出版社，2005。

〔英〕简·阿特·斯图尔特：《解析全球化》，王艳莉译，吉林人民出版社，2003。

〔英〕科林·勒古姆等：《八十年代的非洲———一个危机四伏的大陆》，吴期扬译，世界知识出版社，1982。

《马克思恩格斯选集》第一卷，中共中央马恩列斯著作编译局编译，人民出版社，1995。

〔埃及〕萨米尔·阿明：《不平等的发展》，高铦译，商务印书馆，1990。

〔埃及〕萨米尔·阿明：《世界一体化的挑战》，任友谅等译，社会科学文献出版社，2003。

〔美〕斯塔夫里阿诺斯：《全球通史：1500年以后的世界》，吴象婴、梁赤民译，社会科学院出版社，1999。

〔英〕苏珊·斯特兰奇：《国际政治经济学导论——国家与市场》，杨宇光等译，经济科学出版社，1990。

〔美〕托马斯·K. 麦克劳：《现代资本主义——三次工业革命中的成功者》，赵文书、肖锁章译，江苏人民出版社，2006。

〔美〕V. 奥斯特罗姆、D. 菲尼．H. 皮希特编《制度分析与发展——问题与抉择》，王诚等译，商务印书馆，1992。

〔尼日利亚〕维克托·恩瓦奥齐奇·戚本杜：《尼日利亚外交政策（1961~2002）》，周平等译，世界知识出版社，2005。

〔美〕威廉·伊斯特利：《白人的负担：为什么西方的援助收效甚微》，崔新钰译，中信出版社，2008。

〔加纳〕威·爱·伯·杜波伊斯：《非洲——非洲大陆及其居民的历史概述》，内部读物，秦文允译，世界知识出版社，1964。

〔英〕休·希顿－沃森：《民族与国家》，吴洪英、黄群译，中央民族大学出版社，2009。

〔澳〕约瑟夫·A. 凯米莱里、吉米·福尔克：《主权的终结》，李东燕译，浙江人民出版社，2001。

〔美〕詹姆斯·多尔蒂、小罗伯特·普法尔茨格拉夫：《争论中的国际关系理论》（第五版），阎学通、陈寒溪等译，世界知识出版社，2003。

三　中文期刊、报纸

《北京行政学院学报》

《北京商报》

《参考消息》

《法制与社会》

《广西社会科学学报》（哲学社会科学版）

《国际观察》

《国际经济合作》

《国际论坛》

《国际社会科学杂志》

《国际政治研究》

《国际资料信息》

《国外理论动态》

《和平与发展》

《华中科技大学学报》（社会科学版）

《教学与研究》

《经济师》

《经济研究参考》

《乐山师范学院学报》

《历史教学》

《联合早报》

《民族译丛》

《南京大学学报》

《农民日报》

《欧洲研究》

《人民日报》

《上海商学院学报》

《市场现代化》

《世界经济》

《世界民族》

《世界经济与政治》

《世界历史》

《探索与争鸣》

《西亚非洲》

《现代国际关系》

《亚非译丛》

《亚非纵横》

《中国农业大学社会科学学报》

《中国社会科学院院报》

《人民日报》

四 英文著作

(按作者姓名首字英文字母顺序排列)

Abegunrin, Olayiwola, *Nigerian Foreign Policy Under Military Rule*, 1966 – 1999, Praeger, 2003.

Adedeji, Adebayo, ed. , *Comprehending and Mastering African Conflicts: the Search for Sustainable Peace and Good Governance*, Zed Books in Association with African Centre for Development and Strategic Studies (ACDESS), Ahmadu Bello Universtiy Press Ltd. , 1999.

Adebajo, Adebayo, *Building Peace in West Africa: Liberia, Sierra Leone and Guinea-Bissau*, Lynner Boulder, 2002.

African Development Bank 2004, Blackwell Publishing Ltd.

Agbango, George Akeya, ed. , *Issues and Trends in Contemporary African Politics*, Peter Lang Publishing, Inc. , 1997.

Anderson, Kym and Blackhurst Richard, ed. , *Regional Integration and the Global Trading System*, Harvester Wheatsheaf.

Ajayi, J. F. Ade & Michael Crowder, eds. , *History of West Africa*, Vol. 2 (2nd edition), Longman Group UK Limited, 1987.

Alagoppa, Muthia and Takashi Inoguchiledo, eds. , *International Security Management and the United Nations*, United Nations University Press, 1999.

Anda, Michael O. *International Relations in Contemporary Africa*, University Press of America, 2000.

Asante, S. K. B. , *The Political Economy of Regionalism in Africa*, Praeger Publishers, 1986.

Asante, S. K. B. , *Regionalism and Africa's Development: Expectations, Reality and Challenges*, The Macmillan Press Ltd. , St. Martin's Press, 1997.

Bakut, Bakut tswah and Sagarika Dutt, eds. , *Africa at the Millennium – An Agenda for Mature Development*. Palgrave, 2000.

Bobbitt, Philip *The Shield of Achilles*: *War, Peace and the Course of History*, Alfred A. Knopf, 2002.

Boyd, Gavin, ed. , *Regionalism and Global Security*, D. C. Heath, 1984.

Buzan, Barry, *States and Fear*, the 2nd edition, Harvester Wheatsheaf, 1991.

Cantori, J. and S. L. Spiegal, *The International Politics of Regions*: *A Comprehensive Approach*, Prentice – Hill, 1970.

Chafer, Tony, *The End of Empire in French West Africa – France's Successful Decolonization?* Berg, Oxford International Publishers Ltd. , 2002.

Chazan, Naomi, Robert Mortimer, John Ravenhill and Donald Rothchild, *Politics and Society in Contemporary Africa*, Macmillan Education Ltd. , 1988.

Clapham, Christopher, *Africa and the International System*, Cambridge University Press, 1996.

Coleman, James S. , *Nigeria – Background to Nationalism*, University of California Press, 1958.

Collins, Robert O. , *Western African History*, Markus Wiener Publisher, Inc. , 1990.

Crane, George T. and Abla Amawi, eds. , *The Theoretical Evolution of International Political Economy*: *A Reader*, Oxford University Press, 1991.

Crowder, Michael, ed. , *The Cambridge History of Africa (from c. 1940 – c. 1975)*, Vol. 8, Cambridge University Press, 1984.

Deng, Francis M. , Sadikiel Kimaro, Terrence Lyons, Donald Rothchild, and I. Duignan, Peter and Robert H. Jackson, eds. , *Politics and Government in Africa States, 1960 – 1985*, Hoover Institution Press, 1986.

Deng, Francis M. , Sadikiel Kimaro, Terrence Lyons, Donald Rothchild, and I. William Zartman, *Sovereignty as Responsibility –*

Conflict Management in Africa, The Brookings Institution, 1996.

Deng, Francis M. and I. William Zartman, *A Strategic Vision for Africa – The Kampala Movement*, Brookings Institute Press, 2002.

Diamond, Larry *Developing Democracy Toward Consolidation*, The Johns Hopkins University Press, 1999.

Diop, Momar-Coumba and Réal Lavergne, eds. , *Regional Integration in West Africa*, Proceedings of International Conference Organized by IDRC in Dakar, Senegal, 11 – 15 Jan. , 1993, Canada: the International Development Research Centre, February 1994.

Dunning, John H. , *Multinational Enterprises and the Global Economy*, Addison-Wesley Publishing Company, 1993.

Economic Development and Cultural Change, University of Chicago Press, 1992.

El-Agraa, Ali M. , *Regional Integration: Experience, Theory and Measurement*, Macmillan, 1999.

Ezenwe, Uka. , *ECOWAS and the Economic Integration of West Africa*, St. Martin's Press, 1983.

Economic Development and Cultural Change, University of Chicago Press, 1992.

Falola, Toyin and Julius O. Ihonvbere, eds. , *Nigeria and the International Capitalist System*, GSIS Monograph Series in World Affairs, Lynne Rienner Publishers, 1988.

Fage, J. D. , *A History of West Africa* , Gregg Revivals. 1992.

Forest, Tom, *Politics and Economic Development in Nigeria*, Westview Press, 1995.

Francis, David J. , *The Politics of Economic Regionalism – Sierra Leone in ECOWAS*, Ashgate Publishing Ltd. , 2001.

Francis M. Deng and I. William Zartman, *A Strategic Vision for Africa – The Kampala Movement*, Brookings Institute Press, 2002.

Frieden, Jeffrey and David Lake, *IPE – Perspectives on Global Power and Wealth*, St. Martin's Press, 2000.

Gamble, Andrew and Anthony Payne, eds., *Regionalism and World Order*, Macmillan Press Ltd., 1996.

Gambari, Ibrahim A., *Political and Comparative Dimensions of Regional Integration: the Case of ECOWAS*, Humanities Press International, Inc., 1991.

Gibbins, Roger, *Prairie Politics & Society: Regionalism in Decline*, Toronto, 1980.

Ghani, Ashraf and Clare Lockhart, *Fixing Failed States — A Framework for Rebuilding a Fractured World*, Oxford University Press, 2008.

Gros, Jean-Germain ed., *Democratization in Late Twentieth Century Africa: Coping with Uncertainty*, Greenwood Press, 1998.

Harbeson, John W. & Donald Rothchild, eds., *Africa in World Politics*, Westview Press, 1991.

Harbeson, John W. & Donald Rothchild, eds., *Africa in World Politics*, Westview Press, 1995.

Hargreaves, J. D. ed., *France and West Africa – An Anthology of Historical Documents*, Gregg Revivals, 1993.

Hargreaves, John D., *The End of Colonial Rule in West Africa*, the Macmillan Press Ltd., 1979.

Hazelwood, Arthur ed., *African Integration and Disintegration*, Oxford University Press, 1967.

Holm, H – H. and G. Sorensen, eds., *Whose World Order? Uneven Globalisation and the End of the Cold War*, Westview Press, 1995.

Kohno, Hirotada, Peter Nijkamp & Jacques Poot. eds., *Regional Cohesion and Competition in the Age of Globalization*, Edward Elgar Publishing Limited, 2000.

Hobsbawm, E. J. *Nations and Nationalism since 1780: Programme, Myth, Reality*, Cambridge University Press, 1990.

Hopkins, A. G. , *An Economic History of West Africa*, Longman Group Ltd, 1973.

Huntington, S. P. , *Political Order in Changing Societies*, Yale University Press, 1968.

Dorothy Engman, Ousmane Dore, BenoÃt Anne, *Regional Impact of Côte d'Ivoire's 1999 – 2000 Sociopolitical Crisis: An Assessment*, International Monetary Fund, 2003.

July, Robert W. , *A History of the African People*, the 4th edition, Waveland Press, Inc. , 1992.

Keating, Michael, *The New Regionalism in Western Europe: Territorial Restructuring and Political Change*, Edward Elgar Publishing, Inc. , 1998.

Khadiagala, Gilbert M. & Terrence Lyons, eds. , *African Foreign Policies – Power and Process*, Lynne Rienner Publishers, 2001.

Kohno, Hirotada, Peter Nijkamp & Jacques Poot, eds. , *Regional Cohesion and Competition in the Age of Globalization*, Edward Elgar Publishing Limited, 2000.

Lavergne, Réal, ed. , *Regional Integration and Cooperation in West Africa*, Africa World Press Inc. , International Development Research Centre (IDRC), 1997.

Lancaster, Carol, *Aid to Africa: So Much To Do, So Little Done*, University of Chicago press, 1999.

Marorg, Alhagi, *Economic Integration and Foreign Indirect Investment in West Africa*, McGill University Press, 1998.

Mattli, Walter, *The Logic of Regional Integration – Europe and Beyond*, Cambridge University Press, 1999.

McIntye, W. David, *British Decolonization, 1946 – 1997: When, Why and How did the British Empire Fall?*, St. Martin's Press, 1998.

Nafziger, E. W. , *Inequality in Africa*, Cambridge University Press, 1988.

Nkruma, Kwame, *Africa Must Unite*, Heinemann Educational

Books Ltd. , 1963.

Nkrumah, Kwame, *I speak of Freedom: A Statement of AfricanIdeology*, William Heinemann Ltd. , 1961.

Ojo, Bamidele A. , ed. , *Contemporary African Politics: A Comparative Study of Political Transition to Democratic Legitimacy*, University Press of America, Inc. , 1999.

Okon, Akiba, *Nigerian Foreign Policy Towards Africa: Continuity and Change*, Peter Lang, 1998.

Picard, Louis A. and Michael Garrity, eds. , *Policy Reform for Sustainable Development in Africa: The Institutional Imperative*, Lynne Rienner Publishers, Inc. , 1994.

Pellow, Deborah and Naomi Chazan, *Ghana Copingwith Uncertainty*, Westview Press, 1986.

Proceedings of International Conference Organized by IDRC in Dakar, Senegal, 11 – 15 January 1993, the International Development Research Centre, 1994.

Ravenhill, John, ed. , *Africa in Economic Crisis*, Macmillan Press Ltd. , 1986.

Robson, Peter, *Economic Integration in Africa*, G. Allen & Unwin, 1968.

Russett, Bruce M. , *International Regions and the International System: A Study in Political Ecology*, Rand & Mcnally Company, 1967.

Schraeder, Peter J. , *United States Foreign Policy toward Africa: Incrementalism, Crisis and Change*, Cambridge University Press, 1994.

Sesay, Amadu. ed. , *Africa and Europe: From Partition to Interdependence or Dependence?* Croom Helm, 1986.

Shaw, Timothy M. and Olajide Aluko, eds. , *The Political Economy of African Foreign Policy*, Gower Publishing Company Ltd. , 1984.

Shaw, Timothy M. and Julius Emeka Okolo, eds. , *The Political Economy of Foreign Policy in ECOWAS*, The Macmillan Press Ltd. , 1994.

The Ecology and Framework of Foreign Policy Making in Nigeria, Proceedings of CASS Policy Dialogue, Number 2, 2005, CASS, Nigeria, pp. 11 – 12.

Tayler, Paul Graham and A. J. R. Froom, eds., *International Organization: A Conceptual Approach*, Frances Pinter Ltd., 1978.

The World Bank, *Can Africa Claim the 21ˢᵗ Century?*, World Bank, 2000.

Tordoff, William, *Government and Politics in Africa*, the 4ᵗʰ edition, Palgrave Macmillan, 2002.

Van de Walle, Nicolas, *African Economies and the Politics of Permanent Crisis, 1979 – 1999*, Cambridge University Press, 2001.

Wagas, Josoph, *Nigeria's Leadership Role in Africa*, The Macmillan Press Ltd., 1979.

Wiseman, John A. ed., *Democracy and Political Change in Sub-Saharan Africa*, Routledge, 1995.

Yansané, Aguibou Y., ed., *Development Strategies in Africa*, Greenwood Press, 1996.

Zartman, William, *Sovereignty as Responsibility – Conflict Management in Africa*, The Brookings Institution, 1996.

五　英文报刊

A Journal of Opinion

Africa

African Affairs

African and Asian Studies

African Development Review

African Journal of Political Science

African Studies Review

African Research Bulletin

Africa Today

A Journal of Opinion

American Economic Review

A Quarterly Journal of CODESRIA

Armed Forces and Society

Annual Review of Sociology

Canadian Journal of African Studies

Cato Journal

Christian Science Monitor

Comparative Sociology

Development and Change

Development Policy Review

Economic Development and Cultural Change

Economic Geography

Economics Research International

Environment

Foreign Affairs

Harvard International Review

IDS Bulletin

International Affairs

International Organization

International Peacekeeping

International Political Science Review

International Studies Review

Journal of African History

Journal of African Law

Journal of Asian and African Affairs

Journal of African Studies

Journal of Alternative Perspectives in the Social Sciences

Journal of Black Studies

Journal of Common Market Studies

Journal of Contemporary African Studies

Journal of Development Studies

Journal of Economic Perspectives

Journal of Imperial and Commonwealth History

Journal of International Affairs

Journal of International Studies

Journal of Modern African Studies

Journal of Opinion

Journal of Third World Studies

Labour, Capital and Society

Monthly Review

New African

New Internationalist

New Political Economy

New York Times

Oxford Development Studies

Politeia

Policy Review

Review of African Political Economy

Review of International Economy

Security Dialogue

Texas International Law Journal

The Brown Journal of World Affairs

The Round Table

The European Journal of Developmental Research

The Washington Quarterly

The Western Political Quarterly

Third World Quarterly

Transition

Universitas

World Politics

六 英文博士论文

（按作者姓名首字英文字母顺序排列）

Ajene, Oga Godwin, "Leadership Perception of Issues and Foreign Policy Difference: A Study of Foreign Policy Decisions and Orientations in Nigeria, Ghana and Sierra Leone," Madison: The University of Wisconsin, UMI – ProQuest Digital Dissertation, 1984.

Anda, Michael Onipe, "National Attribtes, Elite Perceptions and Interstate Interactions: An Analysis of Foreign Policy Behavior in West Africa," Milwaukee: The University of Wisconsin, ProQuest UMI Dissertation Services, 1990.

Andoh, Nat Kobina, "The Impact of Structural Adjustment on Regional Integration in Sub-Saharan Africa: A Case Study of the ECOWAS and Southern African Development Community," ProQuest Information and Learning Company's UMI ® Dissertation Services, 1999.

Coleman, Katharina P. , "States, International Organisations and Legitimacy: the role of International Organisations in Contemporary Peace Enforcement Operations," ProQuest Information and Learning Company's UMI® Dissertation Services, 2004.

Deme, Mourtada, "Law, Morality and International Armed Intervention: the United Nations and ECOWAS in Liberia," USA: Boston University, ProQuest Information and Learning Company's UMI® Dissertation Services, 2004.

Edi, Eric, "Globalization and Politics in the Economic Community of West African States," Philadelphia: Temple University, ProQuest Information and Learning Company's UMI ® Dissertation Services, 2005.

Huxtable, Philip A. , "Uncertainty and Foreign Policy-making: Conflict and Cooperation in West Africa," USA: The University of

Kansas, ProQuest Information and Learning Company's UMI ® Dissertation Services, 1997.

Kwarteng, Charles Owusu. , "Challenges of Regional Economic Cooperation among the ECOWAS States of West Africa," University of Pittsburgh, ProQuest Information and Learning Company's UMI ® Dissertation Services, 1998.

Marong, Alhagi, LLM, "Economic Integration and Foreign Direct Investment in West Africa," Canada: McGill University, UMI – ProQuest Digital Dissertation, 1998.

Oteng, Maxwel, "Three Essays in International Economics: On Intra-industry Foreign Direct Investment, Exchange Rates and Capital Flows and Economics of Africa (Nigeria, South Africa)," California: University of California in Santa Cruz, ProQuest Information and Learning Company's UMI® Dissertation Services, 2002.

Sirjoh, Alhaji Mohammed, "ECOWAS and the Dynamics of Constructing a Security Regime in West Africa (Liberia, Sierra Leone)," Canada: Queen's University at Kingston, ProQuest Information and Learning Company's UMI ® Dissertation Services, 2004.

Udogwu, Prosper, "The Impact of Resource Power and Societal Factors on Nigerian Foreign Policy between 1973 and 1985: the Case of ECOWAS," New York: City University of New York, ProQuest Information and Learning Company's UMI® Dissertation Services, 1999.

七 网络资源

http: //www. africanexecutive. com/modules/magazine/articles. php? article = 7246&magazine = 441

http: //xinhuanet. com/

http: //bj. mofcom. gov. cn/aarticle/ddfg/200310/20031000134087. html http：//www. allafrica. com

http：//www. cetsgm. com/2006 - 2/200626153732. htm

http：//www. csis. org

http：//www. ecowas. int

http：//www. feizhou. gov. cn

http：//www. nigeria. mofcom. gov. cn

http：//www. project_ syndicate. org/commentary/stiglitz72Chinese

http：//www. sec. ecowas. int/sitecedeao/english/cdec051292. htm

http：//www. uk. cn/bj

http：//www. un. org/Depts/dpko/missions/unoci/mandate. html

http：//www. un. org/Chinese/peace/peacekeeping/Liberia/
background. htm

http：//www. worldbank. org

http：//data. worldbank. org/income - level/HPC

http：//www. xinhuanet. com/world/2005 - 06/28/content _
314506. htm

http：//xinhuanet. com/world/

http：//xyf. mofcom. gov. cn/aarticle/ghlt/cksm/200508/20050800324860.
html

http：//zcq. ec. com. cn/pubnews/2006 _ 03 _ 15/100300/1142325.
jsp

http：//observer. theguardian. com/worldview/story/

http：//www. idrc. ca

http：//www. globalsecurity. org/military/ops/pan - sahel. htm

http：//en. wikipedia. org/wiki/Operation_ Enduring_ Freedom

http：//www. un. org/Chinese/peace/peacekeeping/Liberia/
background. htm

http：//www. wipo. int/wipolex/en/other_ treaties/text. jsp？doc_
id = 150499&file_ id = 201070

后　记

　　本书是在我 2007 年的博士学位论文的基础上修改补充而成的。博士论文的写作花去五年多时间，修改补充花去六年多时间，正可谓十年磨一剑，锋刃终得试，其中的艰辛自不待言。但书稿的完成使我对得起这十多年的付出与煎熬，使我能够回报这些年来指导、帮助、支持我的那些人。

　　本书能够面世，首先要感谢两位恩师：陆庭恩教授和李安山教授。他们不仅从不同的方面指导了我的博士论文写作，而且在论文答辩后敦促我尽快将其出版。两位恩师都有极深的非洲情结，自己潜心非洲问题研究的同时，也希望中国有更多的人能献身非洲研究。他们在学术研究上不跟风，不出风头，是真正能够坐冷板凳也确实坐了冷板凳的学者，他们将学者的尊严、做人的谦虚、学术的求真融合在一起。我有幸先后师从两位老师，学术、做人都得以提升。

　　陆老师是我致力于非洲问题研究的引路人。陆老师从事非洲问题的研究与教学几近半个世纪，正是老师对非洲问题研究的执着精神和对非洲的深厚感情激发了我渴望了解非洲、研究非洲的兴趣。在他的耐心引领下，我确定了论文的选题，开始了论文的写作。陆老师在论文资料收集、论文结构安排直至论文修改定稿的过程中，都给予了我细心的指导。即使在生病期间，陆老师仍然关注我的论文。

　　李安山教授指导我修正完善了论文的框架，多次审读我的论文，细心阅读我论文的每一个章节，小到标点符号的运用，大到论文篇章的安排，都一一给以指导，在学术规范上严格要求，时时将他所看到的有助于我的论文论证的资料发送给我，对我的论文倾注了大量心血。他在西非民族主义上的研究与见解对我启发很大。他的严谨治学、直率的学术批评风格是我不懈求索和严格自律的指南。论文答辩通过后的这七年里，李老师对我的学术指导依旧在持续，是我的论文得以成书的最大支持者。

　　在本书的写作过程中，中央民族大学的顾章义教授，北京大学的林良光教授、张振国教授对我的博士论文选题与修改都提出了宝贵意见。中国社会科学院西亚非洲研究所主任张宏明研究员认真阅读了我的论文初稿，提出了许多中肯的意见。在此，我要向他们真诚道谢。在论文资料的收集与论文的修改上，北京大学李保平教授、王锁劳老师、钱雪梅老师的帮助与指点我也都铭记在心。我的学兄李文刚、曾爱平、赵光锐，为我完成论文提供了各种帮助。

　　此外，我要感谢社会科学文献出版社负责本书的高明秀编辑和许玉燕编辑，明秀编辑也致力于非洲问题研究，对本书稿及标题的修改意见都极有学术见地。玉燕编辑非常细致地审阅了书稿，纠正了原稿中的许多纰漏。我另要感谢沈雁南先生，他敏锐的专业眼光、严谨的逻辑帮助我改进了原稿中的论证缺陷。

　　我还要感谢我的家人，他们的支持与理解始终是我的动力所在。写作论文、完成书稿的十二年，是女儿由喜欢听妈妈讲故事到帮妈妈修改书稿图表的阶段。

　　由于资料及我的学养所限等，本书还存在许多缺陷，有些观点有待进一步思考和完善。本书的任何疏漏与错误都由我本人负责。

肖宏宇

2014 年 2 月于中共中央党校

图书在版编目（CIP）数据

非洲一体化与现代化的互动：以西部非洲一体化的发展
为例/肖宏宇著. —北京：社会科学文献出版社，2014.8
（国际政治论坛）
ISBN 978 - 7 - 5097 - 6008 - 6

Ⅰ.①非… Ⅱ.①肖… Ⅲ.①国际关系 - 研究 - 非洲
②国际合作 - 研究 - 非洲 Ⅳ.①D841

中国版本图书馆 CIP 数据核字（2014）第 099254 号

·国际政治论坛·
非洲一体化与现代化的互动
——以西部非洲一体化的发展为例

著　　者／肖宏宇

出 版 人／谢寿光
出 版 者／社会科学文献出版社
地　　址／北京市西城区北三环中路甲 29 号院 3 号楼华龙大厦
邮政编码／100029

责任部门／全球与地区问题出版中心　　　　　责任编辑／许玉燕
　　　　　（010）59367004　　　　　　　　　　　　　朱凤余
电子信箱／bianyibu@ ssap. cn　　　　　　　责任校对／王彩霞
项目统筹／高明秀　许玉燕　　　　　　　　　责任印制／岳　阳
经　　销／社会科学文献出版社市场营销中心（010）59367081　59367089
读者服务／读者服务中心（010）59367028

印　　装／三河市东方印刷有限公司
开　　本／787mm×1092mm　1/20　　　　　　印　张／18.2
版　　次／2014 年 8 月第 1 版　　　　　　　　字　数／325 千字
印　　次／2014 年 8 月第 1 次印刷
书　　号／ISBN 978 - 7 - 5097 - 6008 - 6
定　　价／69.00 元